U0368271

「十三五」国家重点图书出版规划

中国现代政治学经典

钱端升文集

主　　编　张小劲　谈火生

执行主编　刘　猛

清华大学出版社

北　京

本书封面贴有清华大学出版社防伪标签，无标签者不得销售。
版权所有，侵权必究。侵权举报电话：010-62782989　13701121933

图书在版编目（CIP）数据

钱端升文集/张小劲，谈火生主编. —北京：清华大学出版社，2019（2020.2重印）
（中国现代政治学经典）
ISBN 978-7-302-52266-9

Ⅰ.①钱…　Ⅱ.①张…②谈…　Ⅲ.①政治制度 – 中国 – 文集　Ⅳ.①D62–53

中国版本图书馆CIP数据核字（2019）第018845号

责任编辑：王巧珍
封面设计：贺维彤
责任校对：王凤芝
责任印制：宋　林

出版发行：清华大学出版社
　　网　　址：http：//www.tup.com.cn，http：//www.wqbook.com
　　地　　址：北京清华大学学研大厦A座　　邮　编：100084
　　社 总 机：010-62770175　　　　　　　　邮　购：010-62786544
　　投稿与读者服务：010-62776969，c-service@tup.tsinghua.edu.cn
　　质量反馈：010-62772015，zhiliang@tup.tsinghua.edu.cn
印 装 者：三河市金元印装有限公司
经　　销：全国新华书店
开　　本：185mm×260mm　　印　张：22.75　　　字　数：401千字
版　　次：2019年5月第1版　　　　　　　　　印　次：2020年2月第2次印刷
定　　价：108.00元

产品编号：074813-01

"中国现代政治学经典"编委会

主　　编：张小劲　谈火生

执行主编：刘　猛

编委会成员

张小劲　景跃进　任剑涛　应　星

谈火生　刘　瑜　苏毓淞　于晓虹

孟天广　刘　猛　曲　甜　赵　娟

总　序

　　对那些既向往政治昌明，又钟情学术探究的个人来说，两全其美的选择莫过于修业、治学以及授教政治学。学无止境，知也无涯，穷毕生之力亦可自明通达；种学织文，诲人不倦，乐在得天下英才而教之；知世则哲，学优则仕，当可奉献智识于国家与社会。

　　历史无疑厚待了这些自知且欲的知世者。一百多年前，一场革命的爆发、一个朝代的终结与一所现代大学的诞生交错在一起，为这个已有五千多年历史的古老国度带来了新思想的激荡和新学术的萌生。传统的政治智慧与治国术理，西洋的政治思维与制度创设，时下的政治运作与治理实践，汇集成了一个名曰"政治科学"的现代学科，成为可传授的知识、可研究的学问和可求解的主题。

　　在这所最初被叫作"清华学堂"的现代大学里，"政治学"成为最早开设的课目，"政治学会"成为最早组建的校园社团，"政治学系"更是学堂改制为大学时首批开办的学系之一。在相当长一个时期里，从清华园启程远涉重洋、留学海外的青年才俊，以政治学为志向者不在少数。成立未久的政治学系不仅接纳了诸多学成归国的政治学人，而且吸引了清华园里最多数量的学生。借由这些师生的发奋蹈厉，清华政治学系迅速崛起为首屈一指的中国现代政治学研究重镇。其先生师长，建树丰厚，享有学界显赫声名；其后进学生，撒播八方，讲学从政致用其长。

　　清华政治学系因 1952 年院系调整而取消，历经五十余年之后得以复建，再十年后又有重组。由是之故，政治学在清华，一如其他社会科学和人文科学，中道崩裂的场景似多于弦歌不辍的情形，原本辉煌的片段久蒙积年累月的尘埃。然而，历史毕竟仍是慷慨大度的。当我们这一代政治学人再度聚集清华园时，系史的原始档案以及前辈学人的行藏著述无疑成了政治学系师生共同必修的功课。历史既展现了西方政治学引入中国并渗透本土知识的融会进程，又记述了仁人志士企盼民富国强且为之付出心血的前尘往事。不欺名于先人，不湮没于事功，历史记载着事实与真相。追念前辈，追比先贤，更是历史所宣明的道理和主张。

在完成这门功课的过程中，寻觅的艰辛与发现的快乐，对于名师高徒的羡慕与恨不同行的慨叹，关乎学问的体悟与期许未来的责任感，始终交织在一起。由此我们更加确信，在推进政治昌明、追寻良治善政的路途中，政治学必是能够取之汲之、惠我惠众的知识源泉。

本套丛书即是这门功课的初步作业，丛书收录数位学者的学术经典之作。这些学者在中国现代政治学发展史上素有一代宗师的美誉。他们的学术经历和教学生涯，他们的治学态度和学业理路，他们的创新成就和知识贡献，构成了现代中国政治学发展的实体内涵和无形财富，成为当代中国政治学的历史传统和学术道统中最宝贵的组成部分。而他们的学术文字更是中国现代政治学发展史上的宝库。

从知识社会学的角度无疑可以更清晰地揭示1920年代末至1930年代这一代政治学人的学术共同点。这些学者身上的共同点，既涉及家国命运和时代特点，又包括个人遭遇和生命历程。

首先，他们有着同样极其特殊的教育经历和学术背景，而这种教育经历和学术背景也是这一代政治学者所独有的。他们大都幼年接受中国传统教育，对中国传统文化有着广泛精深的理解；少年时代进入现代大学接受教育；其后远涉重洋，前往欧洲或美国，再接受高度系统化的科学训练。在他们身上，中国文化的底蕴与西方学术的造诣并存而相长。

其次，他们同样处在近代中国一个极其特殊的社会环境中，这种社会环境从1920年代中后期至1930年代中后期。在这段时期里，国家形式统一，局势相对稳定，但平静背后暗藏的困难和挑战，给予这代学人时不我待、时不再来的急迫感，迫使他们珍惜时间、用功学术。

再次，他们胸怀着共同的学术抱负，在治学中强调引入现代政治学专业知识和先进文明的政治智慧，整理中国丰富的历史资料和复杂的现实素材，以系统化和体系化的方式与世界先发文明对话交流，进而面对中国的问题探寻出路和办法。这种学术抱负既潜藏于中华民族传统文人积淀和传承的伦理之中，又前所未有地融入了现代学术的思维要素和科学态度。更具体地说，"天下兴亡，匹夫有责"以及"为大多数人求福祉"是他们走上政治学研习道路的理性依据和情感依托，随着专业知识的积累，他们的学术期待演化为以学术强国、以教育救亡的现实选择，意图用自己的所学所长救国家于即倒、拯万民于水火。环境容许，他们着力于学术；一旦有所需求，他们甘愿放弃学术而以自身所长直接介入现实政治。总之，书生报国，对他们而言不是两可之间选择，而是生存的样式本身。

一如吕文浩所言："从人事的网络来说，早期养成清华习气的那批毕业生陆续返校执教，形成以后实际左右校政方向的所谓'少壮派'。这批人以及有意无意援引的教授大抵具有相似的文化背景，工作和生活在同一个清华园内，自然容易形成相似的学风，也就是学界所称道的'清华学派'。"尽管他们钻研的问题有所不同，但他们之间相互尊重，最终都在清华共同推进着现代政治学的发展；更确切地说，这是在古老中国创立现代政治学的伟大事业，是以中国素材所提炼的政治智慧培养中国的人才，以现代科学方法重新认知中国的尝试；清华政治学人的工作在某种程度上就是使中国接近和融入世界先进文化，接触和汲取世界先进文明的功业。

从学术史的视角，老清华的政治学系表征了民国时期政治学的学术水准，成为中国现代政治学上的典范。鉴于前辈学者学术成果所具有的学术价值和历史意义，特整理出版"中国现代政治学经典"，为往圣继绝学，为学术传薪火，为中国现代政治学的发展贡献一份力量。

"中国现代政治学经典"编委会

导　言
钱端升：中国现代政治学体系的拓造者

　　钱端升，字寿朋，1900 年 2 月 25 日出生于江苏省上海县一户世代行医的家庭。1917 年夏，时年 17 岁的钱端升考入清华留美预备部，作为插班生入读高等科三年级。从 1917 年到 1919 年，钱端升在清华学校度过了两年的学习生活。[1]1919 年，刚满 19 岁的钱端升积极参加了"五四"运动，并因此而被捕。"五四"运动之后，钱端升完成了毕业手续并顺利地获得官费赴美留学。来到北美大陆之后，钱端升选择政治学作为自己的专业，先后就读于美国北达科他州立大学和哈佛大学；1924 年夏，时年 24 岁的钱端升以题为《议会委员会：一项比较政府的研究》的论文获得哈佛博士学位。[2]

　　1924 年 9 月，钱端升回到清华担任政治学课程教员。第二年 5 月，清华成立大学部，开始招收新生，钱端升因此担任政治学教授，他不仅是清华政治学发展的始创者之一，而且在政治学系中承担诸多政治学课程；同时，钱端升又被聘为历史系兼职教员，在历史系以英语主讲"西洋百年史"。1927 年春夏之交，段祺瑞政府垮台，这年秋天，钱端升为避免军阀政府的迫害，离开了清华大学而南下。来到南京之后，钱端升先任教于中央大学，被聘为政治系副教授；[3]同时，钱端升又兼任了大学院文化事业处处长，对清华成功改制为国立大学作出了重要的贡献。1929 年 10 月，受中央大学国民党派系之间的争端以及学生罢课的影响，钱端升被迫辞去教职。在辞职后，他并未立即返回清华，而是利用这段离职，潜心翻译了屈勒味林（C.M.Trevelyan）的名著《英国史》，后来作为大学丛书之一于 1933 年在商务印书馆出版。

―――――――――――
[1][2][3]　钱端升：《我的自述》，见《钱端升自选集》，北京，首都师范大学出版社，2010 年。

1930 年 9 月，重整身心的钱端升又回到了清华大学政治学系任教。这时的清华政治学进入了黄金发展期。钱端升主要开设"宪法""英国宪法史""近代政治制度"等课程；[1] 后来的许多学术名家如吴晗、楼邦彦、曾炳钧、王铁崖、龚祥瑞等等均在此时受教于他。在讲授宪法时，钱端升则以王世杰的《比较宪法》为主要教科书，而到 1936 年他们两人共同在南京任职时，又一起重新修订《比较宪法》并以两人的名义共同署名出版。作为清华最早的比较政治学教授，钱端升不仅关注比较宪法问题，更有对欧美日俄诸国政府之运作加以全面描述和分析的研究计划；清华任教期间，优越的生活环境和学术氛围终于让其能够顺利完成《德国的政府》和《法国的政府》两本专著。

然而，宁静的读书著述生活并未持续多久。随着日本侵华的野心膨胀和行为日彰，钱端升出于爱国之情和清华同学之谊，暂告假于清华，赴天津接替罗隆基出任《益世报》主编。自 1934 年 1 月至 9 月，共撰写政论 170 篇，揭露日军的侵华行径，批判国民政府的政策和内幕交易。但钱端升本人终于还是因为写作《论华北大势——兼送黄郛委员长南行》一文，而不得不于 1934 年 9 月离开报社。[2] 此时，任南京中央大学校长的罗家伦盛邀钱端升再去中央大学法学院任职，于是钱端升辞去了清华教职而再次来到南京；但中央大学依旧是派系林立，钱端升除偶尔不得不代理法学院院长职务外，只能倾全力于政治系附设的行政研究室工作。在钱端升的组织下，行政研究室的同仁在一年内完成两卷本的《民国政制史》。[3]

1937 年夏天，37 岁的钱端升终于决定离开中央大学而转往北京大学；但刚到北京未久便遭逢"七七事变"爆发。同年 9 月，已有北京大学教授名义的钱端升与张忠绂、胡适一起，受国民政府的委托，以参加太平洋会议的名义，出访欧美以寻求国际社会对中国的同情与支持。[4] 完成此项任务后，钱端升来到昆明，开始了在西南联大的 8 年任教生涯。抗战时期，钱端升在西南联大政治学系所开设的课程则主要集中于政治制度；二年级的必修课"近代政治制度"自 1940 年以后一直由钱端升主讲；三年级的必修课"中国政府"从 1939 年起即由他讲授，其间也曾与王赣愚合开此课；钱端

[1] 王铁崖：《宪法与国际法——为纪念钱端升 100 年冥诞而作》，见赵宝煦等编：《钱端升先生纪念文集》，北京，中国政法大学出版社，2000 年。
[2] 钱大都口述：《我的父亲钱端升》，载刘瑞琳主编：《温故 6》，桂林，广西师范大学出版社，2005 年。
[3] 钱端升：《我的自述》，见《钱端升自选集》，北京，首都师范大学出版社，2010 年。
[4] 赵宝煦：《拳拳爱国心　殷殷报国情》，见赵宝煦等编：《钱端升先生纪念文集》，北京，中国政法大学出版社，2000 年。

升还开过一些选修课，如"国际关系""宪法""极权政府""战后问题"等等。[1]在教学之外，钱端升仍特别着力于政治制度的研究。1939年秋，钱端升组织成立了行政研究室委员会，此后在"西南联大行政研究室丛刊"的名义下，出版过陈体强所撰之《中国外交行政》、施养成完成的《中国行政制度》；钱端升也完成了《战后世界之改造》一书，后来于1947年由商务印书馆出版。[2]除此书之外，钱端升还将已发表的若干文章编辑成册，名之以《建国途径》，于1942年交由国民图书出版社出版。

抗战胜利后，西南联大于1946年5月正式宣布解散。同年秋，钱端升也由昆明返回北大任教。1947年10月，美国学者费正清邀请钱端升到哈佛大学担任客座讲授，他欣然接受并随后在美国任教一年。在此期间，钱端升以讲课的内容编著了《中国政府与政治》（英文本）一书，由哈佛大学出版社在1950年出版。可以说，钱端升的学术研究在那时已经享誉海内外。1948年4月，钱端升和董作宾、郭沫若、李济一起当选中央研究院第一届院士，是政治学组仅有的三位院士之一。

钱端升在哈佛大学教满一年之后，他谢绝了美国名校的聘任，决意回到祖国。1948年11月回到北京后，先后出任北京大学校务委员和法学院院长。身为民国时代的著名学者，他的学识自然受到了新政权的重视。1949年到1950年代初，他先后担任北京市政治协商委员会副主席、中国人民政治协商会议第一届会议代表、中国人民外交学会副会长、中华人民共和国第一部宪法起草委员会顾问。[3]1950年，他还加入了中国民主同盟，并成为中央委员。

在1952年夏天进行的院校调整中，钱端升被任命为新组建的北京政法学院首任院长。但随着政治学作为一门学科遭到取消，钱端升和他的学生们曾经长期从事的政治学教学与研究工作似乎一去不复返了。在"反右"运动中，钱端升就已经被确定为右派"标杆人物"，被归为"罗章联盟"之中，成为政法界最大的"右派"分子。被打成"右派"之后，钱端升仅仅保留了政协委员的职位，而其他的职位都被一概撤销。[4]此后不久，钱端升又被送到中央社会主义学院学习。"文革"中，年事已高的钱端升被下放到京郊延庆县。1974年，在周恩来的亲自过问下，钱端升出任外交部国际问题研究所顾问及法律顾问。但热情于工作的钱端升很快就陷入了失望，所里的领导层实

[1] 西南联大北京校友会编：《国立西南联合大学校史——1937至1946年的北大、清华、南开》，274~278页，北京，北京大学出版社，2006年。
[2] 钱大都：《父亲钱端升的治学和为人》，见西南联大北京校友会编：《我心中的西南联大：西南联大建校70周年纪念文集》，北京，清华大学出版社，2008年。
[3] 钱端升：《我的自述》，见《钱端升自选集》，北京，首都师范大学出版社，2010年。
[4] 钱大都口述：《我的父亲钱端升》，载刘瑞琳主编：《温故6》，桂林，广西师范大学出版社，2005年。

际上把他供奉起来，他甚至很难做任何基本的学术研究。

由于他在后半生遭遇政治运动的冲击和学术研究条件的恶化，钱端升的主要学术成果大多形成于其青年和壮年时期。作为比较政治制度和中国政治制度研究的公认权威，其名山事业肇始于他在留美期间选定以议会立法委员会的比较研究作为博士论文的研究选题。正是从这篇论文开始，钱端升确立了从比较政治学研究中汲取它国政治经验而发现政治发展规律的治学理路。回国之后，他的研究大体包括三部分：一是继续以比较政制研究为路向而将对国别范畴内的西方政制进行研究，由此得到的成果有《德国的政府》《法国的政府组织》《法国的政府》；二是以宪法比较为焦点，而对各国宪法展开横断性的研究，力图从中总结归纳和发现政治规律，其成果专著有《比较宪法》，论文有《西班牙的新宪法》《苏联新宪法》《波兰新宪法》等；三是以中国政制之实际运作与发展为着眼点，着手对中国政府与政治进行开创性的研究，因而有专著《中国的政府与政治，1912—1949》《战后世界之改造》《建国途径》，以及主持多人完成的《民国政制史》等。

相对而言，《中国的政府与政治，1912—1949》是钱端升研究中国政府政治的代表作。此书是钱端升 1947 年 10 月到 1948 年 11 月在哈佛大学任教期间以讲课内容所著的英文专著，于 1950 年由哈佛大学出版社出版，此后又被哈佛大学出版社、斯坦福大学出版社等大学出版社作为美国大学教学用书而再版，直到 1980 年代末仍在再版中，现已成为研究国民党政府的必读文献。著名政治学家邹谠曾回忆说，他"在就读芝加哥大学研究院之时，始终未选修任何一门与中国有关的课程，但却熟读端升师在哈佛大学任教时，于百忙之中，以一年时间完成的 *The Government and Politics of China 1912—1949*，我以为此书至今仍是权威之作。"[1]

在此书中，钱端升将国民党中国的政府与政治区分开来，全书的主要目标是"分析国民党的法律结构"，"描述政府的实际运行"。[2] 此书的第一至第三章为导引部分，分别介绍了中国地理、社会、文化，古代中国的政治思想与制度，这些章节实际上指出了中国所具有的独特性，即中国在历史传统上有一套不同于西方民族国家观念而自成体系的政治意识形态与政治制度，支撑着整个帝国的运转；第四至第七章，勾勒出在西方冲击下君主制的崩溃和议会制的失败，而在此背景下，将国民党的兴起以及蒋

---

[1] 邹谠：《钱端升老师对我最深远的影响》，见赵宝煦等编：《钱端升先生纪念文集》，北京，中国政法大学出版社，2000 年。

[2] Ch'ien Tuan-Sheng.*The Government and Politics of China,1912—1949*.Stanford:Stanford University Press,Preface.

介石的崛起过程进行了全景式的历史叙述；第八章和第九章，描述了国民党的纲领、组织与领导，以及国民党训政的理论与实践，并认为训政是理解国民党政府形式与结构的关键；从第十章开始，是全书的主体部分，主要是"关于国民党政府的组织和运作"，[1] 其中通过采用静态的结构分析与动态的历史演变及实际运行的过程考察，钱端升对国民政府、行政院、立法院、司法院、考试院、监察院的结构与职能运作都有十分精彩的描述与评价；从第二十章到第二十五章，更多地着墨于政治生活，其中有对 1946 年宪法的和对 1948 年新政府的分析，有对政党政治历时变化的梳理，也有对中国民主政治的展望。

从总体来说，钱端升认为国民党政治虽然有训政与宪政之时间约定，但其本质上仍然是个人化的政党专制，在这种状态下的政治机构的运行实际上受制于领袖的统治。从某种程度而言，钱端升对于孙中山的三民主义有所偏爱，认为后来的国民党实际背叛了孙中山的建国理想。他对于蒋介石的独裁政治则有所抵牾，而认为蒋介石领导下的国民党统治本质上是军事个人化的统治。[2] 在全书的最后一章，钱端升道出了对政府的展望。虽然他认为"猜想中国政府的未来，或者考虑什么样的改革是可取和可行的，都是极端困难的"[3]，但他以人民为信仰，而希望能产生出一个为民 (for the people) 和民治 (by the people) 的新政府。在他看来，必须产生非军事的新的力量来推翻军事独裁统治，而这种力量必须要认同人民大众。对于中国而言，哪一种形式的民主适合于中国更为重要，中国政治演进中"形式与现实对立"的问题，必须通过发展经济和社会来推动人民实现民主来解决。[4]

而《德国的政府》则是钱端升比较政治制度研究的代表作之一。此书从 1929 年冬开始动笔，前后历时 4 年之久得以完成，被钱端升自认为是"所著浅薄不足称道的书籍中，尚不失为有价值的一本"。[5] 其实，这只是钱端升庞大的比较政制研究中的个案之一，其目的主要是对德国魏玛宪法及 1919 年后的德国政制作出全面的叙述和分析。德国魏玛宪法是德国走向真正的议会民主制的开始，其缜密的制度设计成为吸引

[1] Ch'ien Tuan-Sheng.*The Government and Politics of China,1912—1949*.Stanford：Stanford University Press,Preface.

[2] Ch'ien Tuan-Sheng.*The Government and Politics of China,1912—1949*.Stanford：Stanford University Press,p.128,p.180.

[3] Ch'ien Tuan-Sheng.*The Government and Politics of China,1912—1949*.Stanford：Stanford University Press,p.387.

[4] Ch'ien Tuan-Sheng.*he Government and Politics of China,1912—1949*.Stanford：Stanford University Press,pp.387-398.

[5] 钱端升：《我的自述》，见《钱端升自选集》，北京，首都师范大学出版社，2010 年。

学者关注民主政制的绝好样本。虽然在钱端升写作此书的过程中，德国经历了议会民主的失败和希特勒独裁政治的兴起，但他仍然认为"这本书仍可以助读者对于德国现代的政府得一基本的认识"。[1]

此书以魏玛宪法为研究重心，但不同于宪法研究中单调的条文解释，钱端升以历史梳理和实际运作为基础描画了整个宪法条文下的政制结构与运行过程。全书以德国宪法史的历史发展为开端，试图勾勒出魏玛宪法的源流，并标示出魏玛宪法的独特之处：既具有民主政治的精神，又有社会主义的色彩；从第二章开始，便分章介绍了权利与义务、政党、总统、政府与行政、莱希院、经济院、国会、法院、联邦制度、各邦政府、地方政府。这样叙说的目的是试图根据魏玛宪法条文对德国政府的结构与过程进行全方位的描绘，所以在书中有大量的宪法条文的解释，如对德人的基本权利与义务即对宪法中关于人权的条文的详尽解释。但此书却又不仅止于这种条文阐释，其中还穿插了历史背景的梳理、制度优劣的比较和政治生活的实际运行等，呈现出一种立体的分析情景；如政党一章中，对1918年革命前后德国各个政党此消彼长的过程有非常精到的历史描述，对每一党派的利益构成、党纲、组织均有十分细致的分析，又对德国政党政治的特点做出"政党极端化"的判断；有关莱希政府与莱希行政一章，对政府的组成、领导者的产生与职责、办事机构与规则有贴切的描述，还对政府更迭的历史有详尽的梳理。

《德国的政府》虽然没有专门成章对德国政制的特点做出单独分析，但全书对宪法与政制的描绘中已经将德国政制的独特性勾勒出来，实际已经指出了其是具有民主政治、国家主义、社会主义的多成分的混合体。例如，魏玛宪法中有关人权的规定包括公民权、公益权和政治权，其中"公益权的性质往往是积极的，宪法中例举公益权，因此便带有授意国家去做此事，或做那事之意。反之，公民权的性质可以说是消极的，人民的自由，即等于国家之不自由"；[2] 而德国总统制所要求的是"如何而总统可以有力抵制国会的跋扈而同时又不至破坏议会之精神；换言之，如何而可以兼有法美之长而无其弊"。[3] 如何保持强有力的国家，同时又让民治精神得以体现，这成为贯穿全书分析德国政府的线索之一。

虽然此书因力求全面描述而使其解释分析的深度有所限制，但仍然是民国政治学

---

[1] 钱端升：《德国的政府》，序，北京，北京大学出版社，2009年。

[2] 钱端升：《德国的政府》，25～26页，北京，北京大学出版社，2009年。

[3] 钱端升：《德国的政府》，87页，北京，北京大学出版社，2009年。

中不可多得的研究比较政制的学术论著，其详尽的文献搜集与梳理更拓展了此书的学术厚度。陈之迈曾专门对此评价说："《德国的政府》为一部极有学术价值的贡献"，"此书的取材异常丰富，观乎书后所附十七页的参考书目便知作者学问的渊深，除法律命令等材料外，德法英文中的重要典籍几浏览无遗，实为我国著作界中所罕见。" [1] 无论从何种角度来说，《德国的政府》都可称得上比较政治制度中的经典文献。

此外，1943 年，钱端升还出版了《战后世界之改造》一书，探讨了第二次世界大战后的国际组织、国际劳工组织和国际法院的建立问题。这不仅是中国学术界针对相关问题的唯一有分量的专著，[2] 而且连同前述有关国际形势的研究论文和评论，共同造就了钱端升作为中国外交和国际政治专家的显赫声望。

尽管钱端升自"反右"运动以后已无法从事单纯的学术研究，但仍主持编纂了《西方法政研究资料》。幸运的是，钱端升还是看到了政治学的复兴。在"拨乱反正"的党的十一届三中全会结束之后的一个月，即 1979 年 1 月 26 日，经中共北京市委批准，钱端升得以平反，而此时他已 79 岁高龄。1980 年 12 月，中国政治学会在北京成立，钱端升被推选为名誉会长。在接下来的日子里，似乎是为了弥补"反右"之后二十多年里不能触及政治学研究的遗憾，他勤奋工作，从自己以前的著作中择萃精华，编撰成册，名之为《钱端升学术论著自选集》。与此同时，他还积极参与了人大立法工作，在新任人大法律委员会副主任委员的职位上，参加或主持修订了许多重要法律。

1990 年 1 月 21 日，钱端升在北京逝世。2 月 17 日，《人民日报》报道了他逝世的消息："1957 年，钱端升受到不公正待遇，'十年动乱'中，又受到严重冲击。尽管如此，他并未动摇对党的信念，并在 81 岁高龄时，光荣地加入了中国共产党。"在钱端升去世 10 年之后的 2000 年 2 月，中国政法大学主办了"纪念钱端升先生诞辰百年学术会议"，与会者提交论文，进行讨论，对钱端升的思想轨迹和知识贡献做出了公允的评价。

[1] 陈之迈：《钱端升，法国的政府；邱昌渭，议会制度》，载《社会科学》，1936 年第 1 卷第 4 期。
[2] 端木正：《重温钱端升教授关于国际法院的设想》，见《端木正自选集》，423 页，广州，广东人民出版社，2007 年。

目　录

钱端升文集

第一编　政治学理论与比较政治

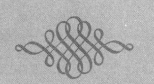

新近宪法中立法行政两机关之关系 *[1]

　　孟德斯鸠三权分立之说近代学者抨击几无完肤，吾亦深信其说之不可通；然孟说根深蒂固其势不可厚侮。近代宪法鼻祖当推一七八七年之美国宪法，及一七九一年之法国宪法；此二者即直接受孟说之影响；因之其他宪法，或有形或无形，间接亦受其影响；苏俄宪法革命色彩最浓，仍存立法，行政，司法三权之大概：孟说势力于此可见。

　　从学理上评论三权分立说之是否可通，从事实上推考斯说之是否可行，俱饶兴趣；然吾人苟承认斯说之势力尚存于今日，则吾人似不宜斤斤于斯说之立论是否可通，或实行之是否可能；吾人若能于执行三权之机关间相互之关系潜心研究，则于吾人之政治知识及国家法知识，或转多供献也。今特就近十年来新宪法中关于立法，行政二机关间关系之条文，详加论列，藉明此种关系之变迁，兼测将来之趋势焉。

　　欲讨论立法行政两机关间之关系，吾人不可不先明因此种关系不同之故而生之种种政制。论者往往分此项政制为三种：即通称之总统制，内阁制，委员制是也。吾以为此种分类法既不甚精确，又不甚赅括。法国一八七一年至一八七三年推而 M. Thiers 为临时执政时之制度，为总统制乎，抑否乎；德国现行之制为内阁制乎，抑否乎；苏

＊　原载《国立北京大学社会科学季刊》第三卷第三号，1925 年。
[1]　本文系就下列各宪法研究而得：（一）丹麦宪法（一九一五年六月五日），（二）墨西哥宪法（一九一七年二月五日），（三）苏俄宪法（一九一八年七月十五日），（四）芬兰宪法（一九一九年七月十七日），（五）德意志宪法（一九一九年八月十一日），（六）秘鲁宪法（一九一九年十二月二十七日），（七）捷克斯洛伐克宪法（一九二〇年二月二十九日），（八）爱沙尼亚宪法（一九二〇年六月十五日），（九）奥大利宪法（一九二〇年十月一日），（十）波兰宪法（一九二一年三月十七日），（十一）尤哥斯拉维亚宪法（一九二一年六月二十八日），（十二）埃及宪法（一九二三年四月二十日），（十三）曹锟宪法（一九二三年十月十日），（十四）土耳其宪法（一九二四年四月二十日）。丹麦宪法已于一九二〇年九月十日修正，今依修正文。苏俄宪法已经多次之修正，惟修正后全文如何，未见刊行，故仍依原文。一九二三年七月六日之苏联宪法与苏俄宪法大同小异，而条文明晰不及，故从略；犹之取纳德国宪法而未及普鲁士宪法也。曹锟宪法与各国有效宪法一并列入者，仅供研究，并非承认，读者幸勿误会。近十年来新宪法尚有南美乌拉哇一九一八年一月三日之宪法，其中新颖之处亦夥，惜原文无从觅得，姑从缺。上列诸宪法或见单行本，或见历年 British and Foreign State Papers，或见 Mcbain and Rogers' The New constitutions of Europe，或见 Revue du Droit Public。

俄现行之制为委员制乎，抑否乎；且总统，内阁等名词亦不甚妥；欧战前德国之制，人称之为总统制，然德国曩时固无总统，故以总统制名美国式之制不妥也。吾意近代政府约略可分四种：其一，曰国会政府分峙制；立法行政两机关不相统属，关系不密，行政机关不向立法机关负责，前者不能解散后者，后者亦不能推倒前者，俗称总统制者属之。其二，曰国会政府协行制；立法行政两机关处平等地位，惟关系密切，政府对国会负责，可解散之，国会亦可推倒政府，俗称内阁制者属之。惟此制显有异同；英制国会政府互为重轻，而法制则重国会，轻内阁，国会可倒政府，而政府无力解散国会；[1] 法制盖距第三制不远矣。其三，曰国会专权制；政府由国会推举，事事受其节制，若瑞士，若苏俄，若普鲁士均是：瑞士之联邦委员院 Bundesrat 由国会选举，受命于国会，苏俄之人民委员院（Council of People's Commissaries）由全俄中央执行委员会（All-Russian Central Executive Committee）[2] 推举，承命于执行委员会，普之国务总理由国会选举，国务院受国会严密之监督，而解散国会之权，则视法国总统更小。其四，曰政府专权制；所谓立法机关有名无实，等于赘瘤，处处仰承政府之鼻息，如吾国现时之参政院，以及袁氏立法院安福国会等皆是；欧战以前德国联邦政府暨各邦政府之大多数均行此制。

窃常以为国会政府间势力消长，以及其他关系，可以人伦喻之。吾之所谓国会政府分峙制，其关系犹如兄弟，二者平等，各不相属，毕生如兄弟，无变动余地。吾之所谓国会政府协行制，其关系犹如夫妇，二者亦平等，协调时则难分彼此，不睦时则互有脱离之余地，犹之夫妇之可离婚，再娶，再嫁，不若兄弟之间，无可取舍也。吾之第三第四二制，国会政府间之关系犹如母子，本枝上下既分，权威当然有大小之别；惟第三者则国会为母，政府为子，第四者则国会为子，政府为母耳。惜兄弟，夫妇等字不合谈法度之用，不然，吾将以是名各制矣。

是四制者，国会政府协行制最通行，国会政府分峙制次之，其余二制又次之。若以进化为衡，则国会专权制为最进步，国会政府协行制次之，国会政府分峙制又次之，政府专权制则不能称为立宪国家矣。

---

[1] 参阅 Robert Redslob, Die Parlamentarische Regierung in ihrer wahren und ihrer unechten Form. Redslob 称英制为 Pluralistisches Parlamentarismus, 称法制为 Monistisches Parlamentarismus。

[2] 今假以全俄中央执行委员会为立法机关，而人民委员院为行政机关。

一 政府对国会之势力

今先讨论负行政权者如总统，执政，阁员，委员之流（统称政府），在立法机关中，或对于立法机关之势力。此层后可分别言之；政府势力侵入立法机关之机会，不外二种：其一，立法机关之组成，召集，开闭，及解散等，其二，立法。兹当详细分别论之：

议员之委任 近世国会类皆有上下二院之分。下院恒为民选。上院则在君主国中为君主所委派者，数见不鲜，如英，如意（一八四八年宪法第三三条），如日本（明治二十四年贵族院组织法第一条），如西班牙（一八六七年宪法第二十条），如战前之奥（一八六七年议会组织法第二至五条），匈（一八八五年上院组织法第一条），其上院议员或为贵族，或为显宦，显宦本人固由君主任命，而贵族起源，亦自封赐。共和国之上院，则欧战前已鲜有由行政机关委任者；新兴各国，惟埃及及尤哥为君主国，埃及上院五分三由民选，五分二由钦命；尤哥无上下院之分。遍考现行宪法，除英日意西埃及及英属自治殖民地而外，无国会议员由行政机关任命之例。

行政人员兼为议员者 在立法行政两机关分峙之国，行政人员恒有不得兼为议员之规定，美洲诸国俱然，墨西哥（第五五条）及秘鲁（第七六条）之新宪法亦有明文规定。在立法行政两机关协之国，内阁对国会负责，阁员殆尽为议员，宪法明言与否，不足轻重；曹锟宪法既采责任内阁制，而第四十五条"两院议员不得兼任文武官吏"，限制阁员兼为议员，畸形不足为法者，实缘制宪者之不明宪政原理故也。国会专权之国，国务大员必为国会会员，苏俄如是（第三六条），瑞士然，土耳其亦然（第四四条），盖非如是不足以收国会万能之效。

国务大员是否为议员所兼，为国会势力之盛衰所系，此点本文下半篇当更有论述。

国会之召集 法国大革命之前，即有所谓各级代表会议 états généraux 者，然召集之权操诸国王，国王百余年不召集，即代表会议百余年不成会；普鲁士在一八五○年前，亦已有相类之会议，然普王恒不召集，虽有若无；故召集权之操于何人，不可略视。近十年来之新宪法中，以常会召集之权付诸政府者，惟苏俄而已。[1]苏俄宪法第二十六条规定"全俄中央执行委员会至少每年召集全俄苏维埃大会两次"，考民国九年仅有一次苏维埃大会，中央执行委员会之召集权似甚有伸缩余地。苏俄而外，政府召集常会之权，限制极严；奥国国会由总统召集，然必于选举后一月内行之（第二十七条）；捷克国会常会亦由总统召集之，然春秋二次必在三月十月中召集

---

[1] 此时暂以行政机关视全俄中央执行委员会，以立法机关视全俄苏维埃大会。

之（第二十八条）；尤哥国会常会由国王召集之（第五二条），然会期为十月二十日（第七五条）；波兰总统亦得召集常会，然会期亦为宪法所定（第二十五条）。故以常会之召集而论，近来宪法剥夺政府操纵之权殆尽，欲如英王之能任意召集国会，或如战前德皇之得上下其手，借国会之开闭，而罚议员之薪俸者，已不可得矣。

惟政府仍操召集非常会之权，遍观近十年来宪法几无例外，[1] 十年前之宪法更然。然召集非常会之权，今亦不限于政府矣：墨（第七八条）德（第三五条）国会有常任委员会 [2] 之设，在国会闭会期内，替行国会职权之一部分，墨之常任委员会且得召集国会非常会（第七九条）；苏俄全俄中央执行委员会亦有领事会 Presidium 之设，亦得召集中央执行委员会。此后此种常任委员会或领事会式之团体通行后，则召集非常会之权，亦或无付诸政府之必要。

国会之闭会　闭会可分数种：国会满期，势必散会，一也；每届常会或非常会，事毕而闭会，二也；事未毕而被政府休会，三也；自行或被政府停会数日，四也。宪法中如"国会开会闭会由国王行之"之条例，不过形式上之开闭，不足重轻，其足重轻者，政府是否有第三及第四种休会，停会权耳；二者之中，前者尤为重要。凡国会政府协行之国，而其宪法为欧战前所制定者，政府辄有休会特权：假如英国国会极力攻击政府办理沪案之政策，为避免困难计，政府竟可宣告休会；战前德国政府遇国会崛强时，亦往往令之休会。新近宪法中仅捷克（第三十条）及尤哥（第五二条）政府有休会权云。政府之有令国会停会数日之权者，较有休会权为多。[3]

国会之解散　政府对于国会最大势力之一，即解散国会权是。此权乃国会政府协行制要素之一，无此权即不成为协行制。美国式之分峙制，政府无解散国会之权；墨西哥无之，秘鲁无之，俱不足异也。新宪法之采协行制者，政府俱有解散下院之权，即埃及亦非例外（第三八条）。在两院制之国家中，解散下院，仿法国制者甚多；[4] 总统非得上院同意，不能解散下院。波兰下院解散时，上院亦随之解散，故下院必不易解散。捷克总统有同时解散两院，或解散任何一院之权，惟总统满期前半年内无解散权（第三一条），盖以防总统擅政之流弊也。丹麦上下两院因宪法问题起冲突时，国王亦得解散上院（第二十二条），此殆鉴乎十数年前英国上下院冲突不休，而作前车之鉴欤？

---

[1] 丹麦宪法第十九条，墨西哥宪法第八九条，芬兰宪法第二十七条，德国宪法第二十四条，秘鲁宪法第七八条，捷克宪法第二十八条，奥国宪法第二十八条，爱沙尼亚宪法第四二条，波兰宪法第二五条，尤哥宪法第五二条，曹锟宪法第五一条。

[2] 用以译 Recess committee, permanent committee, standing committee, 及 Uberw chungsausschuss 等等。

[3] 例，曹锟宪法第八八条。

[4] 例，波兰宪法第二十五条，曹锟宪法第八九条。

以上所述，为行政机关于立法机关成立时，及开闭时所操之权。今请论行政人员于立法机关立法时所操之权。

政府大政方针之宣示　　行政人员对于立法总有几分势力；在政府专权之国，或国会政府协行之国，不必论矣；在国会政府分峙之国中，总统得于国会开会时，提出大政方针，用书面送达，或自行宣读于国会之前；[1] 即在国会专权之国中，行政人员亦得宣示大政方针，如土耳其是也（第三六条）；大政方针牵涉立法之全体，经此咨达或宣读后，立法当大受影响无疑。

建议权　　如国会政府协行，政府当然有建议之权，故芬兰德捷奥波尤哥诸国，[2] 总统，国王，内阁之有建议权不足异。新宪法中之最堪注意者：一即土耳其之内阁亦有提出法案之权（第十五条）；二即墨秘宪法虽多效法美国之分峙制，然其政府亦有提出法案权；[3] 美国总统虽隐操立法大权而绝对不能提出法案于国会，不便滋多，墨秘宪法于此处实较美宪为进步。

参加讨论权　　能提法案于国会，即能出席于国会；故协行制之各国，阁员及政府委员，类能出席于国会，参加讨论，阁员是否同时为国会议员，不论也。[4] 墨西哥总统有提出法案之权，若提出而无人辩护，殊不合理；然总统亲自出席，则不胜其烦，故宪法第九三条规定两院有请求阁员出席两院之权；秘鲁阁员亦有出席讨论议案之权（第一三〇条）；此亦比美宪进步之处。

土耳其宪法第三十二条，明白规定总统无出席国会参加讨论之权，实则即无此种规定，总统亦不能争取此权，其所以明白禁止者，防现任总统默世脱发可迈尔压倒一切而已。

投票权　　非国会议员无投票权，阁员之有投票权者，缘其同时为议员之故，此乃浅显不易之理，新旧宪法俱无异同，故不具论。

法律之裁可及公布　　公布（及印发）法律之权，即在立法机关偏重之国，仍操于行政首领。此无他，法律虽由立法机关议定，而执行仍由行政机关，刻布传达之务，为执行之先声，故由行政机关行使之。新宪法中除爱沙尼亚由国会（第五三条），苏俄由全俄中央执行委员会之领事会颁发外，余均明定或默认此权操诸执政首领之手。

裁可权与公布权不同。议会制定法律，后送交行政首领，如该首领无准许权，则

---

[1] 例，墨西哥宪法第六九条，秘鲁宪法第一二一条。
[2] 芬兰宪法第十八条，德国宪法第六八条，捷克宪法第四一条，奥国宪法第四一条，波兰宪法第十条，尤哥宪法第七八条。
[3] 墨西哥宪法第七一条，秘鲁宪法第一三〇条。
[4] 参阅丹麦宪法第五八条，尤哥宪法第八四条，曹锟宪法第九六条等。

当于规定时间内宣布之，不得别生异议；如该首领兼有准许权，则可考虑法律之内容，而定准驳。驳覆之法，不一其途：其一，交议会复议；其二，留中不发；其三，交国民表决。

查新宪法中，墨（第七二条），秘（第一〇四条），捷（第四七条），土（第三五条）之总统有将国会所通过之法案交国会复议之权。捷克总统不同意法案时，当于一月内退回国会，附加意见，如经国会较大之多数重行通过时，即算法律（第四八条）。

德国总统有留中不发权，如国会议决法案，参政院 Reichsrat 不能赞同时，总统当交国民表决；如不交时，该法案即属无效；易言之，总统乘国会及参政院意见不合时，可将法案留中不发而推翻之。丹麦王亦有留中权，如国会某届通过之法案，于下届开会前未经国王公布，即失效力（第二十四条）。芬兰总统之权更大，渠所不同意之法案，非经新国会重新通过，不生法律效力（第十九条）。墨（第七二条）秘（第一〇四及一〇五条）之制，一如美国，总统如不认可法案，应于十日内退还国会，并附意见，如墨国会以三分二之多数，秘国会以多数通过原案时，总统即有公布之义务。惟美墨有不同处，美国如遇国会闭会，总统无可退回时，法案即失效力；而墨国则即遇闭会，总统仍须于下届开会时，退还再议。土耳其一八七六年宪法，土皇有绝对之否认权，但今则土总统之权，亦不过如秘总统而已。

上述复议，留中二点，十年来与十年前之宪法相比，无甚出入。惟近来政府如不满意于国会所订法案时，可以人民为仲裁者。捷克政府提出之法案，如被国会否决时，得交人民表决（第四六条）；德总统于接受国会所通过之法案一月内，得交人民表决；财政及预算案总统且有特权交付人民表决（第七三条）；又国会以三分二之多数通过已被参政院否认之原案时，总统亦可提交人民表决（第七四条）；以上种种，虽表决之权采之人民，而提交人民之权采之政府，其重要正不可轻视。

细考新宪法中，有公布权而绝无裁可权者，仅尤哥之王，奥波及曹锟宪法中之总统而已。

结论 统观新宪法中，行政机关对于立法机关之势力，就国会之组织，开闭而言，较前世纪有减无增。旧制多贵族院，贵族院之组织多采于国王之手，乃者，两院制已日暮途穷，即有新设上院，亦往往出自民选，故行政机关能操纵上院者极鲜。国会自由集合，不须凭藉政府，即能成会，为近年宪法上显著之点。凡此皆可见立法机关独立之增进。或云，解散国会亦比前世纪为普遍，然此乃责任内阁制之要素，不能即视此为立法机关示弱于行政机关之表示也。

若就立法权而言，则行政机关之势力有增无减。美洲诸国本行所谓分权制者，故阁员无提出法案，出席国会之权，今墨秘宪法已破此例。此后美洲诸国有订新宪法者，恐亦不免效颦。国会虽处处求自立，而法案之裁可，仍大都在行政首领掌握之中。[1]于此可见立法与行政有相混之趋向。

二 国会对政府之势力

立法机关对于行政机关之势力，亦可分二层言之：其一，关于行政机关之置废，及行政人员之任免权者；其二，关于行政者。

行政机关之组织　凡重要行政机关之设置，组织，未经宪法明定者，大概以法律定之。近今趋势，政府于次要机关之设置，渐渐有全权，不受立法机关干涉，惟此点从宪法中无从测度。

行政首领之推选　丹麦尤哥埃及为君主政体。共和国中，墨秘芬兰及德之总统均直接民选，其他各国均由国会选举。[2]惟直接选举与间接选举，与国会政府间关系无甚影响，缘国会选举总统时仅如选举机关，而非立法机关；总统被举以后，亦不受国会何种节制。

俄土以立法机关为主体。全俄苏维埃大会举出全俄中央执行委员会（第二十八条），而执行委员会又举出人民委员院（第三五条），以此人民委员当然受上级机关之节制。土耳其总统由国会推举（第七条），代表国会执行政务，当然受国会严密之监督。

德国国会得以免职之决议，解除总统之职权，如人民投票赞成此项决议时，总统即算免职，否则连任（第三三条）。总统不经弹劾手续而停职，德以前无有也。

阁员之任免　阁员任免恒由执政首领；即在责任内阁制之各国，国会亦不过表示其信任不信任，法律上之任免则仍操之执政首领；国会亦无指明某为首相，某为阁员之权，奥国宪法第七十条规定内阁由国会选举，实开国会选举阁员之先例。

墨西哥总统所任命之高级官吏，须由上院通过（第七六条）；秘鲁总统任命公使及法制院会员时，亦须上院通过（第九十七条）；然墨秘阁员之任命，已无须得上院

---

[1] 实则自人民表决制起后，准许权有自国会移至人民本体之趋向。今仅论立法行政机关之消长，故暂且忽视此点。

[2] 捷克宪法第三八条，爱沙尼亚宪法第五九条，奥国宪法第六〇条，波兰宪法第三九条，曹锟宪法第七三条。

同意，此亦取美国宪法而变通改良者也。

内阁之责任　　内阁对国会负责与否，为国会能监督政府与否之标准。美国内阁不向国会负责，故国会之监督，仅限于违法事件；如政府政策与国会大相径庭，国会亦无法制止之。新宪法中除墨秘两国追随美制外，余皆规定或隐含内阁向国会负责。[1]如国会有两院，则内阁但向下院负责，此层诸新宪法均明白声明，盖所以杜法国上下两院纷争之弊也。

俄（第四七条）土（第四一条）之行政机关既承立法机关而来，其向立法机关负责，更不待言。

大政方针之通过　　内阁既向国会负责，则国会势不能不有信任之表示，其表示之法，往往由新内阁提出大政方针于国会，要求通过。[2]盖大政方针之准驳，为国会行使监督权及参加行政方针之初步。美洲诸国总统于国会开幕时，所致国会之宣言 Message[3] 亦酷类大政方针宣言，然国会无从表示其赞成反对，即无从施其监督。

问难权　　问难之法，大别为二：一为英国式之发问，议员拟成问题，先期通知政府，政府或以口答，或以书面答复；问答俱不得含辩论之性质。二为法国式之质问，表面为要求政府答复疑问，表明事件，实则助政府者或反政府者，借题发挥，藉谋巩固或推翻政府之地位；质问者先就质问之事，大发议论，政府答辩，亦肆极铺张；最后决议纷起，或表示满意，或表示不满于政府之答复，如利于政府之决议通过，则政府可不动摇，不利于政府之决议其效用等于不信任票，本年四月十日，法国上院即采此种手段以倒哀里欧内阁。国会政府协行之国，除英及英属各邦外，英式之发问，不甚发达，法国国会亦有发问之权，然问答皆载诸国会公报之末，不甚引人注意。惟在他国，则辩论无法之烈，而护阁倒阁，亦不尽系于由质问而生之决议，吾国之所谓质问，即其例也。国会政府协行诸国，国会依习惯有质问权，新宪法中间亦有明文规定者，如奥（第五二条），波（第三三条），捷克（第五二条），及曹锟宪法（第六七条）是也。尤哥则发问质问显不相同，国会兼有二者（第八二条）。土之内阁为国会之属员，宜土国会之亦有质问权也（第二十二条）。

查问权　　国会监督政府之工具，问难而外，厥为查劾。查劾亦可分为二种：

[1] 芬兰宪法第三六及四三条，德国宪法第四五条，捷克宪法第七五条，爱沙尼亚宪法第六四条，奥国宪法第七四条，波兰宪法第四三条，尤哥宪法第九一条，曹锟宪法第九五条。
[2] 参阅捷克宪法第七七条，土耳其宪法第四四条。
[3] 参阅墨西哥宪法第六九条。

一曰查问，一曰弹劾。查问者，国会赖以搜集材料，如统计等等，为立法之预备，故为立法机关应有之权。惟查问亦可涉及行政；曹锟宪法有官吏有违法或失职行为，两院得咨请政府查办之条文（第六四条），此种书面式之查办，费力大而收效微，盖政府为袒护官吏时，两院苟欲澈究，非与政府取对敌态度不可。德（第三四条）奥（第五三条）宪法明定国会有推举委员会查究行政之权，以此与曹氏宪法较，德奥宪法远出于曹氏宪法之上，盖行政人员之劣迹，若先经委员会揭破，然后再请政府究办，事半功倍。惟此项委员会亦足以掣政府之肘，妨害行政自由。故在宪法无明文规定之国，往往为立法两机关之争点；国会则援通例以要求委派查究委员会之权，政府则以宪法无明文之故，而拒绝国会之委派；本文仅依新宪法而讨论一切，故此点不能详述。

弹劾权　新宪法都以弹劾总统及内阁之权畀诸下院。[1] 以审理畀诸上院，或特别法院。关于弹劾者，新旧宪法无甚异同。惟关于审理者，则有舍立法机关而委托司法机关之趋势。弹劾手续繁重，不易举行；在司法独立与行国会政府协行制之诸国，政府政策之不当，既得由国会以不信任投票推翻之；政府人员如有违法行为，并须受司法机关之司法制裁。以是弹劾之制，渐成赘瘤。

用决议案以干涉行政　奥国宪法第五二条，国会得提出决议，送达政府，表示行政意见，曹锟宪法亦如是（第六五条）。此实与国会以干政之权。其他宪法虽无类似之条文，然凡国会政府协行之国，国会俱得提出种种决议，讽示政府，如政府不顺从，冲突因而发生，甚至不信任票随之而来。

财政权之参与　预算法虽依法律形式制定，揆诸内容，不过指定各机关各事业之支出，及支用之方法而已，理属行政范围以内之事；然近日立宪国家，莫不视议决预算案为国会最大权力之一，正见国会牵制行政，从财权始。且国会之财权不仅议决预算案而已；若行政机关能不依预算而任意支用，则国会议决预算之权，虽有若无，故近世宪法大都限政府于会计年度完毕以后若干时内，将决算汇送国会议准。[2] 对于此点，十年来之新宪法与从前之宪法无甚出入。苏俄议决预算决算之权属诸何人殊无明白条文。

缔结条约权之参与　按新近各国宪法，凡条约内容变更法律，或为立法权范围以内之事者，大都须由国会同意，方生效力。[3] 平心言之，制定此种条约全权，当属

---

[1] 例，德国宪法第五九条，墨西哥宪法第七四条，丹麦宪法第七六条，曹锟宪法第六〇及六一条。
[2] 例，丹麦宪法第十八条，土耳其宪法第一〇一条。
[3] 例，奥国宪法第五〇条，波兰宪法第四九条，尤哥宪法第七九条。

之立法机关，故土耳其宪法国会有自行缔结条约之条文（第二十六条），由政府缔结法律性质之条约，国会已损失立法权不少，若并同意之权靳而不与，则与国会行使立法权之原理，太相矛盾矣。新宪法中亦有规定任何条约须经国会或上院同意，方为有效者，[1] 此则立法机关侵蚀行政矣，盖条约不尽属立法范围以内之事。

宣战媾和权之参与　新宪法对于宣战媾和，多有缜密之条文。苏俄取决于全俄苏维埃大会或全俄中央执行委员会（第四九条），土耳其取决于国会（第二十六条），其余各国亦皆规定须得国会之赞同。[2] 惟奥宪无明文，然决不能谓奥国会无参与之权，缘如与宪法无冲突时，奥国会得假立法之名，扩张本身之权。

就外务权而言，欧战以后，立法机关监督行政，有继长增高之势。新宪法中关于缔结条约，宣战，媾和之条文，足证此说之不虚。

常任委员会　国会在开会期内，如何监督用人行政，兼而干涉之，已如上述矣。在闭会期内又将如何？墨西哥有所谓常任委员会者（第七八及七九条），即用以司闭会期内之监督且干涉一切者。德宪（第三五条），捷宪（第五四条）亦皆设有此种委员会，全俄中央执行委员会之领事会亦与之相类似，在中央执行委员会闭会期内，领事会之权力几与中央执行委员会相埒。捷克之常任委员会俨然一小国会，除选举总统，副总统，修改宪法，增加人民负担，及宣战外，其他权力一如国会本身。德墨两国之常任委员会，其权虽无如是之广，然其设置之由，要亦立法机关不愿意因闭会而中辍其监督干涉耳。

结论　以近十年来之新宪法与前世纪之宪法相较，行政机关之设置，及行政人员之任用，似有脱离国会干涉之趋向。前者总统多由国会选举，今则民选者日多。美制高级官吏之任命辄须得上院之同意；墨秘宪法大体取镜美宪，然于此点已大有增损；用人之权美总统受国会牵制大，而墨秘总统受国会牵制小。

从另一方面观之，从行政方面观之，则国会势力较昔为增。前者国会之监督行政仅限于国会本身，今则多国有常任委员会之设，以便监督之继续无辍。查问弹劾权，及财政，外务权之参与，亦视前为普遍，为明确，此亦可从上文寻绎而得者也。

---

[1] 例，波兰宪法第四九条，爱沙尼亚宪法第六〇条，墨西哥宪法第七六条，秘鲁宪法第八三条。

[2] 墨西哥宪法第七三条，芬兰宪法第三三条，德国宪法第四五条，秘鲁宪法第八三条，捷克宪法第六四条，爱沙尼亚宪法第六〇条，波兰宪法第五〇条，尤哥宪法第五一条，曹锟宪法第八四条。

政　治　学[*]

中国人研究西方传来之专门学问，往往因名辞不易翻译之故，特别困难。政治学为社会科学之一，社会科学之名辞，即在西文中亦未划一，故以中文讲政治学，真有难上加难之概。然亦不能因噎废食，而不用中文也。余今分九节，以讨论政治学之大概。

（一）政治学之名称及定义　　为讨论便利起见，余即名今日我侪所讨论之学问为政治学，政治学之定义，人各不同，余之定义为："政治学者，研究人类政治活动及其政治组织者也"。政治学之名，在西文中亦不相同，英文有"Political Science；Science of Politics，或 Politice；Political Sciences"等等。而美国哈佛大学，更有"Governments"之称。法文有"Science Politique；Science Politiques"等等。德文有"Staatslehre；Politik；Staatswissenschaft；Staatswissuschaften"等等。就英文论，最普通者，当为"Political Science"。余以为此名尚不及中文"政治学"三字之妥当。因"Political Science"二字，有两缺点如下：

1. Political Science 起自希腊文 Politeia，此字之含义极广极混，尚不及政治二字之较有明显之意义。

2. 有 Science 字在内。政治学是否为 Science 尚属问题，今直用之，似不相宜。

（二）政治学是否为科学?　　科学家对于科学，皆不愿轻下定义；余非科学家，不敢下定义。不过余以为凡科学当具下述之两要素：

1. 有许多有因果关系之事实，可供吾人研究。

2. 于此种事实中，吾人须能得到通律，用以解释相同之现象。就以上两点观察，则政治学距科学的尚远。有因果关系之事实，吾人纵已收集不少，然尚无从研究之而得通律也。欲求政治成为科学甚难，有数种难点今举如下：

1. 政治学中之名辞多普通习用之名辞，不易成为专门名辞。

2. 他科学可以试验而得结果，然政治之现状非同气压或重力可比，吾人无法可使之就范而作吾人之试验。

3. 与政治学有关系之各种社会科学，尚未成为科学，因之政治学亦难成为科学。

4. 研究科学须用客观眼光，而政治学则往往用主观眼光，发表个人意见，此为科学所最忌。

（三）与政治学相关之学问

1. **法律**　政治学与法律，研究同一之事物，不同之点即为研究者所用眼光之异同；如政治学则从组织方面着眼，而法律则从权利方面着眼是也。然彼此之关系当然密切。

2. **经济学**　政治学与经济学亦有密切关系，如一国之预算，在政治范围内，然征税之法则，必须合于经济原理，再必用法律手续通过之。于此可见法律经济两学与政治学关系之密切。

3. **历史**　历史者，乃研究政治学之工具也。无历史知识，即不能会悟一时之政治现状，故不可不知之。

4. **心理学**　如近日北京民众暴动，为政治运动之一，然不知心理学，则不能测知群众之心理，故心理学亦须注意。此外如哲学，生物学等，皆与政治学有关，不必一一详述。

（四）**政治学之历史**　　政治学历史，与政治思想史无甚出入，因一代关于政治之著述，在后人观之，往往为政治思想也。

中国几无政治思想可言，盖中国人对于政治极为重视，《论语》中有许多政治思想在内，其余如《庄子》，《荀子》皆有政治思想在内。不过此等书籍，多半为著者之人生观，故不能承认其为政治思想专书。西洋关于政治思想史之书籍，古时以亚历士多德所著之"Politics"为最重要。亚氏首用比较方法，该书所论政体及政治组织，虽今人亦不能超而上之，其影响于后代政治思想者甚大。

希腊亡后迄十三世纪，对于政治思想之供献，可得而言者，仅以下数端：

1. 大儒派 Stoies 物我同与之说，犹如中国四海之内皆兄弟也之义。

2. 罗马人之一天下主义 Universality。

3. 随基督教而发生之宗教与国家之冲突，由此种冲突，而发生之思想。

4. 封建时代以小事大之思想。

以上所述种种思想，与亚氏之书比，诚有小巫见大巫之概，亦绝少科学精神。至十三世纪，亚氏之书，由亚拉伯文传入欧土，亚氏之说，始得复活。Aquinas，及

Machiavelli 受其影响不少。然中古时代，与之继绝于近代政治思想亦不无供献。

十五世纪民族国家（native state）之说盛兴。此说即一天主义[1]及教团冲突之反动，而天赋法权说（Junaturale），乃封建时代蹂躏人种之反动也。及后法之 Bodin 倡主权论，英之 Hobbes，Locke 及法之 Rousseau 辈出倡民约论。结果，一方促成英国民主政治，而又一方则鼓动美，法之大革命，遂成世界各国之政治制度。自十九世纪以还，经济制度，日臻复杂，代议制度及民权政治亦渐有不适现状之概；主权说亦时遭反对，多元说逐渐通行，职业代表制及苏维埃制或为将来之最普遍者，亦未可知也。

（五）政治学之现状　政治学一科，七八十年前，尚未自成一科。盖政治学大别之，不外政治思想，政治组织，及政治现状而已。思想为哲学之一部，政府之组织，政权等学则大概属于法律。十九世纪欧陆大学分科，只有神，法，医，哲，四科。政治学自成一科，自美国始，欧洲各国仿之不过最近数十年之事也。现在欧洲各国亦有专门研究政治学之学校，如英之"London School of Economics"法之"Ecole de Sciences Politiques"德之"Hochschale Fir Politik"是也。

（六）政治学之分类　政治学之分类，今为表以说明之。

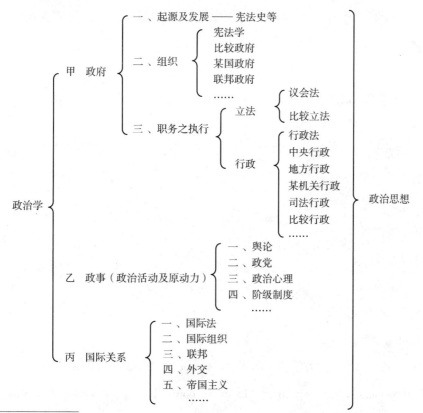

---

[1]　原文"一天主义"，似应为"一天下主义"——编者注

以上分类，如司法则亦在行政之内。主张三权分立者，当然反对；然余则认司法乃行政之一种，故列入行政中。以上各类为余个人之分法，乃聚欧美各学之政治科目而分者，妥否尚待斟酌。

德国政治学者 Jellinek，曾分政治学为两类即：

1. Staatslehre。

2. Polilik。更分 Staatslehre 为普通及特殊二部，然此种分法，不能包含现在欧美各大学之课程也。

各科之偏重，在各国不同，大陆仍偏重组织方面，美国则偏重行政及政事。近年来大陆各大学亦有注重行政及政事之趋向。

（七）政治学之前途　　一种学问，必有一种学问之用途，政治学亦然。今列其用途如下：

1. 政治学可作一种知识研究之。

2. 政治学可当作一种研究方法。学问不同，研究法亦不同。历史有历史研究方法，数学有数学研究方法，而政治学则有政治学之研究方法。此种方法，以时而异。在上古则注意想像，中古则往往为拥护当时之政制，至近世则偏重于福国利民之政治方式之研求。

3. 实用。研究政治学，可谋政治之改良，医学及天文学皆能实用，政治学亦然。

（八）研究政治之方法　　政治学研究方法，可有下列各派，盖视辅助学科而分者也。

1. 历史学派。

2. 法律学派。

3. 心理学派。

4. 统计学派。

5. 人种学派。

6. 生物学派。

7. 经济学派。

8. 社会学派。

9. 比较派。此派之方法自古即用之，Arstotle 之 "Politics"；Bodin 之 "Lessix Linres De La Republique；Montesquien 之 "Esprit des Lois"，Brgee 之 "Modern Democracy"，皆自比较而得者也。

钱端升文集

（九）政治学之将来　　政治学之将来，视其能否成为科学而定。盖学术可分为两种：一为艺术（Arts），一为科学（Science）。政治学离艺术甚远，如能成为科学，则当可自成一家，在社会科学中，当可占位置。否则恐仍不免介于哲学法律之间。政治学在今日之特点，则有下列数点：

1. 比较方法，用之者日多一日。

2. 忽视政体方面之研究，而重视职务方面之研究，忽视形式方面之研究，而重视运用方面之研究。

3. 国际关系之研究，渐为一般人所注意。

4. 分类繁多，日甚一日，如美国近年竞作市政之研究更为之分门别类。然往往有轻重失均，舍本逐末之弊。

5. 设置研究学为特别机关。如德，法各国，皆有政治学院，中国近日亦有政治大学之设，而美国更多政治研究所。长此以往，政治学当不难就为科学，而在学术中占一位置也。

德谟克拉西的危机及将来

一

从古希腊一直到现今，"德谟克拉西"向为当国者，论政者，及学者们讨论最详密频繁的题目之一；关于它的论著文字，无论为释义的或阐理的，为叙述的或历史的，为赞扬的或贬斥的，为辩护的或怀疑的，诚有册帙浩繁，不可卒读，亦不可尽数之概。然距今四五十年以前，所有的著作大都是阐释或记实的，很少贬斥或怀疑之辞。这是因为我们如和柏拉图亚里士多德一样，把德谟克拉西看做一种政体，当作平民政治讲，则我们要自法国大革命后始可看见平民政治的渐次通行。制度不行则弊不著，贬斥怀疑自亦无从发生。最近半世纪以来，民治政体较前通行，流弊渐著，于是诋斥德谟克拉西的文字亦日见繁多；即世所公认为信仰平民政治最坚决的白赛斯（Bryce），在他的《近代平民政治》中，亦不敢侈陈平民政治的美德，而隐讳它的短处。白赛斯的书虽出版于世界大战终结之后，而实作于大战开始之先；采用民治政体的各国，所遭因大战而生之打击，白氏多半未遑论及。至于近数年来盛行的独裁政治则发生于书成之后，白氏更无从前知。设天假以年，而白氏能于独裁政治盛行以后，[1] 有订正《近代平民政治》的机会，恐怕他对于平民政治一种悲观的，失了把握似的论调，比原版中还要加甚，即使他仍不至于绝望，仍不至于怀疑它的将来。而且近二十年来批评德谟克拉西的文字实在太多了，实在会使一般人寒心。就如在崇信德谟克拉西极坚的

＊　原载《国立武汉大学社会科学季刊》第一卷第一号，1930年。

[1]　白赛斯（Bryce）殁于一九二二年正月，在意，土，西等国建立独裁政治之前。当时苏维埃的真相也没有十分正确表露；Modern Democracies 出版于一九二一年。

美国，十余年前批评的文字还是绝无仅有，而且为公论所不容。[1] 但近来则批评的文字也成了司空见惯。这种变迁也是白赛斯在写《近代平民政治》时所没有见到的；他的心目里尚以美国人为十分满意于平民政治的。

那末，德谟克拉西究竟是好的还是坏的呢？仍旧有望呢，还是因为责言太多，我们便可宣告它的末日将至呢？在这篇文章中我打算要把德谟克拉西在晚近所以遭人怀疑，轻视，甚或唾弃的原由及言论，解析讨论，从而推测到它的将来。这些原由及言论是十分庞杂的，我现在所讨论的，当然只能以重要的，及我所知道的为范围。

二

德谟克拉西的意义先得说明。

德谟克拉西有广义狭义之分。就狭的说，德谟克拉西（Democratia）是一种政体，是平民主政的一种体制；"德谟"（Demos）在古希腊时本为平民，而"克拉西"（Kratia）即治理，治理团体，或治理阶级之意。就广的说，德谟克拉西是一种理想，是深信常人或凡人俱可以达到某种完美的生活的一种理想。理想不是事实，而是希望能成为事实的一种目标。

德谟克拉西的目标在建立人人自立，人人平等的社会。合起来说，在理想的德谟克拉西的社会中，社会是大家共有的，大家对于社会的关系也是一样。或者照杜威所说，"人人能感觉到共同生活的各种涵义，就是德谟克拉西的真观念。"[2] 分开来说，人类照德谟克拉西的理想而生存时，社会生活的各方面，以及各种组织俱得德谟克拉西化。政体须采民治，固不必论，即经济团体，宗教团体，以及其它一切团体的组织也须以平民平等参加为基础。政治经济的生活固须平等，即文化理智的生活也须有向上的共同标准。

广义的德谟克拉西实是可虚可实的一种观念。它是哲理上，论理上一个空想，它也是社会组织的一种体制和人类活动的一个原则。狭义的德谟克拉西则仅是政治组织的一种体制和政治活动的一个原则。广狭的悬殊也于此可见。

我们并不采用广的意义，一来因为广的范围太泛，缺乏一定的意义，也不是一篇

---

[1] W. G. Sumner 在一九〇七年出版的 Folkways 中（七七页）曾说："德谟克拉西（在美国）是不容置喙的。你可把它捧得高高的，赞美它，颂扬它，但不能据实分析它，或评论它，好像你可以分析或评论别种政体。如果你真去分析或评论它的话，不但没有人会听你，而且你会受辱骂。"白赛斯也说过德谟克拉西在美国和加拿大差不多是不受批评的。《近代平民政治》，一卷，二三页。

[2] John Dewey, The Public and its Problems，一四八页。

短文所能照顾得到；二来因为理想往往根据于主观而生，不易作客观的观察。我们所欲讨论的是狭义的德谟克拉西，即平民政治。

然而平民政治究当怎样讲呢？林肯"民治，民有，民享"的定义实在没有定什么意义，因为"民"是什么，"治"，"有"，"享"，作什么讲，都没有确定。马祭尼的定义，"因全体（人民）在贤明的领袖之下，一致努力，而全体得以上进"则更空泛，不着边际。只有白赛斯的定义较为准确，他主张凡是全体人民（或全体人民四分之三以上）所票举的政府就可叫做德谟克拉西。严格的说起来，他的定义也有很欠妥当的地方。未成年的儿童不算在全体人民之内尚有可说，但成年女子那能不当做人民看待？如果把女子算做人民，白氏所列举的法，意，葡，比等国，[1] 又那一个能合四分之三的条件？那配称平民政治？幸而我们也可不必过分拘泥于女权问题。成年女子什九是成年男子的妻室，夫妇间的利害又什九相同，在一般的国家女子有没有政权本不能对于政治发生多大影响。[2]

三

平民政治在近百年来诚有某教授所谓所向披靡，无往不克之势。[3] 有时即发生一些打击及障碍，终不能中止它的前进。在前世纪上半叶只有美国及瑞士可说是民主国，到了前世纪终则法国及西欧多数的小国，南美洲几个较先进的国家，英国和它的许多自治殖民地俱已由君主政治，贵族政治，或军阀政治进而为平民政治。欧战时协约各国的口号之一即是使平民政治能安全存在于世，所以欧战结束后，许多向非民主的国家，甚至向来反对民治最力的国家，也一一采用民治政体。若以数字而论，欧战后的一二年要算民主国建立得最多的一个时期。

然而"泰极否来"，平民政治最大的难关不意竟于此时相随而起，反民主的独裁政治竟相继发生，蔓延全球。当梅特涅的复辟政策弥漫欧陆的期间，德谟克拉西的火焰固然也曾稍戢一时；当卑斯马克的军国主义震慑中欧的时候，平民主政的呼声固然也遭重大打击；然而平民政治在那两时期中的挫折还是浮表的，局部的，平民政治的潮流仍在不断的滔滔前进。近几年来则情形与前不同；不但反民主的独裁制风行一时，

---

[1] 《近代平民政治》，一卷，二二页。

[2] 选权的扩张对于政体有很大的影响，例如十九世纪中英国三次的选举改革。但英德美准女子有选权以来，政治上因之而生的变动极少。

[3] John Simpson Penman, The Irresistible Movement of Democracy, 1923.

且人民似有厌倦德谟克拉西的样子。究竟近几年来的变动仅是过程中的一种挫折，还是新趋势的一种肇端？要答覆这个问题，我们先得详考独裁制的内容和性质。

新流行的独裁政治，[1] 大别之，可分为两种：一为苏俄式的阶级专制，一为意大利式的独夫专制。两者俱和平民政治背道而驰。还有第三种的国家，政体恒为共和，而实则由拥兵领袖互为消长，政权得失不由票决而以武力，比如南美中美许多国家，和波斯，阿耳巴尼亚等等。但这种国家可以略而不论，一因它们的政象是百年来常有的，不是近几年来新的现象；二因在这些国家，投票向来是假的，所以照白赛斯的定义它们也从未入过平民政治的途径。

苏俄式的独裁政治起于一九一七年，于一九一八年曾一度推行于匈牙利。意大利式的独裁政治起自一九二二年。西班牙仿效意大利所为，自一九二二起亦采用独裁制，亘六年余之久。它如土耳其，希腊，波兰，尤哥斯拉夫等国亦相继树立独裁政治。它们的独裁者虽未必定以莫索里尼为张本，但独裁的精神则并没有多大的分别。

苏俄的独裁制和平民政治根本上不同的地方在阶级的观念。共产党主张消灭劳动以外的一切阶级，所以不把劳动以外的人当做人民看待，也不让他们有一切政权。因此，从不相信阶级斗争的人们看起来，苏维埃政治正是平民政治的相反；相反的程度比君主政治或贵族政治还要绝对，因为没有一个君主或贵族会像共产党摈斥非劳动者那样去摈斥平民参政的。但从马克斯列宁 [2] 那班笃信中等阶级的平民政治（Bourgeois Democracy）非真正平民政治的人们看起来，苏维埃独裁不但不和平民政治触突，而且为趋向平民政治必要的途径。在本文中我们不能讨论阶级斗争之说，所以我们只能暂时断定苏维埃独裁为平民政治之敌。但我们却不必因世上有那些独裁政体而遽为平民政治作悲观，因为如果阶级斗争之说毫无根据，则苏俄的独裁早晚将如昙花一现，不足为平民政治之患；如果共产主义可以实现，则舍劳动者将无其他平民，劳动阶级独裁岂不就等于平民政治？[3] 我们倒不因劳动阶级要独裁而为民主制度担忧，在独裁阶级的本身中没有德谟克拉西的精神和组织，却是平民政治的大患。列宁等虽以建设劳动阶级的平民政治自许，然小之在共产党中，大之在苏俄的劳动阶级中，大权岂不

---

[1] American Political Science Review,1927，五三七页有一文论欧洲的几个独裁政治。又 Revue de Droit Public, 1928，五八四页，也有一文论平民政治的危机。这两篇论独裁制颇详，可参阅。

[2] 参阅：Karl Marx, Civil War in France; Nicholai Lenin, The State and Revolution, 第三第四章；The Proletarian Revolution, 第二章；Clara Zetkin,From Dictatorship to Democracy;N.Buharin and E. Preobrazhensky,the ABC of Communism 第六章。马克斯在他的书中虽反对国会，却还赞成普选制度。到了列宁手中，则选举权只能由劳动者独享了。

[3] 白赛斯似亦相信共产国家终必做到平民政治。Modern Democracies, 二卷，五八六页。

尽操诸于一个或几个恣睢自雄的领袖之手，那留一些共主共治的余地？不过这种少数专制是独裁政体中共有的现象，等一会我们可以一起讨论。

意大利的独裁常人恒视为和苏俄的独裁相反，一即所谓极端右倾的独裁，一即所谓极端左倾的独裁。两者间不同的地方固然很多，但我们如把经济思想的背境弃而不论，则它们实在是非常相似，尤其从平民政治方面去观察它们。俄的独裁，凭藉一党（共产党）的势力，意的独裁也是这样。俄国的政权在共党，共党以外的劳动者虽投票而等于不投票，意的政权在法契斯帝党，非法契斯帝的人民虽投票亦等于不投票。共产党有列宁，法契斯帝党有莫索里尼。于本党内两者俱握有绝对的威权；他们的意志就是党的意志。以国家而言，俄意俱由党来独裁；以党而言，共产及法契斯帝俱受党魁的专制：不特在国内没有德谟克拉西，在党内也没有德谟克拉西。

俄意的政治俱是以武力为基础的。在民主国家，官吏须由人民选举（间接或直接），法律须得人民同意（间接或直接），在俄意则政权的取得由于武力，政权的维持也由于武力。选举可以威胁，法律可以漠视，举凡民主国家所视为神圣的名器，俄意俱可以一扫而尽。

俄意两独裁制的起源也是相像。十月革命所以能爆发，能成功，是由于卡伦斯基政府的软弱；一九二二年十月法契斯帝党人能入据罗马，能迫国王命莫索里尼执政，也是由于先前的政府失了统治能力。在乱世，在国家危急之秋，人民所希望的就是强有力的政府，而所谓平等自由转居次要的地位。这种象征在欧战中早已充分表现。鲁意乔治及克来蒙梭的政治都是比较专制的，前于他们的政府比较都要尊重德谟克拉西些，然而英法的人民反而欢迎他们的政府。美国人民也是酷爱自由平等的，然而威尔逊的战时政府也可忽视民权而不遭抵抗。这都是因为人民在危急时求安全比求德谟克拉西还要热切。所以根据晚近的经验，我们也可说：除非平民政治在国家危急时能和别种政体一样，或比它们更要有力，则国家纷乱时，反平民政治的各种政体，像俄意等国的独裁制，极易应时而起。这一点是凡关心平民政治者不能不十分注意的。

在事实上，或可以说是设施上，俄意两国的独裁固然十分接近，然在理论上，或可以说是形式上，两者间也有不同的地方，而法契斯帝主义尤为德谟克拉西的大敌。共产主义者只仇视所谓中等阶级的德谟克拉西，却没有反对德谟克拉西的本身。但莫索里尼则公然自夸他的主义为世界新主义，为绝对反对德谟克拉西的新主义；德谟克拉西为一七八九年法国人的旧主义，法契斯帝主义为意人今日的新创作。[1]共产党的理想在化全体为劳动者，再建立平民政治；莫索里尼则根本不信平民应共同参加政治，他信只他自己有执政的能力，他去后的政权应归何人行使则他从未明言。

因为共产及法契斯帝两党对于政体的观念根本不同，所以俄意的政治组织也不相同。实际上苏俄政权也操于很少数人之手，但理论上它的是委员制最发达的一个国家。共产党的组织采委员制，政府的组织，甚或行政各部政组织，亦采委员制。法契斯帝党及意政府离开了莫索里尼个人，便会不成为党或政府的；党的评议会（Grand Council）及政府的内阁实不过是莫氏随便拉拢而成的团体罢了。而且莫氏不仅是事实十分有权力的首相而已。他的官职虽叫首相，像英的或法的一样，但他的地位连欧战前的德国宰相也不能比拟。英法的首相是对于国会负责的，德国旧日的宰相至少也得向德皇负责；莫索里尼则不但不对国会负责，也不向意王负责。他是唯一的独裁者，法律上，和道义上都没有制裁之可言。我们用一句粗的话，他真是以"替天行道"自命者。因此，俄意间还发生了一种次要的区别。在苏俄只是各权相混，无论立法行政俱集中于苏维埃的中央机关，而意大利的政府则只见有行政机关的独雄，而不见立法及司法机关的并立，因为后者俱处于无足重轻的地位。

共产党和法契斯帝党对于各个人民行使政权的见解也不尽同。苏俄的投票权是属于个人的。投票权未被剥夺的人民，人人有投一票之权。在意大利则不然。当国会讨论新选举法时莫索里尼曾亲向下院宣言："我们今日（一九二七年五月二十六日）将虚伪欺世的民主普选制度永葬地下。从明日起，我们的下院应由全国的社团组织（Organisotions Corporatives de l'Etat）选举代表充任"。[2]这里所谓社团组织实即生产团体（Syndicat）。照意国一九二八年颁行的新选举法，[3]下院议员的候补人概由这种生产团体选出，由法契斯党的评议会加以抉择，再由人民投票赞同。所以在实际上下院确为这种生产团体的代表机关。个人只有赞同权，[4]没有选举权；选举权不在各个人民的全体，而在生产团体。但所谓生产团体也并不是凡从事于生产者即可平等参加的团体，只有法契斯帝党人所主持的团体才能得到政府的承认，而少数党人所把持的某种生产团体又可代表全国从事那种生产的人民。所以我们可说，在苏俄凡劳动者俱可有

---

[1] 见莫氏一九二六年四月七日在罗马的演说。Revue de Droit Public et de la Science Politique，Année 1928，五九七页。

[2] 参阅：Edmondo Rossini La Portée du Syndicalisme Fasciste.

[3] 关于选举法的内容可参阅：American Political Science Review,1929，一三九页，本文未便详叙。

[4] 事实上只可赞成而不容反对。

选举权，而在意大利则选举权根本不是可以由个人行使的。

俄意对于地方政府所采的态度也不相同。俄采苏维埃制，所以政策可集中于中央，而执行则分散于地方。意大利向为中央集权的国家，自法契斯帝党专权以来，向心的倾向较前尤著，各城市各地方的民选议会及长官也一一废止，而以中央委派的官吏为替。这也为苏俄所无的制度。[1]

俄意而外的独裁政体，只有土耳其及尤哥斯拉夫应当稍有说明，其余的都是俄意具体而微的，可以略而不论。即如现已成陈迹的里夫拉独裁制（Riverism）也不过是法契斯帝独裁制的化身而已。

土尤的独裁在精神上和拿破仑的相近，土总统克迈耳和，尤王阿历山大俱以能代表全国民意自命，惟采用的方法则不尽相同。克迈耳假国会以实行独裁，国会是他的假面具，土耳其国民党是他的工具。阿历山大则解散国会及一切政党而实行独裁。[2]土尤与意大利相同的地方在都是个人独裁，相异的地方在对于平民政治观念的各异。莫索里尼根本蔑视平民政治，而克迈耳及阿历山大，无论他们的用心如何，尚以筹建真正平民政治为号召。

就近今各种独裁制比较起来，我们觉得意大利的尤为德谟克拉西的大敌，与德谟克拉西不能相容。第一，在理论上，法契斯帝主义是要根本推翻德谟克拉西的，莫索里尼根本就瞧不起平民。第二，莫索里尼自视他的独裁政治为一种进一步的政体，是可以日臻完全的政体，不像苏俄的阶级独裁只当为达到真正平民政治的一种工具。除此而外，三，尚武力不尚法治。四，独裁为无力政府的归宿，则为各种独裁制共同的流弊。

从理论上说起来，独裁制的根据本极薄弱。意大利的独裁制就是专制政治之一种，而专制政治之不相宜早已成为定谳；苏维埃的独裁政治则自承为过渡的局面，非平民政治的仇敌。从施政上说起来，即使俄意现今的政治能比独裁以前的好些，那也不过是独裁和无力政府间的比较而已。若以俄意和平民政治确立的国家，如英如美相比，就连俄意的当国要人恐也无可自得。

我们不特不能因独裁政治的盛行而遽疑平民政治的不行，且不能因而视为平民政治推行的障碍。独裁的所由起，固然由于政治的纷乱和权力的微弱，但我们再一细考纷乱微弱之所由起，则我们绝不能归罪于平民政治。现今采用独裁政治的各国，以前俱没有入过真正平民政治的康庄大道。独裁以前的政治，不论帝俄，回土，民族庞杂

[1] 地方自治向被视为平民政治基础之一。参阅 Adolphe Prims, De l'Esprit du Gouvernement démocratique。
[2] 参看 American Political Science Review, 1929, 四四九页, "The Dictatorship in Jugoslavia"。

的尤哥斯拉夫，政变迭起的波兰希腊，军阀贵族交争下的西班牙及匈牙利，都不能说是平民政治；独裁政治也不是替代平民政治而起的。只有一九二二年前的意大利要算比较的民主，然而我们又那可因一个孤例而遽以独裁政治为平民政治的归宿？

而且独裁也不是最近的现象，历史上甚多独裁的例证。细考独裁的前因后果，我们可推得下列的变化：政治太窳败或太专制则生革命；革命的政体往往倾向民主；人民因不习政治之故，革命的政府往往乱而无力量；人心厌乱，强有力的独裁政府因之而起；但独裁是独裁，无论治安方面怎样可靠，而专制必达于极点；人民因回想到初革命时之自由，终必采纳一种能维持革命时的权利而又不过于激烈的政体，这种政体往往是一种缓进的平民政治。[1] 以上所说的各种步骤固不能视为分毫不爽，但试以解析历史上各种独裁政治则几一一吻合。英国十七世纪的革命及克伦威耳（Cromwell）的专政，法国大革命及拿破仑的称帝，墨西哥革命及第亚士（Porfilio Diaz）的秉国，西班牙的纷乱及里夫拉的独裁，凡此种种的前因后果，几无不与上述过程一一符合。历史的悬拟固然不易准确，但莫索里尼既不能长生不老，则意大利亦总有脱离莫索里尼执政的一日，将来的意大利谁也不能否定它会归于平民政治的途径的。

照上所说，平民政治遇到不能应付严重时局时，固然有发生独裁的可能，但平民政治并不因独裁而会一蹶不振。且严重的时局本不易应付。欧洲大战时所产生的局面，英法等民主国家固不见得应付裕如，然俄土德奥等非民主国更呈应付不灵之态。所以我们只能说平民政治尚不能防止独裁的发生，但我们不能说它是酿成独裁的原因。

且就事实而论，独裁的盛行也没有中止平民政治的进展。在意西等国，独裁者最专制之时亦即宣传平民政治最得力之年。裴勒洛（Guglielmo Ferrero）及易柏南（M. Ibanez）虽流亡在外，不为莫索里尼及里夫拉所容，然而意西人民转因这两大领袖的大声疾呼而对于平民政治有较深刻的印象。在没有独裁制的国家，则平民政治更进展无已。日本素称反动，然选权亦一再扩张，逐渐普及。至于女权的取得尤为西方各国普遍的行动。我们尽可不必因独裁制的横决，而闭目不见民主制的前进。

四

独裁的盛行足以使平民政治减色，且丧失信用，非议的文字也因而日见其多。此外，

---

[1] 参阅 Joseph Barthélemy 论代议政治的危机，*Revue de Droit Public et de la Science Politique*,1928,
五八九页。

还有一种原因也足以减少世人对于平民政治的热望及关心。大凡政治的措施都是有为而发，平民政治即为补救君主政治，贵族政治，及先前一切政治的积弊而成立的。狡兔死，良弓藏；平民政治推行既久，旧日的弊病困难既一一解除，而新的弊病困难则与时俱生；于是常人对于平民政治的热忱因而锐减，[1] 于是反面的文章也乘时而起。王权神圣之说为前几世纪攻击的目标，而民权神圣之说则为今世纪攻击的目标；平民政治本未必为理想上完美的制度，实行上更未臻尽善尽美之境，表示不满的批评又那能幸免？怀疑，批评，诋斥平民政治的言论可分做五种讨论。

（一）第一种的议论根本由于轻视平民。因为怀疑平民的道德，小视他的能力，鄙薄他的智识，所以便不能相信他的政治。前辈如梅恩，勒岐，大希带耳，法给，近人如柏诺意，克拉姆，马罗克，衰歇 [2] 等等也不过是无数人中的代表而已。他们觉得平民政治多变动而缺乏恒性，只顾目前而不计将来，无知无能者居上位，而贤者远蹈，执政者又懦怯，又贪鄙：凡此种种，他俱归罪于平民的劣根性。实则这种观察殊欠公允。平民固没有像班恩（Tom Paine）或杰孚生（Thomas Jefferson）所夸赞的尽善尽美，然那一种人一定是更善更美？无恒性，无远谋，不勇敢，不廉洁，既非它种政治之所能免，亦非平民政治之所独有。梅恩及法给的书中固然举了许多实例，然而吹求过甚的例子那足以举一而反三？

而且现今的政治根本和昔日的不同。昔日的是消极的，人民除了守法度日外几不会与政府发生关系。现代的是积极的，政府的威权几无时无地不临到人民的头上来。平民如不参加政治，或政治而不是以平民为对象，则为政很少成功的可能。莫索里尼的所以能收一时之效亦因他能以为民谋利为号召。但独裁者当权愈久，则离平民亦愈远，纵令极精明强干之能事，亦终必因不能和平民调和而归于失败。[3] 有人谓近代国家的职务在调和通行的法律和人民的德行及生活。如果此说而富有根据，则除了平民政治外，更有那种政治可以完成国家的职务？

---

[1] 参阅 Bryce, Modern Democracies，一卷，四一页。

[2] Sir Henry Maine, Popular Government,1886；William E.H.Lecky,Democracy and Liberty,1899；E. D.Eichthal,Souveraineté du Peuple et Gouvernement,1895；Charles Benoist,La Crise de l'Etat Moderne. De l'Organisation du Suffrage Universel,1897；Emile Faguet, Le Culte de l'Incompétence, 1910; Ralph Adams Cram, the Nemesis of Mediocrity, 1917; William H. Mallock, the Limits of Pure Democracy, 1918; Alphonse Séché, Le Dictatur, 1924。

[3] 参阅 L. T. Hobhouse, Democracy and Reaction，一八六页，及 Delisle C. Burns, Democracy: its Defects and Advantages，一八九页。加富尔统一意大利后，有一歌功颂德的议员尝同他说：“如果在专制政治之下，你的成功必更易而速”。加氏大不谓然。加氏曰：“我之所以能为首相，且为成功之首相，完全因为我生长在宪政之下。专制国家之相只能命令，但我以劝导得来之服从，其力量弥大。最坏之议会政治尚优于最好之反议会政治”。（见 M. Paléclogue, La Vie de Cavour）加莫两氏的态度颇值一比。

钱端升文集

（二）另有一种人则以不文不雅诋毁平民政治的，他们都是感情用事的人。他们以为近人的文物礼貌，不如古人，而退步的缘故，则由于平民主政。[1] 有人甚且诋平民政治为缺乏浪漫性。然这类批评诚不值一驳。我们不能因朝廷或贵族生活之繁华而鄙弃平民政治的质朴，犹之，我们不能因农用牛车的富于浪漫性而漠视汽车的功用。且文物礼貌嗜好等大部本属主观问题。谓昔时的一定比今时的好，除了迷信古代的人们外，实无人敢作此语。古今间最大的不同：就是古时参差性大，而今则举世皆同。今日之雷同（或称标准化），本由于交通便利者多，而由于平民者少。[2] 且参差未必是美德，同亦未必不好。古代的贵人固以斯文著称者，然其对奴仆之残酷，或酗酒时之粗戾，宁是今人能梦想所及？今人无论贫贱富贵类皆具有相当的礼貌及审美能力，又岂是古人所能比拟？所以感情作用的批评，实是抹杀事实而已。

（三）老实说，发为上述两种论调的人都是未能忘情于君主或贵族生活者。最近更有一班人则想从心理及生物上来证明人类的不平等和平民的低下。[3] 如果人类根本不相等，劣等的人，无论本身或子嗣，总不能改良，则政治天然亦不应公诸大众，而平民政治亦顿失立足之地。然这点迄今尚无可靠的证明。[4] 历史上许多闻人固然出于闻人之家，但也尽有平民的子弟登峰造极而领袖全民者。

（四）上述三种论调大都流于浮泛，而缺乏客观性。还有两种批评比较地要实际些。一种是因为发现平民政治组织或构造上的缺陷而产生的。第一，民主国家一定少不了政党，而政党政治的倾向总是少数人操纵一切，实际上造成头目政治（Oligarchy）。[5] 所以有些人虽不根本反对平民政治，却要提议改组政党，甚而主张废除党见甚深的政党（Partisan Parties），而代以因故特设的政治集合或团体，事毕即解散另组。我们固希望政党的组织可以改善，头目政治的倾向可以取消，我们不必为它们辩护；但我们也不能因政党没有改善，头目政治的倾向没有取消而即谓其它政体可

---

[1] Emile Faguet, Le Culte de l'Incompéténc, 九章；Nicholas Murrcy Butler, True and False Democracy, 1907; Henri Chardon, L'Organisation d'uve Democratie, 1921.

[2] D. Delisle Burns 则以为文教（Culture）的衰落由于宗教，学校，及报馆的因循旧习，没有革新精神所致。见 Democracy: its Defects and advantages，一八九页。

[3] 参阅 G. Le Bon, La Révolution Francaise et la Psyehologie des Revolutions, 1912; William McDougall, Is America Safe for Democracy, 1921; N. J. Lennes, Whither Democracy？1927. Le Bon 及 McDougall 从心理学，Lennes 从生物学，极言人类之不等，如平民主政，则政治文化将每况愈下。照 McDougall 的见解，天赋甚高的人在上等社会中所占的成数要比在中下等社会中为多。

[4] 参阅 A. A. Tenney, Social Democracy and Population, 1907; Franz Boas, The Mind of Primitive Man, 1911; P. A. Means, Racial Factors in Democracy, 1918. Tenney 研究的结果，以为生物学上的事迹并不和平民政治不相容。Boas 及 Means 则否认种族间有天生之优劣，所以亦可共同主政。

[5] M. Ostrogorski, La Démocratie et l'Organisation des Partis Politiques, 1903; Robert Michels, Les Partis Politiques. Essai sur les Tendances Oligarchiques des Démocraties, 1914; Mallock, the Limits of Pure Democracy; Henry Ware Jones, Safe and Unsafe Democracy, 1918.

优于平民政治。平民政治是多党的政治，所以即使政党尽为头目所把持（这也未必尽然），至少人民还可以从多个头目政治中挑选一个来主持国家的大政。但在非平民政治的国家，无论为君主政治，或是独裁政治，人民连挑选的自由也没有了。近代的国家，不论采用那种政体，大都须以民意为后盾，得民者昌，失民者亡。然人民的程度还不够产生真正的民意，所以在比较民主的国家，民意都是由政党的领袖制造出来；而在比较专制的国家则由政府制造。在多党的民主国家，人民还可挑选一种造成的民意而奉为己意；在无党的专制国家，或一党的独裁国家，则人民只有接纳唯一的所谓民意。由此以观，政党政治纵易流为头目政治，然多党的平民政治总还胜于它种政体。

还有人以为平民政治和频繁的选举是离不开的。选举的官吏往往不是专家，所以行政不良为平民政治的通病。因此有人主张平民政治的救星在任用专家员吏，而减少选举。[1] 然平民政治本和专家行政不相冲突，选举制度也尽有改良之可能，近二十年来选举的效率已比从前增加不少。选举又安足为平民政治的隐忧?

（五）平民政治运用的不良也给人以许多批评。自由本为平民政治目标之一，但事实上则有平等，便无自由，平民政治的结果使庸者跻于能者的地位，有群众的妄同而无贤者的自由。[2] 微弱无力本不必为平民政治应有的现象，但事实上每因各机关间相互控制之故，平民政治几等于无力政治。不满意于平民政治者每把欧战时英，法，美，诸政府的行动的滞笨归罪于平民政治。实则政府是否强而有力或软弱不堪，由于国土的广狭，民族的异同者居多，而由于政体者居小。瑞士守中立之难，不亚于作战，然瑞士政府并无软弱之迹；反之，俄帝国非平民政治，但俄政府之不济事尤甚于英法等国。至于自由也不是在民主国家为独少，自由本是主观的一种观念。偏向贵族政治的梅恩固觉得在民主国家不自由，但在君主或贵族政治的国家平民更会觉得不自由。

再者平民政治免不了选举。选举应推贤者能者。不满意于平民政治者颇以当选者之庸碌为非议。法给谓人民所选的代表必和人民一样无识无知，卓越的人不易当选。[3] 这也许是确的。不过我们也可答辩。第一，平民政治以平民为基础，平民的程度高则所当选的代表也高，人民程度低，代表也低。平民政治目标之一即在提高人民的程度，所以当选者即不能高出于选者多少也不足为患。且代表的知识高卓固然极好，而尤贵能见信于选者，能为选者所了解。苟仅智识卓绝而不为人民所信所好，则政策将难以

---

[1] Arthur George Ledgwick 在 The Democratic Mistake 书中痛斥选举太多之妄，而提出 Good civil service 为救济平民政治一切弊病之方。

[2] 见 Sri Henry Maine, Popular Government。

[3] Faguet, Le Culte de l'Incompétence，第一章。

推行，而政局立见解体。所以民主国家主政者人物之平庸未必就是不好。

五

在平民政治的构造及运用上固然有许多弊病，许多缺点，但评判一个制度应采比较的标准，应和相替的制度比较，不应单从理想；更应就大体立论，不应就局部吹毛求疵。近年来批评平民政治的文字固然多至不可卒读，但一大部分尚脱不了德人所谓"倾向书"（Tendenz-werke）。一大部分的作者先有一个厌弃平民政治的目的，然后再找些破碎的事实来充实他们的立论。梅恩法给等本是学者，但狃于成见，对于平民政治的观察已失公允，次焉者更不必说。还有些人，则因为发现一二坏处而攻击到平民政治的本身。[1] 他们也是不合逻辑。我们如用比较的眼光以论平民政治的得失，我们殊无失望的理由。英，美，法，德，为今日实行民治的四个大国。我们如以大多数人的安乐，财富的平均，穷困的累减及救济，民智的普及，女子的自立——姑举数例——为政治善良的标准，[2] 前代的英，法，德能不能与现代的英，法，德比美？前代的大国，如罗马帝国，中古帝国，能不能与现代的大国比美？即向以诋毁所谓中等阶级的平民政治为能事的共产党人亦且承认它（中等阶级的平民政治）比君主政治和贵族政治进步多了。[3] 所以我们和白赛斯同样的对于平民政治希望无穷，[4] 我们更断定凡背了平民而独裁的政治终将归于无成。

十九，二，十八，南京

---

[1] 如 Ciraud, La Crise de la Democratie, 1925; James A. Wood, Democracy and the Will to Power 等等。如将近十年来关于德谟克拉西的书列举起来，赞成方面仍比反对方面的要多。

[2] 杜威在 Reconstruction in Philosophy 书中（一八六页），尝言德谟克拉西最大的意义在使政治上及实业上的措施务以发展全体人民的整个生活（all-round growth）为依归。在这里德谟克拉西的涵义本不只平民政治。今特采取难的标准。更可参阅 Henry Wilkins Wright, the Moral standards of Democracy, 1925, 藉知平民政治是否在向相当的标准前进。

[3] 列宁在 The Proletarian Revolution 中（二八页）说："Bourgeois democracy, while constituting great historical advance in comparison with feudalism..." 列宁等把君主政治和贵族政治都看做封建。

[4] 见 Modern Democracies，二卷，末页，参阅，Alfred Zimmern, Prospects of Democracy, C. Deslie Burns, Democracy: its Defects and Advantages, 1928; Georges Guy-Grand, La Démocratie et l'après-guerre, 1922.

哈林吞政治思想的研究

哈林吞的传略及他的时代

哈林吞（James Harrington）生于一六一一年，为贵家子弟。在童年时，他即以好学见称，有人且说他是神童。读书牛津的 Trinity 书院数年而后，他开始他的游历的生涯。他初到的为荷兰，并尝加入 Lord Craven 的队伍。[1]自后他又历经德意志，法兰德斯，及法兰西而入意大利；意大利诸邦中，对于这少年学者的头脑思想有最大的影响者厥惟威尼斯。

哈林吞于旅行归来后，即奉委为查理一世的特别侍从之一。查理首次出征苏格兰时，他亦随侍在侧。他的心胸中固常充塞了共和的思想，然他到了查理就刑时仍为忠于国王的伴侣。

查理一世被杀以后，哈林吞深居简出，从事于著述。但在克伦威尔保护政体（Protectorate）的最后三年内，他又于政治有所活动，而尤努力于在他《大洋国》中详述的所谓"模型"的宣传及实现。他屡次联合多人请愿国会采纳的模型，但没有一次能动国会之听。[2] 在一六五九年及一六六○年之交，他又忙于罗他会（Rota Club）的会务。[3] 此会为他所创立；伦敦日后颇以咖啡会见称于世，而罗他会实为最早的咖啡会。它的主要目的在实习哈林吞的投票方法。开会时的辩论据说甚有生气，且颇获会外人的注意。

查理二世复辟以后，哈林吞因蒙反对王室的嫌疑被捕，且被幽禁于伦敦塔中。在

---

* 原载《国立武汉大学社会科学季刊》第一卷第四号，1930 年。

[1] 十六七世纪中英人从军于荷兰者甚多，不足奇。

[2] David Masson, The Life of John Milton, Vol. v, p. 483.

[3] John Aubrey, Letters written by Eminent Persons in the Seventeenth an Eighteenth Centuries, pp.370−376.

钱端升文集

被禁期内他备受种种的虐待,政府亦不即把他交审。他自狱中释出之时,盖已在体力脑力两俱毁损之后。他虽勉强重操著述的生涯,然他始终没有恢复健康。他死于一六七七年。

以上所述仅为和哈林吞的政治思想有关的事迹。至于英吉利当时复杂的生活,则我们更不能不限于最有关系的荦荦大端。自有宗教改革,及相连的寺院和神祠的封闭及殁收以来,宗教及田产两大问题向在摇动无定的状况之中。前者为有眼所共见的问题;后者虽无前者的轰轰烈烈,然而其为一麻烦的问题则与前者初无二致。单就宗教而论,到了十七世纪中叶时,相争最烈者为长老教徒(Presbyterians)和独立教徒,公教徒和英吉利国教徒在此时转因失却势力而无所用其争。

在政治上,共和派——最好说是反王派——是很有力的。但当时的英国正际纷乱日甚之日,故秉国者亦不能不思救济之方。克伦威尔虽无擅作威福的卑劣野心,但其所采的施政方法则堪和古今任何独夫比拟。国会可以此往彼来,新旧更替,但保护者的权力则有加而无减。哈林吞固为偏向共和者,但对于这种矛盾的现象又安能熟视无睹,而不加推想?

英国当时的地方制度我们也应一说。郡区,百区及牧区(County, Hundred, Parish)固均存在,但介乎郡区及牧区间的百区权力极小,在实际上可说是无关重要。选举在当时则弊端百出,而为有识人所不满。

哈林吞的思想深受时代环境及个人生活的影响。《大洋国》中所举成例之所以多,要归功于大陆上的旅行。他的农业政策是亨利八世时发动的地权转移(据他所知)的自然结论。他的宗教思想的主要目的在缓和各派间的争斗。他的投票制度意在除却当时的选举舞弊,而国会制度则意在使全国得以安定。因为他出身贵族,所以贵族政治的臭味在全部著述中都可以闻到。因为他尝加入 Lord Craven 的队伍,且曾随查理出征——而且我们也可猜想他对于克伦威尔的模范新军的崇拜——所以对于军队的组织他特别注意。追寻他的思想和当时实际政治间的关系诚是富有兴趣之事,但我们可举一反三而不必细说。

哈林吞的政治著述

哈林吞著述中之有政治性质者,虽不十分繁赜,然为数却极多,一部分且已失传。

比较重要者如下：[1]

一、《大洋共和国》[2]（一六五六）

二、《民众政府的权力机关》（一六五八）

三、《立法术》（一六五九）

四、《强力人及公人的对话》（一六五九）

五、《政治学》（一六五九）

六、《政治箴言》（一六五九）

七、《共和国的七种模型》（一六五九）

八、《藉民众同意以采用共和国体之法》（一六五九）

九、《许多与本身利害有关的人民的卑恭请愿书》（一六六〇）

十、《罗特》（一六六〇）[3]

《大洋国》出版的情形 Toland 尝为有趣的记述。[4] 查理被杀后哈林吞即从事于《大洋国》的著述。于印刷时它被政府搜去，几无发还的希望；最后卒赖克伦威尔的女儿的关说，始获于一六五六年付印，然犹不能具著者之名，虽则书是恭敬地献给保护者的。

《大洋国》的大要及方法 Toland 说得最好。"此书先为绪论……；主要部分论共和国的模型；末为系论（Corollary）实即结论。"[5] "他所用的方法是把法律先一条一条的立下，每条之下则附以详细的说明；如有必要，他并附以雅康贵族 Lord Archon 的或其他立法家的演说。这些演说非常之佳，充满了好的见解及博的学识，且不啻是所述诸法的绝妙评论。"[6]

《民众政府的权力机关》有两卷，第一卷为《大洋国》辩护，第二卷论教职之委任。《立法术》为《大洋国》的缩本。《罗特》乃述及罗特会的一本小册子。《卑恭的请愿书》乃上于国会者。其它的著作或自《大洋国》中选录而来或则为解释《大洋国》而写者。《大洋国》为哈林吞的主要著作是毫无问题的。我们甚或可以说它是他唯一的政治著述，

---

[1] 年代的次序系从 Anthony Wood, Athenae Oxonienses (Vol. Ⅲ, pp. 1121–1126) 中编考而得。

[2] 本文中简作《大洋国》。

[3] 原名如下：（一）The Commonwealth of Oceana;（二）The Prerogative of the Popular Government;（三）The Art of Lawgiving;（四）Valerius and Publicola: A Dialogue;（五）A System of Politics;（六）political Aphorisms;（七）Seven Models of A Commonwealth;（八）The Ways and Means of Introducing a Commonwealth by the Consent of the People;（九）The Humble Petition of the Diverse Well affected Persons;（十）Rota. 除了《罗特》外，其余皆见 John Toland, The Oceana of James Harrington and His Other Works, London, 1700.（以后简称《全集》）

[4] Toland, p. ⅩⅧ.

[5] Toland, p. ⅩⅪ.

[6] Toland, p. ⅩⅩⅢ.

虽则有一位研究哈林吞的学者说，政治学"有放在有名的《大洋国》之上的价值"。[1]首次在《大洋国》中叙过的英国政治模型（Model）在哈林吞的其它著述中重复说到有六次之多：此亦足以充实我们坚持《大洋国》为最重要著作的见解。

以笔法而论，哈林吞既没有霍布斯的紧凑多意，也没有密尔吞的滔滔有力。《大洋国》充斥了零碎的细节及荒诞的演辞，而他之喜用虚拟人名地名，虽为当时并不罕见之习，甚足以分读者之心。在《强力人及公人》中他的对话方法亦不见得有多少成效。在《民众政府的权力机关》内，他忽而大骂"推诿人"（Prevaricator，亦虚拟人名），因而甚失《大洋国》中庄严的语气。固然，哈林吞也时能作机警的辩论及爽利的词句，但就大体而论，则"他实是冗长的，涩晦的，好炫的著者，虽有时颇有见地，但很少能深奥"。[2]

哈林吞的文体虽不及他的同时人，但他的方法则在他们之上。第一他不是一个乌托派；关于这点随后更有论及，暂且从略。其次，他也不是一个抱定一种理论，一成不肯变更的空论家。他自己说："人类的法没有一个是永不会错的；所以因一事的无知无识而错误者尽可于发现之后予以更改"。[3]如果哈林吞而仍带着些空论者的气味，有如Gooch[4]所说，那是因为政论家势必自己有相当的政治意见，否则将不成其为政论家了。

哈林吞最大的长处乃是他的尊重经验及经验方法。在政治思想中他为首先用历史方法之一人。[5]关于这层他可和亚历士多德及马基亚弗利并列在一起。他也确是崇拜亚历士多德而几乎朝礼马基亚弗利者。他常用的方法是先将古今中外的政治制度及政治著述细加研究，然后再择其能适用于英国者用作英国的模范。"欲为政治家者必先为历史家或游历家"，[6]这是他亲说的；实则他兼二者而有之。

哈林吞所举之例古代以出于以色利（Lacedaemon）及罗马为最频繁，而近代则以威尼斯及荷兰的为最常用。以色列的掌故他从《圣经》中读来。他之熟识威尼斯半从读书，半从游历。他和当代的学者都犯着过分推重威尼斯的倾向。[7]在前于他的著述家中，他引据最多的为亚历士多德及马基亚弗利（尤其是《书立维史的首十年之后》一书）；他

---

[1] H. F. Russell Smith, *Harrington and His Oceana: A Study of a Seventeenth Century Utopia and its Influence in America*, p. 122.

[2] 参阅 Hallam, *Literary History* (London, 1885), Vol. Ⅳ, p. 200.

[3] 《全集》，第四八〇页。

[4] G. P. Gooch, *English Democratic Ideas*, p. 298.

[5] Gooch，同上，p. 297.

[6] 《全集》，第二一八页。

[7] Hallam, *Literary History*, Vol. Ⅳ, p. 200.

们的意见常得他的赞赏，而他们比较各种政制的方法尤为他所倾心。反之，《大共和国》（*Leviathan*）[1] 的著者则成为攻击的目标，他的主义，内容，及方法俱在攻击之列。

但哈林吞也并不是一味崇拜几个大师或几种政制而丝毫不知抉择的。他并不为经验方法所盲目，他并不致埋没于繁杂的历史经验之中，而不能自拔。他有他的主张及鉴别力，他的《大洋国》成一整个的系统，初非杂凑拼成之物。《大洋国》容或不能算做若何卓越的政治思想的结晶物，但哈林吞仍不失为一政治思想者，因为他确想出了一个自成一说的政治结构。换一句话，哈林吞虽"步武前人"，他同时也能"自觅路径"；[2] 历史可以诱导他，但历史没有拦阻了他。

哈林吞的政治思想

一 政府的原理

在《大洋国》的首段哈林吞即为旧的治理（Prudence）和新的治理的分别。他在别处说明过："旧的治理即共和的政策，而新的治理为自罗马帝国亡后举世流行的国王，贵族，及平民的政策……"。[3] 他对于前者是极端信服的，他以为"凡能恢复旧治理的健康者必能统治全世界"。[4]

> 从法律或照旧治理定起义来，政府乃是人民根据公共权利或利益，以组织且保存市民社会的技术……它是法治的恩派亚 [5] 而非人治的恩派亚。从事实或照新治理以定起义来，政府乃是一人或少数人宰制一个城市国或一个民族，并根据他或他们的私人利益以统治它的技术。……（它是）人治的恩派亚，而非法治的恩派亚。[6]

固然政府总有法律，但在治权操于一人或少数人的政府的法律中，只他或他们有

[1] Leviathan 出版时，哈林吞正在著《大洋国》。
[2] The Commonwealth of Oceana (Henry Morley Edition, London, 1887), p. 18. 下作《大洋国》。
[3] 《全集》，第二三七页。
[4] 《大洋国》，第二四七页。
[5] 原文 Empire，有两义，一即权力独立的国家（无帝皇的意义），又一为统治的权力。译义不如译音之方便，故从意。
[6] 《大洋国》，第一六页。

权，而法律转（而）不足轻重。[1]

哈林吞的政府两原则——"权力"及"恩派亚"——甚难索解。如说，政府或则为权力的，或则为恩派亚的，权力"可当心灵上的货物"（"Goods of mind"），而恩派亚"可当俗运的货物"（"Goods of fortune"）；则亦万难可通，因政府势必兼有两种货物。如说政府可以同时为权力的及恩派亚的，则两者完全失了并举的用意。而且关于"权力"哈林吞亦绝未详论到。在又一地方哈林吞又把理解和情感（reason and passion）处于相对的地位，[2] 似乎国家之不能受治于理解者，必将为情感所掀动。他本人主张国家应受治于理解，因为这样的国家必为法治的，而且很有道德的。

在讨论到恩派亚或威权（empire or power）——外界的货物及财富（External goods or riches）——时，哈林吞创立了他著名的均衡（balance）之说。"恩派亚肇基于支配权（dominion），而支配即产业，动产或不动产，财货或田地"。[3] 政府的性质视均衡之如何而定。在大多数的国家中田产的均衡足以左右一切，但在依赖贸易而生存的城市国，如荷兰及热诺亚中，财货的均衡和田产的均衡有同等的重要。[4]

如果全境土地操于一人或差不多操于一人之手，有如土耳其的情形，则恩派亚是专制君主政治或君主政治。如果全境土地或土地之大部操于数人之手，如同西班牙，则恩派亚为贵族政体，也叫混合的或有限制的君主政体。[5] 如果全体人民共有土地，或没有一人或数人握有大部分的土地，则恩派亚为民治政体或共和政体。"如果搀入武力"，则君主政体变成暴君政体，而"君王只私利之是图"；贵族政治变成寡头政治，而少数只私利之自图；共和政治变成混乱政治，而人民的威权独尊。[6] 这种变形的政治皆因缺乏正当的均衡而起。[7]

然而均衡政府和失衡政府间的区别我们并不能明瞭。哈林吞说："擅权的君主政治的目的在造成君主的专制；有限制的君主政治的目的在造成贵族的伟大；民主政治的目的在造成人民的繁荣"。究竟这些是均衡政府的目的呢？抑是失衡政府的目的呢？我们却无从置答。

"规定地权均衡的"[8] 所谓"土地政策"（Agrarian）对于君主，贵族及民主政治均

[1] 参阅《全集》，第二四一页。
[2] 《大洋国》，第二六页。
[3] 《大洋国》，第一八页。
[4] 《大洋国》，第二〇页。
[5] 《全集》，第三八七页。
[6] 《大洋国》，第一九页。
[7] 《全集》，第三八八页。
[8] 《大洋国》，第一九页。

为必要。如果没有土地政策，则"政府无论君主，贵族或民主均不能持久"。[1] "平等共和国"应采的土地政策，照哈林吞的建议，为一永久的法律。照这法律，国中虽有少数的贵族存在，但地权仍极平允，所以贵族决不能凭藉他们的所有而有凌压全体人民的可能。[2]

哈林吞理想中的共和国没有贵族是不行的。他从没有存过柏拉图的共产思想。他觉得土地之平均分配不但是不可能的，而且也是不需要的。他今所提议者仅为地权的限制；如果漫无限制，则少数人可以享大部分的土地，而民众所有者转居小部分，如是政府便夷为贵族政治，而失了平等共和国的性质。在这样一个国家之内，当权者——即贵族——"将努力于他们的特殊地位及不平等之保存，而其它一派（指民众）将努力于平等的夺获……而不断的斗争将无可幸免"。[3] "在民众政府中，如贵族或绅士阶级有反乎均衡的大权威，则那种政府必难存在……反之，如能处于均衡之中，则不啻是那种政府的灵魂及生命素"。[4]

哈林吞理想的贵族政治是一个能兼有财富及道德的政治。[5] 贵族们"除了凭他们由富足得来的教育及余闲来尽瘁国事外，应断绝其它一切念头"。[6] 这样一个的贵族天然会做人民的领袖，且会替共和国谋真正的利益而产生最优良的政治。

哈林吞根据了均衡的理论，把政体分成呆板的六种。这本是他以前好多政论家常用的办法；马基亚弗利的方法他于《大洋国》中且尝有所征引。[7] 尤其值得我们注意的是哈林吞之默认混合政体为最好的政体，这和亚历士多德等的学说吻合。

哈利吞有时对于政体似极开通而无一定的取舍。他说，"如果经熟虑详辩之后，国家的利益需要一个国王，那就设一个国王。……如果应为一个共和国，那就来一个共和国"。[8] "政府无论是民主或是君主，总是人为的。……何者近于自然；……即为比较自然。在一人或数人为地主的国家，君主政治当然是比较自然，在全体人民尽为地主的国家，共和政治当然是比较的自然。"[9] 但他自己的选择毕竟是偏向民主政治的。他说，"政府应建筑于正义之上。……政府之建筑于'多数人共有地权'的均衡上者，

---

[1]《大洋国》，第二〇页。

[2]《大洋国》，第三九至四〇页。

[3]《大洋国》，第三九页。

[4]《大洋国》，第二二及一五一页。

[5]《大洋国》，第一五一页。

[6]《大洋国》，第一五三页。

[7]《大洋国》，第一七页。

[8]《全集》，第五四〇页。

[9]《全集》，第三八一页。

即建筑于正义之上"。[1] 他又说，"民众政府到了最完美的一点时，即为政府到了最完美的一点，而无丝毫的毛病在其内"。[2]

但哈林吞以为世上没有纯粹的贵族政治，也没有纯粹的民主政治。"贵族政治，或贵族的国家如不要人民参政，则必需国王；如不要国王，则必须让人民为政；而且世上也没有一个民众政府能没有元老院或贵族的搀合者。所以，政治家为讨论便利起见，虽常说起纯粹的民主政治或纯粹的贵族政治，实则无论从自然性上，在推论上，或在古今事例中，这种政治从未有过。"[3] 照哈林吞的意思，民众政府（在哈林吞中和民主政治无别）要达到完美的程度时，"须得有一元老院来提议，人民来决议，和长官（Magistracy）来执行，元老院给它（政府）些贵族气，人民，民主气，长官，君主气，如是而政治始完美"。[4] 政治固完美了，但这完美的政治是混合的政体，几和 Polybius Cicero 的没有分别。

所谓"人民"尚须加以说明。"民众会议可以由全体人民，也可以由人民的代表组织起来。"依哈林吞的意见，威尼斯属于前者，而以色列为后者的一例。[5] 近代共和国类多广袤千里，全体人民莫能集会，哈林吞主张以代表或代议机关来代替。代表即人民的替身，受人民的委托及命令，且享有完全的主权（Sovereign power）。主权并不分寄于人民及元老之间，或人民及代表之间，而在一时期间尽操于代表的手中。但代表也不能为永久当权的不轨企图；他们如有此种企图，则势必和人民的命令起冲突，而主权亦立即跑走。[6] 在此处哈林吞倒在阐明代表制度的真谛。同时他也表露了他关于主权的观念。这是：谁对于立法有最后的发言权者，谁就有主权。

所以要有元老院来提议，人民来决议的理由，哈林吞尝有说明：

> 如果民众会议人数过少，而又人人出类拔萃，人人能作有条不紊的辩论，则它必产生推翻共和国的结果。
>
> 如果民众会议人数过多，而大都又微贱无能，缺乏辩论之才，则势必赖有一元老院，以补救这缺点。
>
> 要有元老院的理由就因依正当的方法而组织成的民众会议是决不能作细密的

---

[1]《全集》，第四八七页。
[2]《大洋国》，第三七页。参看《全集》，第二三〇页。
[3]《全集》，第三九三页。
[4]《大洋国》，第三一页。
[5]《全集》，第三九三页。
[6]《全集》，第四六三至四六四页。

辩论的。

要有民众院的理由就因为辩论而组织成的元老院势必限于少数且卓越之人，如果他们可以决议，则他们之所决议者必将以他们自己的利益为重，而不以人民的利益为重。

没有元老院，则民众院缺乏贤智。

没有民众院，则元老院不会诚实。[1]

读者可不要误会了代表院及元老院彼此相对间的轻重。依哈林吞的主张，代表是民众政府中主要的团体，而元老院仅是附属的机关，民主政治之能存在由于有代表，而和元老院无关："没有人民的代表，一个共和国……决不能免了流于寡头政治或混乱状态的必然性"。[2]

然而在上述的共和国中，贵族和人民能否维持协调诚是一个根本的问题。哈林吞以为这个协调是可能的，"因为在共和国中人民既获得选权而后，再进一步的前进即为道德及才能的承认"，然道德及才能固非借重于贵族不可。[3]

哈林吞所赖以维持经济上的均衡者为土地政策，赖以维持政治上的均衡者则为官位的轮流（rotation of office）。用他自己所说的话："凡基础及构造的均衡俱为平等者，换言之，即有土地政策及轮流法者，即是一个平等共和国"。[4]所谓"平等的轮流即平等参政的意思。官位由人民选举，有一定的期限，此以继彼，上台的机会相等，而退休的机会亦相等"。[5]

利用了上述的政治均衡——轮流法当然是均衡之制——哈林吞思欲建立一个主权在民，而人民又无从滥用威权（因为得了元老院的感引）的共和国。元老院所选任的长官犹如家族中的经理人，必须向他们的主人，即人民，负责。[6]用一句今代语，长官不过是公仆而已。

轮流之法由于平等的选举。"平等选举可用拈阄法，如雅典的元老院；可用同意法，如 Lacedaemon；或可用投票法，如威尼斯。就中以后者为最平等"。[7]足为哈林吞对

---

[1]《全集》，第四一九页。参看第二五三页。
[2]《大洋国》，第一七七页。
[3]《大洋国》，第四一至四三页。
[4]《大洋国》，第三九页。
[5]、《大洋国》，第四〇页。
[6]《全集》，第三八六页。
[7]《全集》，第三九四页。

38

于政治上最大贡献的投票方法于后面当更有论列。

关于开拓国土或建造恩派亚的问题，哈林吞在大体上采马基亚弗利之说。他不赞成压迫被征服或所属的民族。[1] 他认邦联或"平等联盟"（即他以之称瑞士及荷兰诸邦者）为"对于世界无益，而对于自身有害"。[2] 他赞成罗马扩大的办法，他叫罗马帝国为"不平等联盟"。[3]

哈林吞也并不忘情于光荣和伟大。[4] 共和国如大洋国等，依他的意见，[5] 尽有成为世界恩派亚的可能，因为它有极好的军队；在道义上这个野心也可说得过去，因为它可以"改良世界上的情状"。这些议论，如果和大洋国别的部分分离起来，诚像出之近代帝国主义者，如德皇威廉二世等，之口。幸而哈林吞的诚挚足以祛我们的疑惑。他说：

> 除了广播政治的自由之外，……信仰的自由亦可赖以广播。这个恩派亚，这个统治全世界的组织，诚可成为基督的王国。上帝天父的王国既然是一共和国，上帝天儿的王国也应是一共和国……[6]

末了我们应一考哈林吞的革命理论。革命有两种，一是自然的，一是暴力的。"自然的革命其根种于内。本基于某种均衡的政府，如果那种均衡发生变化，而成为别种均衡时，则产业之权大有移动，而一切都成纷乱，于是新枝或新政府亦随而起。至于新枝或新政府的性质则须视根的性质而定。暴力的革命来自外，或由军队，好比因征服而引起的财产充公亦足以变更政体"。[7] 由此观之，照哈林吞的观察，革命恒随均衡的变化而发生的。

他的政府解体论和他的革命论相类似。"解体为政府常有的现象，其原因有二，一为抵触，二为失了平等。……如果共和国的本身中有抵触，则它定会破坏自己；如果失了平等，则它必倾向于内争，而内争则倾向于灭亡。"[8] Lacedaemon 是以战为生的国家，故征服的土地极夥；然征服地应如何统治则毫无预备，故卒以此矛盾而亡国。

---

[1]《大洋国》，第二三六页。
[2]《大洋国》，第二三六页。
[3]《大洋国》，第二三七页。
[4] 从《大洋国》的系论中，可以看出此点。
[5]《大洋国》，第二四一至二四二页。
[6]《大洋国》，第二四六页。
[7]《全集》，第二四四页。
[8]《大洋国》，第二三二页。

在罗马则贵族及平民之战始终不断，"罗马亦卒因它本身的不平等而灭亡"。[1]

二　大洋国政府的组织

上述的诸种原则具体化于《大洋共和国的模型》中。在此模型（我们或可称之为宪法）中哈林吞把他的思想更有具体的解释，故我们当详加论述。

哈林吞的大洋国即指英吉利，所以他所述的历史为习知的历史，我们可以略而不问。我们之应注意者，据哈林吞的观察，亨利七世的《户口法》及其它法律和亨利八世之解散寺院已把均衡由僧侣及贵族的手中转移于人民的手中。[2] 因此之故英吉利为一共和国，并需要一宜于共和国的模型。

哈林吞的所谓模型固极类我们今日所知的成文宪法；但成文宪法为十七世纪的著者所不知之物，故在哈林吞的心目中，他的模型实和摩西，梭伦，及 Lycurgus 的法律同一性质。规定模型之责，他交给雅康贵族，而丝毫没有想到宪法会议的一类机关。模型的著者始终没有把它视为如我们今日所知的成文宪法：这个事实似乎用不着多说；然而好多力学之士竟尚有奉哈林吞为成文宪法的前驱者，那也真是不可思议之至！

就模型的制成而论，保护者或雅康贵族实为唯一的立法者。但他有一个五十人的立法院相助为理。此五十人以拈阄法互选十二普利吞（Prytons）组织一提案委员会。委员会的会议是公开的，且须征询人民的意见，凡有意见者均可面陈。委员会将所有提案报告于立法院，立法院则开秘密会议讨论并决定一切。凡已决定的案件应即印行，在一月内人民可自由发表意见。如有必要，立法院可为相当的修改。最后的草案经保护者准可后，即公布而成为大洋国的模型。[3] 如果保护者不是唯一的立法者，而立法院又为民选的，则立法院诚可视为宪法会议，制模型为制宪，而模型为成文宪法；但可惜实情并非如此。

模型共有三十则，其间轻重有别，而质亦优劣不一。我们所欲讨论者仅为关于土地政策及政府结构的几部分。

大洋国的土地政策应如下述：

---

[1]《大洋国》，第二三三页。
[2]《大洋国》，第五九至六〇页。
[3]《大洋国》，第七三至七四页，第二五六页。

钱端升文集

……凡现有田地或日后有田地，其每年所入在二千镑以上，而男儿不止一人者，应将所有的田地均分，如果每份年入可在二千以上；如果每份不到二千者，则应将所有田地酌量均分，庶几长子所得者年入不过于二千以上。……女儿，除了为后嗣者，"以男儿视外"，……其所得田地财富之总数……年入不应超过千五百镑以上……。[1]

　　土地政策及投票二者称为"大洋国的基本法，或共和国的中心"。[2]

　　上述的土地法几把英之冢子承袭法废除，但与均产或共产制无关。它不过是对于每个人民所能享有的田地加以限制而已。它实是偏于布尔乔瓦的立法，而离社会主义甚远；因为如果个个地主所有的田地年入值二千镑，则全大洋国只能容五千地主。[3]这样还能说哈林吞的土地法为偏向乌托派或社会主义吗？

　　这个土地政策的用处及可能性曾经过详尽的辩论。[4]主要的几点为：第一，它可以防止君主政治或寡头政治之复辟，而可维持共和政体于永久。第二，它既不致摧残家族，也不致使工商业衰败。第三，它可以有被国会通过的希望。

　　至于政府的结构，则"所有统论人民的方法，须先之以人民的分配及分类"。[5]人民为治理计可依（一）性质而分为自由人或公民及奴役，自由人享生活的自由，奴役则无自由；依（二）年龄而分为少壮及长老，十八至三五者为少壮，过三五者为长老；依（三）财富而分为步骑，而以财产百镑之值为分界线；又依（四）住居而分。[6]

　　由于最后的一种方法，英吉利分成五十族，每族分为二十个百区，共一千个百区；每个百区又分为十个教区，共一万教区。[7]这个澈底的分区法似乎太偏于空想，但实则并不十分大难。英国当时郡区之数本和族数相若，而百区及牧区又都为本有的区分。法国在大革命时既可有同样澈底的厘分，何独英国不能？[8]有人且以为法国的分区制度实深受哈林吞的感动。[9]

　　这样区分的一个国家在选举及地方政府上两有便利。选举权只限于长老。牧区的

[1] 《大洋国》，第一〇四页。
[2] 《大洋国》，第一〇四页。
[3] 从雅康贵族的演说中可以算得此数。《大洋国》，第一一〇页。
[4] 《大洋国》，第一〇五至一一五页。
[5] 《全集》，第四百页。著者在《大洋国》以外旁引的目的在求意义的明显。现正讨论到《大洋国》中的模型，模型的真意决不会让别书中的引证来有所增损。
[6] 《大洋国》，第七八页。
[7] 《大洋国》，第七九及八九页。
[8] Adolphe Franck, Réformateurs et Publicistes de l'Europe, dix-septième siècle, p. 234.
[9] Russell Smith, Harrington and his Oceana, p. 206.

长老每年互选五分之一为代表。每百区及每族的代表选举区及每族的地方官吏，每族的代表又选举国会的议员。

选举以最严正缜密的方法出之。每个百区有一个调查员（Surveyor），他以教训各牧区中的人民如何投票为职责。[1] 大洋国共设调查员千名，总调查员四名，年需二五四，〇〇〇镑为薪金办公之用。[2] 选民须立诚实及尽心公益之誓。[3] 牧区中的监理，百区中的治安法官，及族中的邑官为各该区域的选举监督官。

"投票……分为两部分，拈阄及票选（Lot and Suffrage）或提议及决选（Proposition and Result）。拈阄可以决定何人得提出竞选人；决选则决定那一个竞选人应当选。"[4] 所谓阄者乃圆形之球，取自瓮中。票选或决选则用有色的小丸，投小丸于甄中即等于今日的投票。得过半数的同色丸者才能当选。票选的举行"应以不让旁人窥破如何投票为标准，但人人须能看见投票者只投一票"。[5] 在哈林吞此种粗笨的办法中已伏后世秘密投票的大原则，哈林吞的用意亦在矫正当时的选举舞弊。"在民众政府中选举的纯洁即非政府的生命，至少也是它的健康，因为人民除了选举外无它法可以取得必要的主权"。[6]

投票的详细办法在牧区，百区，族及元老院中大有出入，但其原则则到处相同。哈林吞对于各区院投票的办法有详细的规定，对于威尼斯的选举票亦有详细的记载。[7] 他的办法固失之于复杂，然而我们绝不能把它视为虚幻而不可能。我们须知我们今日的"投票"方法更要复杂。提名不由拈阄而操于奔走权势者之手；决选不以小丸，而以复杂数倍的纸票。固然今代的投票，因经验及教育的关系，比哈林吞的要高明多多，然就实行的难易而论，其难盖尤在于哈林吞法之上。

上面已经说过，牧区中的长老互选五分之一为代表。普通每区有二十长老，故代表约为五人。此五人中首席须为骑人。代表的任期为一年，不得连任。他们兼为牧区政府的官吏，首二人为监理，第三人为警务官，余二人为教务官。[8] 这些官职都是英国牧区当日所有的。

百区之所以名百区者，因为它普通有二十牧区，一百代表。治安法官，检验官，

[1]《大洋国》，第八〇页。
[2]《大洋国》，第八九页。
[3]《大洋国》，第八一页。
[4]《大洋国》，第二一页。
[5]《大洋国》，第八一页。
[6]《大洋国》，第一二〇页。
[7]《大洋国》，第八一至一二五页。
[8]《大洋国》，第八一页。

及其他官吏皆由代表互选，较高级者恒限为骑人。[1]

族的选举较为复杂。全体的代表（约二千人）总称为"集合"（muster）。他们的选举有两种，一为族官的选举，一为元老院及民众院的选举。地方官吏为族官一族，大臣一，军事官二，及监察官二。他们和全境的百区官吏一共有六十六人，组成所谓"族政府"（phylarch），也叫"特权队"（Prerogative troops）。"族政府"的主要职务为行使族会议及四季法院的职务，并分配各百区该纳的赋税，等等。[2]凡熟知英国当日地方政府的制度者决不能以哈林吞的思想为偏于空论。

关于中央政府的组织，则哈林吞的提议离事实较远。他的国会的观念虽仍为英吉利的（例如他以长官为国会的一部分，一如向日国王的地位），[3]但国会各部分间组织及彼此间职权的分配则固和前此的国王，贵族，及平民大不相同。

他的国会有两部分，一为元老院，一为人民，也叫"特权"（Prerogative），乃是一个代表会议。[4]元老院以三百武士组织之，而"特权"则以一〇五〇代表组织之。六百代表为步人，但四五〇代表及全体武士俱为骑人，虽则在选民中步人之数比骑人多过一倍。[5]武士及代表任期三年，不得连任。他们两者俱每年改选三分之一，所以每年新选的为武士一百，代表四五〇，而每族则须自骑人中选武士二，代表三，而从步人中选代表四。[6]部分改造的用意在使国会常有新人，且又可以永久存在。哈林吞不喜他所谓"交替政府"，因谓"政府的交替生活即是政府的交替死亡"。[7]

武士的年俸有五百镑之多，但代表的俸则以星期计算，每星期仅二镑。[8]他们如向为律师者，最好在任职国会期内，停止执行律师的职务。[9]无论如何，他们不能兼为大使，因为他们须常川居于大洋国内。[10]

元老院置大都督（Strategus）一，演说官一，监察官二，监印官三，财务官三；前四者一年一任，后六者任期三年，但每年改选三分之一。[11]这十个官吏所得之俸较武士为多，但他们却丧失了选举权，[12]这又是和今代国会习惯不同的地方。他们的职务

[1]《大洋国》，第八七，八八页。
[2]《大洋国》，第八六至九七页。
[3]《大洋国》，第一八七页。
[4]《大洋国》，第一三〇页。
[5]《大洋国》，第九四页。
[6]《大洋国》，第九九至一〇〇页。
[7]《大洋国》，第一五九页。
[8]《大洋国》，第一八八至一八九页。
[9]《大洋国》，第二一八页。
[10]《大洋国》，第一三五页。
[11]《大洋国》，第一三〇页。
[12]《大洋国》，第一三一页。

偏于执行方面者居多，随后更有论及；但我们今当先说及者，即演说官为元老院的议长，而监察官则为元老院选举的监督官。[1]特权院选举护民官四，步骑各二，及军事官十二。[2]元老院常年开会，但特权院则不常开会，[3]故后者以军法组织。护民官除了为代表的指挥官，还可出席于元老院的会议。

行政各院的组织更是繁复。行政院有四，即国务院，宗教院，军事院，及贸易院。十七世纪英吉利行政机关的组织本尚沿用以地分划的制度，哈林吞为事分划的制度显然是一极大进步。除了军事院外，其余三院皆由元老院自武士中选任，任期三年，但当选者限于新获选的武士，庶几行政院可与元老院同一潮流，而和民意接近。[4]每院各选值周官（Weekly provosts）三人，他们有领导的职任。

除了行政院外，元老院的十位官吏亦为重要的行政官。监察官为宗教院的主席。监印官为平衡法院的法官，而财务官为国库法院的法官。大都督监印官及财务官这七人又为共和国的主部（Signory），可以参加任何的行政院，"国家重要大事统归它讨论"。[5]

军事院在常时由武士九人组织，任期三年；元老院每年从国务院中选举三人以充军事院的武士。护民官可常出席于军事院。[6]如果元老院认为有紧急状态而自本院中另举武士九人以参加军事院时，则军事院立即变为大洋国的迭克推多，[7]而元老院及民众院须处于军事院之下。[8]

元老院的十位官长，民众的四位护民官，及元老院所举以组织行政院的四十八武士[9]（在紧急时又加上九人），连同法院的法官，合组成大洋国的官长。[10]"所谓官长本有两义，正确的为行政的官长，不正确的则为立法机关的官长。"[11]

其次我们当略述大洋国的立法程序。法律必须得特权院的同意，那是无疑的，但辅助法及条例命令之不会变更现行法或创立新法者，则长官及元老院得以全权办理。

立法的第一步手续为提案。主部有提案于任何行政院之权，但值周官则只有向各该院提案之权。[12]值周官总集起来可成为值周官院，如是他们也可以向任何行政

---

[1]《大洋国》，第一三三页。
[2]《大洋国》，第一五九至一六一页。
[3]《大洋国》，第一八〇页。
[4]《大洋国》，第一三四页。
[5]《大洋国》，第一四五页。
[6]《大洋国》，第一三四页。
[7]《大洋国》，第一四一页。
[8]《大洋国》，第一七九页。
[9]《大洋国》，第一三四页。
[10]《大洋国》，第一八五页。
[11]《全集》，第三九三页。
[12]《大洋国》，第一四五页。

院提案。[1]

向某院提出之案先由该院讨论，经通过者，由该院的值周官，或主部的长官提出于元老院。元老院经讨论后，得为否决或可决的表示。可决须得多数方得成立，[2]经可决后即成为条例而有效。如条例的内容变更现行的法律，或创立新的法律，则仅能以当做元老院的提案，而尚须经过特权院的决定。此种提案须先公布印行，以便人民的讨论。[3]元老院由它的长官中选出若干人为提案人，以提案于特权院。如该院的多数将该案为可决的通过，则该案成为大洋国的法律，或国会的法。[4]

我们应当注意，所谓提案人，无论在行政院，元老院，或特权院，皆为元老院的武士。他们既有首先发言之权，[5]而辩论之权又为元老院所独有，则元老院立法权之大自是不可限量。唯一说得过去的理由就是"共和国的贤明盖寄于贵族之身"。[6]哈林吞以为"元老院的主要责任在训人民（即代表）以政，而使对于政治发生兴趣"。[7]

但特权院亦有其独尊之处，它是最高的司法机关，他除了不得干涉军事院及大都督的戒严权外，可以自定己身的法权。在审判时，护民官处法官的地位，而代表则为陪审员。判决可为有罪，无罪，或"不决"，取决于多数。刑罚之决定亦取决于最多数。[8]

末了我们应一述大洋国的军事组织。[9]每牧区内的少壮互选五分之一为"战士"。战士实为后备军，须在百区的集合地点受训练。全族的战士约有二千之数，受族大臣的指挥。他们并互选二百骑人六百步人以充大洋国的常备军。常备军约有一万骑人，三万步人。当打仗或大阅兵之时，大都督得召集常备军出征，是为临敌军。临敌军一出发后，元老院便须举一新的大都督，而族大臣便须召集一新的常备军，所以大洋国的实力可永远无缺。国家遇被侵时长老也有尽兵役的义务。除了独子可以免除兵役外，人人须服过一次兵役，多于一次者听。拒绝服兵役者被贬做奴隶一流的人。[10]大洋国的武备有这样完密的组织，因为哈林吞希望"共和国如能一方自卑，一方又维持纪律及恒心，即至人死尽，钱用尽，仍不改其素，则即际最困难之时，上帝亦能发慈悲，

---

[1]《大洋国》，第一四○页。
[2]《大洋国》，第一四六页。
[3]《大洋国》，第一四七页。
[4]《大洋国》，第一七九页。
[5]《大洋国》，第一四六，一七九页。
[6]《大洋国》，第三一页。
[7]《大洋国》，第一八一页。
[8]《大洋国》，第一七九至一八○页。
[9]《大洋国》，第二○三，二○九页。
[10]《大洋国》，第二○八页。

而不使堕落"。[1] 哈林吞为痛恶傭兵之人，[2] 故极力提倡国民军；他的军国观念诚极富于道德性，而极少穷兵黩武的气味。

三　法律

哈林吞的法律思想我们所可得知者极少，但颇为重要。

他以为自然法基于人类的理智，而人类的理智即人类的利害（interest）。[3] 是则自然法实即唯理主义而已：此其为说实较霍布斯等一般十七世纪的思想家为新。

具体的法律有两种，一为教会法，涉及宗教，又一为市民法，涉及政治。照旧治理，教会法"为长官分中事，但照新治理，则变为教皇的分中事"。[4] 哈林吞为崇拜旧治理者，他不赞成教皇之包庇教会法可以推想。

但我们所欲比较详论者为市民法。法律的来源为意志。

> 法律定须从意志而来，在共和国由于人民的意志；在专制君主国，由于一人的意志；在限制君主国，由于数人的意志。
>
> 这个意志，无论为一人，数人，或大众的，不能没有原动力而存在，更不能没有它而发生行为。
>
> 这个原动力就是利害。[5]

一人，数人，或大众的利害彼此不同，故君主政治，贵族政治，及民主政治的法律亦彼此不同。政府好比是株树，而法律则是果实。[6]

在共和国家，法律之制定由于元老院及人民的协议。这固和近代立法的意义无甚出入，但哈林吞又说"法律最好少些为妙"。[7] 他说："任何政府的中心或基础不是其它，而是它的根本法"，[8] 意谓基本法完美，则其它可以不论。

关于法律的束缚性，他说，共和的人民"不应服从不得他们同意或非他们所制定

[1]《大洋国》，第二〇九页。
[2]《全集》，第二七七页。
[3]《大洋国》，第二八页。
[4]《大洋国》，第四五页。
[5]《全集》，第二四一页。
[6]《大洋国》，第二四一页。
[7]《大洋国》，第四七页。
[8]《大洋国》，第一〇三页。

的法律"。[1] "长官既为法律的执行官，而又对人民负责，自应依照法律以执行"。[2] 他这种思想颇倾向后代全民主权之说。

四　社会及宗教

哈林吞把人民分为两类，一为自由人或公民，一为奴役。奴役"如获到自由，换一句话，如能自立，则便成自由人或公民"。[3] 这是根于均衡而来的；[4] 无论政体怎样，奴役是不会没有的。但他们也不一定不可成为公民的。

自哈林吞看起来，我们可以推论，奴役是一种不可或免的恶制。它是不良的，因为它"和自由，或参加共和国的政治，抵触"；而且"军权操于奴役的共和国是常有反叛之虞的"。[5] 但它也是不可免的，因为它自然会跟了均衡发生的。这诚是一种似通非通的议论。

对于女人，哈林吞只愿给以敬意，而不能给以政权。[6]

哈林吞的经济思想是和当时的重农主义派一鼻孔出气的。他非常重视农业。"我和亚历士多德同样想法。农夫的共和国一定胜于所有的国家"。[7] "耕种可助我们得好兵士，所以也能助我们得好共和国"。[8] 而且农业的重要不仅在本身，而且也是工商业的基础。"荷兰人于工商业虽较我们为前进，但最后的胜利决不是他们的，因为专门依赖外货的人民决不能真正发展制造业。制造业之发达有赖于本国生产的原料"。[9] 哈林吞的言论颇和英人于随后二世纪中急谋控制世界原料的政策不约而同。

哈林吞于教育问题十分重视，这点也和亚历士多德相像。"教育可有六种：学校，手艺，大学，法律馆，旅行，军事训练"。[10] 人民得有私自教育其一子的权利，[11] 但余子自九至十五岁时须送入族立学校。完毕族校教育之后，他可以入任何上述的职业训练。[12]

哈林吞在宗教上的重要主张有二，一为恢复人民（换言之即教众）委任教士之权，

[1]《大洋国》，第一七九页。
[2]《大洋国》，第三一页。
[3]《大洋国》，第七八页。
[4]《全集》，第四三六至四三七页。
[5]《大洋国》，第七八页。
[6]《大洋国》，第一九二页。
[7]《大洋国》，第二一一页。
[8]《大洋国》，第一二页。
[9]《大洋国》，第二一一页。
[10]《大洋国》，第二一〇页。
[11]《大洋国》，第二〇三页。
[12]《大洋国》，第二〇四页。

二为国教及容忍之并存。教士之委任由牧区中长老的选举，但为慎重人选起见，须得大学的同意。[1]

国教的存在和信仰的自由不冲突，因为个人及全民族的信仰并非两不相容。"如果私人信仰的结果为私人的宗教，则全民信仰的结果当然也会有全国的宗教"[2]（即国教）。

哈林吞的所谓容忍只限于抗议教的各派，而"教皇派，犹太派，及崇拜偶像者"不得享受容忍的利益。[3] 但我们不必苛求，他已有当时独立教徒的宽大，独立教徒的《政府工具》（*Instrument of Government*）中所有的容忍，也不较他的为宽大。[4]大学为宗教教育的中心，亦为宗教的保养者；它们供宗教院的顾问，并有讨论一切上于元老院的宗教请愿书之权。[5]

关于宗教的任何问题，哈林吞都以经文为依归。"真实的宗教舍经文外是无可它求的"。他反对褫除教籍的办法（excommunication），因为"经文中无此规定"。[6]

哈林吞政治思想的影响[7]

任何思想的影响，不论在当时或在后代，是极不易确定的；欲断定某种思想的影响者往往失之于过甚其辞或牵强附会。哈林吞对于后代的思想制度有些影响是无疑的，但大至如何程度则虚心之士极不敢为肯定的答复，即对于这方面有特殊研究的如 Russel Smith 亦无甚把握。[8] 但我们终不能不作一尝试。

《大洋国》出版于一六五六年；据 Anthony Wood[9] 所言，一出版后"大众即争先售馨"，好辩者亦立即施以攻击。由此观之，《大洋国》在当时定尝得过世人的注意；克伦威尔固谥之为"吊虎"，而加以轻视，但在思想及知识界中则颇为人所重视。据

---

[1]《大洋国》，第八三至八四页。

[2]《大洋国》，第四五页。

[3]《大洋国》，第八四页。参阅《全集》，第四五一页。

[4]《政府工具》，第三五至三七条。原文见 S. R. Gardiner, The Constitutional Documents of the puritan Revolution, p. 324.

[5]《大洋国》，第一三九至一四〇页。

[6]《大洋国》，第一八五页。

[7] 参阅 J. W. Gough, "Harrington and Contemporary Thought", in Political Science Quarterly（一九三〇年九月份）。

[8] Harrington and his Oceana, pp. 129–130.

[9] Athenae Oxonienses, Vol. III, p. 1119.

钱端升文集

Arthur L. Smith 的观察，"它在一六五六至一六六〇几年之中影响之大无可过言"。[1] 但据又一学者的观察，则它因迹近虚幻之故，当做谈话之资者则有之，而加以深长的考虑者则无之。[2]

但我们可信 Masson[3] 之说，他的意思以为到了一六五八年时哈林吞派已数不在少，政府亦已不能忽视。残余国会（Rump）的领袖，Henry Nevile 即为哈林吞的热烈信徒之一。他尝著《柏拉图的复生》[4] 一书，霍布斯且以为他尝参加《大洋国》的著作。他是罗特的主要会员之一，一六五九年七月六日上于国会的请愿书尤赖他的努力。哈林吞在当时政治中所处的地位或可借国会对于那请愿书的批语来说明：

"本院已读过你们的请愿书了，我们觉得它专为公共的利益，而无一毫私意存于其间"。[5]

至于哈林吞对于后来政论界的影响则更不容易说定。Temperley 在论到光荣革命的满意解决时，尝说：《大洋国》"给我们以辩护政体变更的理论"。他又说："财产权及政权的联合可使国家得到公平的均衡，实为哈林吞的发现，他可被视为政治学中的哥伦布。他的理想弥漫于整个的近代解决（即一六八九年的解决）之中"。[6]Russel Smith 复列举一长串的英吉利政论家——锡德尼，Nevile，洛克，休谟，边沁，Grote——为受哈林吞的影响者。[7] 这也许言之过甚，但他对于 Nevile，锡德尼，休谟，及 Grote 有相当的影响则是无疑的。后二者尝于著述中备称他的明达，而锡德尼之驳 Filmer 的《父权国》（*Patriarcha*）又备带《大洋国》的气味。

哈林吞的全部著述于法兰西革命开始的那年译成法文，他的《政治箴言》于一七九五年更有第二次的翻译，[8] 法国革命家需要哈林吞之切可以推想而得。Russel Smith 谓 Sieyès 深受哈林吞的影响；这层我也可以相信。[9]

但哈林吞最大的势力当求之于美人的政治思想。凡稍知 Roger Williams 及 Penn 的思想者当能承认《大洋国》所发生的影响，虽然直接的，具体的证据却不易找到

---

[1] "English Political philosophy in the Seventeenth and Eighteenth Centuries", in Cambridge Modern History, Vol. Ⅵ, p. 797.

[2] 见 C. H. Firth 在 Cambridge Modern History (Vol. Ⅵ, p. 544) 文中所说。

[3] Masson, The Life of John Milton, Vol. Ⅴ. p. 483.

[4] Plato Redivivus 在 Toland 所编的《全集》第二版（一七三七）中有之。

[5] 《全集》，第五四六页。

[6] "The Change of Ancient History to Modern History", in Cambridge Modern History, Vol. Ⅴ, pp. 255-256.

[7] Harrington and his Oceana, pp. 129-151.

[8] Janet, Histoire de la Science Politique, Tome Ⅱ, p. 752.

[9] Harrington and his Oceana, pp. 205-214.

好多。[1] 照 Russel Smith 说起来，连 Carolina，New Jersey，及 Pennsylvania 诸殖民地的特许状亦带哈林吞的思想。[2] 这也许有些过甚其辞，但 John Adams 及 James Otis 两人深受他思想的感化则可于他们自己的著作中得之。[3]

美国的革命更建立几种和哈林吞思想一致的制度。[4] 美国十三州中的八州向有冢子承袭制度，但今则完全废弃。[5] 官位轮流制及国以法治的思想则在 Massachusetts 一七八〇年的宪法中有正式宣言。[6] 纽约州一七七七年的宪法又有以投票代替呼喝的选举法。[7]

美国而外近代各国所采的制度更有足为哈林吞的思想生色者。秘密投票今已成为举世的通习。官位轮流制——即选举的官吏有一定任期之意——为共和国的通则，虽然大部分也许可连任。一部分的改选首行于美之上院，今则好多的代议机关及行政委员采用此制。间接选举初为美国选举总统之法，在欧陆的共和国中则为用更广。今代的内阁制和哈林吞的主部及行政院相接近；在今代国家中立法的提议寄于行政机关之手，在大洋国中亦然。诸如此类的相同处尚不胜枚举。

征兵之制首创于普王大腓烈，而流行于十九世纪的欧洲。征兵制的主要两点一为全体人民须服兵役，二为将全军分为常备，后备等等，而此二点俱为哈林吞所再三言及者。我们不管大腓烈是否受过哈林吞的影响，[8] 但哈林吞之能先别人而知则不容我们不认的。

哈林吞的批评

Adolphe Franck 谓"哈林吞的主要错误在求以外表的机械来代替人类智能自然而且有规则的进步"。[9] 这个批评也许是不错的，但试问那种的改革思想能逃了这样的一

---

[1] Russel Smith 所找到的证据（所著书中第一六二至一八三页），并不十分足以动人。
[2] Harrington and his Oceana, pp. 157–183.
[3] 参看 John Adams 的《全集》，尤其是 "On Government" 一文，及 James Otis, Rights of the British Colonies.
[4] 下述诸点当然不见得一定是哈林吞之功。Russel Smith 之把许多美国的新制归功于哈林吞往往失之过火。他以为（所著书第一九九页）美之两院制出于 John Adams 的思想，而 Adams 又受哈林吞的影响。这更于实情不符，因哈林吞的元老院与民众院与美之两院制迥不相同。
[5] T. W. Dwight, "James Harrington and His Influence upon American Institutions and Political Thought". in Political Science Quarterly, Vol. Ⅱ, p. 34.
[6] Political Science Quarterly, Vol. Ⅱ, pp. 8, 14.
[7] Political Science Quarterly, Vol. Ⅱ. P. 21.
[8] 大腓烈读过《大洋国》是大概无疑的。
[9] Reformateurs et Publicistes, p. 251.

个批评？我们似乎不应以目前的可行与否为判断一种改革的思想的标准，那思想本身的价值应为判断的标准。

Franck 的部分批评比他的总批评要公正些。他反对（一）长老及少壮间不平等的待遇，（二）和民主政治不相容的间接选举，及（三）骑人之过分便宜。[1] 第二点是无足轻重的。第一点是确当的，因为十八及三十五岁间的男子不应没有参加政治之权。第三点尤为扼要。他以骑人的地位为"可惊"。照哈林吞之计算而推测起来，大洋国仅有三万五千长老骑人，而长老步人之数则有七万五千之多，然而前者可包办元老院的全部及民众院之小半！

大权之集中于少数人之手尤为可以攻击之点。元老院及行政院长官的总数只五十八人——暂不计算四个护民官在内——然而他们就是大洋国的治者阶级。他们可以提出法律案，可以替它们辩护，通过后又有执行之权。他们又都是骑人！当国家危急之秋则政权完全在二十二人之手，而此数中有二十人都是长老骑人。[2] 这比 Franck 所视为可惊的还可惊。

休谟批评元老院有消极抵制人民之权。[3] 这是确的。但最根本的问题是：究竟哈林吞对于所谓"自然的贵族政治"[4] 的观念是否有理。如果贵族如他所想像之贤能，则元老院的优越及少数人的大权在握都可以说得过去。但如果社会上常有少数人可当统治之任，则亦当常有一人可当此任；如果可以有自然的贵族政治，则何以不可有自然的君主政治？哈林吞对于贵族实不免信任太专了。

密尔吞以哈林吞的部分轮流法（即改选一部分）为太复杂而难行；[5] 但此层当然是过虑的，因为日后已有实行此法者。休谟批评官位轮流法，因为它可以使有才之人失职；但此为民主政治的通病，我们不能以此而独责哈林吞。

批评哈林吞者于他的土地政策尤多非议，他们说他不切实务，说他幼稚。但这倒不足为哈林吞病。亚历士多德对于柏拉图共产主义的批评皆可以举以赠诸哈林吞，且就批评而论，尚无人能胜过亚历士多德。土地政策的价值并不因不能实行而消灭，犹之柏拉图的共产主义在推论的哲学上仍有其地位。

因土地政策而牵涉到大洋国是否一个乌托邦，哈林吞是否乌托派的问题。哈

[1] Reformateurs et Publicistes, pp. 243–245.
[2] 军事院中本有武士九人，新举武士九人，连同护民官四人共二十二人。护民官中有二人为步人。
[3] David Hume, Essays (Green and Gross Edition), Vol. Ⅰ, p. 481.
[4] 《全集》，第二五三页。
[5] Milton, "Ready and Easy Way to Establish a Commonwealth"，见他的 Prose Works (Pickering Edition), Vol. Ⅲ, p. 435.

林吞思想中最近似乌托派者为他的土地政策。但他的土地政策之非乌托派犹之他的共和主义之非乌托派。我们须记得，哈林吞虽熟读柏拉图，[1] 柏拉图共产主义中虽极有类似土地政策的言论，然他于详论该政策时，从未一次说及柏拉图。而且近代政府所采用的累进所得税其用意和土地政策相同，是则土地政策更不是一种乌托的制度。

《大洋国》的首段极易使人相信大洋国为乌托邦。[2] 但公平的细心读者应把那段当做诗意诗情的表露，而不当它含有任何乌托派的色彩。如果把 More，培根的 New Atlantis 及 Campanella 细续，亦足以见它们都有一种《大洋国》所无的性质。Robert von Mohl 固尝把《大洋国》和乌托派的著作放在一起，[3] 此则正是一般人成见的流露，而不是独立观察的结果。

哈林吞自己也没有做乌托派的思想。在《立法术》三卷的绪言中，他说他所要提出的模型不特须合理智且贵能实行。[4] 这也是 Franck 的解释。[5] 在《立法术》首卷卷首更有格言一首，读作"如此世不能用我言，下世总可为我尽公道"（意即可用我言之意）。[6] 由此观之，哈林吞更那是乌托派想像家的一流人物可比？

和他同时的人比较起来，哈林吞毫无愧色。他以为以色列的政制是共和，而 Filmer 及 Bossuet 则以为专制君主。他以归纳的方法来拥护共和，而霍布斯则以推演的方法来为专制张目。就创作力而论，哈林吞不但在霍布斯之上，而且比密尔吞及 Halifax 也胜一筹。[7]

临了，我们可让一位史家思想家而且也是心平气和的学者，及一位政治思想的批评家来替我们作此文的结束。休谟在他的《英吉利史》中说：

> 在想像中的共和国成为日常论辩的那个时期中，哈林吞的《大洋国》确是极合时代性的作品；即在今日它仍被尊为一部富有天才及创造的著作……他的文品固欠流畅及自然，然内容的佳足以补文品之短。[8]

---

[1] Masson, The Life of John Milton, Vol. V, p. 481.

[2] 《大洋国》，第一一页。

[3] Geschichte und Literatur der Staatswissenschaften, Band I, s. 191.

[4] 《全集》，第四二九至四三五页。

[5] Reformateurs et Publicistes, p. 213.

[6] 《全集》，第三八五页。

[7] G. P. Gooch, Political Thought of England from Bacon to Halifax, pp. 111-121.

[8] History of England (Oxford, 1828), Vol. VII, p. 307.

他又说：

　　《大洋国》至今为共和国之唯一有价值的模型。[1]

Gooch 说：

　　在那些想把民主原则不但和进步而且和秩序联合在一起的思想家中，他可占最高的地位，因为他是富于批评及创设的能力的。

[1] Essays,vol.I,p.481.

英国之员吏制度 *

今天我所要讲的题目是英国的员吏制度，员吏制度在英文为 Civil Service，一般的学者及政论家大都译作吏治制度，文官制度或公务员制等等名目，我个人觉得以这些名称来代替英文之 Civil Service，似乎有点不妥当，因为"吏治"这个名词易和"官治"或"官僚政治"相混，对于我们心理上发生一种不正确的影响，文官制度这个名词也不很妥，在民国初年，我们也曾有过文官考试，但中国之所谓文官和英国之所谓 Civil Servants 不甚一致，英之所谓 Civil Servants，是泛指一切英国政府的办事人员而言，上自达官显宦，下至胥吏走卒，均包括在内的，统以文官称之，似也不甚妥当，公务员的名目，要比较得相宜，而且为现行法令上所采用的，但我仍觉得不甚惬意，故我今晚改以"员吏"二字当英文 Civil Servants。今天演讲的性质和所许的时间，我初本不甚明瞭，但当此国人正注意于孙中山先生的五权宪法，而尤注意于较新奇的监察考试两权之时，一个先进国家的用人及考试，料亦为在座诸位所感有兴趣的。现今国民政府有考试院之设立，一方面固然要采用中国固有的科举制度，但同样也非参照外国任用员吏之制度不可，而在各国之制度中，据我个人的观察，要以英国之员吏制度为最有成绩，同时也是最值得我们效法的一种制度。

一 英国员吏制度之沿革

英国员吏制度之所以有今日，虽非一朝一夕之故，但亦不是有很长的历史的。英国在一八五五年以前的吏治也和现在的中国差不了许多，那时也是到处任用私人，根

　　* 原载《政治学报》第一卷第一期，1931 年。钱端升讲，潘如澍记。

钱端升文集

本就无所谓资格与标准，而政府中各种员吏也大都是行政长官之亲戚故旧，而当时东印度公司之用人政策，尤为时论所不满，所以到了一八五三年，国会继续颁东印度公司之"特许状"时，就规定了一种竞争的考试制度，凡以后派赴印度服务之人员，必须考试合格后，方得派遣，同时又组织委员会拟定一详细的具体计划，实行考试制度，后来这批经过考试而派赴印度服务之人员，成绩斐然可观，同年英国之改良吏治委员团有鉴于此，亦向英国政府建议，主张采有贤能制度，以为国家之用人行政应以能力为标准，有相当的能力，便配做相当的官吏，并规定政府任用官吏，事前必须经过一番考试，同时又有分类之原则，将政府中学做例行公事及需要脑力之人员分开，而各有其特殊之制度，政府于取录此两项不同之人员时，亦采用各别考试之法，一八五五年英国之枢密院即下令采纳是项建议，从那时起，即有一部分员吏由私人任用制度变为公开考试制度，但在一八五五年，英之枢密院不过采纳改良吏治委员团建议中之一部，以为一种试验的性质，至全部采用则为一八七○年之事，换言之，即在一八五五年，英国虽有实行公开考试之员吏制度，但范围不甚广阔，直至一八七○年此项制度才有新发展，由此以后，英国之员吏制度日益完备，援引分赃，日益减少，加以近几十年来英国政府当局不断的努力，才有今日之成绩，故考试制度在英国现在虽已盛行，但究本推源，则不能不以一八五三年东印度公司之公开考试为嚆矢也。

二　英国员吏制度的内容

英国员吏制度的内容，大体上可分三方面来说：一为员吏取录与任用之标准，其次为取录后员吏升降奖惩之办法，再次为员吏退职后之情形及待遇——例如是否要给他养老金等问题，兹分述之：

甲、员吏取录与任用之标准

A. 管理之机关：管理英国员吏制之取录机关，为员吏委员团（Civil Service Commission），此委员团由委员三人组织之，其职责专司公务员之分级与取录，此三委员中有一人为委员长，他的重要职务即如何把考试员吏之资格与各学校毕业学生之程度相衔接，第二席委员兼充典试长，凡关于考试本身之一切事务，均由之负责处理，而第三席委员为委员团之秘书。此委员团之重要工作有两种：一为法令之执行，因为英国政府对于员吏制度的立法，并没有一个整齐的法律或命令，而散见于各项命令或法典，委员团之主要职务，即在执行此项法令；二为考试员吏及举办员吏登记，如某某考试及第或审查合格等是。此两种责任均极重要。同时我们要明瞭英国员吏之资格及其所处之地位，则我们又不得不进一步去推究英国员吏之分级。

B. 员吏之分级：英国员吏之分级，的确是一件很值得我们注意的事。但在未述等级以前，我们不可不先述英国员吏之总数及其分配之比例，在世界各国中英国可说是员吏数目比较得少的国家，英国全国员吏之总数，在一九二七年度，尚不到三十万人（但此项数目不包括工人在内），法国之员吏总数约五百万，德国之员吏总数近六百万，几占全人口百分之十以上，固然德法国之巨数，乃指包括工役及地方政府之员吏在内，然而英数之微小仍是十分显然的。此三十万之数虽不包括政府工役，却包括邮电职工在内，除掉十七八万的邮差，电报生，邮务生等等以外，只剩下十一万左右的员吏而已，而在所余之一万数目中，大多数并非正式的员吏，内中有三万左右是技术人员及视察等，他们之任用都无须经过考试，其余多是临时雇用的书记以及各公署之门房信差等，如果将这一些再扫数除去，大约只有四五万人是正式的员吏，此项总数不到两三万人之正式员吏，约言之：可分为五级：（一）行政级：此为高级长官握有指导行政之责任者；（二）执行级：其地位较行政级稍逊，其责任在专司执行，并且用不到多少判断力；（三）书记级：为一种助理秘书的性质，较普通的书记为高；（四）抄写级：专司文件之抄写事宜，为一种司书之性质；（五）速记打字级：专司速记及打字等事宜，此级多由妇女充任。此五级员吏之分配比例，最近因无人调查，难得确数，但据一九二三年之统计，则第一级之人员约一千六百，第二级之人员约六千左右，第三级之人员约五万，至第四级之人员则为一万左右，第五级之人员尚难得确数。以上所述之五级，是根据英国一九二二年的分法，英国之员吏制度自一八七〇年到一九二二年的三十年间，虽然名词上不免时有变迁，而级际间亦有时参差不齐，但在大体上是无甚出入，所以大致说来，这五项分类是不会错的。所谓行政级是英国员吏为之最高级，其录取和任用的标准完全是用公开考试的办法，而报考之年龄则限为二十二至二十四岁，此种年龄之限制在英国非常严格，因为在二十二岁至二十四岁年龄适当于英国立大学毕业生，因为他们不愿非大学毕业生也参与此项考试，所以地规定标准年龄，同时他们所要考的课程也和大学的课程相衔接，而此项第一级人员其出身多半是要经过考试，但亦有少数除第二级升擢而上者，不过由第二级升入第一级的数目很少，照一八九四至一九一四年之统计，第一级员吏之缺位中只有百分之十三、五是由第二级升擢而上的，换言之，即内中有百分之八十六、五是经过考试的。行政级之官更为英国员吏中之最高级，约等于中国政府各部之参事司长科长之类，其年俸自二百镑起至千镑以上。第二级为执行级，专司执行日常事务，普通均由第三级人员升任，但亦有由考试出身者，其投考年龄限于十八岁至十九岁，此项年龄适与英国中等学校毕业生之程度相适合，英国中等学校之程度和大陆国家中等学校之程度相若，比美之中学为高，中等学校之毕业生可投考第二级，但第二级之本身又有普通级与学习级之分，此级之员吏恰和中国政府之各科科员及帮办相称，其职员虽专在办理例行公事，但毕竟是要用几分脑力的，学习级之薪俸自百镑起至三百或四百镑为止，普通级年俸为四五百镑左右，（女子之最高数为三百及四百，男子为四百及五百）。第三级为书记职，不过英国人之所谓书记与中国人之所谓书记不同，英人之所谓书记，其地位较中国之书记为高；在中国之所谓书记，其地位是很低下的，在英国却不然，英人之所谓书记，虽然不能和中国之高级科员相比，但其地位却和中国政府之三等科员或事务员之类相称，名虽为书记而实系科员，此第三级员吏之产生多半是用考试制度，但间亦有自第四级升上者，其应考年龄为十六岁至十八岁，适与英国各中等学校上半截修业期满者年龄相当，恰等中国之旧制中学或新制高中一二年级生之程度，但在本级关于年龄方面男女稍有差别，女子之年龄得较大于男子，因为英国员吏制度对于性别限制一层，大部分虽已经打破，男女均得参与考试享受同等之权利，但普通女生之年龄总要较男生为高，近年来对于第一二级之员吏考试，年龄一层大体上虽男女已一律，但对于第三级之员吏考试，则仍以女子较大于男子为原则，此级又可细分为二级，一为普通书记职，年俸自六十镑至一百八十或二百五十镑，二为高等书记职，年俸可自三百至四百，其最多数又视男女而有别。第四级为抄写级或帮办书记职，此级之事务专司抄写文件，和中国之司书相等，其原则亦为考试，但亦有自第五级升任者，不过充任斯职者大部分为女子，其应考之法定年龄为十六至十八，其应考程度为各种职业学校毕业生之性质，且工于书写者，每周俸给自十八仙令至三十六仙令。第五级为速记打字职，其性质与第四级相近，但附带有雇员性质为不固定性，此级大半由女子充任，其报酬亦不亚于第四级，而应考者大多为打字或速记等专科学校毕业，其应考年岁为十八岁至二十三岁，周薪自廿二仙令至四十六仙令，英国员吏分级情形之大概不外于此矣。

C. 员吏之考试：以上所述之五级，各级与各级之分际，凭什么来决定呢？何以第一级之人员差不多有百分之八十五以上是考试出身的，至第二级则大多由第三级员吏所升任的呢？第一级之所以以考试为原则，而第二级之所以以升任为原则者，盖因第一级与第二级，一司行政一司执行，情形相差太远，前者多用脑力，大抵多由专家充任，而后者则以熟练为原则，无须专用脑力，至第二级与第三级间，则相距无几，且均以熟练为原则，至第三级及第四级则又相差甚远，故第三级又以考试为原则。总之，英国之员吏在级际间虽有所谓升迁，但其出身则均由考试，不经过考试而充当吏员，此事在英国殊不多睹。那么考试的情形究竟又怎样呢？英国之员吏考试共有三种：

（一）竞争考试：是一种公开性质的考试，是竞争的，有名额的限制的，狭义的考试制度即指此而言，其试验方法大体上之原则为笔试，但间亦有加以口试者，不过以笔试为主要，而以口试为次要，英国之下级员吏大部分均由此方法产生之。

（二）竞争谈话：竞争谈话，严格言之，并非考试，而是一种甄别的作用，如国有医院之医生及法庭律师等，大部分均用此方法产生之，因为这是一种专门技术人才，实在是不宜于竞争考试的，而采用竞争考试之结果往往反而难得真才，所以英国政府对于是项专门人才，不用笔试而以谈话方式出之，于个别谈话中，从而探测其个性与技能，以为任用之标准，并且把他们资格加以审查以定可否。

（三）荐举：此外亦有不经过考试而由长官荐举或甄别者，但此项人员在英国并不甚多，只不过少数高级长官之随从书记及其他亲信人物，是由长官荐举的，一经荐举即得充任员吏，但因其为数无多，故在英国仍能保持员吏制度之精神。在英国竞争考试考度之中最值得我人之注意者，即他们所注重的，不在于专门的学问，而在于普通的知识，所以他们考试的科目，各级间只有普通程度之深浅，而并没有专门技术之分际，所以他们考试的科目也只限于普通学科，而专科学科则不在考试之例，即在第一级之员吏，投考者虽为大学生，但其所考试的科目，仍是一种较高等之普通知识，而专门学科不与焉；同时英国各大学之办学宗旨，亦即在于造成绅士式之学生，所以英国之员吏考试与别国不同，普通各国之员吏考试，大抵考试专门知识及技术，如有意到农矿部办事者考其所具农矿之知识，有志在劳工部办事者考其关于工业劳动方面之知识。以专门学识之高下，以为取舍之标准，但在英国则不然，英国一向反对此项考试制度，英国是不分部考试的，是以普通知识之高下以为取舍之标准，俟录取后再由英国政府分发各部任事，他们以为只要有了普通知识便够，至于各项专门学识是不难于任事后学会的，因为办事上的技术是要由经验而得，并不是单靠书本上的知识所克奏效的，所以主张报考人员之先决条件，即应具备有普通知识，至专门学识，则不妨于任事后再行学习，故考试时不分部，俟考取后，再分发各部任事，其优点即用此方法所产生之员吏之普通知识，较其他各国为高，尤其是第一级人员，一方面是大学毕业生，同时又经过了一番考试——淘汰和选择之结果，所余者自然都为大学毕业生中之优秀分子了。同时英国员吏制度又有一点和中国的所谓文官或县长员试不同，即在英国凡员吏一经考取，政府即将其分发各部任事，可补入实缺，并不像中国现时之所谓考试，考试及格是一回事，而是否能分发录用又是一回事，考取者不一定录用，而任用者却不须考试，相差不啻判若天壤之别了。

乙、升降与责罚

英国之员吏是有一定的保障的，不像中国现在的员吏，升降赏罚取决于长官之私意，且随政局之变迁而变迁，随长官之进退而进退，五日京兆，人人自危，英国之员吏制度和中国实大异其趣，他一经录取任用后，即受习惯法之保障，员吏非有重大之过失时，不得任意辞退，同时其升降赏罚，亦有一定之标准的，就大体上言，坏的方面，在英国虽有所谓降级罚薪等处分，但是很少见的，即有之，亦由普通法院处理；通常英国员吏，非有重大错误时，不得辞退，设或员吏一旦违犯法律，亦与普通平民同等待遇，由法院审理。英国在以前员吏之升级或加薪为长官分内之事，长官得以一己之爱憎而定其升降，但时至今日，此风已除，员吏之晋级及加薪，均不得以长官一己之意志为意志，且不属于长官范围之内，但年薪在九百镑以上之官吏，其晋级及加薪事宜，长官仍有办理之全权，到若年薪在九百镑以下，则由劳资合组之委员会办理之，长官代表资方，而员吏代表工人。自一九二〇年后，英国政府之各种员吏均有一种组织，以代表劳工团体，由官员双方各派代表组织委员会，专司吏员晋级，加薪等事宜，员吏之应否晋级与加薪，均由此项委员会决定之，故在事实上，英国政府之高级长官，已失去其固有的掌管属员升降之全体，而让渡于官员合组之委员会中办理了，设一旦政府官员有舞弊等情事，则与普通平民同样办理，由内普通法院处理之。

丙、退职与养老金

凡经正式录用之员吏，在英国不得无故撤职，但亦有一定之年限，即员吏服务至年满六十岁，即得告老，至多服务六十五岁时，无论如何均须退职（除非有了某项特别情形而经财政部允许者，亦得延长年限），退职后，政府即给与相当津贴，名为养老金。此项养老金之设，即在救济已往在政府服务著有劳绩，而现因年老不能服务之员吏，以为其维持生活之费用。其设立之目的，在鼓励政府之员吏，使其专心服务。但员吏之升级加薪以及养老金之分发诸问题，均与国家之财政及编制预算有关，故均于事前由财政部统盘计划之，而且财政部非特有处理养老金之全权，即对于各部之用人财政，亦有权干涉之，故英国财政部自一九一九年于部内特设三司，有一司专管行政各部的用人问题的。

三　结论

英国员吏制度之内容约如上述，质言之，英国员吏制度之所以优于他国者，即因其有下列几种长处。（一）永久性：员吏一经任用，非有重大错误及有犯法行为时，不得免职或受其他处分，且退职时，又有养老金之发给，人人安心办事，不致心猿意马，遑遑求去，或五日京兆，人人自危，且养老金之存储，一半虽由政府津贴，而另一半则出自员吏薪给，积月累岁而成，如一旦他就，则养老金势必被政府没收，故英国员吏多愿一生服务于某机关，而不颇见异思迁者，亦即在此。（二）团体性：员吏和员吏之本身因为利害相同，同时接触的机会又多，所以公务员之团体思想发达，团结亦固，且英国员吏之晋级或加薪等问题，均得由吏员公会推举代表以与长官磋商，故近年来英国员吏间之各项组织日益发达，其团体性亦日益坚强。（三）廉洁性：最显著而最宝贵者，即英之员吏制度任私心除，凡事大公无私，钻营之弊已完全免去，而卖官鬻爵等恶习，自无从发生。末了，我们更要晓得英国员吏制度中有两个特性，而为其他国家员吏考度之所无者，即（一）在别的国家之员吏考试，其所考的学科多半属于一种专门的学识，但在英国则不然。（二）在别的国家员吏易流为官僚，易和时代潮流背道而驰成为落伍者，但在英国则因为他们富有人文教育之故，不易流为官僚政治。而且我国在过去科举时代之取士，亦但取夫人文方面之造诣，而非专门的技术，此点与英制不谋而合，将来中国的考试制度在这一方面或者也可以有所取法吧！

记者按：本文承钱先生亲加删改，特此鸣谢！

西班牙的新宪法 *

最近三四年来的欧美各国，除了苏联以外，几尽为经济衰落所侵乘。它们只求能解决失业及平衡预算，它们绝不能有余力来作政治上或经济上的改进。国际间的形势则同是不容乐观。在此沉闷的空气中，向被世人视为落伍没出息的西班牙忽于短期内推翻了军人的独裁及封建式的政治，又确立了"工作者的民主共和国"。不特政治焕然一新，即社会及经济方面亦有锐进。这种澈底的伟大的改革不特在西班牙的历史上为第一遭，即比之法兰西一七八九及德意志一九一八的革命亦无逊色。而且这次的革命又是不流血的革命，虽则统治阶级已经有了真正的变换。因此种种，表示这次革命精神，而使这次的革命制度化的新宪法实在值得我们的注意及研究。且就内容而论，新宪法也是最近一二十年来最值得赞美的宪法之一，它和德国宪法或者是现行宪法中最完整的两个。

一 宪法史

西班牙自法兰西革命，拿破仑入侵起，迄一九二三年止，已实行过六个不同的宪法。首次的为一八一二·三·一九的宪法。它为反法志士所召集的卜地兹（Cádiz）国会所拟定的。它是法兰西革命的产物，充满了民族及民权的精神，所以一方确立国民主权，一方又拥戴被禁于法的裴南道七世（Fernando Ⅶ）为立宪君主。不幸裴南道为既不能忘又不能学的一个波旁（Bourbon），故一复辟便食言而肥，拒认宪法。一八二〇年西班牙又有革命，裴南道迫不得已始于次年七月向国会宣誓遵从宪法。但

＊　原载《国立武汉大学社会科学季刊》第三卷第四号，1933 年。

一八二三年法国的干涉又致了首次宪法的死命。然宪文虽死，而一八一二的精神则成为西班牙十九世纪民主运动的目标。

裴南道死后，其后玛丽亚克利—斯帝那（Maria-Christina）摄政。为罗致人心起见，她颁布了一个和法国一八一四宪章相似的钦定大法（一八三四·四·一〇）。大概钦定宪法总是偏向君权的，所以两院并没有提议立法之权。人民的不满自是意中事，而变乱亦常见。为顺从民意起见，一八三六年有宪法议会的召集。这个宪法议会制定了一个类似比利时宪法的新宪法（一八三七·六·一八）。

一八三七的宪法为内阁制的宪法，所以实行而后内阁的更迭至为频繁。一八四五年保守党当权时因加以改订，而成为一八四五·五·二三的宪法。这比一八三七的宪法更为右倾。此后的几年内不满意的各党派常有暴动，所以女王伊萨比不得不于一八五五年召集非常国会以订立新的宪法。这个非常国会成立了一个长九二条的宪法，但始终得不到女王的裁可。一八四五的宪法到了一八六八革命时才被废止。

一八六八年西班牙又经过一次强烈的革命，失政的波旁王室被推翻，塞兰诺（Serrano）将军则被推为临时政府的摄政。次年，依据普选而举出的国会先制定了一个立宪君主的宪法（一八六九·六·六），再拥戴意大利王室的阿马条一世（Amadeo I）为新王（一八七〇·一一·一六）。阿马条因感觉地位不稳，于一八七三年二月退位。一八七三及一八七四两年西班牙号称共和，然实权则操之于军人。一八七三年七月新召集的宪法议会的制宪委员会尝完成一共和的宪法草案，然迄未得大会的讨论。制宪议会于一八七四年初即被军人解散；到了那年年底军人更宣告波旁王室的复辟。

亚尔方索十二世（Alfonso XII）于一八七五年初即已复辟，但新国会于次年二月始行召集。新国会有制宪之权，但事实上草案由王权党拟订，而由首相提出。所以一八七六·六·三〇的宪法不啻是一钦定宪法。

一八七六年的宪法是寿命最长的宪法，要到一九二三年政变后才被废止。它分为十三章八九条。[1] 按照这个宪法国会设权力平等的参众两院，王族，不动产年值逾六万元的贵族，海陆军大将，大僧正及大主教，参政院，最高法院，海军参议院，及陆军参议院的院长俱为当然的参议员。此外国王得于十种列举的人员中任命若干任期终身的参议员，而国家的各种会社，如省市大学等等，及多额纳税人则可于那十种的人中选出参议员一八〇人。当然的及任命的参议员也不能过一八〇人。所谓十种人员八种为议员，显宦，僧侣，军官之流，而其余二种则为学术及专门人材。

钱端升文集

[1] 根据 Posener, Die Staatsverfassungen des Erdballs 中的原文。

关于政府的部分，一八七六之宪法所规定者为责任内阁制。国王是不负责任的，不可侵犯的，他所颁发的一切命令须得国务员的副署。国务员由国王任命而代国王负责。

国王可以解散国会，但新国会必须于三月内召集，众院对于国务员得提出弹劾案，弹劾案的审理则操之于众议院。

一八七六年的宪法看起来初和法意等国的宪法无大分别。它们全是民主的，及责任政府制的宪法，而且自一八九〇及一九〇七两选举法将选权普及于满二十五岁的男子以后，民主政治更树立在广大的基础之上。但在事实上选举是虚伪的，国会则与内阁狼狈为奸的。一九三一年以前的西班牙虽经了多次的革命，试了多种的宪法，但它的政治一直没有能完全脱离中古的封建主义。政治的重心一直寄于僧侣及贵族；僧侣中以愚民的耶苏会的势力为尤大，而贵族则尽是剥削人民的大地主阶级。又因十九世纪中叶内战不断之故，与僧侣贵族相联的军人亦浸浸成为政治上的中心人物之一。西班牙固然也有政党，但保守及自由两党之间只有人的分别，而无政策的不同。它们虽互为进进，它们都不能代表人民，西班牙有所谓头目制（Caiquisme）者，党的大小头目只操纵选权，夺取位置，而绝不须遵从民意。民意也无如他们何。所以一八七六宪法虽存在了五十年，而西班牙政治的黑暗及经济的落伍几乎成了全欧各国之冠。

里夫拉（Primo de Rivera y Orbaneja）的独裁政治即在那种虚浮的立宪政治之上生长出来的。一九二三年本是西班牙最困难的一年。摩洛哥土人的叛乱既使马德里德（Madrid）政府的军事财政濒于崩溃，而卡达龙逆阿（Cataluña）的分离运动及劳工问题又使中央无所措手。在这种情形之下，里夫拉的政变遂成功得易如反掌。里夫拉以九月十三攫得政权。隔了两日（九月十五日）素来不热心于宪政的亚尔方索十三世即阿顺他的意旨，下令解散国会，废除内政及陆军以外的其余行政各部，而将一切行政立法之权委给里夫拉所领袖的军政府。同日里夫拉即以军政府的名义一方停止宪法所保障的人权，一方更批准某几军区的戒严。所以九月十五实为一八七六宪法宣告死刑，而里夫拉军人独裁成立之日，一九二五年底（十二月三日）亚尔方索固然又下令恢复了国务院及各部，但事实上独裁的基本性质始终未变。

里夫拉独裁的唯一基础是武人，所以一九二六年夏骑军一部分的兵变使得里夫拉深感独裁的不易支持，而有召集国民会议的拟议。但他所要召集的会议并不是一八七六宪法中的国会，而仅是一个供政府咨询的机关。所以赞成独裁的人认这会议是多余，而反对独裁的人则认它是违宪。几经踌躇而后，国民会议卒于一九二七年十月十日召集。里夫拉深恐任命的国民会议尚会有不利于政府的言行，故又把它分成十八组，各组有各组的组织及权限。各组各自开会，而全体会议则每月仅有四次。根据这种奇异的办法，里夫拉令第一组讨论宪法，第一组经年余的工作后，完成了六个法律草案。里夫拉本允许以它们为大会讨论宪法的基础。为笼络人心起见，他且下令全国各会社加推代表以充实国会。但各会社俱拒绝与里夫拉合作，拒绝推举代表，故制宪的工作亦始终未能顺利进行。

一九二九年本是不景气的一年。工商业剧烈的反对里夫拉；报社对里夫拉亦向乏好感；国王及军队本为赞助独裁的最有力者，至是亦态度消极起来。独裁显已失败，而回向立宪道上又不容：在这种四面楚歌情况中，里夫拉不能不出于辞职之一途。（一九三〇·一·二八）即他一手模仿法契斯帝党而组成的"爱国联合"亦无能为力。

继里夫拉而起者为贝伦圭（Berenguer）将军。贝伦圭政府的口号为"宪法及国王"，换言之，即宪法固不能不有，但君主亦必须保持。当时除了主张革命的共和党及社会主义党不计外，政客约有三派。第一派为护宪派，即主张恢复一八七六宪法者。第二派为修宪派，他们赞成恢复旧宪，但要求加以修改。第三派为制宪派，他们主张召集制宪议会，制定新的宪法。首二派为保王派，第三派虽不积极地主张共和，但已认共和为可能的政体。贝伦圭政府遭了这些纷歧意见的逆袭，初不敢有所决定。同时它更利用宪法之无存来自由的行使职权。但到了年底又有耶卡（Jaca）戍军及法兰哥（Franco）上校所统率的空军之变叛，共和及社会党人亦趁这机会蠢然思动。到了这个时候贝伦圭深知仅恢复旧宪之不足以维系人心，故于一九三一·二·七下令于三月召集国会，并许国会以修改宪法之权。同时宪法所保障的人权亦多半恢复。但共和及社会党人对于新国会的选举绝对不肯参加；制宪派人虽愿参加选举，但要求新国会立即召集制宪国会以制定新宪。凡此种种俱可看做不信任的表示，故贝伦圭政府卒于二月十四日辞职，同时并将选举展缓。

制宪派的盖拉（Sanchez Guerra）曾一度试组内阁，而以召集制宪国会为号召，因为共和及社会党人之拒绝参加，故他的尝试终归失败。二月十八日海将亚慈那（Aznar）的王党内阁成立。亚慈那政府的第一件事即为各级选举的次第举办，市选举于四月十二日举行，省及制宪国会的选举则于五月六日分别举行。

四月十二日的市选举是有特殊的意义的，因为这次不同平常的选举；平常只是半数的改选，而这次是全体的改选。反政府各党要利用这选举来表示民意的倾向，政府的与党也极力希望获得胜利来维系政府。选举的结果，共和及社会两党获得惊人的胜利。全国五十省的都会中，反对党占优势者有四十六个之多。选举的次日各地共和及社会党人群起宣布共和的成立，京城中于十四日亦有同样的宣告，且有临时共和政府的成立。亚尔方索鉴于大势已去，当日即携眷出国，并表示愿静候民意的最后表示。

四月十四日的革命是西班牙历史上最光荣的革命。从前的革命往往由军人主持，而这次则是文人主动的革命。共和各派为智识阶级的集团，而社会党则为劳工阶级的政党，两党皆有坚固的组织及深长的努力。它们的领袖也是从未同流合污的伟人。因为革命的基础好，所以革命的成功也大。

柴毛拉（Alcala Zamora）的临时共和政府成立之后即举行大赦，废除参议院，并宣告以行将产生的制宪国会为最高机关。照五月八日颁布的选举法，凡年满二十三岁的男子有选举权，年满二十三岁的男女有当选权。省及人口逾十万的大市为选举区。[1] 每五万人得出议员一名。每人所选的议员不得过于该区总额百分之八十，但候补人至少须得全体票数百分之二十才得当选。[2]

制宪国会的选举于六月二十八日举行。议员的总数为四七四人，其党别如下：

社会主义党	一一四人
社会主义急进党	五六人
共和行动	四三人
联邦派	一五人
急进党	九八人
自由共和右派	二八人
农业党	二六人
报国派	六人
卡达龙逆阿左派	四〇人
加立细亚（Galicia）联盟	一五人
瓦斯孔加人（Vascongadas）派	一五人
无所属派	一八人 [3]

[1] 照一九〇七年的旧选举法，每区仅选议员一人。

[2] 这为减记投票法。如某区应选议员廿名，则选民只能投十六名。故少数党在某区中能占全体票数百分之二十以上者，便有当选的希望。

[3] 党员数字，出入甚多。以上所列系根据 Annuaire Interparlementaire, 1932；并参考 Political Handbook of the World, 1932 而得者。

以上各党中，社会主义党为最大最有组织的政党。社会主义急进党为急进党的左翼，它的主张酷似法之社会主义急进党。共和行动创于一九二五年，为智识阶级及左倾的资产阶级之集团，向来痛恶独裁，不满王室，而倾向共和者，联邦派亦为左方共和诸党之一，但主张联邦制度。急进党向主共和急进，但其经济政策则比较的和缓。所谓共和同盟者即上述三党的结合，先时由急进党的赖罗（Lerroux）主盟，而今由共和行动的亚长逆阿（Azaua）主盟。自由共和右派为共和各党中的最右者，党员且不乏向属自由君主派的旧人。这派主和教社妥洽，而其它共和各党则俱主教国分离。农业党为天主教派及地主的大集团，在感情上仍主君主。报国派即献身国家之意，国体既属共和，他们自也赞成共和。但他们的主张也是很保守的。卡达龙逆阿，加立细亚及瓦斯孔加大三党为地方党，但前二者站在左方，而后者则和农业党有同样的倾向，同样的是天主教派。

制宪国会于七月十四日召集。临时政府先已于五月十九日设了一个制宪委员团，主席为奥索里奥（Ossorio y Gallardo）教授。政府原先希望奥索里奥能成为西班牙的普劳斯（Preuss），希望他的草案能和普劳斯草案一样的受国会欢迎。但奥索里奥虽为有名的宪法教授，而其主张却太偏于保守。他属于报国派。七月六日脱稿的草案，在主张共和的各党看起来，太不澈底，而在不主共和的各党看起来，则又和一八七六的宪法出入太大。因此这个草案国会始终未加以讨论。国会因不满于临时政府所提的草案，故开会之初即设置一个起草委员会，主席为隶属社会主义党的亚轮阿（Jimnès de Asuà）。经三星期的工作委员会于八月十三日完成了一个草案。又经了三个多月的反覆讨论，这个草案卒于十二月九日经国会绝大多数的讨论而成为西班牙现行的宪法，最后的表决赞成与反对之比为三六八对零。工团主义者，天主教各派，及一部分的联邦派则弃权未投。

二　新宪的分析[1]

宪法开宗明义便说："西班牙为各种工作者的民主共和国"。从这一句话，我们便可明瞭西班牙共和国的基本性质。宪法委员会的原稿本定"西班牙为民主共和国"。"各种工作者"一语乃是社会主义党的修正案，社会主义党不愿新国的立法仍沿旧日封建

---

[1] 本文以 Dareste et Dareste, Les Constitutions Modernes 中的法译本为根据，但间参考散见各杂志中的译文或原文节录。

钱端升文集

66

的余风，故必须冠以"工作者"数字以示革新，但他们也不愿新国与苏维埃同流，故冠以"各种的工作者"（trabajador）以示与"劳工"（obrero）阶级的独裁有别，因为"工作者"可包括一切自食其力之人在内。宪法在总表决之时议长亦郑重宣言："我们深知西班牙人并非全是工作者，但国家根本法中之有那一语深足以表示我们将来的目的：我们要使人人知工作之可贵。"由此，可知西班牙不是一个阶级独裁的国家，而是一个全民的，工作神圣的，倾向社会主义的国家。[1]

1. 国体及分权 [2]

宪法第一条即说"共和国为单一（integero）国家，但和各市集（comuna）及各地域（region）的自主相容"。严格地讲起来，西班牙是一个和德意志联邦相似的联邦国家。西班牙之不能因自称为单一共和国而失了联邦的性质，犹之德意志之并不因用帝国（Reich）一字而不算联邦。制宪国会中大多数的议员是赞成建设一坚强的共和国的，但大多数也赞成让卡达龙逆阿等地域享有宽大的自主权。固然，制宪者因欲表示西班牙的统一之故，不愿"联邦"一词明见于条文，而只肯采用"自主"那词；固然，制宪者因欲避免地域成为诸邦之故，连各市集也给了它们以自主之权，但是，联邦仍是可能之制，而地域实即是邦。现在固然只卡达龙逆阿为自主的地域，但如果西班牙的各地各省俱依照宪法成了自主地域起来，则西班牙尚不是联邦而何？ [3]

宪法所许市集的自主（第九条）是没有多大意义的。市集的权力本由中央或自主地域规定的，故所谓自主者仅是地方自治，市官民选，且于组织方面可不必如法意各市集之一律而已。

市集之上为省，省为高级行政区域，乃集合多个市集而成者。省的组织及职权依法律之所定。省的机关亦属民选（第十条）。

相连的省可以相结而成为自主地域，并可自订大法（estatuto），经国会通过后，便成为共和国法律的一部分（第十一条）。国会日后能否不得自主地域的同意而把它修改，宪法并未说明。以意度之，恐须用修改宪法的手续，才可以将已通过的大法修

---

[1] 宪法委员会主席 Asua 对于草案曾有如下的解释："就大体而论，这不是一社会主义性质的宪法，但它是富于急进的思想的——急进到可获采纳的程度。我们不会制出——无君的君主宪法的……。就社会制度而论，这是一个很急进的草案。对于资产阶级我们承认了私产的制度，但对于劳工者我们又给了他们以逐渐将土地社会化的可能。我们不要忘了这个宪法是须得适合的目前国情的；日后我们当然可以成立一社会主义的宪法。"通过的宪法比草案固然更要左倾些，但 Asua 的解释是不诬的。原词见 Diario de Sessiones de las Cortes constituyentes, agosto, 1931. 译文见 Dareste et Dareste 的《宪法汇编》。

[2] 宪法第一章（Tito I）。

[3] 第十三条说："无论如何，各自主地不得联合"。但这仅指在中央之下各自主地又互相联合而已。如全国各部俱是自主地，则中央政府总不免成了自主地的联合政府。

改。但这个大法须由本地域内过半数以上的市集，或选民总数过本地域选民总数三分二以上的市集的提议，而经本地域选民总数三分二以上的通过者，才有被国会考虑的可能。如选民总投票时赞成者不及三分之二，则自主之议于此后之五年内再不能提出，（第十二条）。属于自主地内的省，或省的一部如欲脱离自主地而直属于中央时，也需要当地过半数以上的市集的提议，及选民三分二以上的通过（第二二条）。

中央[1]及自主地域权限的划分西宪取法德宪之处甚多。德宪将国家的权限分成专属中央之权，中央可以立法之权，及中央可以法律制定立法原则之权。[2]西宪亦有同样的划分。西宪中专属于中央之权为：国籍；[3]宪法上的权利义务；教国联系；国际关系；不限于某一地域的公安及公共卫生；海上渔业；海航；国债；国防；关税及商约；引渡；币制；交通；不限于一地域的水电建设；移民；军火制造的管理（第一四条）。由中央立法，而由各地执行者有：刑法，社会立法，商法；民法中的婚姻，注册，抵押，契约，及人物地位（藉此可以调和西班牙各种不同的民法）；版权及专利；权度；矿；农，林，蓄业的最低基础；铁路，大路，运河，电话，大港；卫生事业的最低基础；社会保险；出版，集会，结社，及公演；河流及渔猎的立法；公用征收；自然富源及经济事业的社会化；民用航空及广播（第一五条）。除了上述者外，其余的事件自主地域得依各该地域的大法而制定法律，并直接执行（第一六条），但不得于本地人民及别地西班牙人间有所歧视（第一七条）。除此而外，其余一切的权属诸中央，但中央仍得以法律分给或委诸自主地域（第一八条）。有必要时中央更得制定立法原则，以作各自主地域的立法准绳；但规定原则的法律须经国会三分二以上的通过，而必要之是否存在则护宪法院得以过问（第一九条）。中央法律的执行亦属诸各自主地域，除非法律别有规定（第二〇条）。除了关于按照自主地域的大法，专属自主地域的事件以外，中央之权高于自主地域之权（第二一条）。换言之，法律如有冲突时，中央的法律有效，而自主地的法律无效。

据上以观，中央除了第一四条所列举的权以外，似乎还保有残余之权；只自主地大法内所列举之权属于自主地域，而中央不得染指。但事实上，自主地域的大法内，可以列举许多的权。而且第十五条中所列举的权以及第十八条中的所谓余权，自主地域亦得保留其全部分或一部分（第一一条）。所以关于中央及地方的分权，实际只有

---

[1] 在宪法中称"国家"（estado）。兹为醒目起见，用"中央"以和自主地域相对。
[2] 德意志宪法第六至十一条。
[3] 关于国籍，宪法亦有规定（第二三，二四条）。大致采血统主义，但生于西班牙而愿依法选择西班牙国籍，或其父母国籍无可考者，亦为西班牙人。

第十四条中列举的权是固定的，它们专属于中央；其余的权可全属于中央，可全属于自主地域，[1] 也可分属于中央及自主地域。因之，我们可这样说：西班牙可成一单一国家，但也可成一自主地域权力极大的联邦国家。

2. 西班牙人的权利义务 [2]

关于人民的权利义务西宪法亦受了德宪很大的影响。兹当分别加以叙述。

平等及自由　　人民的平等及人民之得享各种自由，为各国宪法——尤其战后的宪法——所通有的条文，所以我们不必一一列举。我们所要特别提出来的，一是外国人的待遇，二是政治犯的待遇。外人的居宅和本国人的有同样的不可侵犯权。外人依法律有移入的自由，且国家亦不能任意把他们逐出国境（第三一条）。[3] 政治犯也受宪法的保障，因为国家不能签订任何引渡政治社会罪犯的国际条约（第三〇条）。此处的政治犯显指外籍的政治犯，因为西班牙人自己犯了政治或社会罪者，国家仍得依法惩治。

自由权的停止　　身体，居宅迁徙，出版，集会，及结社五种自由 [4] 的全部分或一部分，如于国家的安全有必要时，政府得下令停止。命令的效力得推及于全国或一部分。但政府的命令须得国会的追认。如国会在休会期间，则政府须于八日内把它召集，否则国会便于第九日自行召集。如国会已经解散，则国会的常任代表团可以代行国会的职权。停止令的有效期限不得越过三十日，如须延长须先得国会或代表团的同意。在停止令的有效期间，被牵涉的区域适用《公安法》。但无论在何种情形之下，政府不得将西班牙人逐出境外，亦不得移动其住址至二五〇公里以外。以上即宪法第四二条的种种规定。我们如以它和德宪第四八条比较起来，我们显然可以看出进步的地方。在德意志，总统的（实即政府的）所谓例外状态权，如遇国会休会或解散的时候，是可以漫无限制的。制宪国会鉴于德宪的覆辙，故设有比较谨严的制裁。国会的权限仿佛等于法国宣告戒严时的情形。[5] 而且，西班牙即遇五种自由权停止的时候，政府仍须遵守《公安法》，而不能如德总统之可以命令便宜行事。[6] 这个《公安法》当即是一

---

[1] 第五十条规定中央得在自主地域设立教育中心，办理各级学校，而以西班牙国语教授。中央更得视察全国教育状况。这两种权中央可以不行使，但既由宪法规定，则各自主地域势不能再予保留。

[2] 宪法第三章。

[3] Art 31. 3: "Une loi speciale fixera garanties pour l'expulsion des étrangers du territoire national."

[4] 即宪法第二九，三一，三四，三八，及三九条中所言的自由。

[5] 按法国一八四九·八·九《戒严法》，如国会开会时戒严须得国会的追认。国会如在休会或解散期间，则须限日召集或选举。法国会无代表团，故西班牙的保障实比法国更为周密。

[6] 按德宪，国会也可制定法律，以供政府于例外状态时维持公安之用。但此法迄未成立，故政府十分自由。

般人所称的戒严法。[1]

宗教　　宗教在西班牙新宪中有特详的规定，因为一九三一年革命的对象之一即是天主教社及其附属的团体，如耶苏会等。宪法所规定者，一为教国的分离（第二六条，）二为信教的自由（第二七条）；前者颇和法国一九〇五年的《教国分离法》相似，而后者则和一般战后的宪法没大分别。西班牙不得有国教（第三条）一切的宗教（confésion）须受宗教结社法的约束。无论中央地方俱不得资助教社及其它宗教组织，而国家预算内僧侣的部分[2]至迟须于二年内完全取消。耶苏会[3]应解散，其财产化为国有，以充公益及教育事业之用。制宪国会更应依据下述原则订定法律，以约束其它宗教会团：

1. 危害国家者解散；

2. 得以存在者须在司法部登记；

3. 不得取得或保有多于实现其正当目的所需要的财产；

4. 不得经营工商业及教育；

5. 服从国中一切财政法令；

6. 每年须造一报告述明所有财产与其所做事业的关系。但宗教会团的财产仍得收归国有。

公务员　　关于公务员的保障西宪又和德宪十分相像。公务员的录用，升退，须依法律。他们的任期受宪法的保障。他们的惩处黜降须凭法律所规定的理由。他们有发表政治，社会，及宗教意见的自由，政府不能因其意见而对他们有所干责。他们因执行公务而对于第三者有损害时，国家或其所服务的会社代负赔偿损失的责任。公务员依法更得组织职工会社（第四〇条）。

社会权利　　权利本可分为个人的及社会的。社会的权利也就是社会的义务，因为在一部分人为权利者，在另一部分人往往是义务。关于社会权利，在现行宪法中，要推德宪为最详最繁，同时不切实际的条文也最多。西班牙宪文中所胪举者要比较的简少，也比较的要有真实的意义，但仍不能完全脱除空泛或唱高调的缺憾。例如宪法第四三条开始时大声疾呼："家庭应受国家特殊的维护"，而下面便说，婚姻关系得协议或根据于一方正当的要求而脱离。那末，所谓维护家庭者究尚有何种意义？难道宪

---

[1] 天主教向为国教，故天主教僧侣的俸给等等向亦列入预算。

[2] 宪法第二六条第四节虽未明言"耶苏会"，但实即指它。

[3] 德宪第一二八至一三一条。

法不说维护，民法便可不承认家庭的存在吗？再如同条中"父母有教养儿女的义务"那种语句也没有多大法律上的意义。父母如不好好教养，国家又能有何种制裁？

我们如果暂不问法律的效力如何，则社会权利之可得而言者厥惟生产的社会化，家庭的维护，文物的保存，及教育的推进。关于生产的社会化者下面当另有论及。关于家庭者，宪法有下列的规定：一，婚姻上男女平等；二，父母有教养儿女的义务；三，私生子与婚生子同一待遇；四，国家扶助病人及老年人，并保护孕妇及儿童（第四三条）。关于文物者，则凡有艺术或历史价值的物品，或场所，或有天然美的场所宪法俱予以保护，不让毁灭或流亡国外（第四五条）。关于教育的条文（第四八至五〇条）甚普通，我们可以不赘。

社会主义　　上面说过，制宪国会的议长及其宪法委员会的委员长俱不认新宪法是一个社会主义的宪法。但条文告诉我们，这个宪法实很富于社会主义的色彩。这点我们不难从私产，私营企业及劳工几方面分别证明。

宪法固默认私产的存在，但宪法从没有像德宪[1]之加私产以保障。不但如此，宪法声明无论何种样式的财产，为社会利益起见，俱得征收或社会化。征收固和充公不同，征收必以相当的补偿金，充公是被宪法所禁止的；但宪法又说，如有国会绝对多数所通过的法律，则补偿金的问题可以如该法之所规定。换言之，充公为原则所不许，但有郑重通过的法律者则当别论（第四四条）。

与公众有关的事业有社会的必要时，国家也可以收归国有。遇有合理化的必要，或为社会经济所需要时，国家也得以法律来管理私营的工商业（第四四条），并限私人经营的自由（第三三条）。

宪法又说，工作为社会义务，且享受国家的保护。国家对于工作者给予以维持尊严的必要条件：故应成立各种保险法；应保护妇孺的工作，尤其是孕妇；应规定工作时间及最低的家庭工资；每年有给的例假；受外人雇用的西班牙工作者的地位；应有关于合作社的立法；应规定生产制度中各份子间的关系；应厘订劳动[2]者参加企业的管理，分润企业的盈余，及自谋保护之方法（第四六条）。

为达到保护农民的目的起见，国家对于不受课税的家庭产业，[3]农业信用，荒欠的补偿，及生产消费合作社，保险制度，实习农校，农畜试验场，灌溉工程，及乡村交

---

[1] 德宪第一五三条。

[2] 本节所谓工作或工作者虽原文用 Trabajo 及 Trabajador，但实与劳动及劳动者无异。原文于此处忽用 obrero 一词，殆因此处有劳资相对之意。

[3] 意即合家应有的最低限度的田产。此项田产不受任何课税。

通等等，也应有立法。对于渔民国家也应有类似的保护（第四七条）。

观于以上种种，我们可知宪法虽没有正式宣告西班牙是一社会主义的国家，但社会主义不但不和宪法冲突，而且确是宪法的最后目的。如果私产可以取消，国家可以经营事业，劳动者（各种各式的）又受特别的保护而尚不是社会主义，则何者才是？

3. 国会及立法 [1]

西班牙今采一院制的国会（Cortes），也称众议院。在奥索里奥的草案中国会本有两院，参议院的组织采用地域代表及职业代表的混合制。但在亚输阿的草案中即系一院。制宪国会讨论时，缓和派又提议恢复两院制，但因社会主义党及急进党的反对，终不通过。

国会的选举权是普及而平等的。选举秘密而且直接（第五一条），但宪法并未规定须用比例法。凡年满二十三岁的公民皆可当选为议员。议员的任期为四年。国会满期或解散后的六十日内，新国会必须选举，选举后的三十日内必须召集（第五三条）。

凡此皆与德宪相同。但德国以审定选举的权付诸由国会及法院合组的选举法院，[2] 而西班牙则仍遵拉丁国的通习，由国会自理（第五七条）。关于开会期限，西宪比德宪亦显有进步。国会于每年二月及十一月的首日（假日除外）可不待召集而开会，开会首次至少须有三月，二次，二月（第五八条）。国会被解散，而总统不于法定期内召集新的选举，则已被解散的国会于解散后的第六十日仍恢复了国会的职权（第五九条）。有了这两条，近三年来德国政府令国会每年只开会三四日的办法自无从推行于西班牙。

国会设立一不得超过二十一人的常任代表团（diputación），这显然是抄袭德国所谓人民代议利益保障委员会 [3] 的办法。代表团比照各党在国会中的势力而组织，以国会议长为团长。它的职务有下列四种：

（1）依照宪法第四二条自由权被停止时的一切事务；

（2）总统依照宪法第八〇条颁布法律，命令时，须得同意。

（3）关于拘禁或检举议员之事；

（4）其它国会规程所授与之权（第六二条）。

立法的提议权操诸于政府及国会（第六〇条）。国会得授权政府以命令来立法，

---

[1] 宪法第四章。

[2] 德宪第三一条。

[3] 德宪第三五条。

但不得有共通的授权，而命令也须有确实的授权根据。国会得要求政府将所颁命令提交审查，以便决定有否根据。且无论在何种情况下，国会绝不能授权政府以命令来增加支出（第六一条）。

国际条约之经国家批准而国际联盟存案者，以西班牙法律论。条约之影响及国家的法律地位者其批准须用立法的方式，条约在未经按照条约的规定宣布废弃以前，国会应予以尊重，一切法律不得与之冲突。宣告废弃的提议须得国会的同意（第六五条）。

国会所通过的法律人民得以要求复决。复决的提议须经全体选民百分之十五的连署。但宪法，补充宪法的法律，批准已经向国联登记的条约的法律，以及税法概不受复决。百分之十五以上的选民也可有创制权，可提出法律案于国会（第六六条）。

国务总理及国务员，即使不是议员，也可参加国会的辩论。国会如要求他们出席，他们且不得不到（第六三条）。国会对于政府或国务员得投不信任票，但不信任票之不经国会议员绝对多数的通过者，政府或国务员无辞职的义务。不信任票须经五十人以上的连署才得提出。提出后须过五日才得讨论。凡隐含不信任的提议俱须经同样的手续（第六四条）。这里，宪法一方面明示政府对于国会所负的责任，一方面又给政府以相当保障，比诸法国政府之处处受制于国会，及德国宪法之只说国会可投不信任票者，[1] 自要周密多多。

4. 总统 [2]

新宪法所采用的总统的选举法是一种调和的方法，故和任何国家的成例不同。宪法委员的草案本采德制，由人民直接选举。缓和派则主由国会选举，以防独裁。更有人主张由自主地域的议会联合选举。为调和各种争论起见，总统由国会及同数的仲裁人（Compromisario）联合选出（第六八条）。仲裁人由人民依另法直接选出，但该项法律至今尚未成立。

当选为总统者须年满四十（第六九条），故年龄的限制比德，法，美等国俱高。军人，僧侣，及现为或曾为任何国君主之同族，俱不得为总统。退职的军人须已退职满六年者始恢复当选资格（第七〇条）。总统的任期为六年，退职后的六年内不得再任（第七一条）。继任总统的选举应于旧总统满任前三十日举行（第七三条）。

总统如因事不能执行职权或出缺时，由国会议长暂代。暂代期内，副议长则代行议长职权。如遇出缺，则新总统的选举日期须于八日内规定；规定后的三十日须举行

---

[1] 德宪第五四条。
[2] 宪法第五章。

选举。如遇总统选举，则已被解散的国会即恢复职权，直至选出总统为止（第七四条）。仲裁人是否须选新的，宪法虽未明言，但细绎文意当属另选无疑。

宪法委员会的原案中，总统之外本尚有副总统，其资格及选举方法和总统完全一样，他可以暂代总统职务，但不能如美国副总统之扶正。总统如出缺时，十五日内仍须规定仲裁人的选举。这样，副总统实无多大用处，故制宪国会卒予取消。

总统于任期内可受免职的处分。总统有解散国会之权，但在任期内不能有二次以上的解散。第二次解散后新国会首应处理之事即审查第二次解散会之有否必要。如全体议员半数以上认为无必要时，总统即须去职（第八一条）。如国会全数议员三分二以上提议将总统免职，则一面总统立即停止职权，一面于八日内须规定仲裁人的选举日期。仲裁人与国会联合会的绝对多数如赞成上项提议，则总统去职，而联合会即举出后继的总统；否则国会便算解散（第八二条）。以上办法颇与德国罢免总统之法相同，不过德国直接由人民总投票，[1] 而西班牙则间接由人民决定而已。

总统之权广而且大。它可以自由的任免国务总理，并根据总理的提议，而任免其他的国务员。但国会所正式不信任的国务员总统必须免职（第七五条）。他更有任免一切文武官吏之权。他颁发命令，但须得政府的同意及有关国务员的副署。如拟议中的命令他以为和现行法律有冲突，则他可以令将命令草案先送国会讨论（第七五条）。他颁发于执行法律为必要的一切命令（第七九条）。

如遇国家的完整及安全发生危险时，总统得为各种紧急的处分，但须立即报告国会（第七六条）。如遇国会休闲期间，总统为防护国家或对付紧急事变起见，并可以命令来处理属于立法权范围以内之事，但此项命令须由政府提议，并得政府全体及常任代表团三分二以上的同意。而且此项命令只有暂时的效力，如国会另有不同的规定，则便失效力（第八〇条）。

总统的和战及外交权亦甚大，但受国际公法及立法权之限制。宣战之权固属于总统，但在未宣之前，第一他须遵守国联盟约及其它仲裁等等条约，而从事于和平解决的取得，第二如和平不得而必须宣战，他仍须预得国会之许可（第七六及七七条）。总统有签订，批准，及执行条约之权。但政治性的条约，商约，增加国库或西班牙人负担的条约，及一切非有法律为助便不能执行的条约，非经国会同意，便不对西班牙发生效力。关于国际劳工组织之公约，于国际会议闭会后之一年内，如有特殊情形，则于十八日内，须交国会审议。国会如予通过，总统应即批准，并向国联登记。其它

---

[1] 德宪第四三条。

条约经批准后亦须登记,对于密约及条约的秘密部分西班牙不负任何义务(第七六条)。总统不得为退出国联的申请,除非预得国会全体过半数以上的同意(第七七条)。

总统得召集国会的临时会,也得停止国会的常会,但第一次常会中停会不得过一月,第二次不得过十日。总统于任期内并得解散国会一次或二次。但如解散二次,则他有被新国会罢免之可能(第八一条)。

国会所通过的法律总统须于收到的十五日内分布。如国会以三分二的多数宣告法律为紧急,则总统须立即公布。未经宣告紧急的法律,总统于未公布以前,得提交国会复议,如国会以三分之二再度通过,则总统应予公布(第八三条)。

总统所发的命令须经国务员的副署,故不负一切的职任。但总统如不尽宪法上的义务则仍负刑事上的责任。国会全体三分二以上的多数得通过向护宪法院提出弹劾案。如法院接受弹劾,则总统去职。如不理弹劾,则国会解散(第八五条)。

由上以观,西班牙的总统实介乎德法之间,而近似德国的总统。他的一切行为固非得到国务员的副署不可,但他不是没有责任的。他可以自由任免国务总理,故他也可有左右政府之力。第二次解散国会后总统有受制裁之可能者即所以防止总统之利用政府而欺侮国会。

5. 政府 [1]

政府(Gobierno)即普通所谓内阁,由国务总理及国务员组织而成(第八六条)。国务员中可以有不管部者(第八八条)。总理的地位高于一般的国务员,而似德国的总理,一因他有提议任免他们之权(第七五条),再因国务员只主持各部的行政,而总理则代表政府一般的政策。而且任总理之资格甚严,凡军人,僧侣,乃王族一概不得为总理(第八七条)。但宪法又说,提交国会的法律案,命令的制定,以及一切有关公共利益之事均须经国务会议的讨论(第九○条)。而且国务员俱向国会负责,对于政府的大政共同负责,而对于各部的行政各个负责(第九一条)。然则政府仍是合议制的机关,而总理不必定有优越的权力。

国务总理及国务员除了负有政治上的责任,可被国会投不信任票外,于违反宪法或法律时并负有刑事上及民事上的责任。如有犯法行为时,国会得依法向护宪法院提出弹劾案(第九二条)。

"政府的,行政的,及国会的辅助机关及经济组织之设立及处事方法概由另法规定",但辅助政府及行政的最高参议机关务须设立,而其组织,职权及处事方法须于

---

[1] 宪法第六章。

该法中规定（第九三条）。西班牙旧本有参政院。今所谓最高参议机关当与旧时的参政院或法国的参政院性质相同。

宪法委员会的草案中本设有多个的专家顾问会议，法律草案于提交国会前须先得顾问会议的同意。顾问会议的用处颇似德国的经济会议，但有多个，且专家的选任并不限于劳资号数的原则。这本为社会主义党及共和行动所主张，惜在制宪国会中未能通过。但一九三一年十月一日政府仍以命令召集了一个全国经济会议；劳资方面，俱有代表。劳方全国工总会及全国工联会各四人，资方则各种工商业协会俱一人。这个会议又酷似法国一九二五年召集的全国经济会议。

6. 司法 [1]

宪法保障司法人员（第九八条），并禁止特殊法院（第九五条）。此为立宪国家的通例，我们不必细谈。但新宪中有几点颇值注意。第一，最高法院院长的地位极为崇高，而且带些政治性。他虽由总统任命，但须出一特设的司选会推出，而任期亦只有十年（第九六条）。他除了最高法院方面职权以外，更有向司法部及国会司法委员会提议改良司法及诉讼法，参加司法委员会的讨论，并提议司法人员的升迁之权（第九七条）。总检察长亦有参加司法委员会讨论之权。最高法院院长推事及总检察长犯罪时，皆归护宪法院审理（第九九条）。

新宪法准人民陪审（第一四三条）。

为有效保护（amparo）人权 [2] 起见，国家得设紧急法院（第一〇五条）。

7. 护宪法院

西班牙新设一护宪法院，其重要尤在德国国务法院 [3] 之上。护宪法院的院长由国会推举，不拘为议员，而以参政院院长，审计院院长，国会互举的议员二人，各自主地域的代表一人，全国律师公会合举的律师二人，全国法学院合举的法学教授四人为推事（第一二二条）。它的职权如下：

（1）法律之违宪与否；

（2）人权的保护，如果无别法可以取得有效的保护；

（3）中央与自主地域间，及自主地域间互相发生的职权争执；

（4）审定选举总统的仲裁人之当选；

---

[1] 宪法第七章。

[2] 按 amparo 即保护之意，但限于人权的保护。墨西哥及中美南美各国宪法中亦甚多特设 Amparo 者。

[3] 德宪第一〇八条。

钱端升文集

（5）受理关于总统，总理，及国务员的刑诉；

（6）受理关于最高法院院长，推事，及总检察官的刑诉（第一二一条）；

（7）宪法的修正。

宪法修正案可由政府或四分一的国会议员提出，但修正案须指明应行修正的条文，且须经全体国会议员过半数的通过；在宪法初实行后的四年内，须经全体四分三以上的通过。修正案一获通过，国会立即解散，而另举新国会为制宪国会。制宪国会对于修正案予以最后决定后，便成为寻常国会（第一二五条）。

三　共和国的新猷[1]

自新宪法成立以来，亚长逆阿的政府至今未动，故政府的安定乃远在法德之上。上面说过，临时政府的首领初为柴毛拉。他为自由共和右派（也叫进步共和党）的首领。这派主和罗马妥协，故当制宪国会决定分离教国并解散耶苏会时，柴毛拉不得不出于辞职之一途（一九三一・一〇・一四）。继他而组织临时政府者即共和行动的亚长逆阿。但首领虽变，而政府的基础并无多大变动，只柴毛拉的右派退出政府而已。宪法通过的翌日（十二月十日）制宪国会又依照宪法暂行条文举柴毛拉为正式总统。一星期后，亚长逆阿受命组织正式政府。正式政府不包括赖罗的急进党，故比临时政府更见左倾。[2]急进党虽退出政府，而不反对政府，故亚长逆阿左右国会的势力绝大。国务总理如能得多数的拥护，本可以大权在握。亚长逆阿比年来所获的权力及威望可和迭克推多相比，无逊色。但他是左倾的，得国会信赖的迭克推多，而不是开倒车的独裁者。

共和政府自成立以来无论在政治上或在经济上俱已有显著的进步。旧西班牙的三毒本为僧侣，贵族，及军人，但今已一一削除。

僧侣的大本营在西班牙为耶苏会，耶苏会的势力满布于旧政府及旧社会之中。宪法第二六条既明白禁止耶苏会之存在；故政府于一九三二・一・二六即下令解散耶苏会及其一切附属团体。会产之充公者达三千万元（西币）之巨。同年九月国会更以法律将这产业用于社会事业。根深蒂固的耶苏会于是荡然无存。一九三二年二月国会尚

---

[1] 以下系根据下列三种材料（一九三二年以来）：

　　1. Revue Politique et Parlementaire;

　　2. New York Times: Current History;

　　3. London Times: Weekly Edition.

[2] 急进党常和社会主义党冲突。急进党的退出，不啻是社会主义党的胜利。

通过离婚法，自此离婚可不经教士。七月政府又下令将坟墓拨归地方政府管理。凡此种种其目的俱在使国家及社会脱离宗教的羁绊。教社虽至今未改其反对政府的态度，但对于其已坠且正坠的势力也没有方法可以恢复或挽救。

贵族的势力在土地，而依照宪法则土地可被征收。一九三二年一月国会通过法律，规定凡不耕或耕而不力之地，须加雇农工耕种，否则政府得以充公。这样一来，大地主已极恐慌。且政府于一九三一年底所决定的农业政策为集耕政制（Collective farming）。虽右派各党力加反对，但国会卒于九月通过一《集耕法》，旧日王室领地及大田庄之被拨作集耕用者有五二,〇〇〇,〇〇〇英亩之多。依照宪法，征用土地本需赔偿，但在一九三二年八月之变（见后）后贵族之因牵涉而被放逐者极多，故他们的田产亦多被充公，而可以不给赔偿。这样，政府一方面便贯澈了它的农业政策，稍稍解决了农业的问题，救济了数百万无田可耕及失业的农民；它方面又削除了贵族的势力。

军人的势力今亦不存。从前的革命或政变都是离不了军人的，而今次的革命则以劳工及智识份子之力量为主。共和政府亦始终操于他们之手，军人绝无干政的机会。一九三二年初海陆军的数目且大有削减。是年五月政府更将考试制度推行于军官的录用及升迁。

三毒而外政府尚有三大要政：一为卡达龙逆阿的自主，二为保护共和及取缔反动，三为取缔无政府党及共产党。

卡达龙逆阿虽久属西班牙，但其人民的民族观念则早已发达。从前坎鲍（Cambo）所领袖的地域社（Ligua Regionalista）及近年麦细阿（Macia）所领袖的左倾社虽有君主与共和之分，而同为主张卡达龙逆阿应有高度的自主者。自革命以来麦细阿向为卡达龙逆阿自主政府的首领，他首创共和，故亦为西班牙共和国的元勋之一。

卡达龙逆阿的各市集于一九三一・五・二四举出了一个代表团（Diputación），权充卡达龙逆阿的议会。这个机关复指定一个委员会拟定卡达龙逆阿大法的草案。这个草案于七月十四日经代表团通过，而于八月二日经全境人民表决。八月十四日卡达龙逆阿政府即把它送到中央政府，交国会议决。国会接到后不即予以讨论，而先将中央与地方分权的普通办法放入宪法草案。宪法中所云自主地域得制定大法云云盖不啻为卡达龙逆阿开辟了自主之路。

但是卡达龙逆阿所制定的大法虽无违反宪法第一章之处，但分裂性或离心力究嫌太大，为国会中主张统一论者所不喜。国会固不敢把它否决，致逢卡达龙逆阿之怒，但也不愿予以无条件的通过。因此在一九三二年五月时，麦细阿声言如大法遭剧烈的修改，则卡达龙逆阿政府便取消极抵抗的态度。同时加立细亚及瓦斯孔加大两地方的自主党也有不满意的表示。亚长逆阿为应付时势计，遂有准予联邦的宣言。卡达龙逆阿的大法卒于九月八日无修改的通过于国会，而卡达龙逆阿的问题亦有了满意的解决。

卡达龙逆阿的正式国会于一九三二年十二月选出。八十五议员中，麦细亚的左派党人占六七席，卡鲍的地域社则有十七人当选，而共产党人则完全失败。这总算是亚长逆阿亲卡政策的成功。

加立细亚及瓦斯孔加大此后当然亦可拟定大法，请求为自主地，但至今尚未有正式的举动。

临时政府为保护共和政体起见，于一九三二·一〇·二二即有《保护共和法》的颁布。同年十一月二十日国会又通过一法定亚尔方索以叛逆之罪，而将王室财产充公。自此而后，王党曾有过两次的骚动。一九三二年二月的复辟之变完全是一失败。八月十日圣豫劳（Sanjuro）将军的谋反固要比较的严重，暴动也不限于一处，但政府于次日即能敉平乱事，而把祸首擒获。[1] 政府更借这机会，于九月二十一放逐了一〇五名巨大贵族。于是君主党之势力更微弱不振。

同时政府之对付来自极左的反动亦颇有成功。西班牙的劳动组织有二，一为工总会（Unión General de Trabajo）。又一为工联会（Confederación General de Trabajo）。前者为第二国际的组织，即社会主义党的基础，而后者则是反政府的过激组织。工联会的大本营在卡达龙逆阿，因为这是西班牙工业最发达的区域。在前数年它本充满着工团主义及无政府主义，它的色彩很像法国工人的革命组织（C. G. T. U.）。但近几年来因受托洛茨基（Trotsky）一派共产党的宣传，它已成了马克斯主义的共党。它的会员约有六十万人。他们在国会中虽代表极少，但他们常在计划总罢工及大暴动。一九三二年一月，五月及八月他们都尝预备起事，因政府预防极密，故未有大规模的罢工。然政府的所以能预防有效仍须归功于政府的左倾。因为政府左倾，故属于工总会的工人都站在政府方面，一致反对共产式的暴动及工团式的直接行动。

此外，亚长逆阿政府于吏治，预算，及教育方面亦有伟大的进步或改良。一九三一年十一月初政府下令裁去半数的公务员，而薪给则增加了百分之二十。西班牙本多挂名的差使，僧侣及贵族多支公家的俸，而实则从不到差。经这改革，腐化的

---

[1] 圣豫劳被判死刑，旋获特赦。他自称为反对社会主义而起事的，不是为复辟的。他之失败，益使政府左倾。

旧人几全被淘汰，有为的官吏则无禄食不给之虞，而吏治亦遂大有整饬。

一九三二年的预算比前此所有的预算要大。增加的支出悉用于教育及社会事业，而军费反大见减少。教育的锐进为近年西班牙特点之一。革命前西班牙约有学校三万八千，一九三二年底已增了七千。已经计划而最短期中即可设立者尚有二万七千。凡此种种俱可视为西班牙近代化及社会化的铁证。

西班牙目前最大的问题当仍是共产党的问题。但政府既能向社会主义道上迈进，劳工的问题总不难得最后的解决。然则西班牙及苏俄岂不将成为实施社会主义最有成绩的两国？

二二,四,一二，清华园

德意志的国会及国会议员 *[1]

国会或"莱希会"（Reichstag）德意志学者常喜称为莱希最高机关，因为它是德意志人民的唯一代表机关——主权者的代表者——而又兼有立法及制宪的大权。这种过分推崇的看法，我们如果记得莱希 [2] 总统的地位及人民直接表决权的享有，或许不易同意；但和旧德的国会相比起来，则新宪法下的国会诚可当最高机关之誉而无愧了。

在帝国的时代国会虽亦为全德人民的唯一代表机关，但它没有立法的全权。它的意志须得联邦院的裁可，联邦院才是主权者的代表者。当新宪法制定之时，有普劳斯（Preuss）及政府首次所提的草案中，国会亦不是一院的机关，而是集邦院及人民院上下两院所合组而成的。如果这个提议成了事实，则人民院既不能和现在的国会比拟，而所谓国会亦不复全是人民的代表，亦不能再以人民的唯一代表机关自诩了。

一 国会的选举

现在的国会乃全由德意志人民的代表所组成，"代表则由已满二十岁之男妇根据普及，平等，直接而又秘密的选举权，及比例选举的原则选出"（宪法第二二条）。宪法关于选举权的规定虽然只有这条，但要点可说已指出净尽。

因为是普及，所以选举法 [3] 中所定的限制很是简单。只有两种人不得享有选举

＊ 原载《清华学报》第八卷第二期，1933 年。
[1] 本文的主要参考书为：
Handbuch des Deutschen Staatsrechtes(1930–1932);
Reichtags=Handbuch(1920–1933);
Triepel, Quellensammlung zum Deutschen Reichsstaatsrecht(1926);
Jahrbuch des Öffentlichen Rechts, Bände XIII und XVII .
[2] Reich 一字不易译。译为全国、国家，或中央俱不甚妥。今从音译。
[3] 首次《莱希选举法》（即国会选举法）颁行于一九二〇·四·二七。此后曾经过二次的修正。现以一九二四·一二·一三所印行者为准。一九二四·三·一四的《莱希投票令》亦应参考。

权，（一）为尚在监护期中的男女，或因低能而尚在疗养期中者，（二）为因犯罪而受丧失公权之宣告者。选举被停止者则只有现役军人。不得行使选权者则有（一）犯精神病而住在疗养院或疯人院中者，（二）受刑事诉讼或在侦察期中者，及（三）被司法或警察机关所看管者，三种。但因政治理由而受保护（即行动不得自由）的处分者不在此限，他们且得要求就近参加选举。其他一切限制，如财产，教育，等等，皆和普及的性质冲突而为宪法所不许。宣告破产及受公共机关的赈济在别国亦往往成为停止选权的理由，但在德国则亦与普及性不两立。关于年龄一节，旧德本定二十五岁。德之现行民法亦仍以二十一岁为成年，但因社会民主党的要求，公法上的成年仅为二十。因此种种，德国选权的普及诚有冠绝各国之势。据一九三〇年的统计德国人民有六二，四一〇，六〇〇，而选民有四二，九八二，九〇〇之多，几占全体百分之六九。

国会的选举系用一种比例选举的制度，即德人所谓"自计制度"（automatisches System）者。用这种方法来选举国会，本可以全国为整个选举区域而不必另分。但为办理及计算投票的方便起见，全国仍分成三十五个选举区（Wahlkreise），每区又分成若干投票区（Wahlbezirke）。德国本以市集（Gemeinde）为基础的政治区域。投票区即利用原有的市集，但较大的市集得裂为两个或两个以上的投票区，因为投票区不能过大。每区的居民不能超过二千五百之数。较大的医院也得独自成为投票区。除了国会选举以外，总统的选举以及别种的投票，[1] 亦皆利用这种投票区。选举区之上又有所谓联合区者，乃由数个相联接的选举区并合而成。德国现有十六联合区。

办理选举的官员在德国乃由官民两种成分合组而成；官方有代表，因为选举是国家的一种职务，人民也有代表，因为选举同时也是人民的一种权利。德国全国置莱希选举监督及副监督，由内政部长派定。谁可充任监督，法律虽无规定，但普通总由统计署长及其下属官兼任。选举区置区选举监督及副监督，由当地长官中派充。联合区有联合区选举监督及副监督，乃由各该联合区中的区选举监督中各指定一人充任。如某次选举时，联合区中的各区，并不联合起来，则联合区便不存在，而选举监督亦无指定的必要。投票区置选举主席及副主席，亦属委任，但须为该区选民。以上选举官吏悉由政府委派，但他们并不能单独决定要事，他们须和由选民充任的陪座员（Beisitzer）合组成各级选举委员会后始能决定一切重要事项。所以莱希选举监督，副监督，及由前者从选民中指派的六个陪座员合组而成莱希选举委员会；联合区选举监

---

[1] 参阅《总统选举法》（一九二五·三·一三），《复决法》（一九二一·六·二七），及上述之《投票令》。

督，副监督及由前者指派的选民四人合组而成联合区选举委员会；区选举监督，副监督，及由前者指派的选民四人至八人合组而成区选举委员会；选举主席，副主席，及由前者指派的选民三人至六人及秘书一人合组而成选举主席团。陪座员的职务在襄助选举官吏办理选举并保障选举的公允，故选举长官于指派之时必须谘采各政党的意见，且须由本区中的选民充任，只投票区的秘书不受此限。同时被任为陪座员，或选举主席，副主席，及秘书成为选民的一种义务；非有特种情形，如身为议员，或临时有病，或有特殊职业如医师等等者，且不能推诿不干。此外，我们更应注意到投票区只有选民兼任的主席团，而无官吏兼任的选举监督。这个不同乃是因为投票区的主要事务为投票，[1] 故不能不让选民自主，而高级之区则涉及选举行政，故须有行政官为监督。

选民如欲享受选举权，须在所居投票区的选民册上或选民汇录中登记，或执有选举证。选民册（Wählerlist）乃由地方户籍官吏依时造成者。选民汇录 [2]（Wahlkartei）的制成和选民册微有不同，其法先由选民将空白的三联单逐项填注，送交市集官吏。市集官吏查明无讹后，即汇送投票区长官编号订成汇录，一正一副，其第三单则发给选民作为名登选民汇录之证。选民册本为各国通用的方法，但其制成手续较为繁重，且有遗漏之病。选民汇录的制成由地方官吏及选民分担，故前者的工作较简易。依照选举法各地方可于两者中酌择其一，事实上则旧式的选民册仍极普遍。但无论为选民册或为选民汇录，选举前俱须经过公布及纠正的两步手续然后确定。至于选举证（Wahlschein）则和两者俱不同。上面已经说过在某区选举之人通常必须在该区的选民册或选民汇录中有名，但选民因某几种法定事项虽已登记而不能在本区投票，或因别几种法定事项，[3] 未及或不能登记者，得请求发给选举证以便参加投票。

荐选单的提出选举法中颇有严密的规定。选举区的荐选单至晚须于选举日的十七日以前送达选举监督，且至迟十七日以前须得被荐选者的正式承认。荐选单须获五百以上的选民的连署。在同一选区中一人只能被荐一次。德国为多党的国家，五百以上的连署稍可防制荐选单的太多。比例选举为政党选举，一人不能被两党所推荐乃为赞助选民之易于分别被荐者的色彩。荐选单至迟须于选举日十四日以前公布。至于选举日则须为星期日或别的假日，日期由总统规定。

---

[1] 所投票的有效与否，便由选举主席团于开票时决定。非官印之票，乱涂一切而无从察知投票人的意思之票，以及无权选举者所投之票皆作废票。据一九三二年七届国会的选举统计，废票约占有效票之千分之八弱。但此项宣告作废之票仍受选举审定法院的最后决定。
[2] 颇似新式图书馆的卡片目录。
[3] 见选举法第十二条。前者如临时移居；后者如选民册或选民汇录已定后始获得选权之外国人等。

联合区中各个区荐选单得合成为一个联合荐选单，但须得各该单的信托人的同意，且以未加入莱希荐选单为限，或即加入而属于同样的合并者。例如甲区的 A 党荐选单如果和乙区丙区的 B 党在同一的莱希荐选单中，则在甲区所属的联合区中，A 党自不能再和乙区（假定甲乙两区属于一个联合选区）的 C 党合提一联合荐选单，但却仍可和 B 党合提。联合荐选单至迟须于选举日十二日以前提出。如有联合荐选单提出，政府便成立联合区选举委员会，否则便不成立，联合区选举监督须于选举日四日以前将联合荐选单公布。

莱希荐选单须有二十人以上的连署，且须于十四日以前提交莱希选举监督，并于十四日以前获得被荐人的同意。联合荐选单仅将区荐选举合并，但莱希荐选单得提出新人，故有副署及同意的规定。选举日十一日以前莱希选举总监督须将荐选单公布。

各个区荐选单及莱希荐选单提出时，须附信托人（Vertrauens=person）及候补信托人的姓名。信托人或候补信托人实即政党的干事，专向区选举监督及区选举委员会或莱希选举监督及莱希选举委员会负某一荐选单中各候补人的经济责任。选举费用共化多少，如何化法信用人盖负有核实报告之责者。

选举之应直接而秘密乃为宪法（第一七条）所保障者。直接者即选民可以票选议员，总统，或其他代表，而无须先举选举人，再由选举人选举议员，有如我国民元选举国会议员的方法。[1] 秘密的意义更毋庸解释。保障秘密的办法，亦不过禁止选票之附有标志，及使人民于写票及投票入匦时不受窥伺而已。

宪法（同条）更明定人民代表的选举应为比例选举。在帝国时代国会的选举本采单选举区制，每区选出议员一人。自一八六九年把全国划成若干区后，[2] 讫革命时从无变更，以致各区的人口大小悬殊，不平等达于极点。而且单选举区势必也是多数选举制，对于较小的政党尤不公平。故德人之要求比例选举由来已久。[3] 革命后，国民会议即用比例制来选举。[4] 但此制于残数的分配仍不免有不公平的地方，故一九二○年的选举法采用所谓自计制的比例选举。

按照此制各党于每个选举区中应各提出一荐选单，单中人数不得少于四人。比例选举既为党的选举，某单属于某党本无所用其隐讳。但单前苟不明载党名，则投票者

---

[1] 德国现采比例选举之制，各党的荐选单自然常由党魁拟定。党员只能选党魁而不能直接选议员，而选民与议员之间遂无直接关系。Walter Jellinek 即持此说而对于现行的荐选单制大肆批评。但宪法初无禁止这种"间接"的用意，故不细论。

[2] 帝国时代为三九七区。但除了南德四邦以外，其余区分概照一八六九年的《选举法》。

[3] 国会于一九一八·八·二四曾通过法律，规定十分之一的议员应试以比例法来选举，但未及实行。

[4] 此时所用者为 D'Hondt 制。

或尚有错认之事，故自一九二四年以来，选举票中各单皆注明所属之党。不但如此，各单更附以序数，在上届国会中最大的政党，其荐选单为单1，次大者为单2。这样一来，选民纵不认识候补者的姓名亦不致有误投之事发生。选民投票时只投某单而不投某人。每一区中某单每得六万人便得一议员，重要者在何党获选，而不在何人获选。因此，议员如有更改党籍，则其所在区的选民常有要求辞职，以便另补之事发生。[1]但这种改党的议员则每藉口选民容或也在改党之说而拒绝辞职。

上面已经讲过，在同一联合区中的各单得以在某种状况之下联合起来而成一个联合荐选单，所以各单未用的余票可以相并而成一较大之数。如果联合荐选单中各单余票的总数达六万以上，则这联合单便多得一席，十二万以上，则二席，这一席，或二席便分给于余数最大及次大的区荐选单，但相与合并而成联合单的各区荐选单中只少有一曾超过三万票。换言之，小党之不能仅在某一区中获选一议员者固可藉联合单以冀获选，但小党小至不能在任何区中获得三万票者，则无论如何合并，亦无选出议员的希望。比例选举本是利于小党者，但德国的立法也显然不愿奖励小党的丛生。

联合荐选单之上尚有莱希荐选单，德人谑之为"医院船"（Hospital Schiffe），因为不能在选举区中选出的候补者尚可因名列莱希单而被选出。凡联合单上未用的余票，以及未合并成联合单之区荐选单上的余票统统并入莱希单计算。总数每满六万即得一席，最后的余数如过三万则亦得一席。但某一党在莱希单中所得议席的数不能过于在各区荐选单中所获议席的总数。换言之在各区中一席不能获到的小党也不能因集少成多，集成一二十万，而取得二三议席。

议席的分配则依单中名次的序列。如只一席，则列第一者当选，二席则第一第二当选。各区荐选单的名数至少限度仅有四人。如果某单获到的议席多于单中所开列的人数，则余席应归于联合单。[2]如联合单中的候补人用罄（皆获议席），则归于莱希荐选单。如莱希荐选单用罄，则多余的议席只能作废。议席作废当然不会发生，因各党所提出的候补人在事实上绝不会少于它们或能取得的议席之数。[3]

由上以观德国现行自计制的好处在能使各党（除了小至不能在任何一区获得三万

---

[1] 例如一届国会国族党党员 von Gräfe，Wulle，Henning 三人加入民性党时，即有人要求他们辞职。

[2] 联合单不过是各区荐选单的联合，故归于联合单者即归于另一区的荐选单（余票数次大而尚有多余的候补人可任议员者）而已。

[3] 按一九三〇年选举当选者共五七七人；由各区直接选出者三九八人，各区联合而始选出者八八人，莱希荐选单中选出者九一人。

票的小党以外）所获的议席和所投的票数得一正确的比例。[1] 但它的最大缺点则在选民及当选人间之缺乏任何接触。选民所选者乃某党而非某人；他仅知所投何党，但他所选的为谁则他绝不能先如。年来常有人提议欲以所谓人的选举来替代单的选举，庶几选民可知所投者为何人。这样，政党操纵选举的势力可以减轻，而选民对于候补人的兴趣可以增加。然这类建议至今尚未获采纳。

依据上述的选举法选出议员后，使由各区监督汇报，莱希选举监督通知当选人。当选议员的资格在德国很是简易。除了年满二十五岁及曾隶德国国籍一年或一年以上外，别无高出于选举资格的规定。普通国家常有文武官吏不得兼任议员的限制，旧德时，议员更不得兼任联邦院的会员，但这些限制悉已取消。现在只总统与国会议员不能相兼。不但如此，即因故暂无选权之人亦仍有被选的资格；只不得享有选权之人才不能当选为议员。当选人于接到通知后的一星期内应为应选或不应选的答覆。如当选不限于一区，则应声明应那一区的选。逢不应选或因其它原因而有空缺时，则由莱希选举委员会决定递补的人。

但当选的国会议员须经审定后，其他位才获确定，此即德人所谓选举的审定，法人所谓代表权的审定，而国人向所称为资格审查者。实则民国元二年参众两院的资格审查委员会的审查范围也不仅是当选的资格，而是整个的当选合法与否的问题。当选的审定，在帝国时代向操于国会自设的机关，与一般的大陆国家无异。新选的国会用抽签法分成数目相等的九组，先行互相审查。无纠纷者当选便算确定。有纠纷或争执者则另有选举审定委员会从详审查。然此项委员会既为国会委员会之一，自不免偏重党见，而难于秉公处理。且委员会只能在国会开会的期内执行职务，时间既极局促，而调集人证物证以作判断的凭据又非旧日法律或习惯之所许。这种政治性的审定，其缺陷很是显明。所以国会在一九一一年制定亚尔萨斯—洛林帝国地的大法时，特定该地议会议员的当选应采用司法性的审定。一九一七年国会中也有以审定之职委诸法院的拟议。这个改良德人本早已感觉必要，故于新宪法中得获实现。

新宪法（第三一条）以审定之权付予一个特设的选举审定法院（Wahlprüfungsgericht）。

[1] 据一九三二·七·三七国会选举的统计，其比例如下：

党别	票数	讲席数	每席平均票数
国民社会党		230	595,773
社会民主党	7,951,245	133	598,214
中央党（连巴雅恩民族党）	5,776,954	97	595,562
共产党	5,278,094	89	593,044
国族党	2,172,941	37	587,287
其它小党	1,933,266	21	921,050
共计	36,845,279	607	600,701

这个法院以国会议员六人及莱希行政法院[1]法官四人合组而成。国会的代表乃由国会以推选委员会委员的方法推选出来，任期则如议员。在事实上这六个代表每由最大的六党各推一人。行政法院的法官则由行政法院主席推荐，而由总统任命，任期如法官本身。这四个正式法官而外，总统更依同样的方法任命行政法院两个别的法官为当选审定法院的候补法官。如正式法官因事缺席，则他们可以代行出席，审定法院的主席及副主席由法官互推，但其中一人须为由议员兼任的法官。主席恒由中央党的议员充任，毫未稍变，初与旧时中央党议员之常为国会当选审定委员会之委员长者无异。法院的细则由它自定。[2]这为宪法所赋与之权，亦为普通法院所常有者。

选举审定法院的职权很广，不特当选人的资格由它审定，即选举有效与否的整个问题亦由它裁决。举凡选举的争执，除了牵涉刑事者外统属它处理。且国会以外的选举，如总统选举及复决投票亦一并归它审定。即要求创制的请愿书之已否取到法定人数的签署亦须经过它的宣告才算有效。

审定的手续我们可分做初步审查及正式审查两部份。初审由莱希选举监督就获自区选举监督（或投票监督）的报告加以审查，附以意见，然后汇送选举审定法院。如遇毫无争论或疑问的选举，法院自可采纳监督的意见，认选举为确定，而不另有所周章；如遇疑难案件，则法院自须征集证据，公开审理。普通法院赖检察官以征集证据，选举审定法院则赖由总统所委的莱希委员（Reichsbeauftragte）担负这部分的工作。证据收集后，法院主席指定法官一人或二人为报告员加以研究。但法院的判决则须在开庭审问之后。就手续而论，选举审定法院与普通法院无异，不过证人之设誓较在后者为简易自由而已。因此，审定法院的法官虽一部分由议员兼任，但它实是一个法院而不是国会一个委员会，它的判决自亦纯以法律事实为根据，而绝少政治色彩可言。

选举的结果一经审定法院宣告，或争执一经判决后，便生效力，上诉及控告俱为不容许之事。如某一议的选举被宣告无效，则由同一单上次多数的合格者递补，不另选举。如某一选举区的选举全部被宣告无效，则全区须行改选。如或一部分所投之票无效，则该部分重选便足。十余年来全区无效之事只一九二四年在第九区中发生过一次，据法院的认识，经济党在该区所提之单选举官吏早应依法驳斥。经济党所投的票影响了各党所获之票间的比例，故该区的选举不得不整个当作无效。

---

[1] 莱希行政法院未成立前，由莱希法院（即最高法院）代替，行政法院至今尚未成立。

[2] 一九二○·一○·八的《当选审定令》（Wahlprüfungsordnung）即为该法院所自定，规定处理诉讼之法很详。

至于选民参加选举的踊跃与否当然要看选举时的政治情形，如果选举的结果可有重大的影响，则投票者自较热心，否则较为冷淡。德国自革命以来已经有过七次议会选举，两次总统选举，两次复决投票。除了复决投票因有特殊情形不足为训，第八次国会选举尚未有正式统计外，其余则投票者的数目，以和全体选民比较起来，常上下于百分之八七及七六之间。[1] 这个比例数在世界各国中已算极高。已比英法国会选举高百分之五六比美国总统选举高百分之十余。德国百分比之所以高的一部分理由或即是比例选举所致，因为有了比例选举，较小的政党团体也可有获选的希望。

大小的政党既众多，选举的竞争自亦剧烈，而多故。[2] 凡习知各种运动利器，如演说，游行，壁画，电影，广播，及传单小册子的散发等等皆为德人所利用。涂饰醒目字画的飞机之翱翔空中以惹人注目，或以分布传单则为最新的方法。选举费用，只消不触犯刑章，在德本尚无规定，故富裕的党或有钱的候补者更可使运动来得有声有色。近年来因极端党（国民社会主义党及共产党）势力激增之故，党徒与党徒间因冲突而驯至用武之事亦日渐增多。在一九三二年七月的国会选举中，死者竟过百人，伤者亦有千余。一九三三年三月的选举则滋事更烈。

二 国会的任期，集会，及解散

国会的选举按宪法应为四年一次。总统可以解散国会。如国会要求罢免总统，而人民于投票时否决国会的提议，则国会亦自然解散。解散后的六十日内须另选新的国

---

[1] 投票者与选民总数的百分比如下：

一九一九年国民会议	83.02
一九二〇年首届国会	79.17
一九二四年五月二届国会	77.40
一九二四年十二月三届国会	78.80
一九二八年四届国会	75.60
一九三〇年五届国会	82.00
一九三二年七月六届国会	84.00
一九三二年十一月七届国会	80.50
一九二五年总统选举首次投票	68.9
二次投票	77.6
一九三二年总统选举首次投票	86.2
二次投票	83.5

据报所载，今年三月第八届国会选举时的百分比当在九〇以上。

[2] 大小政党虽通常只有十余，多亦不过二十余，但各党常自分裂不能一致，故莱希荐选单之数往往可有三十余，甚至七十余之多（如一九二四年五月的国会选举），候补者的总数可有四五千，甚至六千余之多（如一九二八年的国会选举）。但自一九三〇年来莱希荐选单之数已大有消减，在一九三三年三月之选举中一共只有八个单子而已。

会。这项日期的限制已比英国宽长许多，英国解散后的第九日，即是选举日，而第十七日即是投票日。换言之新国会的产生距旧国会的消灭不过十八九日，而德国则可相距二月之久。在这两月以内，政府便可放胆处理政治而不受多少的牵制。一九三二年的巴本政府[1] 即尝二次利用过这无国会的时期。国会因可解散，故十余年来国会尚无寿终者。当宪法成立之初，内阁一遇摇动便会辞职，故首届国会尚能生存至三年余之久。但自一九二四年以来，内阁向不甘于退让，故解散国会之例遂亦频繁起来。自一九二○年六月到一九三三年一月已有七个国会，平均的年龄仅一年九个半月，盖尚不及英国国会的持久。解散之权宪法本付诸总统，究竟总统是否可以独立行使职权，抑须根据于内阁的要求，在德国仍是一个争辩未已的问题。自一九二四年以来国会的解散固俱由内阁的要求，但总统却尝拒绝过内阁的要求。[2] 又宪法规定总统不能以同样的原因解散国会至一次以上（第二五条）。这所谓一次以上者即连续解散二次或三次之谓。在事实上这种限制殊欠意义，因解散是一种政治的作用，即使理由实在相同，而措词固可有别。解散之令一出，议员除了竞选以获胜，以冀和政府争持外，实无其它有效的方法可以反对解散。一九三二年九月十二日的解散，一时颇为国会议长及其他议员所非议，然过了数日之后仍非服从不可者，亦因此理。又国会中的反对党近年常有要求解散国会之举，但此项要求从未能通过国会。

除了解散外，议员当然可以自动辞职。议员既由各党按比例选出，逢到所属之党消灭或被开除党籍时，议员是否有辞职之道义上的义务，颇成为公法学者所争论的问题。在法律上国会议员绝无辞职的义务，因为他们明明是全国民的代表（宪法第二一条）。但在事实上，他们当然只是党的代表。他们赖了党的威权及党众的信任才能当选，那他们失了党做后盾时又能代表什么呢？然而这个争点是无法解决的。至少法院是绝不肯承认这个义务的。[3]

国会集会之期宪法有详细的规定。[4] 新选的国会须于选举后之三十日内集会日期则由上届国会议长指定。十一月第一星期三为国会常会开始之日。如果莱希总统或三分一以上的议员要求较早集会，则议长须提前召集。革命以前国会向无自动召集之权，

---

[1] 第五届国会解散于六月三日，而第六届国会延至七月三十一始行选举。第六届国会于九月十二日即解散，第七届国会于十一月六日才举出。

[2] 一九二六年七月及一九二八年二月兴登堡总统尝请内阁继续勉为其难，暂勿辞职，亦暂不解散国会，以便通过数种要案。

[3] 微吞堡的法院于一九二六年已有过这样的判决。参阅 K. Bratfisch, Über den Einfluss der Fractionswechsels auf das Abgeordnetenmandat (Dissertation, Jena, 1929).

[4] 宪法第二三，二四及二七条。参阅 Leo Wittmayer 论 "国会的召集及体会", Archiv des Öffentliches Rechtes, XX(Neue Folge), 271.

今则于常会会期之外更给议员以要求召集临时会之权。在理国会应可常常开会，但在事实上则近年来的经验证明所谓自动召集权并无多少价值可言。国会应否提早召集由领袖团[1]决定而政府如不欲国会开会，则领袖团每无抵抗的能力。[2]有人甚且曲解宪法，以为集会乃指闭会而言，苟国会仅在休会期中则集会更无从发生。[3]如要缩短原定休会期限，则须得国会多数的要求。

国会在一九三〇年以前集会颇有规则，大概说起来每年自十一月月初至次年的七八月，除了耶稣诞辰，及新年有一月左右的休息及其它节假以外几常在开会。七八月至十月或十一月则为暑假休息期间。有要事则十月便会续开，否则至十一月才开。因此国会除了有解散及选举的年分不计外，每年约有六七月左右的工作期间，以日数计每年约有百二十日。[4]然自布吕宁执政，四届国会解散以来，国会开会之日奇少。第五届国会于九月十四日举出，延至下月十三日始开会。开会虽有两度，而日数则仅十余而已。一九三一年第一次开会自二月三日起迄三月二十六日止，第二次则自十月十三日起至十七日便止。一九三二年二月二十三日起又开了四日的会后，便不复开会。巴本内阁成立后的第一件事即把国会解散（六月四日）。第六届国会的运命更是恶劣。它自七月三十一日选出后，隔足了三十日始于八月三十日召集，当日组织完成后即行休会。迨至九月十二日重行开会，以聆巴本内阁的大政方针时，[5]则即因冲突而遭解散。第七届国会于十二月开了几天的会后即休会，于今年二月四日即被希忒勒政府所解散。综上以观关于国会开会的规定现在除了解散后之六十日内必须选举，选举后之三十日内必须召集，这两项限制尚无法延宕外，其余皆可视为具文。即宪法所云十一月月初宪法常会必须开始云云政府亦有法躲避。[6]国会的常常集会为代议政治——尤其是议会政府——的必要条件。如果国会每年开会仅有数天，则纵未违反宪法的条文，其抹杀宪法的精神实已无可掩饰。

德国于革命前所谓"议会期"（Legislaturperiode）本与"会期"（Tagung 或 Session）有分别。议会期即一届议会的期限，德人之所谓第一议会期者即第一届议

---

[1] 见下文。

[2] 一九三一年夏休会期中，反对党多次要求国会提早续开。但布吕宁内阁以辞职为要挟，领袖团遂否决多数否决早开的提议。

[3] 参阅上述 Wittmayer 的论文。

[4] 一九二一年得一〇三日；一九二二年得一三二日；一九二三年得一一二日；一九二五，一九二六，一九二七，及一九二九数年亦相若。

[5] 直到此日国会尚未有过表示信任巴本内阁与否的机会。

[6] 自一九三〇年以来国会从未于十一月间开过会议。一九三〇年则藉口常会已于十月开始，故十一月为休会时期。一九三一年亦如之。一九三二年则国会才于十一月六日选举，故可利用宪法第二三条而延至下月六日开会。

会之谓。而会期则为每年常会或临时会的期限。革命以后"议会期"改称"选举期"（Wahlperiode），但性质仍无变更；所谓第一选举期实即革命后的第一届国会。然会期则已与昔日会期不同，而与选举期同一意义。依德国议会习惯会期结束（即闭会 Schliessung）时，一切未完工作皆须终止；下次会期开始时，一切又须重起炉灶。国会因欲避免这种不便，故自革命以来，国会只有休会（Vertagung）而无闭会。向来国会 [1] 每岁必闭会，而今则即中断数月亦叫休会。国会即能维持数年之长者亦只有一次会期。必国会解散才有闭会。这种办法本很勉强，其用意则全在使国会的工作可以不因会期之中断而失效而已。

三　国会的组织

新国会初次召集时即须依照宪法及《国会规程》（Geschäftsordnung für den Reichstag）而完成它内部的组织。国会有自定规程之权。现行的规程尚为一九二二・一二・一二所制定的。国会虽可随时修改，但实际上则修改极少。规程为国会自身的基本法律，常常修改本来也是不宜的。

国会内部的各种组织俱以党团（Fraktionen）为枢纽。在旧时的国会及各邦的议会内，党的存在本早获事实上的承认，在新的《国会规程》 [2] 中则更有正式的承认。凡党之有十五以上的议员 [3] 者得成一党团。党团得依其团员人数的多寡而分占国会中一切的官职，如领袖团，主席团，委员会，委员会的主席等等。不属于任何政党的议员亦得联合而成一党团，只消他们人数能满十五。凡不属于任何党团的议员，则势不能在国会的各种组织中占得任何位置。

国会置议长一人，副议长若干人，秘书若干人，俱由国会于初次集会时票选出来。他们的任期宪法本无规定，《国会规程》则定为与国会相同。旧国会的议长及副议长且得执行职权至新国会召集时为止（第一二一条）。 [4] 新国会首次集会时先由年龄最长者任临时议长， [5] 更由他指定议员四人任临时秘书，然后进行选举。议长副议长须分别

---

[1] 但帝国时代之末届国会（一九一二至一九一八）已只有二次会期。故选举期与会期之相合亦不能完全谓为革命后的新习惯。

[2]《规程》第七至九条。

[3] 国会各党团中有所谓"客人"（Gäste）者。他们表同情于某党，而并非党员。全他们也算在十五人之内。

[4] 按此条与宪法第二七条微有出入，但未因之而发生争端。

[5] 第七届国会开会时共产党元老 Zetkin 女士任临时议长，即声势汹汹之国社党员亦无可奈何。第八届国会首次开会时由旧国会的议长葛林（Göring，国社党）主席。他旋即被举为议长，但第八届国会一切极不规则。

投票选出。以多数为当选，如无人得到多数则由得票较多的二人中举行决选。秘书则一次选出，以得票较多者当选。副议长及秘书之数并无一定，由每届国会自定。十余年来副议长常为三人，秘书则已自八人增至十二人之多。依例议长总由最大之党当选。副议长依例当由其次三大党的议员分任，但近年来因共产党及国民社会党势力激增，不顾先例之故，往往大党有落选者。[1] 至于秘书之席向亦公平分配于大小各党（共产除外），但自第六届国会国社党占优势以来，这个良善习惯亦破坏无存。第六届国会有秘书十二人，国社党自占八人而以其余四席予同盟之中央及民族两党。[2] 我们本认国社党及共产党为反国会的政党。即从国会的内部组织而论，它们也是只顾自身的利益而不顾国会的健全的。[3]

议长的职务有两种：在议事时他为主席，对内则他为国会内部各项行政的首领。主席的职务他可以委托副议长依次代理。行政的职务他不能独裁。议长，副议长及秘书合组而成主席团（Vorsttand）。凡国会预算之制定，国会房屋之支配，国会图书之利用等等，须经主席团的会议，及多数的决定。[4] 秘书的职务除了参加主席团的工作外，有分班在国会开议时唱名检票并签阅记录之责。

德国国会议长的党派色彩向来比英国国会的重，而比法国国会的轻，比美国国会的更轻。他与原属之党仍是关系密切，但他也不能不顾及国会全体的利益，尤其是举他做议长的各党。国会中本没有一党能独占多数，即联合起来举出议长的各党亦不见得能长相结合，故议长之得与国会共终始，[5] 及他之能有权威，多半是靠习惯及各党之容忍。既然如此，他自然不能太私心。在革命以前中央党的裴稜巴赫（Fehrenbach），及革命以来社会民主党的乐栢（Löbe）俱能久于其位，也俱能克孚众望；他们的成功，就在他们之能克制偏心，而树立主席的权威。但自第六届国会以来，议长已落于国社党葛林之手。葛林党见甚深，手段又极专制，长此以往，议长的地位难免不引起极大的变动。

主席团之外，国会有所谓领袖团（Ältestenrat）[6]者，乃由议长，副议长，及各党

---

[1] 在第四届国会中，共产党居第四位，应得第三副议长。但共产党不肯举社会民主党为议长，故后者助位居第五之民族党获得第三副议长。六届国会中，社会民主党及共产党为第二第三大党。但因被憎于国社党之故，居第四至第六位之中央，民族，及巴雅恩民族三党转分获副议长之位。在七届国会中，共产党虽位居第三，然仍不获副议长之位。

[2] 在七届国会中，国社党得七席，中央党及社会民主党得三席及二席。

[3] 《规程》第九条亦谓主席团中的位置应依各派的势力而分配。

[4] 《规程》第二四条。

[5] 法国的议长即是一年一举的。

[6] 普鲁士国会早年即有Seniorenconvent。帝国国会效法于普，于一八七四年起亦有同样的机关，惟从未经法律的规定。革命后改今名（仍长者会议之意），且见诸《规程》第十至十二条。参阅 Hatschek, Das Parlamentsrecht des deutschen Reiches, § 27.

团比照人数而推出之代表二十一人组织起来。国会中的秘书以及各委员会及它们的主席及秘书，应如何由各派分任，统归它来决定。议事日程的拟定及发言人名单之排列，亦属领袖团的职掌。领袖团由议长召集，通常在国会开会期内每周一次，但经团员三人以上的要求，则议长不能不予召集。国会在休假期内，领袖团亦得为提早开会的决议。照《规程》所定，领袖团的议事取决于多数，但决议如遭少数的反对，则执行时便有许多妨害，故通常必全体一致然后方能决议，冢宰或他的代表通常亦必参加会议。领袖团的决议由议长执行，各党以信义所关，故类能遵守。但近年来左右两极端的各党往往不遵旧例，而专事捣乱，国社党执权后更是专制自为，缺少和协的精神。

国会的委员制 [1] 现时已和旧时大不相同。旧时德国是采用特别委员制的国家，遇到一件该付审查之事，即特设一个委员会。仅预算委员会及另外四个委员会在革命前的十许年内已渐渐的变成了常任委员会。但自新国会成立以来，委员制已一变而以常任委员会为主，特别委员会为辅，与美法诸国同一制度。照《国会规程》第二七条，国会固然仍可设立特别委员会（Sonderausschuss）以审察特殊案件，但这是不普通的。此外尚有查究委员会，当于下章另有论及。

国会现在十五个常任委员会（Ständige Ausschüsse）即，

（1）人民代议权利保障委员会；

（2）外交委员会；

（3）规程委员会；

（4）请愿书委员会；

（5）预算委员会；

（6）赋税问题委员会；

（7）商业委员会；

（8）经济委员会；

（9）社会委员会；

（10）人口委员会；

（11）住居委员会；

（12）教育委员会；

（13）司法委员会；

（14）公务员委员会；

---

[1]《国会规程》第二六至三四条。

（15）交通委员会。

以上十五委员会除了第一第二为宪法所规定，第三审议国会规程，第四审议人民请愿书外，其余皆为审查立法案件之用。在美法等国，国会的委员会往往和行政各部的名称相仿佛。但德国的委员会则极偏重于经济生活。这是因为《国会规程》制定之年（一九二二），国会中仍是信社会主义者居多数的缘故。

委员会的人数归每届国会自定，在第三届国会中，除了第一委员会二一人外，其余皆为二八人。[1] 委员由各党自己推出。每党应得议员之数，则比例于该党在国会中的人数。此项比例极为准确，如遇畸零无法分配，而于甲委员会中有超过或不足时，则必在乙委员会中减少或补足。在国会的任期中如某党有分散或合并者，则委员亦随之而更动。依理论言，某党如不满意于本党的委员时，且可以随时撤回。委员之外，各党更可推出候补委员，以备委员缺席时代理出席。每一党在每一委员会中有一领袖委员（Obmann）。出席委员有更动时只消由领袖委员通知委员长便行。

国会议员有五六百，而委员之总数才有四百。规程又无禁止一人兼任几个委员会的委员之条。因此，一身兼数委员者有之，而任何委员也不是者亦有之。但德国会二十余年来的倾向是在将委员之席平均分担，故尔来兼几个委员的议员极少。议员不是委员，即是候补委员，不任委员的议员也不甚多。

委员会设主席一人，副主席一人，秘书一人或数人。这种职位应如何分配于各党则由领袖团决定。通常最重要位置由最大的数党占去，而以次要的位置比例分配于各党。依习惯主席及副主席不能由一党之人兼任。分配既定后，即由各党推举，委员不能有异言。此外更有报告员（Berichterstatter）一人或数人，或由委员会推举，或由主席推派（仅限于常任委员会）。报告员的职务本在报告委员会的决议于国会，故只能临时推定，而不能如其他职员的固定，也不能如他们之由各党公平分任。然报告员实为重要职员，故推举亦时有争执。

委员会常于国会无会之日开会。国会开会日亦可开会，但不得同时。过半数为法定人数。规程如国会，但可酌量变化，亦可自行订立。委员会的开会是秘密的，[2] 但国会议员仍得出席旁听，[3] 要禁止议员旁听须有国会的决议。议长依习惯得参加任何委员

---

[1] 旧时国会分为七组（Abteilungen），委员由各组举出，故人数恒为七之倍数。今组已取消，但委员会人数仍为七之倍数。

[2] 照宪法第三十四条，查究委员会采取人证时是公开的，除非委员会以三分二多数决定秘密。

[3] 外交委员会是不能旁听的，除非委员会以三分二多数决定准议员旁听。宪法第三五条是应如此解释的。

会的讨论，提议的议员于其议案被讨论时亦得参加，但俱无表决权。

委员会为国会极重要的组织，对于职权的行使有极重要之关系。关于这会下章当更有述及。现先一述议员的保障及权利。

四　议员

议员有议员的特权。德国议员（国会的及各邦议会的）有三大特权：一为言行自由权；二为会期中的不可侵犯权；三为拒绝作证权。[1] 首二者为他们向有之权，后者则为革命以后才取得之权。

国会议员在执行他的职务时所发的言论或所投的票，除向国会负责外，绝不受司法或警察机关的审问处罚。不特在任时如此，即离任后，或离开国会所在地时亦如此。但这个不向法院负责的特权是专对职务上的言行而有的。因之只有在议场上及委员会中的言行或其它显奉国会本身或国会机关的命令 [2] 而必有的言行，才能受言行自由权的保护。议员非公的言行，例如在本乡攻讦敌党议员的行为之言论等等，自不受特殊保护。

言行自由权可说是实在的权利，而不可侵犯权则仅是手续上的权利，因为所谓不可侵犯权者并非说议员在实质上获有什么特别的权，不过在一定的时间内，不经过一定的手续，他可暂不受侦查拘禁的处分而已。照宪法第三七条所定，议员在会期中不论犯了何罪，概不受侦查或拘禁的处分，如非国会准许这种处分，或议员正在犯罪时或犯罪之当日或次日内即被获。犯罪时即被获者，在各国俱不得享受特权。这本极有道理，因为法律绝不能坐视犯罪行为之进行而不加制止。而且当时即被拘者其为犯罪显无疑义。但罪已犯成之后，则一二日以内之暂缓治罪与一月或一年以内之暂缓治罪固无合理的分别。国会会期以内不准法院及警察机关之拘捕或侦察议员者，其用意本在保障议员行使职权之自由。犯罪二日尚未被发现或拘获者便得保障，而犯罪之当日或次日即被发现或拘获者便无保障，则乌得为平？所以德国会法学者也大多视这一点为不通的。至于国会准许法院在会期内进行刑诉手续之例十余年来亦数见不鲜。大概国会议员犯普通罪是不常见的；他们所犯的罪，大都是带着政治性的，如复辟罪，政治暗杀罪等。近年来国社及共产两党议员因犯妨害治安罪或危害国家罪而由国会准许

---

[1] 宪法第三六，三七，及三八条。参阅 Hatschek, Deutsces und Preussisches Staatsrecht, §§24, 25.

[2] 例如查究委员会指派某委员赴某地搜集证据等。

法院侦察拘提者颇频。一九三一年三月，两党全体议员且坐是而全体拒绝出席。希忒勒当权以后，左派议员更是不易得享这个特权的利益了。

除了因犯罪而被惩治以外，其它凡足以妨害议员自由行使职务之限制，非得国会允许，例如出席法院作证，戒严禁止通行等等，也不能加诸议员。即在会期开始时已经在进行的刑诉或其它足以妨害自由的司法手续，如国会要求停止，在那会期终了以前，也得停止进行。

所谓不可侵犯的时期，照宪法所云，本为会期以内。但每届国会现既只有一次会期，则自国会召集之日起，以至国会终了之日止，自悉在保障期以内。凡属于代议权利保障委员会及外交委员会的议员其不可侵置的特权且可延至新国会召集之日为止，因为这两个委员会既是所谓会际（两国会之间或同一国会的两会期间之意）委员会，则委员的保障期自亦不能不予以相当的延长。

议员更有拒绝作证之权。他于执行职务时不免问人征取意见或求报告消息。所征取或报告者究为何种消息，所问者究为何人，他俱可拒绝作证。他所有的文件亦不受搜检的处分，纵被搜检，亦不能视为有效的证物。这个拒绝作证的特权也是重要的，因为没有它，则议员极难搜集或几种极有价值的立法材料。譬如国会拟一所得税法时或有调查富豪财产之必要。如所获材料可作为证物，则富豪自不愿据直以告。这个拒绝作证之权，在法国虽无法律规定，而已成了习惯。在英国则有人如强迫议员以所获材料作证时，国会便治此人以侮辱法院（国会自视为法院）之罪。德国在帝国时，国会尝数数要求此权而不获，革命后始得宪法的明文保障。

除以以上三大特权外，议员尚享有许多次要的权利。普通公民须尽许多名誉职务，如充当陪审员等等（宪法第一三二条），但议员则可以辞却这种职务。在会期中他们又可免了普通作证人的义务。如果他们本为文武官吏者，则他们原来的地位亦不因兼为议员而有所减损（例如每三年一升级者仍得三年一升级）。此外在刑法，民法，及刑诉法上议员亦享有若干种不甚重要的便利。[1]

国会议员更有酬给。议员的酬给有按日计算者，欧战前在大陆最是通行；有按会期之久暂而予以津贴者，首创于比列士；有致送月薪或年薪者，美法等国行之。德国一九〇六年的法律犹采日金之制，但自革命而后，则已改为按月致薪。依现行法律，[2] 自集会之前一日起，至改选之日止，议员得享受国务员本薪的四分之一。如

---

[1] 详见 Handbuch des Deutschen Staatsrecht, I, 431–432.

[2] 一九二七·四·二五《国会议员俸给法》及一九二九·一二·二七《国会议员俸给法修正法》。

国务员每月的本薪为三六,〇〇〇马克,则议员的月薪为九,〇〇〇马克。[1] 开会期间不到会者扣月薪三十分之一,但因病或因公者不在此列。国会休会或闭会期间,议员之出席委员会者,得按日另得月薪三十分之一的报酬。议员在任期内及满任后之八日内并得免费旅行于国有铁道之上。如有海行或经由外国旅行的必要,其旅费亦得作证报销。

上述的特权皆是议员个人的特权。此外国会全体亦有一种自由之保障。按一九二〇·五·八日《保持议院安宁法》,凡国会及附近一带之地,[2] 没有议长许可不得举行任何露天的集会。禁止集会的主要用意盖在防止暴民之威胁国会。根据同样精神,[3] 军队不得议长许可亦不能穿行国会及其附近的街道。国会内部的警卫亦概由议长指挥而不受军警机关的命令或干涉。[4]

国会议员的特权固是不小,但他也有被惩戒之可能。[5] 如发言超越本题,则议长可以提醒他。如不遵规程,则议长可以指名申斥。如议员在同一发言中连被提醒或申斥至三次之多,则再遇提醒或申斥时议长便可停止他的发言,甚或加以停止职权的处分。议员如有重大犯规事件,[6] 议长得酌量轻重而为停职出席一日乃至三十日的严重处分。议员在被处分期内,不得出席国会,亦不得出席委员会,俸给及免费旅行的权利亦遭停止。议长行使惩戒权时,被惩戒的议员固可提出抗议,而由国会表决应否执行惩戒。但事实上议长的决定是不易平反或变更的。《规程》中关于惩戒的条文在一九二九·一二·二九以前本没有如现在的严厉。当时的修改乃因国社党及共产党议员的嚣张无状,不守秩序而起的。

最后我们当分析国会议员的质性。[7]

妇女自一九一九年选举宪法议会开放女禁以来,不但有选举权及被选举权,且当选为国会议员者亦常有三四十人之多。但国会议员之总数虽年有增加,而女议员之数

---

[1] 在一九三二年秋为七,二〇〇,因各项薪俸俱付八成也。

[2] 其详规定于一九二〇·五·一七的《国会安宁区令》。

[3] 并不明见于《保持议院安宁法》的条文。

[4] 见宪法第二八条。但事实上为治安的必要起见,议长往往会准政府扩张警权及于国会区域。

[5] 《规程》第八九至九二条。

[6] 一九二九·七·三日国社党议员 Gregor Strasser 痛诋财长 Hilferding(社民党)有"黑种犹太人得为阁员实为祖国之羞"等言。结果议长下令停止他出席十日。

[7] 以下各种分析大都以历届 Reichstags=Handbuch 中的数字为基础。

则从未增加。[1] 女议员比例起来减少的缘故乃由于国会的右倾。社会民主党，共产党，及从前的民主党等向富于女议员，而代表天主教的中央党及代表民族主义的民族党与国族党则女议员在昔极少，代表资本的中等阶级党及极右的国家社会党则从未有过女议员。近年来国家社会党之势膨胀奇快，在第六及第七届国会中占全体百分之三八及三二，而女议员则连一人也没有。在这种情势之下，女议员百分比的减少诚是不足为奇的事了。[2]

性别而外，议员年龄的分配亦颇值得注意。在首四届的国会中，议员年龄之在四十与六十间者常占百分之七十左右，而四〇至五〇及五〇至六〇两群之数约略相等。但自第五届国会国民社会党及共产党势力大增以来，年龄之分配亦为之一变。在第六届国会中三〇至四〇一群所占议员之数为百分之三四，而四〇至五〇及五〇至六〇两群的总数则降至百分之五三。历届国会中向以共产党议员平均为最年轻，而国民社会党次之。这两党的议员有半数以上俱是未满四十的。其余各党的议员则平均年龄均要大些，满五十岁者在半数以上。社会民主党本为劳动阶级的政党，但其议员亦显然的年龄甚长。容许这是它倾向保守的原因之一，容许这是它倾向保守的一种结果。

议员的任期虽只有四年，但宪法既不禁连任，则事实上能长期任议员者自然不会稀少。第四届国会四九〇议员中，新议员只一一八人，三届即已为议员者有五五人，二届者八四人，首届者一〇四人，宪法议会者七三人，一九一二年帝国国会者三三人，一九〇七年国会者一一人，一九〇七年前即曾做过议员者一六人，[3] 所以就第四届国会而言，百分之七三的议员是旧人，是已有过平均约十年的经验的。他们所以能得连任

---

[1]

届别	议员总数	女议员数
宪法议会	423	39
第一届国会	466	36
第二届国会	472	35
第三届国会	493	33
第四届国会	490	33
第五届国会	577	38
第六届国会	608	38
第七届国会	584	35

[2] 女子选举权向为左派各党所提倡，故在左派各党中女子亦比较易于当选。但女子并不倾向左派。德国有三十五选区，但男女分匦选举者只有十五区，故整个统计无从得到。从这十五区的男女选票分析起来，可知女子投中间各党（尤其是中央党）之票者其百分比比男子为大。共产党及国社党所得的女票比例起来算是最小。

[3] 其中如中央党的海洛德（Carl Herold）自一八九八年以来从未落过一次选；如年龄最老的议员社会民主党人包克（Wilhelm Bock）则自一八八四年起历任十三届（连宪法议会在内）的国会议员，中间只落过两次的空（一八九七至一九九〇，一九〇七至一九一二）的国会议员。

钱端升文集

理由是不难找的。自革命以来，国会的选举向采党单制。在此制之下，除非党的势力消减，或议席减少，或病故，或有其它不愿任或不能任议员的原因，一次做议员便是永远可做议员的。再者革命以前的政党现时仍旧势力未减者仅社会民主及中央两党，而这两党比较都是党纪森严的，故它们的议员往往在革命前已任过多年的议员。然以上所说的只可说是一九三〇年以前的情形。自一九三〇以来，新兴的国民社会党的势力骤涨，而共产党的议员亦大增，因此新议员的数目随之而增。第五届国会共五七七人，而新议员有二三三人之多，第六届的六〇八人中二一三人是从未做过议员的。[1] 换一句话第五届国会每百人中只六〇人是老议员，但他们的经验平均只有八年许；第六届国会每百人中只六五人是老议员，而他们的经验平均且不到七年。由此观之，德国现在的国会不特年龄较轻而议会生活的经验亦远不及往昔。这种变动的结果，第一是开会时不会像从前那样的有秩序，第二是党魁们——尤其是国民社会党及共产党的——容易操纵本党一般的议员而造成党内寡头政治的趋势。

议员的职业我们也可就第四及第六两届国会而试作分析。这是不甚容易的事，第一因为职业的分类欠明晰，第二因为议员所报告的职业不见得一定可靠。社会民主党在历届国会中的人数本无甚消长，第六届国会的一二三社会民主党员中有一一六人又都在第五届或更前的几届做过议员的，然而如将第六届和第五届国会中社会民主党议员的职业比较起来，则只少在表面上似乎有极大的分别。在第五届中工人之数仅有四人，而著者编辑则有四一人，未受专门教育的官吏二〇人，办党务者一八人，办工会者三六人。但在第六届中，则工人增至九〇人，而著者编辑则降至一三人，未受专门教育的官吏二人，办党务者二人，办工会者三人。从这些数字我们可知社会民主党议员的职业并未于一九三二年有过怎样的大变，[2] 不过社会民主党鉴于共产党及国民社会党之善能号召工人，所以故将向来列入办党务办工会等几种职业而本是工人出身的议员，列入工人一项，以标榜其无产性而已。如把这种不实在的变动撇过，各种职业或"各界"在国会中的百分比甚有一种固定性。我们可以第六届国会为例而分列如下：

一，农业家	百分之一二.七
二，工商业家	一二.七
三，工人	三五.五
四，办工会者	四.一
五，著者，书记，编辑	七.四

---

[1] 第七届五八四议员中，又只有五四人是新的了。

[2] 这可以从第七届的职业分类表来证明的。

六，办党务者	三.六
七，未受专门教育的官吏	一.六
八，受过专门教育的官吏	八.九
九，律师	二.五
十，医士，药剂师	一.〇
十一，教员	五.七
十二，教士	一.一
十三，退职军人	一.六
十四，管家妇	一.六

　　一二两项是资本主义者。三至七项或是劳力者，或是劳心者，或是办杂务者，都可列入无产阶级。换一句话，德国国会中有半数是劳动者。八至十二为职业阶级，共占百分之十九。如和英，法，美诸国相比起来，第一值得注意的就是劳动者之众多，而第二就是律师之稀少。在美国两院中律师常占十之五六，在英之众院及法之两院中亦常占十之二三。律师多半是资本阶级的同盟，所以英法美三国国会的资本主义性实在要比德国国会的重多多了。我们知道德国国会是不愿正式的经济会议产生的。在经济会议中劳资两方是得平分春色的，我们又安能怪国会之不欢迎经济会议呢？而况在权力上也得有许多冲突。

　　讲到议员所受过的教育则各党间当然有很大的不同。第六届国会的六〇八议员中约有百人是大学或同等学校的毕业生。在第四届及以前，大学毕业生的数目比例的要高些。在革命以前则每过半数。所以单就教育而论，今之议员已无从前之高。从才能方面说起来，德国的国会议员恐亦不能和英法相比，无论在口才上或在立法的知识上。在口才上，旧日的国会本可和法国下院相比而无逊色，德法议员俱是以能滔滔演说著名的，但今日的德国国会已不复是旧物了。大部的议员太为党的领袖所役使，他们已失了展发的能力。

希忒勒秉政前的德意志政党 *

德意志为多党制的国家之一。俾斯麦说过："一个德意志公民是不会快乐的，除非他有他自己的政党。"这句话可以表示德人的富于政治兴趣，也可以说明德国政党林立的缘故。

但德意志的政党虽多，而不像法国政党那样的五花八门，莫名其妙。这是因为法国的政党往往缺乏一定的政策，而党员也不一定能代表某种特别的阶级，职业或信仰，而德国的则都有一定的政策——至少有固定的倾向——而且党员也来自同一阶级或是代表同一利益或信仰的。溯述法国政党的历史时，我们常会堕入五里雾中，常会陷入迷途而不能自拔，但溯述德国的政党却不是那样的难事。

一 一九一九年以前的政党史

在一八四八年的前后，普鲁士国民已有保守及自由两种不同的倾向。保守党以大地主为中心，拥护普鲁士王室及传统政策，而反对德意志统一及改变政治。自由派为智识阶级所领导，主张统一及立宪。佛兰克福国会为自由派的机关，佛兰克福宪法则是自由主义的结晶。佛兰克福宪法虽未成功，但在普鲁士的国会中自由各派仍占绝对的优势（除了一八五二至一八五九），一八六一至一八六六发生的所谓宪法问题即因下院自由派的多数拒绝军费大增而起。自由派的议员本有三四派之多，一八五九年后则比较一致。宪法问题发生后，左派诸议员即另组进步党，且在一八六二年的选举中，大获胜利，占全院半数以上。进步党为国会中的极左派，他们既坚决反对俾斯麦

＊ 原载《民族》第一卷第九期，1933 年。

的预算，预算自然始终无法通过。立于进步党之左者有自由派的左中派及右派。右派于一八六二年第二次选举时即已消灭。左中派初亦反对俾斯麦，但自一八七○年而后，则为一八六六年所成立的国民自由党所吸收。国民自由党为拥护俾斯麦的政党。普奥之战后，俾斯麦的威望大增，故旧属自由派的一部分人树立了国民自由党，虽仍不忘自由，但为德意志的统一起见，愿放弃反政府的方针，而助成俾斯麦的工作。一八六七年而后，它的势力即已大盛于进步党。

保守党本是仇视一切立宪及民族运动的，所以在俾斯麦初当权的十余年内，即对俾斯麦亦立于反对的地位，它为普鲁士地主贵族（Junker）的集团。俾斯麦本来也是这种地主贵族之一，所以保守党人对于他之接受一八五○年的普鲁士宪法及他之从事于德意志统一运动，自然绝难容忍。幸而他们在普国会中只居少数，他们对于俾斯麦的政策只有阻扰的功夫，而没有反对的实力。普奥之战而后，他们也裂成两党，右派仍叫保守党，而听受俾斯麦领导的则叫做自由保守党。但左派初时只有十七人（一八六六至一八六七），以后也常在卅五至六十五之间，而保守党则常有百二三十上下之多。[1]

由上以观，可见帝国成立时，普鲁士已有了四个重要的政党，即保守党，自由保守党，国民自由党，及进步党。一八七一年帝国成立后，帝国议会中的主要政党也即是这四个，不过命名方面微有变化而已。在普鲁士国会中称保守党者在帝国国会中则称德意志保守党，自由保守党则称德意志帝国党。但自由派除了进步及国民自由两党外，尚有所谓无冠词的自由派（也称自由帝国党）及德意志民族党两派。前者在国民自由党之右，而后者则在进步党之左。我们今当将这六党在帝国时代之盛衰消长，分离结合，及党纲政策，逐一略述概况。

德意志保守党之名始自一八七六年。保守党本为反对帝国成立之党。但一因普鲁士在新帝国中的地位甚高，势力办大，再因俾斯麦亦没有永远非依赖国民自由党不可的形势，故帝国成立没有几年后，保守党已不复反对帝国，且于一八七六年重行组织而改用德意志保守党之名。自此而后，保守党虽仍以普鲁士东北各省，及梅格稜堡的大地主为中坚份子，但他们的目光已超过了普鲁士及农业。他们拥护霍亨错伦王室，但他们也爱帝国，故主张扩充海军，并发展殖民地。他们不忘农业，对农业要求特别保护，但他们也赞成发展工业。他们极力反对社会民主党，重视阶级利益，但又赞成

[1] 一八七二年后保守党又因立法问题而裂为新旧两党，至一八七九年后合。新保守党助俾斯麦而旧保守党则不然。分裂期中保守党人数共仅有三四十人。

俾斯麦的社会政策。他们仇视犹太人甚烈，却又不赞成俾斯麦抑制天主教党的政策。他们自一八七八年起，虽常为政府的党，但他们的人数从未超过八〇，在国会中常居第三或第四位。

由保守党分出，而又与保守党友好的，尚有几个反犹太或拥护农业利益的小党，如"基督社会党"，"德意志改良党"，"德意志—社会党"，"农业联盟"等等。基督社会党反对犹太人的宗教；德意志改良党及德意志—社会党则反对犹太人的种族；农业联盟则专以要求保护农业为目标。保守党的政纲是多方面的，故农业联盟者觉得有独立的必要。然以上许多小党俱是从保守党中分出来的。它们为在国会中取得地位起见，在一九〇三年合组成为"经济联合"；但从派别的大势而论，我们仍可把它看做保守党的支派。而且在国会中，经济联合的议员即坐在保守党及帝国党之间的。

帝国党为俾斯麦的保守党，它站在保守党与国民自由党之间，有时偏向前者，有时偏向后者。大体上说起来，在一八九二年前，它和它的左邻较接近，此后则和右邻较接近。先前它的势力几和保守党相等，但自一八九〇年以后则降为第六七位的小党，但总为政府党。它的党员多贵族及重工业巨子；而以旧波兰境内及接近波兰的诸省，微吞堡，及莱因下流各地为根据地，它的政纲和保守党极相近，它也反对社会民主主义及犹太人。至于帝国主义则更热烈地拥护。在先他和保守党尚有多少出入的地方，它是俾斯麦的文化战（Kulturkampf）的赞助者，而保守党是反对者；它原则上尚赞成宪法可以逐渐向民主的道上改进，而保守党则是绝对反对者；它偏重重工业的奖励，而保守党所特别关心者为农业。但自宗教不复成为问题，而保护税普及于工农出产品后，两党的政纲实在不易分清。在各大党中，帝国党为最缺乏组织者。这也许是它缺乏特性的又一原因。

上述的三个政党本来俱自十九世纪中叶的保守派中分出。到了欧战的下半期，他们间已无多大的分别可言。故后二者又并入于前者，而保守主义又告统一。

自由帝国党介于帝国及国民自由两党之间，为南德许多贵人的集团，他们在首届国会中有议员三十之多。他们为俾斯麦的赞助人，但缺乏任何一定的政纲。他们于一八七七年并入国民自由党。

国民自由党为帝国初成立时的最大政党，也是俾斯麦最有力的捧场者。它自命能兼顾自由及国利。为国利起见，它赞助俾斯麦的统一政策。但须以自由贸易，行政改良，地方制度改革，及国会通过预算，并监督政府为条件。俾斯麦为施政方便起见，确曾和之敷衍。但赞助俾斯麦的政府和实践自由主义究是难以相容的。俾斯麦起先利用国民自由党人以凌压天主教及社会民主主义，但待到狡兔也能供他利用之时，则对走狗便铁面无情起来。所谓政府向国会负责等等的要求，俾斯麦本早已食言而肥；到了一八七八年连自由贸易政策亦推翻起来。国民自由党如反对保护政策，则恐退居野党；如阿附政府，则又恐有人脱党。一八七九年的保护税法卒为国民自由党之致命伤。一部分南德的主张保护税者，既违背党的命令而投了赞成之票；而一部分左倾者又脱党而另组自由联合（Liberale Vereinigung）。自此而后国民自由党遂从最大的党降而为第三四位的政党。真正自由的份子既脱离后，党的政策益日见右倾，浸浸然与右方各党不能分辨。它的拥护资本主义及帝国主义，它的反对民主及社会民主，它的主张殖民与大海军，以及欧战时之主战到底，和右方各党如出一辙。自一八八九年后，它参加政府的年分极少（仅一八八七至一八九〇，一九〇三至一九〇九，）但它从未站在反对党方面。

德意志进步党是真正的自由党，它是所谓十九世纪的自由主义的代表者。在首十年内它在国会内仅有三四十人。俾斯麦和国民自由党决裂后，它的势力较大。一八八四年它和上述的自由联合合组而成德意志自由意识党（Deutschfreisinnige Partei）。自由意识党的政纲与前时进步党的相同，但尤注意于自由贸易及反对军扩二者。到了一八九三年，为了增加常备军的问题，自由意识党又裂成二党。相对赞成军扩者成立了自由意识结合（Freisinnige vereinigung），左倾者则改组为自由意识民族党（Freisinnige volkspartei），前者仍沿用自由意识党一八八四年的政纲；后者则一八九四年另立了新的政纲，反对放任主义，主张节制资本及社会立法。在十九世纪的末几年，它且常和社会民主党合作。但不久以后，自由意识结合重又左倾起来。一八九六年时有一群左倾份子在瑙曼（Friedrich Nanmann）的领导之下脱离了国民自由党而另组国民社会结合（Nationalsoziale vereinigung）。这个组织一方倾向社会主义，一方又不忘国家利益。它于一九〇三年并入自由意识结合。因此自由意识结合重又左倾起来，卒得于一九一〇年和自由意识民族党重合，更和德意志民族党合并，而成为进步民族党。在帝国时代左派自由恒为在野党，仅于一九〇七至一九〇九曾一度和保守两党合组政府，以抗天主教党。

德意志民族党原名南德民族党，于一八六八年成立于微吞堡的都城，盖从佛兰克福国会中的南德自由主义蜕化而来。帝国成立后，它改名为德意志民族党，为自由各派中之最急进者。它主张平等自由，发展人权；对内作种种政治上的改良，如责任内阁地方自治等；对外维持和平，减缩军备。它更主张各种经济及社会改良，如劳工立法等等。它常被称为民主党。

所以一九一〇年成立的进步党可说是民主的社会改良党。以论党纲，它实已和社会民主党十分接近；所以不同者，后者是无产阶级的政党，有阶级意识，有世界性，而前者则为资产及智识阶级的政党，无阶级意识，而有国民性而已。

以上所述者为保守及自由各党。除此而外，帝国时代尚有两个重要的党，即中间党及社会民主党。

中间党（Zentrum）创始于一八五二年。当时保守派在普鲁士议会中最为得势，故对于天主教的教会及学校取缔限制颇严。天主教社为自卫起见，遂有中间党的组织，中间者盖站在保守及自由两派之间的意思。中间党初为普鲁士的政党，中心势力在莱因流域；帝国成立后，它在南德的势力亦很大。因此益为普鲁士的地主贵族所不满。但一八六四年教皇皮奥九世所颁的《教皇无误书》又痛诋自由主义为天主教的大敌，故中间党与自由各派也不能相容。教国冲突的结果为一八七三年开始的所谓文化战。俾斯麦因厌恶教社干涉国政，更因忌恨中间党反对政府之故，欲藉种种立法来一鼓打破天主教社的政治及社会势力。但天主教社毕竟根深蒂固，不特种种仇教的法律不能实行，而中间党的势力及敌忾心转因而增加。以后俾斯麦另有更危险的仇敌（社会主义者）须予铲除，故对中间党的态度转缓和起来。自一八七八年赞助政府的关税政策起，中间党且代国民自由党而为政府的主要与党。自此而后，中间党成了举足可以轻重之党。它常常加入政府，但有时也加入反对党（一八八七至一八九〇，一九〇六至一九〇九）。它在国会中人数自一八八一年起至一九一二年止常在一百上下，常为第一大党。到了一九一二年它始降居第二位。

中间党的党纲可分做正反两方面来讲。在积极的方面，它拥教皇地位及教社权利。凡宗教婚仪，宗教葬仪，教会学校，人道主义，以及一切天主教社所主张之事它都主张。在消极的方面，它反对社会民主党。但除此二者之外，它实是一个机会主义者，它缺乏一定的方针。它在理论上是主张增加国会威权的，但它于一九〇九年却又反对改善普鲁士的选权。在一八九五年以前，它是反对海陆军的扩张的，但在一八九八年以后，它又成了赞成者。它是赞成殖民政策的，但它又主张给土人以良善的行政。起先它是反对反犹太运动的，但约自一八九五年起中间党的多数议员也充满了反犹太的精神。它在大体上赞成保护关税，但又主张从食品的税收中抽出一部分来做劳工保险费。它们须知中间党是天主教徒的政党，所以除了关于天主教的一点可以一致外，关于其他的政治，社会，及经济问题，自不易得一致及一贯的政策。何况中间党又常想利用它的中间地位来左右政局？

社会民主党有二个来源，一为拉萨尔（Lassalle）的德意志工人总会（一八六三年成立），二为倍伯尔（Bebel）及立勃克纳希特（Liebknecht）的社会民主工人党（一八六九年成立）。拉萨尔为社会改良派，故德意志工人总会的目的在助工人取得选举权，更从而使国家资助生产合作社，更从而改良社会。倍伯尔等则为马克斯派的社会主义者，故社会民主工人党为国际工人协会的分支。社会民主党开成立大会时，拉萨尔派的工人固然也有代表，但因马克斯派居多数之故，拉萨尔派一时仍无地自容。要到了一八七五年有了所谓《皋塔（Gotha）政纲》后两派始合成为"德意志的社会主义的工人党"。《皋塔政纲》强承认了马克斯的剩余价值论，但拉萨尔的社会改良几全被采纳。有这样一个迁就改良派的政纲，改良派自不会不来。两派合并后社会主义的势力更增，即一八七八年的许多缔禁社会党人的法律亦不能有永久的效力。但《皋塔政纲》因迁就社会改良派人太甚，故深为马克斯所不满。一八九一年的爱尔福（Ersurt）党代表大会所定的政纲即代表马克斯主义的完全胜利；不纯粹的一点即民主的思想仍旧留存着，因此党名也改做了"德意志的社会民主党"。自一八九一年起社会民主党是极不妥协的马克斯主义党。马克斯的阶级意识本是富有号召力的，故党的势力转因其不妥协而日增月累。不幸到了十九世纪的末年党中又有修正派与正统派之争。本斯泰因（Berstein）[1]的一派认为马克斯的学说有疵病，社会中不仅有资本与无产两个绝对的阶级，故主张采渐进的社会化，进一步是一步。在一九〇三年的代表大会中，修正派的理论固然被正式摈弃了，但修正派的精神仍不死去。大战中多数之拥护政府尤使左倾分子趋向极端。到了大战的末二年，左翼有左翼的政纲，且自称为斯巴塔卡斯（Spartacus）派，[2]而社会民主党的分裂终不可免。

地方性的党包括波兰党，汉诺威党，丹麦党，及亚尔萨斯—洛特林根党。它们全是代表某一地方的利益的；它们都希望它们所代表的地方能离德而归祖国；所以他们没有特殊的政治，经济，及社会的政纲。它们在国会议场上则站在中间党与国民自由

---

[1] 著有 Die Voraussetzungen des Socialismus, Stuttgart, 1899.

[2] 罗马奴隶曾在斯巴达卡斯领导之下有过变叛。左翼社会民主党的机关报即名《斯巴达卡斯》，故左翼自称斯巴达卡斯派。

党之间。[1]

二　革命以来的政党史

德意志的政党既是有所代表的，且有所主张的，它们自然不会因革命而消灭，或发生认不出的变化，虽则在的环境下当然也会有新的政党产生。德国现有的政党大都仍由帝国时代的政党传下来或蜕化出来的，只有国民社会主义党及共产党是革命以后才成立的政党，但他们也不是没有渊源可寻的。[2]

现在的政党中国民社会党当然是最右的政党。但为易于说明起见，我们应先提到"德意志国民民族党"，[3] 或简称国族党。国族党为保守党的后身，它的观念自然与旧时的保守党无大分别。在首四届的国会中它为第二大党，但自一九二九年十二月卫斯哈普（Westharp）所领导的缓和派脱离本党而另组保守民族党后，势力大减。[4] 国族党本早有左右两翼之分，右翼较为极端，以不妥协地反对共和，反对国际协调为急务，而左翼则主先从事于农业的改良。当卫斯哈普为党魁时，两派尚能调和，但自一九二八年之底，呼根柏（Hugenberg）继为领袖后，对于左派每采高压的态度，以致卫斯哈普派有脱党另组之举。从此而后，国族党在国会中的人数遂不能逾四五十人。第五届国会选举后，科赫（Koch）更领导了一部分年轻的党员及一部分隶属国族党的职工会份子，加入国家党以赞助布鲁宁政府。于是国族党益缺乏能力，也愈趋反动。然保守民族党的运命更恶。它初时虽有卅余议员，虽尝为一九三〇年布鲁宁内阁的参加者，但在第五届国会选举中，它仅有四人当选，到了一九三二年选举时党已不能存在。

---

[1]　一九一二年选举（帝国时代之末次选举）的结果如下：

党别	议席数	投票总数百分比
德意志保守党	四七	九.三
反犹太及农业党	一六	三.〇
帝国党	一一	三.〇
中间党	九〇	一六.七
地方性各党	三三	六.〇
国民自由党	四五	一三.七
进步民族党	四四	一二.八
社会民主党	一一〇	三四.八
无所属	四	〇.八
总数	三九七	一〇〇.〇

　　以上系根据 Rehm, Deutschlands Politische Parteien, §20. 与《德意志帝国统计年鉴》所列者微有出入。

[2]　今将革命以来各党在国会中所得的议席，参照 Statistisches Jahrbuch für das Deutsche Reich 及 Reichtags Handbuch 所载统计，制成下表：（附在文末）

[3]　National 俗译国家的，但余意译国民的较妥；如是则 Staatspartie 便可译为国家党。Volk 俗译人民，但实与民族的意义较接近。为分别二党的名称起见，本书中的译名有时不能不弃俗译而另觅新译。

[4]　在第四届国会中国族党本有七三人，卫斯哈普的一波有三七人。

国族党本是地主贵族的集团，而大本营在普鲁士的东部。其他各邦的业农者常另组政党以竞选。"德意志乡民党"，"萨克森乡民党"，"农业联合"，"微吞堡农民及葡萄园丁联会"，"推麟根农业联会"即是这种政党的较大的几个。它们的政策虽因地域关系而不能尽和国族党的相同，但它们的经济观念往往是相同的，对于政府的态度也不能离国族党而独异。它们可算是国族党的盟党。[1]

分别的说起来，农业联会为南德诸邦的地主党（但在巴雅恩则势力不大），自一九二四年起颇占势力，但今已消灭。威吞堡农民党可算为农业联会的一部分，但今（一九三三年三月选举）则成为农联仅存的硕果。这二个政党和国族党的行动极能一致。德意志乡民党的党员各邦皆有，但在莱因流域及普波士以外的各邦较众。萨克森乡民党可算是德意志乡民党在萨克森的分支。乡民党又称基督—国民农民及乡民党，基督者表示新教。国民者表示高度知民族主义。就这两点它与国族党相同。农民及乡民者表示非尽地主之意。因此它不像国族党之专顾地主利益。乡民党在第四第五届国会中颇有势力，但自一九三二年起只在推麟根尚有地盘，故只有推麟根农业联合，而不复有德意志乡民党。然在一九三三年三月的选举中即推麟根农联亦不能获得议席。换言之，几年来依附国族党的各种农民党，除了威吞堡农民及葡萄园丁联会外，到了现在俱已消灭，大地主或者回归国族党，而其他的从事农业者则附于更右的国民社会主义党。

"德意志—汉诺威党"为旧日地方性各党之硕果仅存者。它在帝国时本叫"威尔夫派"（ Die welfen ）;[2] 他们反对普鲁士之并吞汉诺威王国,他们仍主张威尔夫王室复辟。他们现虽不反对德意志的统一，但其拳拳故主之情则今犹如昔。他们虽因朝代问题之故，不能与普鲁士的地主党相合为一，但它们实极保守。[3] 自一九三〇年以来，国社党的飞涨也有令他们不能站住之势。

在一九二二年十月以前,国族党为极右的政党,但自那年而后,它的右方尚有一党。这个极端的党在先为"德意志族性自由党"（ Deutsche Völkische Freiheitspartei),继为"国民社会主义自由党"（ Nationalsozialistische Freiheitspartei ）也称"国民社会主义自由行动",今则为 "国民社会主义德意志工人党"（ Nationalsozialistische Dentsche Arbeiterpartei ）。族性党 [4] 为国族党的极右份子所组成。他们所拥护的所谓民族利益已不是德意志民族

---

[1] 这些政党当然不是 Junker 的党,党员的社会地位也与 Junker 大不相同。它们固因利害关系超向右倾，但究竟右至如何程度，自然不易决定。
[2] 威尔夫即汉勒诺王宝，中古时以赞助教皇反对皇帝名于世。
[3] 一九三〇年选举中他们和保守民族党及乡民党属同一的莱希荐选单。
[4] 即昔年我国报纸所译为国粹党者。

钱端升文集

的，而仅是德意志种族的。[1] 他们更主张采激烈的方法以恢复君主制度。第二届国会选举时他们取到了卅二席。因为他们又和希忒勒（Adolf Hitler）的国民社会主义工人党联合，故改称国民社会主义自由党。[2] 但于一九二四年十二月第三届国会中，他们仅取得十四席，良因主张太过反动，而组织又不特佳，故不免衰竭甚早。

"国民社会主义德意志工人党"为希忒勒的党，初名"德意志工人党"，起源甚不显明，大概于一九一九年成立于巴雅恩的都城闵兴，德雷斯勒（Drexler）为领袖，而希忒勒则为创立人之一。[3] 希忒勒等既多半为工人出身，并于欧战时多从过军，对于资本主义及压迫祖国的《凡尔赛和约》自极不满，故于一九二五年以"国民社会主义德意志工人党"名他们的党。莫梭利尼的成功又给他们以一种新的组织规模，及新的兴奋。一九二三年十一月在巴雅恩发生的暴动失败后，益从事于组织的改善，他们强于一九二四年和族性党联合而为国社自由党，但国社工人党的独立组织则始终没有取消。一九二四年的第二次选举于国社自由党极为不利既如上述，族性派及国社工人党遂又作分道扬镳的生活。族性派因缺乏组织而归于乌有，党众不是加入国社工人党，便返归国族党。国社自由党则因较长于组织，得以生存下去，且在第四届国会中取得十二议席。但国社自由党到了此时可说已完全吸收了族性党的政策。因为它也已成了极端反对犹太人的政党。

国社工人党（以下简称国社党）于一九二九及一九三〇两年中得了惊人的进步。它在一九二八年的国会选举中仅得八十一万票，在一九二九年年底的复决选举中它和国族党共得五百八十四万票，国族党之数如不过三百万，[4] 则国社党已增加了百万余票。到了一九三〇年九月的选举中，国社党激增至六百四十余万票之多。再经一九三二年及一九三三年的三次总选，它竟得千七百万票之巨数，占全体票数百分之四四（一九三三年三月）。这种惊人的胜利，除了经济衰落及失业增加为主要原因外，党的组织的有力及希忒勒言词之善于动人亦为重要原因。

国族党及依附它的许多农党之左即为"德意志民族党"（Deutsche Volkspartei）。它是从国民自由党传下来的。国民自由党本早失了自由的色彩。在斯特勒衰门

---

[1] Wulle von Gräfe, Henning 三人即因嫌国族党之未能充分反犹太而始脱党另组族性党者。

[2] 一九二四年十二月选举时有名 Deutsche Völkische Reichshartei 者，共得三四〇五票，它是族性党的正统党。

[3] 近二三年来希忒勒党成为大党，于是新闻界及著者往往把工人党初年的情形说得有声有色。实则工人党在开始时仅一并无大志的结合，人数亦只有数人。因为时势造英雄，希忒勒党遂得了空前的胜利，究竟如何开始，局外人实无从确知。

[4] 国族党于一九二八年五月的选举中得四百卅八万，于一九三二年九月的选举中得二百四十六万。

（Stresemanh）领导之下，在欧战中它且主张作战到底。要到了一九一七年时，它才和左方各党联合起来要求改良政治。但多数党员仍坚持民族主义，主张君主制度，而缺乏民主思想，故只左倾的一小部分和进步民族党合组民主党，而大多数人则仍在斯特勒衰门领导之下而改称德意志民族党。在起先的几年民族党和国族党固不可分，但自斯特勒衰门和左方各党合组政府以来，民族党已成为性质缓和的左党，它承认宪法及新政体，它也主张国际合作。在一九二○至一九三○年的十年内，它在国会中恒举第五位，和中间党同有举足轻重的势力。但自一九三○以来它的势力骤减。在第五届国会中它尚占三十议席，但此后则每况愈下，到了第八届国会时仅存二席。大部分的党员盖已渐次被国社党所吸收。

　　介乎民族及中间党之间者，有许多所谓中等阶级及农民的党，其中最重要者首推"经济党"（全名为"德意志中等阶级莱希党"），这真是中等阶级的集团，工商界小资产阶级的集团。它对于政治并无特殊的主张，对于经济问题，则反对社会主义而主张放任及紧缩。它和右方各党不同的地方即在它之不代表大地主及大资本家而已。一九三二年以前它在国会中颇占势力，但自第六届国会起，它也被国社党所蚕食。在宪法议会及一届国会中各有四个代表的"巴雅恩农民联会"[1] 则于一九二四年时便并入经济党，但自一九二八年起巴雅恩及散处各邦的农民又有"德意志农民党"的组织。这农民党至今在国会中尚有代表，但自一九三○年起，只在巴雅恩稍有党众，在别地已不足道。巴雅恩的农民又另有"巴雅恩农民及中等阶级联会"的组织，但他们仍是德意志农民党的一部分，[2] 而与前几年的巴雅恩农民联会是同一性质的。所以这些农民的组织应和经济党联作一谈，而不应和上面讲过的许多接近国族党的农党相混的。[3]上面讲过的是大地主的党，而现在所讲者则是耕夫或小地主的党，所以和工商界小资产阶级的经济党是说得来的。

　　新教行动也是介乎民族及中间党间的政党之一，成立于一九三○年，在国会中它往往占民族党以右之座，但他除了极力拥护抗议教社的利益外，于政治经济方面实比民族党为左倾，初成立时它在国会中有十四人之多，但近二年来仅有四五人而已。

　　"中间党"就是旧日的中间党：份子及政策和旧日俱无多大变更；不过秉政之欲似比从前更大，所以共和成立以来，几乎每次内阁它都参加。它可从社会民主党之后

[1] 此党远创于一八九三年，因不满中间党的土地政策才组织者。
[2] 在上表中他们算入德意志农民党，并未另立一项。
[3] 经济党的地位实不甚显明。我们如把它视为在民族党之右，则巴雅恩农民联会等又成了接近国族党的农党。一九二○年的《莱希统计年鉴》的图表中，便尝把巴农看作国族党的一部分。

而作社会化的尝试，它也可以和国族党合作而采用强性的外交，它今更附庸于国社党而摧残它向所拥护的槐马尔宪法。但它不是党内无派之党。自一九二六年老领袖裴稜无赫（Fehrenbach）逝世，马克斯继为领袖后，中间党有左右及职工会派三派之分。马克斯的右翼日向右倾而威尔特（Wirth）的左翼则愈趋激烈。司特盖瓦特（Stergerwalt）则挟了党的职工会另成一种势力。在一九二八年选举时三派固然尚能一致行动，但倾向的不同至今尚难掩盖。

中间党之在巴雅恩者自一九二〇年起另组所谓"巴雅恩民族党"。中间党则不在巴雅恩作选举的竞争。巴民党实可视为中间党在巴雅恩的支部，两党间的政策除了巴民党对于本邦在莱希中的地位作特殊的注意外，也无丝毫的不同。在第一届国会选举中，更有所谓"基督民族党"（Christliche Volkspartei）即是莱因流域（巴雅恩除外）不甚满意于中间党的天主教徒所组织的党。它和巴民党一致行动，故在国会中无独立的生存。

中间党与巴民党在历届国会中的席数极少出入。合计起来常在九〇左右，得票总数则在全体百分之十五左右。

"德意志民主党"为旧时进步民族党的后身，但左倾的国民自由党人也有参加者。在宪法议会中它的势力颇大，对于槐马尔宪法的制成尤有大功。但自一九二〇年而后，一因大领袖如普劳斯，剌忒诺（Rathenan）及璐曼（Naumann）等之逐一死亡，再因民主主义的不合时势，三因农民及中等阶级之另组政党，[1] 民主党的势力竟日削月减，到了一九二八年的国会时仅有二五人入选。一九三〇年它和青年的民族党人及"民族国民莱希结合"（Volksnationalen Reichsrereinigung）合组而成"德意志国家党"（Deutsche Staatspartei）。国家党虽不放弃民主，但它的注重点在促进整个国家的利益。不幸，新党的命运极为恶劣。首次的选举仅得廿席，而近年来更奇少。在第七届国会中它仅获两席。因为两席俱来自南德，故当时的国家党议员曾一度叫做南德民主党人（Süddeutsche Demokraten）。

第二届国会中曾有代表的"德意志社会党"及近几年来曾取得一二议席的"民权及货币增值莱希党"皆是和民主党接近的党。社会党以普鲁士东部各大城市为中心，主张励行社会政策，选举时，则常和巴雅恩民族党合作。民权党为中等阶级的组织，其目的在保护人民的权利，使勿因货币跌价而受损失。

---

[1] 上述许多介乎民族党及中间党之间的小党的党员甚多自民主党人走出来的。但它们在国会中往往坐于中间党之右，故已依次序述及。

"德意志的社会民主党"固然犹是旧时的社民党，然已几经分合。上面说过，社会民主党的极左份子于一九一六年尝另组所谓斯巴塔克斯派。这是极左的一部分。社民党的其余部分仍有左右翼之分，右翼即通常称为多数社会主义派者，而左翼则为"独立社会民主党"。独立社民党是一班被社会民主党所开除的议员于一九一七年所组的党，是革命的党，且与苏俄表示同情，但没有斯巴塔克斯派那样的力倡武装暴动，那样的甘心听命于莫斯科。在一九一八年的革命后，三派的战略是显然可分的，多数派虽主张社会主义，但它的社会主义是立宪共和之下的合法社会主义。独立派主张采用苏维埃制的组织，主权操于劳农兵，但并不提倡烧杀暴动。斯巴塔克斯派主张先有烧杀暴动，再建立劳农兵之独裁。斯巴塔克斯派的领袖如立勃克纳希特（Karl Liebknecht）及卢森堡（Rosa Luxembourg）女士等卒以身殉其主张。于暴动中被杀，而党势顿衰。

　　独立社民党本为造成一九一八年革命的党。但革命起，而多数派亦以革命者自居，故政权为两派所共握。初时多数派尚能迁就独立派的阶级观念，故两派尚能合作。但自多数派决意召集宪法议会后，独立派以民主（即布尔乔亚政治）的局势已成，遂全数退出政府以表示反对。他们对于宪法议会的选举自然也不热心，故多数派当选者有一六三人之多，而独立派仅获廿二人。第一届国会选举时，一因多数派中之左倾者不满于多数派当政时之设施，如签署和约等等，二因独立派之努力竞选，故独立派增至八四人，而多数派降至一〇二人。但独立派亦有左右翼之分，右翼缓和而左翼则倾向莫斯科。一九二〇年十月党代表大会通过第三国际所提的加入条件后，两翼竟正式的分裂起来。右派为有实力者，故屹然不动，而左派则于十一月初加入共产党。共产份子脱离后的独立社民党实与社民党无大分别，故卒于一九二二年九月联合而成为"德意志的社会民主党"。

　　社民党自重新统一后仍不改其缓和的态度。它虽自视为马克斯主义的政党，但它的妥协性太浓厚。它虽在一九三二年以前向为第一大党，但站在共产党及国社党之间，它几有不能维系其党众之势。

　　社民党愈是缓和，则共产党愈有其生存之理。"德意志的共产党"成立于一九一八年之底。斯派塔克斯派为中心人物。初时它拒绝参加选举，故宪法议会中没有共产党人。但自一九二〇年后，它以选举为宣传及鼓动的利器，故每役每参。首届国会中它虽仅有四人，但自二届国会起，它的势力增加很快。劳工对于社民党愈失望，则共产党的党员亦愈多。在七届国会中它有百人之多，占全体百分之十七。八届国会选举时，国社党政府虽予以种种压迫，但它的票数仍不大减。

综观革命以来各党的消长分合，我们应注意到居间各党的衰微，及极端各党的滋长。革命后初几年内的大党为国族，民族，中间，民主及社会民主数党，但未几而国族之右有极端的民族主义党，而极端的马克斯主义党——共产党——亦增长极速。到了近年，国族党及共产党愈膨胀，则居中各党愈式微，到了今日，居中各党，除了以天主教为基础的中间党及巴雅恩人民党尚能立足外，余若民族及民主党俱已到了末日将至的时期。即前几年盛极一时的所谓"碎裂党"今亦极少复存者。如果极端的倾向继长的话，恐连国族党也须并入国社党。而社会民主党为抵抗国社党起见，或会和共产党采一致的行动，甚或有同一的组织。国族党并入国社党的倾向现已窥见，而两个马克斯的合并今后已不是不可能之事。如果这种预言能有实现则德国除了两个极端的政党外，只有天主教的中间党可以存在。[1]

然则将何以解释德国政党的极端化呢？最重要的解释有二，一为国际的形势，一为经济的衰落。德国的政党除了中间党外，大都俱筑在经济阶级的基础之上，好比国族党之代表大地主，社会民主党之代表劳工。同时德人又大多是极富于民族情感的。十余年来秉过政权的政党既不能在国际上为祖国争荣而经济方面的痛苦反日甚一日。因此之故，一般的人民对于从未经过试验的国社主义及共产主义有较大的信仰。国社主义所包含者为极端的民族主义及一种社会主义，针对着国际形势的不利及经济的衰落的。共产主义否认帝国主义，所以也是解决国际地位底落的一种办法，同时当然也是一条经济上的出路。因此之故，除了隶属中间党的天主教徒外，其余居中各党的党众皆分道扬镳而趋向极端。即国族党及社会民主党的党员也有分投国社党及共产党的倾向。一九三三年选举时国社党所得的票数盖大都是从各党吸收而来的，只共产党，社民党，中间党（连巴雅恩民族党在内）未动，而国族党则大部分未动而已。

"碎裂党"（Splitterpartei）之众多也是新德政党史中可注意的一件事。照俾斯麦所知的民性，德人本应有极多的政党的，而十余年来所用的一种比例选举制，所谓"自计制"者，更足以鼓励碎裂党的成立。照现行的选举制某一党散在全国的票数可以汇合起来计算，所以小党并不比大党吃亏，因此之故，一地的选民，只消他们间觉得有一种特别的情绪或主张，或是因为地方的关系，或是因为经济利益的关系，或是因为共戴一领袖的缘故，便可另组一党。大党本不易取好于所有的党员的，不满意于大党

---

[1] 此文草于本年四月，现在则国社党以外之党不是并吞，便被禁止，故上述观察尚嫌太偏郑重。

某一政纲的党员也不妨另行组党以参加选举。如连一人也不能选出，则下次选举时尽可再返入大党。如当选者不满十五人，不能在国会中自成一个党团，则可与某党合并以凑足十五之数。在这种绝对的自由及方便之下，好组政党的德人自然会产生了无数的"碎裂党"。政党递嬗史之所以复杂，碎裂党众多即是一大原因。但大多数的碎裂党往往会连一个议员也选不出来的。

三　各党的份子根据地及党纲

我们今当分述各党的份子，根据地，及党纲以明各党的现在状况。

国民社会主义党本是少数失业而又富于民族主义的工人及退伍军人的集团。他们一方面不满意于现有的经济制度，一方面又要发展极端的民族主义。在一九二八年及一九二九年而后，生活困难的小资产阶级也成了国社党的重要份子。青年学生自早即为民族主义的激烈主张者，故加入国社党者也多。近四五年来新获选民权的人民也大都是属于国社党的，因为这些毫无经验的人会醉心于它的军队式的组织，及不妥协性的民族主义的。最近两三年来，居中各党的党员也大部改投了国社党的票。所以我们可说除了马克斯派，天主教徒，及普鲁士的大地主外，国社党是无所不包的。它的势力也遍及于全国。比较起来，只有柏林，莱因工业区，及巴雅恩较弱而已。

国社党既是无所不包，它的政纲不免过于消极，因为积极的主张是不易得到各色各样的党员的一致的同情的。它反对犹太人，反对马克斯主义，反对凡尔赛和约，反对邦权，反对财团。在消极方面它的政策倒很显明，也很一贯的。但在积极方面，它的政策便无系统可言。它主张强迫人人做工，取消不以工作换来的所得金。它主张将托辣斯收归国有，大工业由劳资共同管理，土地社会化，处盘剥重利者以极刑。它主张设立宽大的老年保险，津贴穷苦的学生。这些都是可说是它的社会主义。然自熟知社会主义的人们看起来，实不免患了幼稚病。

国族党至今仍是在普鲁士东北部，如东普鲁士及波迈恩及梅格稜堡等地为有力。这些俱是大地主的根据地，自然也是国族党的巢穴所在。普鲁士的波次但也是国族党极盛之地，因为该地为豪阀之家的市居所在。国族党在工业区域如罗尔及斯勒辛（Schlesien）势力极微；在南德更微，因为它至今仍是大普鲁士主义的政党。除了地主之外，官吏及实业巨子在国族党中也有相当的势力。

国族党的政纲是很富于反动性的。它近年虽已不复是满口复辟，但在情感上它仍是忠于霍亨错伦王室的。它也一向拥戴旧德的三色旗。它主张保持普鲁士的完整，虽则它也赞成增加莱希的权限。它最热心的仍是王室，军队，及官吏，故除了主张扩大军队外，并求保障公务员的一切权利——组织工会的权利当然除外。在旧时它本是反对妇女参政者，但妇女既得参政权后，它又利用女人的保守性来支助它，故它对女权已不再反对。它反对苏维埃制度及共产主义：在这里，它和国社党实无多大分别。

民族党向以工商巨子为主要份子，但党员中也不乏地主官史，中等阶级及自由职业者。就地域的分配而论，民族党无特盛的地方，但在巴雅恩微吞堡及什列辛较弱，而在萨克森及罗尔较强。后者为工业区域，它的强盛本为当然之事；前者为天主教区，故选民大多从中间党而不从民族党。

民族党本和国际党同为保守党，也同为赞成君主者，但民族党没有国族党的趋于极端，也没有大普鲁士的情绪。自从斯特勒衰门于一九二三年组阁以来，国族党成为机会主义的政党，乐于参加政府，而不复对于共和政体有微言。在外交方面，它主张国际合作，故与左方各党一致，而和国族党相反。在社会经济方面，则它又和社会民主党立于相对的地位，而和国族党较为接近，但它并不对于大地主的利益作特别的拥护。

经济党现已无存，它的政纲及所代表的阶级上面也已略述。当它最盛的几年，它的党员亦遍及于全国，但在东普鲁士，柏林，什列辛及南德较少。而在萨克森，梅格稜堡，及莱因省的南部较多。这层也可证明经济党并不是国族党的邻党。

中间党及巴雅恩民族党党员几全是天主教徒。就地域而论，凡天主教徒占优势的地方也就是中间党党员最多的地方，所以南德四邦，什列辛，威斯特发伦及莱因省俱为中间党的势力中心（巴雅恩则为巴民党的势力中心）。其余的地域固然也不是没有中间党党员，但其百分数远在全体选民中中间党所占百分数之下。中间党既是天主教徒的党，则它所代表的阶级或经济利益自是不限于任何一种，但中等阶级，小地主，劳工，教士，及教员要比较的有势力，而大地主及大资本家则比较的没有势力。

中间党的政纲除了拥护天主教社的利益以外，颇能表现中间的精神。在政治方面，它向是拥护槐马尔宪法的三党之一，主张民治及国会政府制。对于人民的权利，它是特别关心的，因为人权有保障，则宗教的自由自然也会多得一重的安全。它是主张增加联邦的权力的，但它尚不能放弃联邦制，因为南德各邦俱是不愿德国为单一制的国家的。在社会经济方面，它一方面拥护私产，另一方面又主张促进全社会的利益；故既不同于社会主义，复和大地主及大资本家的主张相反。中间党比较起来是偏向中产阶级，小地主，及耕农的；它也有取悦劳工的政策；但同时却不敢过分开罪于大资本家及大地主。至于对外政策，则中间党是主张国际协调并拥护国联的。

民主党或国家党是智识阶级，自由职业，银行业，航运业的政党，大城的中等阶级也甚多属于民主党者。它在南德的势力比较的要大些，因为南德本是自由的发祥地，但巴雅恩则不在其内，其为巴雅恩的民主者几全属巴雅恩民族党。柏林及汉堡也是民主党的重心，因为这是德国自由职业，银行业，及运输业最重要的重心。在工业区域，如西之罗尔及东之什列辛中，民主党的势力俱非常薄弱。这大概因为这些地方的工人属于社会主义党，而一般的天主教徒则属于中间党的缘故。

民主党的政纲是很旧式的。它自命为无阶级，种族，宗教，及经济利益之分的政党。它主张发展民主政治，拥护全民利益，不作左倾，也不作右倾。它相信如租税得其平，资本受节制，工会获保护，则工商业俱会发达，而阶级的斗争可以避免的。但这种旧式的思想已不合时代的潮流，而民主党的势力亦日蹙一日。

社会民主党的主要份子自然是劳工份子，但自由职业，尤其是新闻记者及教员，亦占重要的地位。社民党是劳工党，所以资本家及农民无论地主或耕农，几乎是没有的。柏林，汉堡及萨克森为社民党最占势力之地，因为前二者是大城，而后者则是工业区域。但在奥拍尔思，可尔思及杜塞尔多夫（Oppeln, Köln, Düseldorf）等工业区域则它的势力又在别地之下，那是因为这些地方的工人属共产党及中间党者甚多的缘故。

社民党的政纲今犹依照一九二五年海得尔保（Heidelberg）代表大会所决定的政纲，即所谓《海得尔堡政纲》者。在理论上，这是《爱尔福政纲》的重版，这也是马克斯主义的。但细加分析，则它实是一修订主义的文件。它虽然也作阶级斗争的呼号，但又说到薪给阶级及智识阶级会逐渐的表示同情于其余的劳工阶级，在资本主义之下，劳工阶级日增月累的贫乏固然是不可幸免，但又说如有不断的奋斗，则这种贫乏也可以得到相当的轻减。生产的工具及方法固应收归社会所有，但又主张社会化须由国会的行动来实现。所以《海得尔堡政纲》虽名义上仍为马克斯主义的，但在精神上实是代表修正主义的。

除了它的社会主义外，社民党又是民主的，所以它极端拥护共和，反对王室，反对军阀，反对极端的民族主义。它主张以直接税为主要税收，自由贸易，国际协调亦为它的政策。但因为它是劳工党，故对于农业问题绝少注意。结果则农民和它处于对立的地位。至于对外，则社民党极主和协及合作。

共产党亦为劳工的政党，这点它和社会民主党是一样的。但共产党是纯粹的劳工党，官吏及智识阶级是几乎没有的。而且共产党中的劳工者，其年龄也比社民党的劳工党员要轻些。柏林，萨克森，威斯特发伦及莱因省为共产党的重要根据地，因为这多是工人荟萃之区；但在基督职工会占势的什列辛，农民较多的波迈恩及汉诺威，及人民不喜极端的巴雅恩，则共产党党员较在别地为少。

共产党的党纲当然是显明的。它是纯粹的马克斯主义党。它不但不和布尔乔亚党合作，连社民党它也不与妥协。它认社民党的态度好像是乞丐的哀求。向统治阶级所苦苦哀求而得的必然十分有限，所以它主张大规模的破坏，及改革。它不拥护槐马尔宪法及三色族，而拥护赤色旗帜。它是第三国际的一部分。

四　各党的组织

德国政党的组织皆有总章(Satzung，或称 Organis ationsstatut)。总章等于党的宪法，规定党的组织及活动方法。

各党皆规定党员须经登记，[1] 在别的国家，往往只社会主义党采登记之制，其余政党皆无一定的党员。但德国所有的政党，其党员皆须登记。只党员能为议员的候选者，也只党员能担任党内官职。社会民主党更规定须有三年以上的党籍，方能充任重要的党官。因为党员经过登记，故不遵党章或违反党纲的党员便须受开除党籍的处分。各党党章的一大部分都是关于如何惩戒或开除党员的条文。向例只党代表大会有开除党员之权，但今则主席团往往也有此权。

德国各党的组织都是极严密的。我们如一查国会议员的职业，则党务人员常占全体议员百分之四或五。党部之多，规模之大，组织之严，党务之繁，为欧洲各国政党所莫能望其项背。美国政党以善于组织称，然它们亦只在选举时有充分的活动，而德国的政党则终年不断地在活动着，故更需要健全的组织。

党的组织可分中央的，议会的，地方的，及辅助的四种。中央的组织有代议的，执行的，及咨询的或监督的三种。全党的代表大会为党的立法机关，社民党及中间党且明定为党的最高机关，但在右方各党，则其权力较逊。代表大会大都一年一次，但共产党须得第三国际的许可，而社民党因召集全代表大会费钱太多之故，仅三年开会一次。代表由下级党部选出，其人数视该地党员或投票者的多寡而定。国会议员的全

[1]　在社民党中，凡自由职工会会员俱为当然党员，故无须直接登记。

体为代表大会的当然会员；在有几党中邦议会的议员也享着这种权利。代表大会有修改党章，决议党纲及选举党官之权。

党的最高机关为主席团，有主席，会计，干事等等，各党并不完全一致。主席为执行机关的首领，也就是党的首领。在社民，中间，民主等党，主席由代表大会推举，但民族党由中央主席团推举，而国族党则由另一团体叫做党的代表团（Parteirertretung）者推举。国社党的组织取首领制，而不从民主制，故希忒勒之为党魁是不用选举的。

主席团之外，各党大都尚有一职司指导之委员会，但其产生的方法，及职权的大小则各党间极不一致。共产党的中央执行委员会是代表大会闭会期内的最高权力机关，其地位和我国国民党的中央执行委员会毫无二致。且共产党无主席团，主席与秘书等等俱由执委会产生。社民党的党委员会是由各选区的党部选出代表一人及妇女代表数人组织而成的。它也有议决大小党务问题的职权。但主席团既不是它的附属机关，它自不能收指挥若定之效。中间党的莱希委员会，民族党的中央主席团，国族党的党代表团，皆是委员会一类的机关，但它们的权力则更不如社民党的党委员会。此外社民党及共产党尚有类似中国国民党的监察委员会一类机关，在社民党者就叫做监察委员会，在共产党者，叫做中央审察委员会（Zentrale Revisions kommission）。监察委员会监察社民党的主席团，而中审会则与中执会对立，司审察党财政之责。

各党的中央党部更有各种任务不同，久暂不一的委员会。它们或是设计机关，或是代表特种党员的利益的，但也有辅助主席团而司执行一部分的党务的。凡党员的教育，党报的办理，党费的筹制，青年党员及女党员的训练等等皆可专设委员会者。这种委员会往往由主席团设置，但也有由代表大会推选而参以各地方的代表者。

国会中的党团是独立的机关，而不是中央党部的一部。党团的主席和党的主席也往往由二人分任，即使党主席也是国会议员。[1] 但党团和中央党部有极密切的关系，因为国会议员往往是党中最有力的人物。合邦议会中也有党团的组织。在有几党中，也巴雅恩民族党等，邦议会的党团也可以参加全党代表大会，在党中的势力也很大。

地方的组织，除了共产党外，各党之间也很相似，但地方的区划则颇不一致，有以国会选区为主要单位，有以邦为主要单位，大凡左方各党，邦见不重，故属于前者；而右方各党则偏重邦的组织。中间党的组织为二者的折中；它有邦党部，省党部，选

[1] 在第五届国会中只民族党的主席兼国会党团的主席，其余各党党主席及党团主席皆分属二人。

区党部,府党部及区党部,邦省党部及选区党部都有坚固的组织,不像别党之有所偏重。但德国各大党的地方组织类皆布满全国。国社党及社民党且到处有强有力的组织。这比美国共和党势之不及南部各邦,及英国保守党在威尔士之没有党部尤胜一筹。至于地方党部的组织原则则如中央一致,有大会或代表大会,有执行委员会或主席团,更有各种咨询设计,或辅助的委员会。

共产党以各工厂或各事业的党细胞(Betriebszelle)为最下层最基本的组织。某一地方(Ort)的工厂及事业细胞联合起来则成为地方团(Ortsgruppe),再往上则为县分组织(Unterbezirksorganisation)及县组织(Bezirksorganisation)。因为细胞是基本组织,故各上级代表大会的代表,他们可以直接推举。

除了中央及地方党部外,各党更有各种的辅助组织,或联络机关。第一种为军事式的组织,其目的在集群力以威协敌党或震慑民众。这一类的组织自以国社党的示威军[1](Sturmabteilung)为最有名。国社党重视军力,故择党员中的少壮者编成示威军,从前用以作不正当的选举竞争,用以威吓甚或攻袭共产党及社民党之用,但今更用作国家非正式的辅助警察。国族党的钢盔军(Stahlhelm)为同性质的组织,但参加者全是曾经于欧战中见过兵役的退伍将士。当数年前钢盔军横行不法时,拥护槐马尔宪法的诸政党(社民,民主及中间)尝有国旗军的组织,以与保皇的钢盔团相对立。此外共产党有赤色前锋联盟(Roter Prontkampfer Bund)亦采军事式的组织。

第二种的组织为各种职业团体。社民党有自由职工会,中间党有基督职工会,国族党也有职工会。党之有职工会者便可操纵隶属于职工会的工人,故职工会愈多,则党势愈大。职工会为劳动者的组织,但地主及资本家亦可组织起来为某一党张目。普鲁士大地主所组的莱希土地联盟(Reichslandbund 全名为 Genossenschaftsbund des Reichslandbunds)即是国族党的一种辅助组织,常常供给巨额金钱来为国族党经营种种党务。

德国政党既为十分有组织的团体。"党官"的数目及势力自不免有惊人之处。不少的国会议员就是专以办党为职业的。这层上面已经说过。社民党各级党部的服务人员共有七千上下,[2]换言之,选举时得一千票便须有党务人员一名。较小之党其比例或更比此为大。以此推算,则全国党务人员当不下三四万。[3]办党既成一种职业,办党

---

[1] 通译挺进军。

[2] 其中约有二千人由党给与薪俸,专办党务,其余或为兼职者,或为印刷工人等等。

[3] 按一九二五年统计,德国从事行政司法人员共六十五万。党务人员未另分项,故无从知其确数。

者亦形成一种势力。德人有所谓"党内的官僚政治"一词，大意盖与官僚政治相似。

政党所经营的事务实极繁杂。除了办报及竞选外，尚有各种样的党义教育，如设立学校，举办讲演，制映电影，组织考查团体等等。

然出版事业仍为政党最重要的事业。出版品可分为报纸及非报纸。两者的数量皆堪惊人。德国的报纸约十之四为党报，各党中尤以国族，中间，及社民三党的报纸为最多。国族党的大小报纸超过四百，中间党近三百，而社民党近二百。非报纸的出版品包括巨数的小册子及数目较小的书籍。社民党在一九二七年据云有廿七家发行所，有一○四处印刷所，亦可见出版事业之盛。

事业愈繁则党费愈大。那末各党的经费又何自而来呢？大概社民，共产，国社三党靠党员每人所纳的年费，而其余各党则靠台柱子的捐助，例如国族党靠大地主，民族党靠大资本家，民主党靠银行家，而中间党则靠地主及大资本家。社民党除了党员所缴党费外，出版事业的收入亦颇可观。收入之丰及支出之多，除了美国的政党外亦首推德国的政党。

德国今采国会政府制。国会政府必是政党政府，而党争亦必剧烈，政党也许可以助成民主政治，同时也可妨害民主政治，或使民主政治虚假化。德国的总选举及总投票是常常可以发生的，而且确是常常发生的，所以人民尽有扶择政党的机会。但人民只有扶择某一党的权力，而党员却不易为党的主人翁。党的组织既严密，办党之人自易操纵党务，而普通党员不能插口。德国有所谓礼服（Bonze）政治者，盖即办党人员穿了礼服，包办一切之意。现行的比例选举制更成了党魁包办党务之治，因为这是只认党而不认人之制；选民只能选党而不能选人，故只有党能和人民直接发生关系，而党员则仅如沧海之一粟。这也许是政党政治下免不了的一种现象，也许不能专为德国的政党病。

党别★ 届别	a 国社	b 国族	c 保民	d 汉诺威	e 农联	f 微邦农民	g 乡民	h 萨邦乡民	i 推邦农联	j 民族	k 经济	l 巴邦农民	m 农民	n 民服	o 威民	p 中间	q 社会	r 民权	s 国家	t 社民	u 独立社会	v 共产	总计
宪会		44		★★3						19		4				91			75	163	22		★★★421
一届		71		5						65		4		21		64			39	102	84	4	459
二届	32	95		5	10					45	10			16		65			28	100	62		472
三届	14	103		4	8					51	17			19		69			32	131	45		493
四届	12	73		3		3	10	2		45	23		8	16		62		2	25	153	54		491
五届	107	41	4	3	3		19			30	23		6	14	19	68			20	143	77		577

（续表）

党别★届别	a 国社	b 国族	c 保民	d 汉诺威	e 农联	f 微邦农民	g 乡民	h 萨邦乡民	i 推邦农联	j 民族	k 经济	l 巴邦农民	m 农民	n 民服	o 威民	p 中间	q 社会	r 民权	s 国家	t 社民	u 独立社会	v 共产	总计
六届	230	37		2			1			7	2		2	3	22	75		1	4	133		89	608
七届	196	54		1						11	1		3	5	20	70			2	121		100	584
八届	288	52			1					2			2	4	19	73			5	120		81	647

★ 党名概用简写，原名如下：

a. 国民社会主义德意志工人党 Nationalsozialistische Deutsche Arbeiterpartei

b. 德意志国民民族党 Deutschenationale Volkapartei

c. 保守民族党 Konservative Volkspartei

d. 德意志汉诺威党 Deutsche-Hannoverische Partei

e. 农业联会 Landbund

f. 微吞堡农民及葡萄园丁联会 Bauern-und weingartnerbund(wurttemburg)

g. 德意志乡民（耶苏国民农民及乡民党）Deutsches Landvolk(Christlich-Nationale Bauern und Landvolkspartei)

h. 萨克森乡民 Sachsisches Landvolk

i. 推麟根农业联会 Thuringer Landund

j. 德意志民族党 Deutsche Volkspartei

k. 德意志中等经济莱希党（经济党）Reichspartei des Deutschen Mittelstandes(Wirtschaftspartei)

l. 巴雅恩农民联会 Bayerischer Bauernbund

m. 德意志农民党 Deutsche Bauernpartei

n. 基督社会为民服务党（新发行动）Christlich-Sozialer Volksdienst(Evangelische Bewegung)

o. 巴雅恩民族党 Bayerische Volkspartei

p. 中间党 Zentrum

q. 德意志社会党 Beutsch-Soziale Partei

r. 民权党（民权及货币增值莱希党）Volksrechtpartei(Reichsparte fur Volksrecht und Aufwertung)

s. 德意志国家党 Deutsche Staatspartei

t. 德意志的社会民主党 Sozialdemokratische Partei Deutsclands

u. 独立社会民主党 Unabhangige Sozialdemokratische Partei

v. 德意志的共产党 Kommunistische Partei Deutsclands

★★ 此数包括汉诺威党一人，什列斯威（Schieswig）农民党一人，布蓝斯外（Brrunsweig）农民党一人。

★★★ 此数未包括前线军人所举出的议员二人（社民党）。

民主政治乎？极权国家乎？[*]

近十余年来，为了种种不同的缘故，民主政治益见衰颓，而与民主政治处相反地位的各式独裁制度则转获相当的成功。我自己于三四年前尝写过关于民主政治的危机及将来的一文，在归结时我尚"对于平民政治，希望无穷，我更断定凡背了平民而独裁的政治终将归于无成。"[1] 我现在对于以平民为主体的政治固仍有无穷的希望，而对于漠视平民利益的独裁制度固仍丝毫不减其厌恶；然对于有组织，有理想，能为民众谋真实福利的政治制度，纵是独裁制度，我也不能不刮目相看。[2]

我于这篇文章中将先论民主政治的衰颓，次及现代各种比较成功的独裁的内容。从两者的比较中我将探索在最近将来或可流行的制度，从而更推论及中国应采的制度。

一 民主政治的衰颓

民主政治在西方叫做"德谟克拉西"。"德谟克拉西"本应专指政治上的一种体制而言。然常有用以表示经济上，社会上，甚或礼仪上的一种状态者，而美国式的社会学家尤喜作广泛无定之论。我们今所论的民主政治是指一班通认为民主国家，如英美法瑞比荷等国的政制而言，是指具体的，现实的一种制度，而不是指抽象的一种理想，或实现无期的一种希望。[3]

那末，英美等民主国家有那些共同之点呢？第一，在这些国家中，各个人民，无

---

* 原载《东方杂志》第三十一卷第一号，1934年。
[1] "极权国家"为"Totalitarian State"一词的试译。
[2] 见拙著《德谟克拉西的危机及将来》，《国立武汉大学社会科学季刊》，第一卷，第二五至五〇页。
[3] 我于《德谟克拉西的危机及将来》的一文中尝以"平民政治"译德谟克拉西。如政治而真能由平民主持，且为平民谋福利，恐反对者将世无一人。然英美等国的政治既不是真正的平民政治，故我不用"平民政治"一词，而用比较中立的"民主政治"。

论是挟资亿万的大地主大资本家，或是贫无所有的农民工人，在法律上是一概平等的。第二，国家的权力有限，而个人保留着若干的所谓自由权；国家如欲伸张其权力或限制人民的自由，则须依照一定的制宪程序，所谓制宪程序者大概都含有人民直接对某事表示意见之意在内。[1] 第三，人民有一代议机关，依个人平等的原则选出，较富有阶级操纵较贫穷阶级的事实则法律一概不问。第四，议会中同时有两个或两个以上的政党存在，互相监督，且轮替执政。第五，为保障人权及限制国家权力起见，政府采分权制；没有一个国家机关，无论立法，行政，或司法，能独揽国家一切的大权。

上述的固不能算是民主政治的定义，但民主政治的重要精彩实不过此。本文所论列的民主政治即是这样的一种政制。

当二十世纪的初年，稍具进步眼光的人们几全体认民主政治为绝对最良的制度。凡未采用民治的国家，其统治者且常带多少心虚及自惭的口吻。所以当大战后期威尔逊总统以"使民主政治得安全存在于全世界"为号召时，无论是协约方面的帝俄，或是中欧方面的帝德，皆表示可以商议的态度。然欧战的结局实为民主政治最后一次的凯旋。欧战终结而后，已经民主的几国在形式上虽仍回到战前的常态，新兴的国家虽几乎一致地采用民主宪法，但民主政治的基础则已早因苏俄革命的震荡，及各国战时政府权力无限的膨胀而受暗伤，一九二二年莫索里尼的法西斯蒂主义在意大利获到胜利后，则民主政治受到更严重的打击。俄国本不是民主国家，故共产党的独裁，在民主政治者的眼光看起来，只是以暴易暴。意大利至少在形式上也在民主国家。故法西斯蒂的勃起对于民主政治更有深刻的影响。然共产独裁及法西斯蒂主义初时仅是一种革命的现象，既无成绩可言，也无持久的把握，故拥护民主政治者尚可不太悲观。到了一九三〇年左右则形势又大变。两者不特均有持久的趋势，且在施政上亦有显著的成绩。而此成绩者不特优于俄意曩日之所有，即以比所谓民主先进国家的造诣亦无逊色。这样一来，不特民主政治自身的缺点暴露无遗，且代替民主政治的制度之堪采用也得了事实上的证明。这实是民主政治空前的大打击。然拥护民主政治者尚有说焉。他们可诿俄意民智未开，工业不发达，故独裁易乘，而民治难行，至于先进国家则固仍以民治为最良政体。[2] 但一九三三年希特勒主义之披靡于人民政治能力素号发达的德国则更为民主政治之致命伤。政治制度之为物本不能凭好恶为取舍，而应凭其实际

---

[1] 英国无成文宪法，因之宪法与法律之间无分别。但重要的政制及人民的自由权有变更时，也必经过民意直接的表示，故在事实上英国与别国无分别。

[2] 有好些人向以为民治在工业国较易实行，而在农业国则独裁易于持久。日内瓦大学校长 W. E. Rappard 即持此说。

上的表现为从违。民治制度的弱点既未能末减，而代替民治的制度则转能表现其优长之点。又何怪民治制度已动摇到了近年为更烈呢？

民主政治衰颓的最大原因，自然是无产者阶级意识的发达，及国家经济职务的增加。马克斯派的社会主义者一方提醒无产阶级的阶级意识，一方则痛诋民主政治的虚伪，及无产阶级之无权问政。姑无论马克斯派之所指摘者是否事实，但大多数国家的无产阶级对于民主政治因而发生一种根本上的不信任则为事实。暴烈者以打倒民主政治为职志，如入国会，则专以捣乱为能事；温和者亦从不肯尽政党应尽的义务。[1] 故民主政治的失败，无产阶级的不合作实为重大原因。

然无产阶级的不合作，不能即算是民主政治本身的弱点；犹之我们不能因拿破仑三世之称帝而遽为第二共和病。如果有人能祛除无产阶级的误会，而且在实际上确予无产阶级以握政权的机会，则民主政治仍不会因无产阶级的存在而失败。然民主国家之不能应付现代国家的经济问题，无法完成现代国家的经济职务，则实是民主政治难以补救，或竟不能补救的弱点。现代的国家已不复是一个警察国家，所以国家的经济职务繁而且重。而且现在又是经济的民族主义澎湃时代，国与国间的经济战至为剧烈，故国家常有采取敏捷的处置的必要。然在民主国家，则国家权力有限制，而个人的自由受保障；议会虽号称代表人民，但与国中生产的组织无关；且议会中的各个政党又复互相牵制，使议会不能为敏捷有力的决议；议会即有决议，行政人员亦未必能实行。因此种种，民主国家的生产及消费乃不能维持其应有的均衡，而生产力的增加亦至极迟缓。除了上述的二者而外，民主政治尚有其它种种崩溃的现象。工人的骚动足以影响国家的治安；党争的剧烈足以减少法律的尊严；行政权的增加及立法机关的退让足以破坏两权的平衡。然此种种直接间接殆皆由前述两大弱点所引起，所酿成，故不必细说。

二　现代的独裁制度及极权国家之诞生

近年来采用一党或一人独裁之制度者甚多，而最成功者则为俄国的苏维埃制，意大利的法西斯蒂主义，及土耳其的凯末尔。德国的希特勒主义也有成功的模样。这些制度的详细情形非一篇短短文章之所能尽述。本篇之所要述及者，仅是这些制度有异

[1] 无产阶级所组织的政党，其能完全接受民主政治者不多见。德国近十余年的社会民主党即此中的一个。然它卒因此而致有今日的毁灭。参阅 Heinrich Ströbel, Die Deutsche Revolution, Ihr Unglück, und ihre Rettung.

钱端升文集

于民主政治的方面。

俄意土德诸国虽在经济上有左倾右倾之大别，而在政治上则共同之点甚多。它们尽是独裁的国家。国家的权力无限，而这无限的权力则由一党专享。党之内则又大多有一权力无限的领袖。[1] 所以称它们为一党独裁的国家可，称它们为一人独裁的国家也可。它们也有代表机关之设，或仍称国会，或称苏维埃代表大会，但这些都不是民主国家的议会可比，都不是建筑于人民自由平等选举的基础上的，而都是独裁的党可以包办，或至少可以占绝对优势的团体。

因为俄意土德等国的国家权力是无限的，所以它们在经济及文化上的设施也和民主国家有南辕北辙的悬殊。它们变法极易，而对于人民的强制力亦较大。国家可以经营民主国家所从未经营的事业，国家也可以限制民主国家所绝不敢限制的个人权利。结果它们对内可以消除各职业及各阶级间无谓的纷扰及自相抵制，如罢工，停业，及竞卖等等，而对外则可以举全国的力量以应付国际间的经济斗争。固然诸国之间经济，社会，及文化上的努力也不能谓为已得到完全的成功，但以比民主国家，则确有指挥若定的好处。

分别言之，俄国的独裁建筑在苏维埃之上，而各级的苏维埃，虽不尽为共产党人，但因受制于共产党，故与共产党人之一手包办者无别。共产党虽仅有党员二百万，但因其为有组织，有理想，有计划的团体，故能削平反侧，且禁止别的政党的存在。它一方操纵选举，一方又做感化人民的工作。按照共党的主义，只劳动者享公权，而不劳动者则无权；只国家得有产业，而人民不得有私产。因之，一切工商企业俱由国家经营。苏联宪法中类似人权一类的宣言其效用不在保障人权，而在伸张国家的权力。宪法，法律，与命令三者之间俱无法理上的分别。立法，行政及司法三权之间亦无厘分。总言之，国家之权是无限制的，国家不受法律之拘束，法律仅是国家行使职务时的一种工具。

共产独裁的成绩是人民的平等自立，及全国高速度的工业化。其最为世人不满的地方则为旧式自由之无存。俄人只能服从国家的命令而工作，但不能自行其是。

意大利是法西斯蒂党的独裁。法西斯蒂党的各种党员约有四百万人。党虽也有执行会及评议大会，但党魁莫索里尼有发号施令之全权；他在法西斯蒂党内的地位尤高出于斯达林辈在俄国共产党内的地位。

意大利在形式上虽仍奉行一八四八年的民主宪法，但实则已变成所谓"会社国家"。

---

[1] 俄稍不同。

在这新国家中，只会社有地位，而个人则没有地位。意大利一切生产的人民就其所事的职业而分隶于七种不同的会社。这七种职业即自由职业，工业，农业，商业，海空运输业，陆地及内河运输业，及银行业。除了自由职业无劳资之分外，其余六种，劳资两方皆分别组织。自一地一场所推而及于全国，自下级而上级，七种职业皆有系统完整的组织。是以全国从事工业的各种工会联合而成全国工业联合工会，全国从事工业的企业家则联合而成全国工业协会。各业联合工会复合组成全国总工会。然这些联合工会及协会俱是法西斯蒂党的工会及协会，受法西斯蒂党的指挥。各地各处劳资两方的组织又根据平等的原则合组"会社"，以便依照法律，解决劳资间的纠纷。[1] 中央又有会社部[2]及全国会社会议之设。[3] 会社部为行政各部之一，职在联络并统率劳资两方面的各种组织。会社会议则（因全国会社的组织尚未完成）暂由全国各联合工会，及全国各业协会推举代表组织，职在讨论关于生产及其它的经济问题。国会虽依旧存在，但国会议员的候补者，由各业的全国联合工会及协会分别推出，选举等于这些团体所举的代表的批准。国会议员仅是会社的代表而不是数千万个人的代表。而且经济的法律须先经会社会议的讨论，故会社的重要益形显著。

简单言之，法西斯蒂党是意大利的统治者，而会社则为国家执行其职务时的工具。

因有法西斯蒂党的独裁，劳资自相残杀的冲突已不发生。生产的效率亦远过于一九二二年以前。私产虽无限制，但劳工的状况也已大有改良。且国家如欲限制私产亦无不可。法西斯蒂主义为世诟病的地方也是私人无政治上的自由。

土耳其的宪法是民主的，但实际上则是国民党的独裁，而凯末尔则为唯一的党魁。土耳其固然也有国会，也有选举，但别的政党既不能存在，则国会直接是国民党的集团，而间接则是凯末尔的工具。

俄罗斯行共产，意大利尊会社，即德意志也有所谓中心思想，土耳其的国民党则除了致力于国家的独立及人民的近代化的工作外，并未牢守一种经济上的主义。但国民党既握有军权，政权，及组织人民团体之权，国家的权力自然也无限制。政府如欲将一切生产事业收归国家经营，它也是有这权的。

凯末尔独裁已一方面使土耳其脱离了帝国主义的压迫，另一方面提高了土耳其人的文化。教育发达，迷信破除，女子解放，交通便利；凡此俱为凯末尔独裁几年

---

[1] 一九二六·四·三日《劳工关系法律制裁法》。
[2] 一九二六·七·二日《会社部法》。
[3] 一九三〇·三·二〇日《全国会社会议法》。

来的成绩。这些我们认为独裁的成绩，因为如不独裁，则这些富于革命性的设施是不易，甚或无法实行的。

德意志民族社会党的独裁尚未满一年，故不易言其成绩。不但成绩难言，即其政策有时亦欠鲜明。然它多少和法西斯蒂主义相似，则是可以说定的。第一，希特勒自称为"领袖者"；这和莫索里尼之自称为"首领"，[1] 是一致的。第二，德国的劳资团体虽未能如意大利的组织整齐，但比别的国家也向来高出一筹，故国社党在所谓"同治"[2] 政策之下，也将全国一切生产会社，如德意志商业协会等，置于民社党人领导之下；其过去历史和民社主义相差太远者，如社会民主党的工会等等，则一律勒令解散。第三，根据同样的理论，民社党将德国一切的政党或则归并于国社党，或则禁止其存在。因此种种设施，德国的宪法虽尚未变更，而国权则已统于一党。国会为民社党一党的国会。国会既可修改宪法，伸张国家权力，限制人民自由，民社党自可无须形式上的革命或流血的革命，而取到无限制的威权。无论为政治的，或为经济的。民社党人本以造成所谓"极权国家"为号召。"极权国家"者，盖即指国家权力无限之意，而此无限的权力则寄于民社党。[3]

希特勒独裁的成绩，在经济方面尚无具体的表现，但在政治方面则已消灭了一切的党争，并已提高了德意志的国际地位。它所以被人訾议的理由与别的独裁相同。但它之反犹太主义则更为世人所一致攻击。

三　何者为适宜于现代的制度

民主政治的衰败及独裁制度的比较成功决不是一时偶然的现象，而是近代经济制度所造成的一种必然的趋势。据我的推测，近年来民族主义的空前发达也将使民主政治更站不住，而独裁制度更盛行。

民族主义自欧战以后确比从前更见普及，更趋浓厚。国际间的组织及合作在欧战以后固也大有进步，但民族主义并不因之而见缓和。而且在最近的将来，它只会更盛而不会衰减。现代民族主义的表现有二，一为国家经济力量的增进，一为军备的注意。两者本是相连的，但前者尤有基本的重要。因为工业发达，而生产力量伟大的国家不

---

[1]　莫索里尼称 Il Duce，希特勒称 Der Führer。

[2]　Gleichschaltung 一字不易解，更不易译，应作一切受同一的管理，且通力合作之意。

[3]　"极权国家"一词在意德为流行的名词。俄之共产党及土之国民党固不以此自称其国家，但俄土两国的权力既无限，它们自然也是一种极权国家。

难于短时期内增加军备，而工业不发达，生产力量不大的国家，即有比较完整的军备亦难持久。工业化本是近代社会的自然的倾向，再加上民族争存的需要，在最近的将来，工业较不发达的国家势必求于最短期内发展工业，而较发达的则势必求维持它们向有的比较优越的地位。在这种尖锐化的竞争的过程之中，凡比较敏捷不浪费的制度将为大家所采纳，而比较迟钝浪费的制度将为大家所废弃。不论在那一个国家，统制经济迟早将为必由之路，因为不采用统制经济政策者，其生产必将落后。

如果经济的民族主义并不十分发达，民主国家本不妨维持其向有的制度，而徐图改善。但经济的民族主义既如今之发达，则没有一个国家敢长取一种放任的态度。为增进其生产力或维持其向有的优越地位起见，任何牺牲亦将为各民族所忍受。由上面的比较我们认为民主政治是不宜于统制经济的，故民主政治的衰败将为必然的趋势。

代民主政治而起的制度已实现者一为苏维埃制，一为法西斯蒂制。我们认为这两种制度俱要比民主政治较适宜于统制经济；[1] 但这并不是说，除了这两种制度外，它种代替物别无存在的可能。我的意思刚是相反。我以为英美一旦变更现在的生产方法，而采用统制经济时，其所采的政治制度大概不会是意大利式的法西斯蒂主义，更不会是俄国式的共产独裁。穿了制服，拿了短棍，在街上示威，多数英美人不会做；开宗明义就将私产取消，多数英美人恐不肯做。英美所赖以实现统制经济的制度或将为一种智识阶级及资产阶级（即旧日的统治阶级）的联合独裁，但独裁的目的则在发展民族的经济，且不自私地增进平民的生活，而不在为资产阶级自己谋特殊的享受。我所以有此推测者因为英美的统治阶级是最能见机而作的。但这种推测当然很有错误之可能。[2]

我以为阶级斗争之说虽有马克斯的辩证法为后盾，但在民族主义的高潮之下，或将无从实现。上一次的世界大战已证明了民族主义的势力可以打破阶级的观念。在下一次世界大战时，恐怕也只有民族之争而无阶级之争。纯粹的共产主义应无疑的包含阶级斗争及世界无产阶级的大联合。但苏俄现行的共产制度已专注重于民族经济的发展，而忽略于无产阶级的世界革命。我深疑今后继民主政治而起的制度，无论自号为共产，或为社会主义，其注意之点将为民族的经济实力之如何培养，而从前尝引起剧烈争论的革命理论，如阶级斗争或小资产阶级反动说等等，则将置于脑后。

---

[1] 严格的说起来，意大利并无统制经济，但会社会议是能担负这种大事的。

[2] Lord Eustace Percy 为拥护民主政治甚力之一人，但他今所主张的议会政府是须采用意大利的会社观念，且出以牺牲自己的精神的。

英美法等民主国家终将采用何种制度，是无法推测的。不要说英美法，即俄意德现行的独裁制将演成何种的最后制度，我们也难悬拟。我所敢言的只有三点。第一，民主政治是非放弃不可的。这点我认为已有充分的说明。第二，紧接民主政治而起的大概会是一种独裁制度。第三，在民族情绪没有减低以前，国家的权力一定是无所不包的——即极权国家。

何以独裁是少不了的一种过渡制度呢？因为独裁是一种最有力的制度。苟不用独裁则民治时代一盘散沙式的生产制度将无法可以纠正过来。今举一例以明我说。英国一班基尔特社会主义者总以基尔特社会主义为实现工业民治的理想制度。然基尔特社会主义即能实现，亦不能收统制民族的生产能力之效。它缺乏一种强制力，它无法令全国合作。只有独裁能纠正民治时代的散漫，而强迫人民服从以全民族的利益，为目的的经济计划。

就独裁而论，一党的独裁自比一人的独裁为优。因为一党的独裁不发生继承的困难，而一人的独裁则独裁者的死亡易发生重大的变动。或者我们可以这样说：在党内独裁之下，即发生继承问题，也不至如在一人独裁制之下那样严重的。

我应当声明，这里所谓的独裁当然不是指普通一班人的所谓独裁。这里所谓独裁一定要独裁者——无论是一人，或一群人，或一党——能有组织，有理想，能为民众谋实际的福利，能对现代经济制度有认识，能克苦耐劳，先天下之忧而忧，后天下之乐而乐。我们上面所述比较成功的四个独裁，无论是共产党领袖，或是莫索里尼，或是凯末尔，或是希特勒，其中有的对经济制度的认识尚嫌薄弱，但其它各条件大都俱是具备的。

独裁的最大危险之一即是极易引起国际间的战争，而民主政治则比较足以阻止战争的发生。这种看法容许是不确的。上次的大战，俄德等国固然乐于一试，即英法等国亦何尝踌躇？而且现在的俄意等国亦并不太乐于作战。即使上说是确的话，我也以为与宏旨无关。第二次的世界大战总是难以幸免的。独裁及统制经济之所以深得民心者，正因它们之较便于备战。故我们可说备战是因，而独裁是果。

有人也许要问如果独裁，统制经济，民治的放弃等等皆为预备民族间的斗争而起，则何不索性将根本问题予以解决？何不想法根本消除民族斗争的原因？我的答复是人类的计划多少须和今生有关，而不能过远，或过重理想；过远过空便失了实际的意味。我们尽可痛惜民族主义之太趋极端，民族间的大战距今一二百年之人尽可视为人类最愚蠢的举动，但民族主义的澎湃在今为一种难以阻止的巨浪，求民族的自存为我们当今的急务。苟只有独裁能增加民族的经济实力，则独裁便是无可幸免的制度。

而且大家对于独裁也不必一味害怕。若以大多数人民的福利而论，独裁也不见得不及民主政治。上述四个国家的独裁者，虽对于少数人取缔极严，如苏俄之于资本家，德国之于犹太人，然它们之能为大多数人谋福利则是不容否认的事实。苏俄的选举为一个阶级的选举，可以不算外，其余之国的选民（与未有独裁前的选民大致一样）皆尝以绝大的多数来表示对于独裁者的信任。

赞成民主政治者一方提倡个人自由，一方又声言民治为大多数人福利的保障。然独裁既真能为大多数人（几乎是全体人民）增进福利，则又乌能因少数人的自由之被剥夺，而硬要维持谋福不及独裁的民治？

政治制度是一最现实的东西，不能永久地为我们的感情所牵制。我们的感情，因为过去的习惯及环境的关系，对于新制，尤其是索缚自由的新制，总不免有一种热烈的反感。我们反对极端国家的最大理由，仍是个人之无自由。然我们于推重个人自由时我们常不免过分重视个人对于事物之标准或价值。实则个人的估价离了社会的估价是无意义的。[1] 卫生的设施，如隔离及检查等等，对于社会有益而对于健全的个人则为害。独出心裁的一件衣服对于个人似为一得，然往往耗费许多物料及人力，转不如服一制服之为佳。在极端国家，个人的价值固有降到零点，而社会价值成为一切估价的标准之势，然这绝不是文化的退步。所以人类的成见迟早总须加以改正的。

四　中国将来的政制

说到我们中国，我们是除了所谓旧文化——古董式的文化——外，一切落后，尤其是经济落后的国家。我们第一个急务是怎样的急起直追，求为一个比较有实力的国家，庶几最可怕最惨酷的世界大战到临时，我们已不是一个毫不足轻重的国家。关于这一点国人几乎是全体一致的。不过关于达到这目的的方法则说者各异。有的以为应从平民教育着手，有的以为应从增进人民健康着手，有的以为应从开放党禁，提倡民治着手，有的以为应从分治合作，不再内战，埋头建设着手。但我以为我国应经的途径是和别国无异的。无论是增进人民的智识及健康也好，或增加人民生产能力也好，没有一个强有力的政府，必绝对无成的。欲有一强有力的政府，则提倡民主政治不但是缓不济急，更是缘木求鱼。欲求达到英美那样的民治，即在最佳的情形之下，也非

[1]　同样理由，西班牙数年前的独裁当然还不及民治。

十年二十年所可办到。而且即使得到英美那样的民治后，国家也是弱而无力，不足以与别的民族作经济上的竞争。

我以为中国所需要者也是一个有能力，有理想的独裁。中国急需于最短时期内成一具有相当实力的国家。欲使全国工业化决非一二十年内能够做到，但在一二十年内沿海各省务须使有高度的工业化，而内地各省的农业则能与沿海的工业相依辅。只有这样，我们才能于下次世界大战时一方可以给敌人以相当的抵抗力，而一方又可以见重于友邦。欲达到工业化沿海各省的目的，则国家非具有极权国家所具有的力量不可。而要使国家有这种权力则又非赖深得民心的独裁制度不为功。

这样的独裁制度本不是国民党的三民主义所不能容的。三民主义中的民权本不是我上面所指的民主政治，而民生主义则本是为民众谋福利的政策。所谓党治，训政，及一党独裁，从最后的解析说起来，本是一件东西。所以如果国民党能独裁，一方铲除破坏统一及阻碍中国近代化的阶级，一方则偏重于大多数人民的利益，则这种独裁的结果必定可以增加国家的权力，增进民族的经济地位，并得到大多数人民的赞助。

像中国这样一个一盘散沙，民智落后，能力微弱的民族我们尚望其能进而成为一个近代国家，则国民党中兴，国民党能成为有力的独裁者的希望自然也不是没有。不过像它过去那样地缺乏能力，缺乏目的，则它当然不能成为独裁者，更不要说是成功的独裁者。

究竟国民党是否有独裁中国的可能，如果没有，何人或何党将为中国的独裁者，这些是本文范围以外之事，故不必再予推测。我所要重复说的是：中国需要生产上极敏捷的进步，而要达到这目的则最好有一有力，而又以全民族的福利为目标的独裁。为早使这独裁能实现起见，我们再不要耗费精力于永不易得到，且得到了也无实力的民主政治的提倡；我们更要防止残民以逞的独裁之发生。

一切的制度本是有时代性的。民主政治在五十年前的英国尚为统治阶级所视为不经的，危险的思想，但到了一九〇〇年以后即保守党亦视为天经及地义。我们中有些人——我自己即是一个——本是受过民主政治极久的薰陶的，这些人对于反民主政治的各种制度自然看了极不顺眼。但如果我们要使中国成为一个强有力的近代国家，我们恐怕也非改变我们的成见不可。

论极权主义 *

最近几年来欧陆流行的两个政治名词实有一为介绍的必要。一个是"权力国家"（Authoritarian State），又一个是"极权国家"（Totalitarian State）。前者于二十年前即已见诸著述；后者则为法西斯主义勃起后，一个簇新的名词。前者的意思是指一个富有威权力量的国家；后者乃指一个权力广大，一切权力皆为所有的一个国家。两者多少是指一物而言的，但极权国家一词比权力国家一词有更精确的涵义；而且就名词而言，因为极权国家是新起名词，所以也绝少有与别物相混淆的可能。

极权主义当然是对于民治主义的一种反动。何以见得？先让我说明民治的为物。我在去年元旦《东方杂志》所载《民主政治乎？极权国家乎？》一文中，尝说现代民治国家有五个共同之点，即：

第一，在这些国家中，各个人民，无论是挟资亿万的大地主大资本家，或是贫无所有的农民工人，在法律上是一概平等的。第二，国家的权力有限，而个人保留着若干的所谓自由权；国家如欲伸张其权力或限制人民的自由，则须依照一定的制宪程序；所谓制宪程序者大概都含有人民直接对某事表示意见之意在内。第三，人民有一代议机关，依个人平等的原则选出，较富有的阶级操纵较贫穷的阶级的事实，则法律一概不问。第四，议会中同时有两个或两个以上的政党存在，互相监督，且轮替执政。第五，为保障人权，且限制国家权力起见，政府采分权制：没有一个国家机关，无论立法，行政，或司法，能独揽国家一切的大权。

以上所述固不能算是民治的定义，但大家所公认的民治国家则无不具有上述五点。我们所以认极权主义为对于民治的一种反动者，即因极权主义之所表现者即在推翻上

* 原载《半月评论》第一卷第一期，1935 年。

述各点。在极权国家中，人民既不平等，亦无自由，亦无代议机关。政党只有一个，而分权的制度也不存在。在民治国家所认为天经地义者，在极权国家绝不能存在。

不特从内容方面说起来，极权主义是民治主义的对端，即从历史方面说起来，极权主义也是民治主义的反对者兼替代者。现今自称为极权国家的有意德奥数国。他们的制度都是反民治的法西斯主义。法西斯蒂固然也同时反对社会主义或共产主义，但其主要的政纲之一即如反对民治及一切附带于民治而生的制度。莫索里尼反对民治，希特勒也反对民治，即奥国的现当局也反对民治。他们全是愿藉法西斯主义以推翻民治的。要是不以推翻民治为目的，则法西斯蒂便或不会存在。

自命为极权国家的意德固然是极权国家，共产的苏联及独裁的土耳其也是极权国家，因为他们的政制虽和意德不同，但其反对十九世纪欧洲的民治制度则与意德如出一辙。他们全是反对民治国家及民治国家的一切制度的。

将极权主义与民主政治比较起来，孰优孰劣固然不能一概而言，但我相信极权主义绝不是一种肤浅的理论。在这里，我们应辨别极权主义与独裁的异同。

现有的极权国家——即意德俄土等国——固然全采独裁制度，不是一人独裁，便是一党独裁，最普遍者则为一党的党魁独裁，但是，我们不能反过来说，我们不能说一独裁就可以成为一个极权国家。我们须知极权主义包含着国家的权力应有极度的发展，而这无限制的权力国家又有敏捷且利便的方法以行使的意义，而独裁则仅为行使这权力的一种方法。前者固然必包含着后者，但后者则绝不能与前者有同样广大的意义。如果一个非极权国家而行使独裁，那不但没有必要，而且流弊甚大。一个极权国家一则不能不用独裁，再则独裁也不易成为一夫自私自利的专制。莫索里尼及斯泰林等，专制则有之，如说他们自私自利，则恐怕太不公平了吧！

所以仅仅提倡独裁诚不免失之肤浅，但是为极权而主张独裁则又是一件事情。为先决问题自然是在现代潮流之下，民治较为合式呢？还是极权主义较为合式？关于这个问题，我的见解偏向于后者。我的理由已详于《东方杂志》的那篇文章。民治已经有深长基础的国家，固然不必太急急于改制，但民治尚未实现的国家，尽可向极权主义的道上走去。欲实现极权主义固是不易，但凭空建筑民治，其困难更大。如果为应付现代国际及经济局势起见，极权主义较宜于民治，如果美国亦尚且有倾向极权的趋势，则一般国家又有何种理由不以极权主义为鹄的呢？

至于就吾国的需要而言，我以为我们应努力培植一个极权国家，以图立足于世界之上。我们不必抄袭民治的陈义，以自陷于无力量的低下地位。即就民权主义而言，民权主义本非民治，且与极权主义又并无不可相容之处；只有旧时的所谓独裁才不相容。

我相信国家的权力愈大，则独裁的需要也愈大，但所谓独裁不一定就是一人的独裁，一党同样可以独裁。究竟一党独裁与一人独裁孰佳，我国此时尚无这种问题发生，我国现时需要者即大家先应认清极权国家的必要，而不枉费时间于民治的提倡。

我在《东方杂志》一文中有下列一段话：

> 我以为中国所需要者也是一个有能力，有理想的独裁。中国急需于最短时期内成一具有相当实力的国家。欲使全国工业化决非一二十年内能够做到，但在一二十年内沿海各省务须使有高度的工业化，而内地各省的农业则能与沿海的工业相依辅。只有这样，我们才能于下次世界大战一方可以给敌人以相当的抵抗力，而一方又可以见重于友邦。欲达到工业化沿海各省的目的，则国家非具有极权国家所具有的力量不可。而要使国家有这种权力，则又非赖深得民心的独裁制度不为功。

上面所谓独裁当然不一定是一人的独裁，更决不是旧时的所谓独裁。所以反对旧式独裁的理由决不能援以反对我所谓的独裁，旧式的独裁我自己也可举出很多的反对的理由。至于工业化先应在沿海各省实施，抑应在别地实施，则我也可以随专家的意见为转移，但无论如何决定，俱不足为推翻我主张极权的理由。

最近讨论独裁不独裁的文字颇多，而对于极权国家的义旨则转多忽视。我深愿国人先集中视线于极权国家的养成。至于应否有一人独裁的制度的问题，则暂时转没有讨论的必要。在制度上我们早已有了一党的独裁。到了一党的独裁有改为一人的独裁的必要时，自可再予讨论。

波兰新宪法 *

一 宪法史

波兰是一个有长久的过去的新国。旧的波兰于一七九五年亡去，留下了两件值得我们研究公法者注意的事情：第一件是成文宪法的存在，第二件是一致决议（Liberum veto）的制度。在封建的中古时期，国王之由贵族公举本是欧洲相当通行的一种制度，但贵族之权在波兰实比在任何国家为大，即匈牙利也不是例外；所以公举之制在别的国家虽多变为世袭之制，而在波兰则自十六世纪中叶起，迄十八世纪末年亡国止，从未经过一点点的变动。国王既由贵族选出，他于是常须仰赖贵族的鼻息以生存。所谓国会（Diet，即贵族的会议）者乃有订立"宪法"的大权。这里所谓宪法当然尚不是十八世纪末年以来通行欧美的成文宪法，而与中古时代法英等国的所谓根本法者较为近似。不过他所涉及的范围已很广大可观，关于政府的结构及权力已都有规定。历史家本尝有以丹麦一六三四年国王与等级会议间成立的一种公约为成文宪法的始祖者；果然，则一五七二年波兰贵族与国王间所订的公约（叫做 Pacta conventa）自然更有做成文宪法的始祖的资格。这种宪法在波兰常有变更；但贵族为保存其权力起见，坚持着一致决议的制度，[1] 非经国会的一致决议，任何决议不能通过，任何宪法上的变更亦不能成立。因为有这制度，所以宪法每经一度的变更，贵族的权力必有增加，而国王的权力则必减缩。这种一致决议的制度，十九世纪上半叶的德意志邦联及今日的国际联盟俱规定为修改宪法及议决要案的条件，也是旧波兰一宗重要的流传。

---

* 原载《国立中央大学社会科学丛刊》第二卷第二期，1935 年。

[1] 一七九一年五月三日的宪法始取消了一致决议制，并建立了世袭君主制，但已失之太晚，不能救亡了。

波兰自一七九五年亡去后，一直要到一九一八年欧战告终才得复国。在欧战正酣的时候，德奥及俄俱有允许波兰王国复国的诺言。根据这种诺言，德奥政府并尝于瓦沙先后成立临时国务会议（一九一六年）及摄政会议（一九一七年），以筹备制宪。但这些团体显然不能代表波兰人民。所以欧战告终，毕苏斯基（Pilsudski）将军为临时执政后，即于一九一九年二月召集宪法议会于波京。这个会议的第一件工作即为临时宪法（即波人所称为"小宪法"者）的颁布（一九一九年二月二十日）。

临时宪法很是简赅。除了人权宣言以外，它将国家的统治大权交给毕苏斯基便宜行事。

宪法议会制定正式宪法的工作则历时颇久。最先的草案为政府于五月六日提出的那个。这是一个极短的草案，仅有十二条；条文的数目与内容俱酷似一七九一年的宪法。波兰的爱国志士及自由主义者之对于一七九一年的宪法，本和德意志的爱国志士及自由主义者之对于一八四九年的佛兰克福宪法，同样的有深厚的感情；所以政府的提案亦是情理中事。不过宪法议会的宪法委员会却未以最初的草案为讨论的根据。宪法委员会所收到的草案极夥，各大政党各有一个提案；它不能不作调和的工作，所以七月八日它向宪法会议提出的报告，虽然可代表当时民主各党的多数意见，与一七九一年的宪法却已没有形式上或实质上的近似。

宪法委员会七月八日所提出的草案，宪法会议尝予以长时期的讨论。因为社会党的反对，它尝经一度被搁置。但它终于一九二一年三月十七日通过宪法议会，而成为新波兰的正式宪法。

一九二一年的波兰宪法是民主的，分权的，责任内阁制的宪法；无论从机构上或从精神上讲，它与法国现行宪法最为近似。欲实行这样的一个宪法，各大政党间，无论政见如何参差，总须有共同爱护国会的地位，及尊重国会的权利的能力，并一致拒绝独裁的决心；否则内阁便可不听国会的指挥，而宪法也就无从实行。[1]

一九二一年的宪法于一九二六年八月二日曾经过一度剧烈的修改。所以有此修改，则因军人所拥戴的毕苏斯基不满于国会的专横。因为不满意，才有五月初的政变。政变后，毕苏斯基握实际上的政权，其友人毛起基（Mosciki）教授则为总统，而宪法的修改亦于以成立。

一九二六年八月二日的宪法赋予总统以三种大权：即（一）单独解散两院之权；

---

[1] 以上参看 Schätzel, Entstehung und Verfassung der polnischen Republik (Jahrbuch des öffentlichen Rechts der Gegenwart, 1923).

（二）国会解散期内，有颁布与法律有同等效力的命令之权；及（三）新会计年度开始以前，如国会尚未通过新预算，则迳以命令公布新预算法之权。自此而后，国会之权大减；而元首之权则竟与欧战前德奥皇帝之权相似。[1]

自一九二六年宪法修正以后，毕苏斯基成了波兰事实上的统治者，虽则他从不肯为总统，而亲任总理的时期亦不甚久（一九二六年十月至一九二八年六月，一九三〇年八月至同年十二月）。为增进政府的功能起见，毕苏斯基更主张对于宪法作下列几种修正：（一）修正总统的选举方法，以提高总统的地位；（二）限制立法机关的职权；（三）给总统以否决立法机关所通过的法案之权；（四）增加总统的立法权力；（五）精密规定内阁的权力，并使其工作得不因更迭而中断；（六）精密规定议员的特权。[2]

波兰国会自经一九三〇年十一月的选举后，毕苏斯基所领导的政府集团占了绝对的多数，众院四四四人中占二四七人，参院一一一人中占七六人。所以基于上述六原则而制成的宪法修正案，于一九三一年十月得以经众院的初读，而交宪法委员会审查。

但在一九三二那年，国会开会之日甚少，总统则根据新通过的全权法，而有便宜立法之权，而且毕苏斯基关于宪法的意见亦正在变化之中；所以修宪工作并未进行。

一九三三年八月七日，当时国务总理（Slawek）向波兰参战军演说时，始提出内阁对于宪法的新主张。这主张含有下列五点：（一）总统应成国家各个权力的仲裁者；（二）传统的分权方式应有剧烈变更；（三）增加行政权；（四）立法权与国民代表的监督仍旧存在，但国会政府制应取消；（五）司法权依旧独立，但司法机关只能有严格的执行法律之权。根据上述各原则而制成的草案于是年十二月十五日为政府集团所正式接受；接受后即交众院宪法委员会审查。

一九三三年十二月的宪法草案，虽然迟到一九三五年四月二十三日始经过国会两院的正式通过，但国会讨论的时间实极有限；众院于一九三四年一月二十六日一日中将该案三读通过，参院于一九三五年一月十八日将修正草案通过，众院复于同年四月二十三日将参院通过之案通过，而新宪即算成立。盖政府集团在两院中本均占绝大的多数，他们均以毕苏斯基的意见为意见，绝不容许任何人的反对；所以反对党无论出席与否（草案初次通过众院时为二六七对〇，最后通过众院时为二六〇对一三九），

---

[1] 参看 Sukiennicki, Deux ans de l'histoire constitutionnelle de la Pologne (Annuaire de l'Institut internationnal de droit public, 1930).

[2] 参看 Sukiennicki, L'évolution du regime en Polgne (Annuaire de l'Institut international de droit public, 1931). 上述六点在名义上为 Bartel 内阁的宣言，但在事实上则为毕苏斯基的意思。

而讨论实等于无有。

至于众院通过后，相隔一年参院才予讨论的缘故，则由于毕苏斯基对于众院通过的草案尚欲加以修正。一九三五年一月提交参院之案，异于众院所通过者计有两点。第一，在众院所通过的原案中，总统颁布的一切命令须得国务总理及有关的部长的副署；但在提交参院之案中，则规定凡涉及特权者无须副署。第二，照原案，参议员由有宪定的特殊资格的公民选举，但按参院案，则三分之一经由总统任命，而其余三分之二则由有法定的特殊资格的公民选举。这两个修正俱为毕苏斯基所授意，亦俱以增加总统的权力为目的。除此两点而外，一九三五年四月最后通过的宪法固仍是一九三三年十二月政府集团所接收的宪草；两者之间绝少变动。于此亦可见国会讨论之缺乏实在性。

二　新宪法的解析[1]

（一）国家与人民　　一般国家的宪法，对于国家的目的，大都直接间接有所规定；远如一七八九年美国的宪法（绪言），近如一九三一年西班牙宪法（第一条），均非例外。那末波兰这个国家究以什么为目的呢？在大体上，它当然不能完全与别的国家不同，它的目的当然也不能逃出"福国利民"一类的范围。所以新宪法第一条首段即说："波兰国家为全体波兰人民的公共利益（Commonweal）。"但这里所谓"公共利益"者似乎与"民主国"，或"主权寄于全体人民"一类词语不同意义。新宪法中"公共福利"（Common good）一词凡四见（第四，六，七，九条），"共和国"一词更常见。但"主权在民"一类的话，则从未一见。有好些条文颇给读者以极权国家的印象；例如第四条第三段说："国家将令各地方及各经济自治团体共维国民的共同生活"，第九条说："国家将力图全体公民的和衷合作，以谋公共福利"；但"极权"一类名词则又绝未一见。所以，波兰这个国家究竟是民主国家呢，还是极权国家呢？人民是国家的主人翁呢？还是它的工具呢？这个问题在新宪法中并不能找得明确的答覆。而且从第一条引言及第十九条总统誓词中，我们深感觉新宪尚带着深厚的神奥及宗教气息，[2] 我们深感觉

---

[1] 著者不懂波文，除英文的译文外，手中又无其它文字的译文可供比较，所以对于好些名词颇以不易为准确的认识为憾。

[2] 第一条第二段："国家为本国最优秀的子弟奋斗牺牲而恢复得来者，用应视为历史的遗传，子孙世世，相传勿替。"总统誓文："深知向上帝及历史负有昌隆国运的责任，余仅向三位一体的万能上帝宣誓——。"以上均为意译，直译颇不易。

得制宪者除了充满了爱国敬神，并求事权集中的情绪外，对于国家的将来实缺乏一定的方针。

（二）一权制　一般国家的宪法总有关于分权的规定，只有极权国家是例外。波兰新宪法也是例外。按照新宪法第二条，"国家以总统为元首。……国家的唯一不可分之权集中于总统一身。"第三及第十一条虽认内阁两院等等为机关，但又明说全隶于总统之下。且波宪所谓机关，与一般公法学家所称的国家机关似又不同。在第三条中有国家各执行机关一语，而第十一条中又称它们为各最高国家机关。这种混淆似乎由于制宪者虽欲创立一权说，而又未能尽脱一般的国家机关说的窠臼的缘故。

（三）个人的权与社会的权　简单直截地说，个人的自由权与社会的权或社会主义是不相容的；社会主义愈发达，则个人的自由权愈缩小。固然，在许多过渡的国家中，自由权及社会权是两存的；但这只是一种过渡，而不是一种安定状态。现代的国家大多在趋向社会主义的过程中，所以其宪法对于个人自由权虽不能不保留若干，而社会之权也总有规定的。关于这点，新波宪与欧战以后的一般宪法并无分别；它有时倾向个人主义，有时倾向社会主义；它有保障自由发展及人权的条文（第四条第二段，第五条第二段，第六八条第二段），它也有尊重劳力，视"劳力为共和国发展及权力的基础"的条文（第八条）。不过波宪又似乎不愿承认社会主义为国家最高的目的。国家固有为公共福利而限制自由（计有信教，言论及集会三种）的权力（第五条第三段），国家固可为公共福利而指导自由的发展，并决定其条件，但根据第九条"国家将力图全体公民的和衷合作，以谋公共福利"的条文，则国家之所期望者似乎仍是人民的合作，而不是国家的强迫。这一类的保守性也是波兰新宪的一贯精神。

（四）总统　总统的权力自然很大。大别起来，他有下列各权：（一）总统继承权；（二）任免阁员权；（三）任命参议员权；（四）召集，停，闭，及解散两院之权；（五）统帅权；（六）外交及和战权；（七）某几种公务员的任命权；（八）某几种法官的任免权；（九）特赦。关于（一）项，他有权提出两名总统候选人的一名，他有权规定总统选举的日期，于战时，他更可任命一个总统后继人，以备不测。关于（二）项，他有权任免国务总理，并依后者的建议，任命其他阁员。关于（五）项，他是军队的统帅，他可任免总司令及训练总监。关于（六）项，他对外代表国家，他有权接受并派遣使节，他有权宣战媾和，他有权缔结并批准条约。

上述各权的一部分，宪法规定为总统的特权。总统一切的行为须有国务总理及有关系的部长的副署才为有效；但行使特权时则无此限制。那末何者是特权呢？宪法第十三条对此有详细的规定。扼要的说起来，凡涉及总统自身的产生及各机关的组成之权，俱被视为特权。波兰新制之异于国会政府制者，特权的划出实为最重要的一点。

关于总统的选举，波宪采用一极新奇的方法。选举之权操于选举会；选举会以参众两院议长为正副主席。国务总理，最高法院院长，训练总监，及两院分别从最优秀公民中选出的七十五人（参院二十五人，众院五十人）为会员。总统选举的日期由总统自定，但须在满任前的十五日或以前。选举前三日，两院选出选举会会员。选举会推定总统候选人一人，总统亦得另推一人，或推自己连任。如有二人竞选，则由公民择一选举。如总统放弃竞选权或另推候选人权，则选举会所推者便算当选，不必另行选举。

以上以观，总统对于后继总统实握有决定之权，只有人民和国会的极大多数一致反对总统时，总统才会失去此权。

总统的选举法也是新宪的新供献。

总统任期为七年。如遇出缺，则一面依法选举新总统，一面暂由参议院议长代理。如遇战事，则总统的任期延长至和议成立三月之后。总统并得于公报中任命一后继人；设有不测，即由他继位，到和议成立满三月后，再举行新总统的选举。

（五）内阁 内阁为执行机关之一，凡不属于别的机关之权，均属于内阁（第二十五条第一段）。换言之，其他机关之权列举，而内阁则有残余权。这样的规定可以避免因宪法缺乏规定，而发生各机关争权的情事。

内阁设国务总理及国务员，前者决定一般的政策，后者分掌各部。总理，内阁，及各国务员均得颁发与法律不冲突的执行令。凡此规定均无特殊之处可言。

全体阁员在政治上均向总统负责，总统可将他们自由免职。但国会两院仍保有要求总统将他们全体或个别免职之权。如众院要求免职，而总统既不于三日内照办，又不解散国会，则参院可以加以表决。如参院同意于众院的要求，则总统只有出于照办或解散国会的一途。换言之，国会与内阁应意见一致，如不一致则总统应为仲裁者而去其一。

除了上述政治上的责任以外，国务员于执行职务时如有违反宪法及法律的情事，尚须受国务法院的制裁。但国务法院之受理国务员的违法条件，仅限于两种场合；或总统交审，或两院联席会议的决议。此项决议须有两院各过半数以上的出席，出席五分三以上的通过才为有效（见第三十条）。

宪法第三十条实际上恐是多余的条文。国务员为极负责的官员，他们既向总统及两院负责，似乎再无令之向其他机关负责的必要；因为这种必要是不易发生的。

（六）**众议院**　众议院有一般议员所有的立法权，财政权，大赦权，询问权，及上述的监督内阁之权。但宪法明白规定，统治国家之权不属于众议院。众院之权殆尚不能与我们的立法院相比。因为立法院虽无要求罢免行政院各员之权，但尚有媾和宣战等权。

关于众院的选举，除选举人须满二十四岁，当选人须满三十岁，现役军人无选举权，对于女性不得有特殊限制外，均留待选举法规定。

新众院至迟须于选举结果公布后的第三十日召集。常会至迟须于每年十一月召集，且如预算尚未通过，不得于开会满四月前闭会。休会是可以的，但如不得众院同意，每次不得过三十日，且不得计算在四月会期之内。此外，总统更得召集临时会议；如众院的多数有此要求，总统必须召集。但临时会的议程限于总统召集令或议员要求召集的决议之所规定，或经国务总理或众院议长认为紧急而经总统同意者。

波兰自一九二六年以后，国会会期每年很少会超过二三个月。常会会期须满四月的规定，及临时会的规定显然昭示一种较为重视立法机关的倾向。不过这立法机关非难政府的机会自然是很少的。

众院议员的特权亦比一般国家的国会议员为小。如果众院或其议长或司法部长，认他有不忠于国或他有犯罪行为时，他便可受国务法院的审理，而被革除议籍。

（七）**参议院**　参议院为第二议院，其权力与众院相同，但一切议案须先经众院的考虑。

参院议员三分之一由总统委任，三分之二由人民选举，任期与众院议员相同。

（八）**立法**　两院所通过的法律案及总统的命令均为法律。法律案的提议权属于内阁及众院。财务案的提议属于内阁。财务事件之超过十万波币以上者，及条约之涉及财务赋税及疆界者，均须出以法律案的形式始得成立。

参议院的否决众院得以五分三的多数打消之；换言之众院如有五分三的多数便不可问参院的赞否。

总统对于两院所通过的法律案有提交复议之权。这即等于否决。但如两院各以全体议员的多数再予通过，则总统有公布的义务。所以单就立法而论，国会尚保存着相当的权力，不过立法权的范围不大而已。

两院得授权总统对于指定事件制定命令，但不得涉及宪法的修改。在两院不开会期内，如遇紧急情形，总统亦得制定关于立法范围以内的命令，但不得涉及宪法的修改及财务事件。上涉两种命令惟两院得以停止；如涉及统帅权及行政组织者，两院且无权停止。但上述两种命令俱须经内阁的通过。

（九）**预算**　　关于预算，波宪对于公法有一新的贡献，即波宪明定两院讨论预算的日期，如超过规定日期尚未完成讨论者，总统得公布未讨论或讨论仅达某阶段的预算。

（十）**司法**　　新宪设最高法院，最高行政法院，管辖权法院，及国务法院。前三者同于法国的制度。后者以最高法院院长为院长，而由总统于两院所分别选出的十二人中任命六人为推事。

（十一）**国家行政**　　国家行政包括中央政府，地方自治政府及经济自治政府三者。新宪对于地方及经济团体的组成及其法人地位俱有规定。它并声明政府得以法律设一最高经济院，以审议或建议经济立法。

（十二）**戒严与作战**　　关于戒严状态及作战状态应另有法律规定。内阁可以得总统的同意而宣告戒严，但惟总统得宣告作战状态。戒严时人民的自由权可以取消，政府之权可依戒严法而扩大。作战时则总统除不能修改宪法外，可有其它一切之权。

（十三）**宪法的修改**　　宪法的修改权操于总统及国会。有权提议修改者为总统，内阁，及四分之一的众议员。总统之所建议者只须经过两院普通多数的通过便可成立，其它则须经两院全体的多数。两院通过的修正案总统尚可提交众院复议。如两院再予通过，总统或则公布，或则解散两院。

三　新宪法的实施

新宪法于一九三五年四月二十三日成立，而于六月一日起实行。五月七日政府（Slawek）即向旧国会各党领袖提出新选举法，其重要各点如下：（一）不以政党为基础；（二）众院设议员二百（后加至二〇八），选举区一百（后加至一〇四），每区由市集议会，教育会，农会，工会，律师公会，大学，及其他公团所合组的委员会推出候选人四名，再由本区公民票选二名；（三）参院设议员九十六人，其中三十二人由总统任命，六十四人由曾受勋章的文武官吏，受过高等教育者，地方议会议员，及职业团体的主持人选举。新选举法案披露未久，毕苏斯基遽告病故（五月十二），但仍依原定计划提出两院；六月二十八日及七月四日先后通过众参两院时（二一六对一九），反对党几全体拒绝投票。

钱端升文集

新选举法成立后，政府即解散一九三〇年选出的国会（七月十日），而于九月八日及十五日分别举行众参两院的选举。在新选举法之下，反政府的各党本无当选的可能。各区的候选人提名委员会虽号称无党，但其主席为法官，而选举监督则为地方长官；两者固各受政府的指挥，所以反政府者绝无被推的机会。波兰在去年九月有人口三千三百万，但众院选民仅一六,二八二,三四七,参院选民仅三十万（根据高等教育的资格者约十五万，其余为尝受勋章的文武官吏及地方官等）而已。实际参加众院选举者仅七,五七五,六八一占全体选民百分之四六·五（一九三〇年选举则为百分之七四·八）。议员二〇八人中，曾属政府集团者计有一百九十余人之多。实际参加参院选举者仅十八万人，议员六十四人中,曾属政府集团者计有六十人之多。这两个选举，在表面上，固为政府的绝大胜利，但在实际上，反对各党均未参加选举，反对党的潜势力固仍存在。

新国会选出后，斯拉威克（Slawek）上校的政府一面宣告政府集团的解散，一面复于十月十二日辞职。于是总统（仍为 Moscicki）另任高加高斯基（Koscialkowski）组织新内阁。自一九二六年政变以来，内阁的更易虽很频繁，但阁员多半不外为毕苏斯基将军的参战军的旧伍，因此一九二六年以来的内阁向有上校内阁之谥。但高加高斯基虽是军官出身，而以行政才具闻名，且阁员的大多数也不复是参战军的军官。单就份子而言，新内阁已是一种进步。因此很有些人推测，以为新政府将回向自由的方向进行，而不向独裁的方向进行。在新宪法之下，总统固可有独裁的权力；但如总统一方面不实行其独裁的权力，而又一方面对反对各党力作宽大的表示，则原来反对新宪法的各党或者能予容忍，亦未可知。果然，毕苏斯基的去世岂不转足以促成新宪法的成功？这或非毕苏斯基之所能预料者欤？

苏联新宪法 [*]

一

俄国在一九〇五年以前无宪法可言。不特没有宪法,而且中央政府的组织也缺乏固定的系统与规模。到了一八一〇年俄国才有中枢议政机关(Gosoudarstvennii),英人通译为(Council of State);到了一八一一年才有行政各部及文官制度。法兰西在路易十四世时及普鲁士在大腓烈特克时即已成立的机构及制度,要等到亚历山大一世努力求西化时,才得东渐而达俄国。

但是亚历山大一世的维新并没有变更俄国政制的根本原则。在此以前,皇帝是全俄的独治者(Autocrat),在此以后,终帝俄的时代,皇帝仍是全俄的独治者。在西欧及中欧各国,封建君主俱不是独裁者;他有咨询诸侯意见的义务。因为如此,中西欧各国常有等级会议的存在,以稍分君主的权力。但在俄国,则仅唔德林二世于一七八七年时尝一度召集等级会议,此后便不存在。因为中西欧各国有过等级会议,所以新国家代兴后,贵族仍能享有一部分的统治之权,君主仍不能完全独裁。但在俄国,则贵族仅可压迫平民,而不能分握治权。一八六一年放奴后,各地贵族虽尝屡次要求成立代议机关,俾得参政,但始终未为俄皇所许。直至一九〇五年,因圣彼得堡及各地发生革命,俄皇被迫而发布诏令,允许召集议会并许与人民自由时,仍坚持皇帝独治之权不能变更。"皇帝为独治者"的称谓且正式见于一九〇六年五月五日所颁的《根本法》中。

然而俄皇为全俄独治者这一点实深值我们注意的。一九一七年后的俄国是高度威

[*]　原载《国立武汉大学社会科学季刊》第七卷第三号,1937 年。

钱端升文集

权主义（authoritarianism）的国家;共产党统治者似乎想要什么权力，便可有这么权力;对于俄国人民想要什么样做，便可这么样做。共产党所享权力的广大及完全，往往为国人及英美人所不能思议。然而我们如能忆及俄皇向是俄国的独治者，则俄人之习惯于威权主义，本已甚久，不足惊异。

另一值得我们注意之点是:在帝俄时代，俄国已有各种机关的存在。农奴释放后，俄皇一面拒绝贵族所提成立代议机关的要求，但又一面则准（一八六四年）大多数的地方（七十八省中的四十三省）设立两级的地方议会。下级的为县（uyezd）议会，会员由人民分级选举，而主席则由贵族所选的县执行官（Marshal）充任。县议会更互推一执行委员会（Uprava）。上级的地方议会为省（guberniya）议会，会员由各县议会所互选的代表充任，并以县执行官及县议会执行委员会主席为当然会员。省议会的主席则由县执行官所互选的省执行官充任。省议会亦设执行委员会，亦另有主席。城市议会成立于一八七〇年，议员由市民依普鲁士三级制度选出，亦设主席及执行委员会。地方议会及城市议会所享的权力均不太大，帝俄政府所委的各省省长仍有高度的监督权。至一八九〇及一八九二年以后，省长且有否认地方议会及城市议会所为一切决议及一切任命之权。

此外，十九世纪下半叶更有农村（mir）自治制度的产生。此种制度本与中世纪俄国农村共产制度同其精神。农奴释放后，农村有地的农民得召集大会（Mir Assembly）选举村长及出席乡（volost）议会的代表。乡议会则选举乡长，及乡法院的法官。此项法官专执行该地的习惯法。此种制度固会使农民益趋保守，但其为一种农村自治，则无疑义。

我们提出上述各种地方代表机关的大致组织，因为从此我们可见一九一七年十月革命后成立的各级苏维埃，如村有村的人民大会或苏维埃，乡有乡的苏维埃，及县与省之有县与省的苏维埃，[1] 固相当于旧日农村之有农村大会，乡之有乡议会，及县与省有县与省的议会。关于金字塔式的系统，就乡村的部分而言，今昔的制度固有极大的相似。而且省县议会之有执行委员会也多少对于苏维埃之有执行委员会及执行委员会之有主席团有启迪的作用。

但除了上述两点外，帝俄时代的制度几无一能传流于今代。即一九〇六年的宪法亦只有促成，而没有阻遏革命运动的功效。

一九〇六年的所谓宪法，其颁布的经过约略如下：日俄之战所引起的不良影响到

---

[1] 但苏联的地方区域近已自省县乡三级制变为区道二级制。

了一九〇四年底已极显著。是年十一月各地地方议会曾于都城举行代表会议，提出召集制宪议会的要求。为缓和民气起见，俄皇于十二月二十五日（新历）即颁令许与人民各种自由。但这并不能阻止革命的爆发（次年一月）。一九〇五年八月十九日俄皇乃下令允许召集国会参加立法；惟同时又声明俄皇的独治权不能变动。因为让步太小，故革命继续进行。俄皇不得已，乃于十月三十日下令颁给人民各种自由，增加国会权力，扩大选权基础，并限于一九〇六年底召集国会。此次的大让步为威德伯爵（Count Witte）所极力主张者。如果政府能诚意执行此令，俄国或不难踏入民主政治的小康局面。不幸革命热潮稍告减退时俄皇又顿食前言。一九〇六年三月五日所颁布的《帝国参议院组织法》及《国会组织法》已将民选国会的权力缩减。一九〇六年五月五日所颁布的所谓《根本法》[1]则是这些组织法及前此所颁《人权令》的汇编，而即被世人所视为帝俄的宪法者。

无论在形式上或在实质上，这个《根本法》根本就与一般的宪法不同。在形式上，它不特未经制宪议会议决或人民总表决的手续，且亦没有日本等国成立钦定宪法的庄严。在实质上，俄皇仍保有完全的军权及极大的立法权与预算权，民意机关的基础则至为薄弱。而且除了形式与实质方面的大缺陷外，在实行上，一九〇六年的宪法亦有等于无。不特人权未因宪法而获得实在的保障，即宪法所规定的国会组织及国会权限，俄皇亦并未遵行。首二届的国会（一九〇六年及一九〇七年）均召集未久，即遭解散。第三届国会的选举则依照俄皇所单独颁行，而未经国会同意的《选举法》。到了欧战期内，则国会（第四届）又遭长期的停会，及至一九一七年二月方一开会，则又突遭停会。换言之，实际存在的国会本与一九〇五年十月三十日诏令中所许的国会大不相同；然而即此不甚能代表人民，没有多大立法权力的国会，俄皇仍不能容许其充分执行职权。

所以一九一七年的革命，就制度方面而言，仍是以专制的政体为对象，而不是以任何半立宪的政体为对象。如果俄国在一九一七年已有或种程度的宪政规模，革命的结果或者不会是一九一八年以后的苏维埃制度。因为宪政基础一点没有树立，所以一个簇新的制度转得出现于俄国。

一九一七年的革命初起时，各方均重提一九〇四至一九〇五年间所一再提过的召集制宪议会的要求，即布尔雪维克党人亦非例外。但是到了十一月制宪会议快要召

[1] 一八三三年尼古拉一世曾首次颁布《根本法》，今所颁者则为修订的根本法；故在理论上一九〇六年的《根本法》亦并不树立一个新的时代。

钱端升文集

集的时候，布尔雪维克党已以政变的方式取得政权。他们决计实行苏维埃制度，实行阶级独裁，不复需要制宪议会。

全俄苏维埃大会于一九一八年一月即通过列宁所手订的"劳动及被榨取人民的权利宣言"。此项宣言于同年七月复成为苏俄宪法的首章。这颇与法国革命时一七八九年的人权宣言与一七九一年宪法的关系相似。苏俄一九一八年的宪法，本可视为列宁的宪法，但曾经第五次全俄苏维埃大会的通过。到了一九二〇年乌克兰亦成立一个苏维埃宪法，乌克兰之所以另有宪法者，则因一九一七年革命后，旧俄的各部份，已因民族的不同，而成立了许多独立的国家之故。白俄等部分亦均先后另立宪法。到了一九二二年反革命均一一失败，各苏维埃国间的政体及思想亦渐趋一致，各国乃得起而作联合的运动。先由各国签订联合条约，经首次苏联苏维埃大会通过（一九二二年十二月）；次由大会产生一个宪法委员会，以草拟宪法。这个委员会所拟的宪法于一九二三年七月六日为苏联苏维埃大会的中央执行委员会所采纳；复于一九二四年一月三十一日为第二次苏联苏维埃大会所批准。

一九一八年苏俄宪法及一九二四年苏联宪法均以苏维埃为基础，且以最高级的苏维埃代表大会为最高权力机关；代表大会闭会期内以其执行委员会为最高权力机关；执行委员会闭会期内则执行委员会的主席团成为实际上的最高权力机关。最高权力机关为一切统治权之所寄，一般立宪国家所采行的分权原则，并不存在于苏联。苏维埃的组织则维持一种金字塔的形式，由许多下级的苏维埃推举代表以组织较高级的苏维埃，顺此以组成最高的苏联苏维埃代表大会。苏联虽为联邦，但联邦之权却又极大，堪与单一国家中央政府之权相埒。列宁在革命初起时本力主采各地苏维埃分治主义，至是则中央集权的形势不特于苏联为然，即在组成苏联的各邦中亦然。但联邦之权虽极大，而各民族间则绝对平等，一反帝俄时代的民族政策。以上可称为苏俄及苏联宪法的特点。至其详，则当于下面论及新宪法的内容时，附带及之。

自一九一八年至一九二一年为实行所谓"战争共产主义"时期，统治者对资产阶级采绝不妥协的态度。一九二一年为大荒年，生产率降至最低水准，列宁乃改采所谓"新经济政策"，以苏民困。所谓新经济政策者即对于农产品不采征收的方法，于工商企业则在相当限度内容许私人经营，而货币及工资薪给亦一体恢复之谓。新经济政策推行的结果，使资本主义有复活的可能，而农村的私产制度又永难消灭。于是到了一九二八年乃有五年计划成立：一方国家极力发展重工业，一方又鼓励合作经营的工商企业；一方国家增设国家农场，一方又极力鼓励集体农场的发展。五年计划完成

（一九三三年）后，又继之以第二次的五年计划。

　　首次五年计划的成功顿使苏联的国力大见巩固，而农民亦相当同化于社会主义。为适应新的民情，且为对外宣传起见，一九三五年二月一日共产党中央委员会遂决议选举法应有修改。共产党之所决议者，莫洛托夫即以之提出于第七次苏联苏维埃大会。莫洛托夫认为"各阶级结构间的关系已发生根本的变更"，故宪法亦应随之而有适当的修改。斯泰林且更进一步。他以为"苏联整个的演进已使宪法上的变动有其需要"。

　　然则莫洛托夫及斯泰林所道及的变更或演变，究是何所指呢？我们以为下列几种情形实值得深切的注意。第一，在政治方面，一切有力的反对已不存在。反对苏维埃制度的势力最大者有三种。一为托洛斯基派。托派为苏联当局所最畏惧的势力，但自一九二八年后，其领袖或则悔过，或则逃亡，在国内已不复具有实在的或道义的力量。二为农民的反抗。农民的反抗苏维埃制度虽迹近消极，但他们为数甚众，他们一日不效忠于苏维埃主义，则苏维埃制度亦一日不能视为巩固。自一九二八年起行集体农场制度后，旧日的自营农民（kulaks）日趋消灭；到了一九三四年，自营农民仅占全体人民十分之二以下，而国家及集体农场的农民则占十分之四以上。故农民的反对亦不存在。三为白色的反对。外来帝国主义的武力干涉到了一九二一年本已绝迹，但国内白俄的反对势力又延续多年。到了一九三五年，则此种势力亦已渐渐消灭。各种反对势力既不存在，则统治者亦乐得向一切人民表示一种宽大，而让人民享有相当的自由。第二，在社会经济方面，阶级对立的现象，与夫人民间它种的分裂也渐趋消灭。自从集体农场之制有相当成功，且农民得享有若干的私产后，农民便不复以被统治阶级自居，因而工农两阶级对立的现象得以消去。自从一九三一年政府对宗教采取较宽大的政策后，信教者与不信教者间的互相仇视，亦得轻减。换一句话，到了一九三五年时，苏联的人民已渐成一个融洽的团体；因此，旧宪法中对于非工人的歧视自然可以除去，而且也必须除去。第三，苏联国际的地位在一九三五年时已与一九二四年时迥异。世界革命的理想已于一九二八年随托派的失势而埋葬。苏联一旦放弃世界革命，则它顿成国际社会中一个善良的道德的份子，于是它又顿可与各国有往来。它的强有力的军备且被若干国家视为维持和平的实力。国际地位既大异于往昔，苏联自乐得另订一个可博与国同情，可作对外宣传的新宪法。

　　鉴于以上种种情形，第七次苏联苏维埃大会乃于二月六日通过修改宪法的决议，随附三大原则：即（一）新宪应容纳议会民主政治制的最优点；（二）都市与乡村人民的选权应平等；及（三）选举应为秘密的，且直接的。大会并令是日选出的新中央执行委员设立一个三十一人的宪法委员会。中央执行委员会随于二月七日指定三十一人为委员，凡苏联有力人物多半在内，斯泰林则为主席。这个委员会于七月七日举行第一次正式会议，决定将整个宪法修订，规定进行草宪手续，并设立十二个分委员会，分头进行各项工作。这十二个分委员所分掌之事如下：（一）宪法一般问题；（二）经济；（三）财政；（四）法律；（五）选举制度；（六）司法组织；（七）中央与地方分权；（八）教育；（九）劳工；（十）国防；（十一）外交；（十二）起草。第一及第十二分委员会的主席均为斯泰林。

经一年不断的，可是秘密的工作后，宪法起草委员会卒于一九三六年六月完成新宪法草案，而以之报告于中央执行委员的主席团。主席团于十一日决议：（一）接受草案；（二）召开苏联苏维埃大会，以讨论这个草案；（三）以十一月二十五日为大会召集日期；（四）宣布草案，俾人民得公开讨论。

自六月至十一月，这五个多月中，民众对于宪草的讨论热烈到了极点；在工厂及集体农场内，讨论的频繁及参加人的踊跃尤为显著。长期讨论的结果，中央执行委员会主席团共收到二千四百余修正提议，其中九百余涉及人民的权利义务，四百余涉及选举制度；[1] 换言之，半数以上的修正案均涉及人民本身。

一九三六年十一月二十五日开会的第八次苏联苏维埃大会乃专为议宪而召集。开会后，斯泰林即有长篇演说，报告新宪的由来与所根据的原则，并答复若干关于草案的批评。[2] 经多日的讨论，及八项文字上或实质上 [3] 的修正后，草案卒于十二月五日通过大会，而成为苏联新宪法。

二

新宪法共一三章，一四六条。[4] 今分析其条文如下：

第一章为"社会组织"，计十二条。我们如采用日本人所谓"国体明征"一词，则此章实为阐明苏联的国体明征者。第一条宣告苏联为工农的社会主义国家，第二及第三条则宣告此社会主义国家以城乡劳动者的代表所组的苏维埃为其政治基础，国家一切权力亦俱属于苏维埃。

---

[1]《中苏文化》，卷二，期一（一九三七年一月），页四三至四五。

[2] 演词见同上，页一二二至一三五。

[3] 实质上的修正，本文下面当另有论及。

[4] 以 Co-operative Publishing Society of Foreign Workers in the U. S. S. R. 所印行的英译本为准。

然则此社会主义究是何种样的社会主义呢？工农（或城乡劳动者）并列又有何种意义呢？

　　新宪法中下的社会主义并非一种抽象的主义，或希冀的目标，而是一种事实（或已实行的制度）的承认。斯泰林向第八次苏维埃大会报告时，曾谓"宪法草案乃为实际上已经完成，已经获得的事物的记录"。此社会主义的内容包括下列各点：第一，生产的原料及工具俱属于社会——或为国家的财产，或为合作社的财产，或为集体农场的财产（第六第七条）；第二，集体农场上的农户，依法得有自用的宅地，连带于此宅地的辅助建筑品，住宅，禽畜，及零杂农具等则为私产（第七条）；第三，私人得以自力经营小型农场，其它农业，及家庭工业（第九条）；第四，工作所得与储蓄，及住宅，家用品，个人用品等均为私产，私产且得继承[1]（第十条）。由此四点，可知按苏联所谓社会主义经济：国营事业，合作社，及集体农场虽为主要的生产方式，但农民仍有自营的可能；一切财产虽以属于全社会为原则，但工作所得及起居日用品等仍为私产，农民的家宅园地亦为私产，储蓄及继承亦为法律所许。这显然不是严格的共产主义，而与一九一八年苏俄宪法第三条中所谓社会主义的财产有别。盖一九一八年的苏俄宪法（一九二四年的苏联宪法亦然）不承认私产的制度，而新宪则承认，由于个人特殊的及格外的劳力而获得的财产可以留为私产——至少一部分可以留为私产。所以新宪第一二条云：苏联所实现者为"各尽所能，各取所作"的原则。其产主义的较高阶段，"各尽所能各取所需"的原则，连斯泰林也承认并未做到，而有待更大的努力。[2]

　　宪法一则曰苏联是工人及农民的社会主义国家（第一条），再则曰苏联一切之权属于城市及乡村的劳动者。此工农并列的原故有二：一欲表示工农的平等，以示好于农民；再则欲表示工农的不同，及农民之特受优待。农民可有私人的企业，更有范围较广的私产。统治者之所以为此优待农民，亦无非采用以德服人之意。这种对于农民的联络实为新宪成立的重要动机之一。

　　第二章为"国家的组织"，规定联邦的组织，及联邦与各邦间的关系。计十七条。

　　按照宪法第一三条，苏联为十一个苏维埃社会主义共和国所自愿组成的联邦。在一九二四年的宪法中，苏联本由四个份子邦（苏联宪法中称为联邦共和国）合组而成，

---

[1] 私产继承权为原草案之所无。有一部分人颇反对继承制度，因父母既可有奢俭之分，则子嗣亦将有贫富之分。

[2] 见斯泰林向第八次苏维埃大会的报告。

以后又陆续增加三个，共为七个。在新宪法中，原来合组成外高加索联邦共和国的三个共和国均直接成为联邦的组成份子，而向隶于俄罗斯邦的两个自治共和国又均升格为联邦共和国，因共得十一个份子邦。

此十一邦中，除亚米尼亚，白俄罗斯，吐谷曼，及克吉什四邦为纯粹的单一国（第二九条）外，其余七邦或为联邦或包含着一个或一个以上的自治共和国，或地，或省。地与省之设大半因版图太广；为便于治理，乃有地与省的设立。自治共和国或自治省之设则每因有小民族的存在；此种小民族既未能独立成联邦共和国，又未便与某一联邦共和国的其它部分受同样的治理，于是乃有自治省，甚或自治共和国的成立。此种自治共和国，地，省，或自治省均经宪法明定（第二二至二八条）。换言之，关于领土，新宪系采列举主义，与一九二四年宪法不同。各联邦共和国的领土非经各该国的同意亦不能变更（第一八条）。

关于联邦与各邦权限的划分，新宪仍采列举联邦之权，而以残余权给各邦的办法。根据一九二四年的宪法，联邦之权共有二十四项；根据新宪，则有二十二项（第一四条）。旧宪明定联邦对于移民有立法权，联邦有权规定统一的度量衡制，与一般的统计制度，并解决各联邦共和国间纠纷。此四项不见于新宪。新宪明定联邦有权保障国家安全，设立国家保险（财产）制度，及全国经济会计制度。此三项不见于旧宪。但条文虽不尽同，而实质仍大体相似。盖无论前四项或后三项，在实行编制经济的国家，中央政府总无不有权过问；宪法纵无明文规定，亦无不含蓄于其它已经列举之权之内。此不特为理论上唯一可通的解释，苏联之向有此七项权力，亦为一种事实。

苏联联邦权力之大，为世所习知之事。关于此点，新宪在实质上既未变更旧宪，则联邦的权力自仍广大无比。但新宪仍谓各联邦共和国享有主权，仍谓它们的主权仅受第一四条的限制（第一五条），且谓它们得自定宪法（第一六条）。然则各联邦共和国所保留之权究何在呢？如按新宪第七七及第七八两条规定，则国防，外交，对外贸易，铁道，交通，航运，重工业，国防工业，将完全由联邦管理；而关于其它事项，如食料工业，轻工业，木材工业，农业，谷物畜牧，财政，对内贸易，内政，司法，卫生等等，则联邦将与各联邦共和国共同管理。换言之，关于国防等事为联邦专有之权；而关于食物工业等事则为联邦及各邦共有之权。但各邦执行共有权时既须受联邦的指挥（第七六条），则各邦所有者仍只是联邦所认为可由各邦辅助管理之事。且宪法第二〇条文既明定各邦法律如与联邦法律发生冲突时，联邦法律有效，而各邦法律无效，则联邦纵显然超过宪法第一四条所赋与联邦的权限，而侵入各邦所保留的所谓主权，各邦亦将无抵抗的可能。各邦唯一的有效抵抗即是要求召集国民总表决（第四九条），或要求召集最高苏维埃的临时会议（第四六条），以讨论任何的不平而已。

固然，为最后的抵抗计，各邦尚保有脱离权——即自由脱离联邦之权。脱离权载于旧宪法，亦载于新宪法。宪法之所以有此条文，纯为一种宣传政策的表现。盖苏联既自号有最宽大的民族政策，自不能不承认各民族的独立平等。既承认各民族的独立平等，则苏联这种结合，自然只是一种自由自愿的结合（第一三条）。苏联既是各邦自由自愿的结合，自然便不能不承认各邦有自由脱离之权。[1] 然而理论虽然如此，事实究完全和理论不同。所以乔治亚（昔为外高加索的一国，今为组成苏联的十一国之一）虽尝多次图谋脱离，而终为苏联所阻止，且参加脱离运动之人亦备受种种压迫。

第三章为"苏联国权最高权关"，为宪法中最重要的一章，计二十五条。

苏联最高苏维埃（Verkhovny Soviet）[2] 为苏联的国权最高机关（第三〇条）。最高苏维埃由完全平等的两院（第三七及三八条）组成，一为联邦苏维埃，又一为民族苏维埃（第三三条）。联邦苏维埃由苏联公民选举，以每三十万人民出一代表为原则（第三四条）。换言之，联邦苏维埃将共有代表五六〇名左右。民族苏维埃由联邦共和国，自治共和国，自治省及民族区的公民选举，每联邦共和国出代表二五名，每自治共和国一一名，每自治省五名，每民族区一名（第三五条）。换言之，民族苏维埃的代表额数约与联邦苏维埃相等。照原草案，民族苏维埃的代表本由各联邦共和国等的最高苏维埃选举，民族区则无举代表之权，总额亦不及宪法所规定之数的一半，修正案的用意似在使两院有真正平等的可能；因为如果甲院由人民直接选举，而乙院由人民间接选举，则乙院总不免相形见绌；如果甲院人众而乙院人少，则联合选举主席团时又不免有发生实际上不平等的可能。

最高苏维埃之采两院制仍为继续苏联本有的制度及向行的民族政策。在一九二四年宪法中，苏联中央执行委员会即已分设联邦苏维埃与民族苏维埃。两者虽均由苏联苏维埃大会选举，但前者以人口为比例，而在后者中，则各邦（联邦共和国，自治共和国等）均有一定的等数的委员而与人口无关。此项制度，今经合理的改进后，仍被

---

[1] 但斯泰林向第八次苏维埃大会报告宪草时，有如下的数语："在何种条件下，自治共和国方可改为邦共和国呢？应有三种条件。第一，该共和国必须为边境共和国，其边界应不为苏联的其它领土所包围。因为联邦共和国如有权脱离苏联，则一个共和国成为联邦共和国时，必须在逻辑上及实际上可以提出脱离苏联的问题"。见《中苏文化》，卷二，期一，页一三三。由此更可见在理论上，苏联当局对此脱离权的保留甚重视。

[2] Verkhovny Soviet 英译通作 Supreme Council，法译通作 Conseil suprême。Soviet 一字的意译应作"会议"，但"会议"一词过于普通，故仍从音译。国人有译为议院与委员会者，似俱不妥。

采入新宪。草案宣布后，本尚有人提出取消民族苏维埃的修正案，但终为斯泰林所反对。[1] 不但如此，凡有利于弱小民族的修正案反得通过多种。除上述增加民族苏维埃人数及改间接选举为直接选举的修正案外，新宪更明定法律须用联邦共和国的各种文字发表（第四〇条）。在原草案中则无此规定。

以言最高苏维埃的组织，则最重要者自为主席团。主席团由两院开联合会议选举，计主席一人，副主席一一人，秘书一人，委员三十一人（第四八条）。在原草案中，副主席仅有四人。为表现联邦共和国的平等起见，副主席的人数乃增至一一人。此外，两院又各置主席一人，副主席二人（第四二及第四三条），其主要职务为充会议时的主席[2]（第四四条）。两院开联合会议时，则由两院主席轮流执行主席职务（第四五条）。两院又各设资格审定委员会；根据委员会的报告，两院分别决定应否承认代表的资格（第五〇条）。最高苏维埃于必要时并得设立查究委员会（第五一条）；但应如何设立，则宪法并无规定。委员会如有所求，一切机关及公务员俱有供给材料或文书的义务（第五一条）。查究委员会制度的采纳殆可视为苏联自我批评的精神的表现。最高苏维埃的代表则享有一般国家议会议员所享的特权（第五二条）。

最高苏维埃每年开常会两次，由主席团召集。临时会则由主席团斟酌召集，但联邦共和国之一亦可要求召集（第四六条）。代表的任期均为四年，但如两院对于某一案件不能一致，因而发生僵态时，则主席团可以解散最高苏维埃，而另行选举（第四七条）。两院的开会及闭会亦须同时为之（第四一条）。

最高苏维埃固为联邦最高权力机关，且行使宪法所界于联邦的一切权力，但其由最高苏维埃行使者，仍限于宪法未划归于最高苏维埃主席团，人民委员会议，及各人民委员部三种机关之权（第三一条）。这三种机关固均由最高苏维埃产生，在理论上且均向最高苏维埃负责，但直接行使某权，与监督某权的行使究为二事。在实际上，最高苏维埃的权力亦仅限于选举主席团（第四八条），产生人民委员（第七〇条），选举苏联最高法院法官（第一〇五条），修改苏联宪法（第一四六条），及立法而已（第三二条）。即就立法而言，最高苏维埃所通过的法律仍非得主席团主席及秘书的署名不能公布（第四〇条）。我们如果将主席团看做另一机关，[3] 则最高苏维埃的立法权亦并不如何完全。

[1] 见斯泰林向第八次苏联苏维埃大会的报告，《中苏文化》，卷二，期一，页一三三。
[2] 帝俄时代，县议会以县执行官为主席，而县议会的执行委员会则又另有主席，颇与此相合。
[3] 我们有此权利，一因宪法第三一条认主席团为一个机关，再因最高苏维埃与主席团各有主席副主席。

关于立法的程序，宪法并无详密的规定。宪法仅云：两院有同等的提议权（第三八条）；对于法律案，两院应各以多数通过（第三九条）；如有异议，则交付由两院举出同等人数的协议委员会协议；如协议不成，或即有一致的决议，而不能得两院的同意时，则由两院再分别讨论；如仍不能妥协，则主席团便应解散最高苏维埃，而另行选举（第四七条）。

苏联最高苏维埃主席团的权力（第四九条）极大，大别之，有下列六种。（一）为政治权。它可解散最高苏维埃，但限于两院不能协议的场合；它规定选举日期，但不得过于旧苏维埃满期或解散二月之后（第五四条）；它召集最高苏维埃，但新苏维埃的召集不得过于选举一月之后（第五五条）；它又可自动举行国民总表决。（二）为法律解释权。它可发布解释法律的命令；也可撤消联邦或联邦共和国人民委员会议的违法命令。（三）为特种的任免权。它任免军队统帅及外交使节；在最高苏维埃闭会期内，它得依任人民委员会议主席的请求，任免人民委员，但须经最高苏维埃的追认。（四）为和战权。它宣布动员；在最高苏维埃闭会期内，它可宣战以抵御侵略，或以执行防御侵略公约所引起的条约责任。（五）为批准条约权。（六）为代表国家权。它颁给勋章；它接纳外交使节；它行使赦免。

由上以观，可知主席团所享之权确甚广大。拉狄克固坚谓主席团仅有解释立法之权，而无直接立法之权；[1] 但如最高苏维埃所通过的法律并不具有细密的条文，则法律的解释权便不能常与法律的制定权截然分开。而且主席团又有解散最高苏维埃之权，当两院不能一致时，主席团尚能挟其解散权以左右一切。至于主席团与人民委员会议的关系容当留待下面讨论。

第四章为"联邦共和国国家权力最高机关"，计七条（第五七至六三条）。联邦共和国的国家权力最高机关为联邦共和国的最高苏维埃，亦由人民选举，亦设主席，副主席及主席团。联邦共和国最高苏维埃与苏联最高苏维埃间主要的不同之点，即在前者之不采两院制。联邦共和国最高苏维埃主席团亦设主席及副主席，但其权限则由联邦共和国的宪法自定。

第五章"苏联国家行政机关"，亦为宪法中重要的一章，计一五条。

苏联以苏联人民委员会议为其国家权力的最高执行并行政机关（第六四条）。按照宪法第五六条苏联人民委员会议为苏联政府，由苏联最高苏维埃开两院联合会议产生，究竟如何产生，则宪文并无更详细的规定。由苏联向来习惯推测，殆将采由主席

[1] 见 Le Mois, juillet, 1936, p.50.

钱端升文集

团提出人选，而由联合会议通过的方式；但当不致采用选举的方式。[1]

苏联人民委员会议以主席（一人），副主席（若干人），国家计划委员会主席，苏维埃监督委员会主席，各人民委员，农产储置委员会主席，美术委员会主席，及高等教育委员会主席为组成份子。人民委员所辖之部共有十八个：八个[2]为全联人民委员部，其权力直达于全联，其附属机关或属史亦遍布于全联；十个[3]为所谓合设（即苏联与联邦共和国均有设立之意）人民委员部，联邦的部须赖联邦共和国的同名的部的合作，以行使其权力。

人民委员会议有三种职权。一为执行法律权；因执行法律的必要，它得发布通行于苏联全境的决议及命令，得停止联邦共和国人民委员会议所发关于联邦事权的决议及命令，并得撤消苏联各人民委员部所发的命令或训令（第六六，六七，及六九条）。由上可知人民委员会议实享有极广大的补充立法权。二为大政的处理。它采取适当步骤，以实现国民经济计划与国家预算，以增强信用制度与货币制度，以维持公共秩序，并以保障国家利益及人民权利；它统筹对外关系；它决定每年入伍人数，并指导军队的组织及发展事宜。三为一般的行政监督。凡一切所属机关的工作均归其统筹兼顾（第六八条）。

各人民委员于其职掌范围内，亦得发布命令及训令，但须以法律或人民委员会议的决议及命令为基础（第七三条）。除此以外，它们自然更分掌各种行政（第七二条）。

依宪法第六五条，人民委员会议对于最高苏维埃是负责（responsible），且应报告的（accountable）；在最高苏维埃闭会期内则对其主席团负责且应报告的。究竟负责与应报告有何分别，我们难以捉摸。假定两者在实际上同一意义，则究竟这里所谓负责是指什么呢？宪法第七一条说：最高苏维埃代表如向人民委员会议或人民委员提出询问，则被问者须于三日内为口头上或书面上的答复，在形式上这种问答颇类一般议会国家中议员与国务员间的问答。但问答在别国之所以能发生效力，乃因在这种国家，它有引起辩论的可能；有辩论则有表决；有表决便有责任。在苏联，此种问答似不能引起辩论，故问答究能发生若何效用实难预言。同样的，最高苏维埃所享的查究权（即设立查究委员会权），如不继之以提出弹劾，或表示不信任之权，亦不见得能收实效。

---

[1] 因宪法第九九条明言地方苏维埃的执行委员会由苏维埃"选举"。而此处则用"组成"。

[2] 即国防，外交，对外贸易，铁道，交通，航运，重工业，及国防工业。

[3] 即食料工业，轻工业，木材工业，农业，谷物畜牧，财政，对内贸易，内政，司法，及卫生。这十个人民委员部各联邦共和国亦皆有之。

而且人民委员会议虽号称为最高执行及行政机关而其执行及行政之权并不完全。人民委员会议有统筹对外关系之权，但驻外使节的任免权，及条约的批准权则属于最高苏维埃主席团。人民委员会议有统筹军政之权，但统帅的任命权及宣布动员权又属于主席团。人民委员会议有命令权，但主席团有更大的命令权。基于这些条款，我们绝难承认人民委员会议为最高执行及行政机关。就主席团与人民委员会议的关系而论，苏联新宪法下的制度颇有类于法国一七九五年至一七九九年间所行的主政委员会（Directoire）制度：主席团仿佛是主政委员会，而人民委员会议则是国务员（Ministres）。但主席团的委员如可兼为人民委员会议的委员，则与法国制度又有不同，而主席团与人民委员会议间孰为更有力的执行及行政机关的问题亦将失去实际上意义。

第六章为"联邦共和国国家行政机关"，计一〇条（经七九至八八条）。联邦共和国的最高执行及行政机关为联邦共和国人民委员会议，其组织原则，统属关系，及权力范围，几完全与苏联的人民委员会议相称，故可从略。惟苏联人民委员部既有全联人民委员部及合设人民委员部之别，则联邦共和国的人民委员部自只能有合设（即苏联及联邦共和国均有设立之意）人民委员部及共和国人民委员部两种。前者有十个，后者有四个。[1] 人民委员会委员，除以上十八委员外，尚有主席，副主席（若干人），国家计划委员会主席，苏联农产储置委员会与各全联人民委员部的代表，及美术署署长。

第七章为"自治共和国国家权力最高机关"，计五条（第八九至九三条）。自治共和国亦设最高苏维埃，最高苏维埃主席团，及人民委员会议。这些机关的组织与权力，在大体上与苏联的相同；但其详则以自治共和国的宪法定之。自治共和国自定宪法，但须得联邦共和国最高苏维埃的批准（第六〇条）。

第八章为"国家权力的地方机关"，计八条（第九四至一〇一条）。联邦共和国内部的各级地方区域（自治共和国除外），各设苏维埃，由人民依联邦共和国的宪法及法律选举，为该地方的国家权力机关。苏维埃所举的执行委员会则为该地方的执行及行政机关；但较小的区域得不设执行委员会，而以苏维埃举出的主席及副主席（若干人）为代。地方区域不设主席团；发布命令及监督行政之权俱属于苏维埃本身。就大体而言，关于权力的组织及行使，中央与地方仍采同一的原则。

第九章为"法院及检察署"，计一六条。苏联及联邦共和国各有其最高法院；各区，各省，各自共和国，各自治省，亦各有其法院，各地有人民法院，苏联更得依最高苏维埃的决议设置特种法院（第一〇二条）。除特种法院的法官由最高苏维埃决

[1] 十个见前，后四个为教育，地方工业，地方经济，社会维持。

定，人民法院的法官由人民直接选举（第一〇九条）外，其余各级法院则由各级苏维埃选举（第一〇五至一〇八条）；任期在人民法院为三年，在各级法院为五年。但法院法官的任命虽采地方分权之制，而司法行政则取中央集权之制。第一，苏联最高法院监督苏联境内一切法院的行为及程序（第一〇四条）。第二，苏联设检察官，由最高苏维埃任命，任期七年；此检察官任命与各级法院相称的检察官；与人民法院相称的地方检察官虽由联邦各共和国的检察官任命，但仍须由他核准；这些检察官的任期俱为五年（第一一六条）；检察官执行职务时，仅受苏联检察官的指挥，对于地方机关则完全独立（第一一七条）。

司法独立在新宪中已树相当规模。宪法明言法官独立（第一一二条）。法官为人民所选举（直接或间接），而非出自主席团或行政机关的任命，则某一政治机关操纵法院的可能自较从前为小，即幸能操纵某一级的法院，亦未必即能操纵其上下级的法院。

而且在旧宪之下，苏联最高法院尚负有种种带政治性的工作，如解释法律等等，今则此种职权已移归主席团行使；所以法院较可专心于诉讼事件。

就诉讼程序而言，苏联十余年来本已多所改进，本已在向一般法治国家所通行的程序进行。今则宪法更明定：一切诉讼皆由法院处理（第一〇二条）；除法律规定的例外外，法院审理一切案件时须有人民陪审员参与（第一〇四条），且须公开；被告更须有辩护的权利（第一一一条）。

第一〇章为"公民的基本权利及义务"，计一五条，为新宪法中最引起注意，亦最引起争辩的一章。它所列举的权利义务，实可分为几种，今分别说明如下：

第一为平等。公民间无性别及种族的分别；男女绝对平等（第一二二条），各民族或种族间亦绝对平等（第一二三条），一切歧视的法令或运动俱在禁止之列。为使妇女不因生产而受损害起见，产妇请假时之得支工资，及产妇医院，托儿所与稚幼园的设立，且明载于宪法。这种平等，这种对于妇女应有的待遇，在苏联已经是一种事实，而为世界其它国家所望尘莫及者。

第二为自由权。新宪规定公民有人身自由（第一二七条），居住自由，书信自由（第一二八条），信仰自由（第一二四条），言论自由，出版自由，集会自由（第一二五条），及结社权（第一二六条）。关于人身，居住，及书信自由的规定，苏联宪法与一般宪法无别。至于实际上这些自由能有多大范围，亦不值若何争辩，因为法律当然可以限制这些自由。在社会安定的国家，限制必定宽些，否则必定严些。将来苏联的社会愈趋安定，则法律的限制自然愈将减少。关于信仰自由，新宪规定公民有信仰宗教，或反宗教的自由。这样的规定，在一般的耶教国家看起来，自然有些新奇。但平心论之，此实与真正的信仰自由不相违背。盖信仰某宗教者，既可有宣扬某宗教的自由，则不信仰某宗教，或不信仰任何宗教者自当有作反某宗教或反一切宗教的自由，关于言论，出版及集会三种自由，宪法明言为使公民能实有这些自由起见，印刷所，公共会所及交通机关等均任劳动者享用。这种规定，许多论者颇认为违背自由权的精神。但苏联既为社会主义国家，既仅有劳动者，而无他种人民（或有之而居绝对少数，且行将消灭），则这种规定亦显无不合理之处。如认此种规定为不合理，则须先否认苏联有建设社会主义国家之权。关于结社权的规定，宪法规定民众有权结成职工会，合作社，青年团体，体育及国防团体，文化，技术，及科学团体等，及领导一切的共产党。即根据宪法，民众亦无缔结任何社团的自由，更无组党的自由。所以如果政治活动必须以结社组党为基础，则苏联公民，除参加共产党及其所领导的社团外，并无从事它种政治活动的可能。就这一点而论，共产党并未因成立新宪，增加人权章，而放弃其垄断政治的地位。就这一点而论，新宪法下的苏联仍与一般立宪国家迥异。

第三为受益权（第一一八至一二一条）。依宪法，苏联公民有工作之权，休息之权，维生之权，受教育之权。为工作，国家有社会主义的组织。为休息，有休假日，有疗养院，有休养所等。为维生，有各种保险制度。为教育，有各级学校及社会教育机关。受益权之载于宪法本不自苏联新宪始，欧战后的各国宪法亦早有这种条文；但其实行则限于高度社会主义化的国家。如果这些权利尚未尽能在苏联发生实效，则缘苏联的社会主义亦尚未达到完满的程度之故。

第四为公民的义务（第一三〇至一三三条）。第一〇章所列举者计有遵守法律，保护社会主义财产，服兵役，捍卫国家四种；作工当然也是义务之一（第一二条）。这些义务为公民当然的义务，可置不论。

第五为外人避难权。凡外国人因保卫劳动者的利益，因从事科学工作，或因从事民族解放工作，因而获罪时，有得在苏联避难的权利（一二九条）。这个条文是不甚合于法理的；因为宪法是国内的法律，不应涉及外人的权利。新宪之仍维持这个条文，其用意似仍在借此作对外宣传。

一九二四年的苏联宪法并无关于人权的条文，因为该宪注重于联邦政府的组织，关于人权等等则各联邦共和国的宪法已有规定。一九一八年的苏俄宪法曾以列宁手拟的"劳动及被榨取人民的权利宣言"为首章：此点在本文的上面已经说过。新宪法中的种族平等，信仰自由，出版自由，集会自由，结社权，受教育权，外人避难权，盖均曾见诸于苏俄的宪法，即在意义方面，两宪法中关于这些自由或权利的条文间，亦无多大分别。

第一一章为"选举制度"，亦为重要的一章，计九条。苏联一切的苏维埃，上自苏联最高苏维埃，下至乡村最低地方区域的苏维埃，皆依普及平等选举权，且用直接及秘密选举方法而产生（第一三四条）。所谓普及选权，即年满十八岁的公民，除患神经病，及经法院褫夺选权者外，均有选权之谓（第一三五条）。所谓平等者，即不分性别，种族，宗教，教育，住所，出身，财产地位，过去活动之谓（第一三六条）；男女亦无分别（第一三七条）；现役军人亦得选举且当选（第一三八条）。所谓直接者即一切苏维埃均由公民直接选举之谓（第一三九条）。所谓秘密者，即投票秘密之意。当宪法草案提出后，本有人建议凡向来不享选权的人民，如宗教师，富农，商人，以及向视为反革命或不革命的人民，依旧不予选权，但卒因斯泰林等的极力反对，草案得无修正的通过。

选举制度的改良本为修订宪法的动机，故亦为新宪最异于旧宪之处。在过去，选举权本限于劳动阶级，而不普及。都市与乡村人民的选权亦不平等，其不平等的程度，据实际的计算，约为二·七与一之比。高级的苏维埃类皆经多重的选举，而不是由人民直接选举。乡村的选举（都市选举间亦有之）类皆言词选举，无秘密可言。故新的选举制度实是苏联政制上最重要的革新。

为训导人民对于选举发生兴趣起见，候选人皆分区推选（第一四一条）；当选代表者亦有随时向本区选民报告其本人的工作与其苏维埃的工作的义务，选民且有罢免代表的权利（第一四二条）。凡此条文一方固可使选民增加政治兴趣，另一方亦可增加代表的责任心。

但选举制度虽经改良，而其实际则仍未脱共产党的训政时期。盖惟共产党及受共产党指导的社团才有推举候选人的权利（第一四二条）。候选人既由共产党推举，则最后当选为代表者亦终不脱为共产党等所能信赖之人。苏联地广人众，人民政治训练又无长久的历史基础，故共产党的训政，事实上为不可免之事，且为应有之事。据共产党历次代表大会及其中央执行委员会会议的表示，则共产党固将诚意的让人民尽量自由行使选权。

第一二章为"国徽，国旗及国都"，计三条（第一四三至一四五条）；因与旧宪第一一章无实质上的分别，可置不论。

第一三章为"宪法修改手续"，仅一条（第一四六条）。该条规定修改苏联宪法，须经最高苏维埃两院各三分二以上的投票，投票者过半票以上的决议。此为相当刚性的规定，旧宪仅规定宪法由苏维埃大会修改，而未规定多数的大小；但如共产党能操纵最高苏维埃的选举，则共产党领袖之左右最高苏维埃，当亦不难。

三

以上我们已详述新宪的内容，然则新宪异于旧宪者何在？新宪异一般国家的宪法者又何在？

新旧宪法间重要的不同计有五点：

第一，为私产的承认。固然，苏联人士会告诉我们，存在于苏联制度下的私产仅为离不开身体，离不开家宅的一些零星事物，而于整个的民族经济无关。但这些零星私产的存在，已使整个的宪法有变更的必要。人权为何有规定的必要呢？因为已有私产，则人身及附属于人身的各种自由便有保障的必要，不然私产便无从享受。反过来，如果没有私产，则人身等等自由亦绝无意义。司法制度为何须改良呢？亦因有了私产，则不能不讲求保障之道。反过来，如果没有私产，则司法保障的有无亦不能发生重大关系。

第二，为选举制度的改善。因为选举制度改善，故民权亦较为发达，而国民总投票制度亦随以俱起。

第三，为权力机关的简单化及合理化。在旧宪之下，由各级的苏维埃举出苏联苏维埃大会。苏维埃大会，大会的中央执行委员会，及中央执行委员会的主席团均为最高权力机关。但今则删去一级，由人民直接选举最高苏维埃，由最高苏维埃选举主席团。最高苏维埃略等于旧日的中央执行委员会，但今日的主席团则尚无旧日主席团的独立性。故在新宪之下，权力至少要少去一级。

第四，为立法权之渐集中于一个机关——最高苏维埃——及三权分立之渐趋明显。依宪法，最高苏维埃为唯一立法机关，而人民委员会议则为执行及行政机关。最高苏维埃主席团之享有补充立法权及若干种行政大权，固仍使立法行政两权难以截然分开，但旧日中央执行委员会的主席团则享有更广大的立法权及行政权。而且在新宪之下，司法权亦已能独立行使。

第五，为共产党之正式入宪。共产党见诸宪法后，它当然取得了公法上的地位，

160

而可与意土德各国统治党的法律地位相似。[1]

至于新宪与一般国家的宪法间亦有五种重要的不同。

第一，苏联新宪法继续的标榜社会主义。这在苏联固应视为当然，但在传习的宪法学者观之，则实违背宪法原理。盖向来的立宪国家，皆为个人主义的国家，其所采经济制度必为自由竞争的经济制度；纵这些国家中年来也有渐趋社会主义化者，但传习的宪法学者仍以为宪法如明言以某种经济制度为社会的基础，则不免有失公平，有失中立；即一九一九年的德宪亦未标榜社会主义。但传习的宪法学者的看法实在是错误的。一个国家总有一种流行的经济制度；这经济制度无论是否为宪法所声言拥护，在实际上总得着宪法的保护。所以苏联的办法，与其说是违背宪法原理，毋宁说是适合宪法原理。

第二，因苏联为社会主义国家，于是苏联宪法中之所谓人权，亦与一般国家宪法中之所谓人权的意义不同。

第三，苏联新宪法继续维持一党专政的制度，而一般国家的宪法则采各党自由争取政权的制度。在新宪之下，结社之权只限于共产党及受共产指导的团体；推举候选人之权则由共产党及这种团体独占。因此，共产党势能控制一切权力机关。大概在最高苏维埃所推举的主席团及所组成的人民委员会议中，共产党的控制力必更伟大。在苏联新宪法中，在理论上，各权力机关间本常可发生冲突的可能；这种冲突的避免大概亦常须有赖于共产党的调处。

第四，在一般立宪国家，行政与立法机关有显明的分离；即在行责任内阁制的国家，领导者虽同为内阁，但机关则仍是两个。此种分权，在苏联仍不明显；最高苏维埃的主席团实为介于立法机关及行政机关间的一个权力极大的机关。

第五，苏联宪法中所示的民族政策及所采的民族自决制度，为一般国家之所无，所以民族或种族的绝对平等亦为苏联宪法中的特点之一。

因为苏联宪法与欧美典型式的民主宪法间有种种不同，于是批评苏联宪法者乃常有苏联宪法不如民主宪法者。但我们以为以苏联宪法与欧美民主宪法比较实无多大意义。欧美的民主宪法本亦不是理想中最善的宪法，而更不是宜于苏联的宪法。我们又如何能责苏联宪法之不如欧美民主宪法呢？

我们以为苏联宪法之最值我们注意者，不是新宪与旧宪，或新宪与民主宪法间的

---

[1] 有人谓旧宪中有 Ogpu，而新宪中无之，亦为一大不同；但 Ogpu 早经改为内政部，内政部仍存在，故实质上并无变更。

任何不同，亦不是任何相似，而是新宪的进步性，继续性，与实在性。新宪比旧宪是一种进步；然旧宪的制度几无一不继续存在于新宪之中，所有的修改亦均有实现的可能，或竟已经实现。盖有继续性而无进步固无可取，有条文上的进步，而缺乏继续性，则亦往往难以实现。由此以观，在现状之下，苏联的宪法固已是一种理想的宪法。

浅说民权与极权 *

目前的世界正值民主政治与极权政治作殊死战的当儿。全世界比较重要的国家，不是已经加入，便是将要加入。唯一的例外是苏联，即是苏联也不见得能永久置身事外。

这个大战决不是短期内所可结束。德国自战胜法国后，已成了欧洲大陆的霸王。他又有义日及西班牙等若干小国做伙计。将他打败，需要长期的斗争。反过来，德义能否打败英帝国根本就成问题。即使有了日本的协助，可以打败英国，尚有美国有待于解决。而且无论英美胜或德义日胜，胜利的一方总须使苏联不站立在对峙的地位，才可以建设新的世界秩序。这当然也将使战事的最后结束多延长些时间。

在这个大战中，我国能发挥的力量可以大，也可以小。如果我们认清了这是真正的世界大战（一九一四至一九一八年的战争只是欧洲英帝国及美国的战争），认清了这大战是民主国家与极权国家的火并，认清了我们不在这边，定在那边，没有骑墙徘徊的余地及余暇，因而以最坚决的态度，协助甚或领导民主国家，打倒极权国家，则我们所可发挥的力量可以极大。我们容或可以一举而贯澈三民主义于整个的世界，我们容或可以一举而建设三民主义的新的世界秩序。如果我们不承认欧战及亚战会合而为一，不承认民主国家与极权国家会有严整的分野，一方面虽抵抗极权化快要完成的日本，一方面于欧战的双方却又不肯有所抉择，徘徊歧途，多所矛盾，则我们在这大战中所可发生的力量，必然小而又小。甚至于打败了日本，还是不能独立自主。

我们对于民主政治与极权政治间要有所抉择，不能稍存惰性，也不能丝毫投机；不能因为我们讲了民治已有三四十年之久而不敢毅然放弃，也不能因为德国最近有空前的胜利而趋炎附势。我们的抉择不但应以民族的利益为前提，而且更应以人类的将

*　原载《读书通讯》第九期，1940 年。

来为前提。我们所处的时代是大时代，我们应有的气魄是大气魄。

民主政治在西方已经有了六七百年的历史，一二百年的流行。无疑地，他代表一种进步，他给了个人以尊严，使个人脱离了贵族及君主的桎梏。数百年来，民主政治的怒潮所及，贵族政治与君主政治无不披靡。数百年来，只有民主政治代替贵族政治与君主政治，尚无君主政治与贵族政治代替民主政治的事迹（短期的复辟等等当然不算）。由此可见，在人类文化演进的过程中，民主政治是迄今为止最进步的制度。

但是，民主政治——也迄今为止——有两大问题未能解决。民主政治在十八世纪本喊着自由，平等，博爱三大口号；当时，也确曾谋过这三个口号的实践。不幸到了十九世纪工业文化降临后，自由与平等间发生不可融洽的冲突。如尊重自由，则资本家与劳动者间的不平等愈是尖锐化。如实行社会主义以消灭社会上的不平等，则企业自由必受限制。先进的民主国家，如英美等国，狃于习用的自由，既不肯放弃企业自由，更不愿任政府负担向为私人所负担的职务；于是平等的原则从无实现的可能。美国罗斯福任总统（一九三三年），推行"新政"，稍稍往平等的方向走去，则又为国人多方牵制，迄今也未有太大的成就。

民主政治第二个大失败是迄今未能建立一个博爱的世界秩序。一九二○年的国际联盟是民主政治关于这一方面的最大贡献。但因民主国家本身缺乏理想及决心，以致国联成了一个历史上大失败之一。世界秩序既未建立，于是极权政治以及与极权政治不可分离的独给经济（Autarchy）随之而生。民主政治既未能防止极权政治的产生，迨产生而后，又不能与之作经济上战备上（二者是不可分的）的竞争，于是乃有英法之败，德国之胜，与美之恐慌。

极权政治，无疑地，产生在民主政治缺点之上，而且对于民主政治将有极大的影响。如果极权国家能战败民主国家而消灭其势力，民主政治或将永不存在。法国最近的经过即是此种变化的前奏。即极权国家失败，民主国家胜利，民主政治亦必将发生若干重大的变化。何以故？第一，极权政治既因为民主政治有重大缺点而产生，则为根本消除极权政治的复萌起见，民主政治本身不能不有一番重大的更张。第二，因为在抵抗极权国家的过程中，民主国家对于其政治及经济的制度也得有一番的调整，才有应付极权国家的力量。

极权政治对于民主政治虽将发生重大的影响，但无代替民主政治的可能。假设极权国家获胜，民主政治消灭，极权政治也不能长，极权主义只是在破坏方面有贡献，而在建设方面无贡献。极权主义建设在战争之上，以战争为美德。就令民主国家——

毁灭，极权国家之间仍须互战。就令德国能征服意大利与日本，尚有苏联有待于征服。是以极权主义必将与战争共终始，极权主义一天不消灭，战争也一日不停止。在此情形之下，世界与人类只有往毁灭的道上走去；世界秩序决无建设起来的可能，其可能性且远比在民治主义之下为小。人类为自存起见，也总得起来扑灭极权主义。

这是就族与族的战争而言，就个人的生活而言，极权主义也是百无一可。德国固然因极权化而强盛了。但强盛的德国并不能增进德国人民的福利。强盛德国的目的在征服邻国，征服世界。德国愈强盛，则德人愈须在战争中过生活，直至全世界征服为止。就令全世界俱为德人所征服，全世界成了一个组织，全世界其他种族俱在德人领导之下生产消费，再没有战争或内乱发生，这社会也必是强凌弱，大欺小，有阶级，不平等的社会。德人自是统治民族，但德人之中也有阶级之分。至于个人的自由及尊严则更说不上。在民主的社会之中，虽无平等，尚有自由。在极权的社会之中，自由平等将两俱难存。

由上以观，可知极权主义即能消灭民主政治，仍不能代替民主政治。民主政治消灭而后，人类仍须另觅出路以谋自存。在中国的历史上已有前例可援。春秋战国的制度固然有种种缺点。因为有缺点，所以秦能消灭六国统一天下。但秦始皇的暴政却不能永久存在。消灭战国的制度者固是无制度有力量的秦，但代替战国的制度者却是有制度的汉。我们人类目前最重要的工作就是如何使六国直接进为汉，而避免有秦一代的残酷毁损。我们不否认这工作的困难，但我们却不能不有此勇气。

实行三民主义就是人类当今的生路。西方民治国家能尊重个人的尊严，却未能使国家有充分的权力，也未能使社会主义有满足的发展。极权主义能使国家有大权，却忽视个人的尊严，并引起了民族间人类间不断的残杀。苏联的制度颇能实行社会主义，却也未能充分注意个人的自由。只有三民主义可以补救民治的短处。民权主义尊重自由精神本与民治主义一致，但在制度方面则目的在藉国家的权力以实现平等的原则。民生主义是社会主义，但民生主义的社会主义不以阶级为出发点，因之不妨害个人的尊严与自由。民族主义的最后目标在建设各民族互相尊重的合作大同世界，所以大可补救民主政治未能建设世界秩序的缺点。

一说到三民主义，读者易有老生常谈八股文的感觉。其原因则由于自来一般论三民主义者每忽视孙中山先生创此说的背境，与其所要达到的广大目的，而反偏重于孙先生关于三民主义的本文。孙先生的本文本不精深，而孙先生的看法却极独到，目的却极宏大。世人不于孙先生独到及宏大之处着眼，而只斤斤于疏简的本文，于是三民主义乃大失其色。实则三民主义却从未因解释者的浅狭而失其伟大。

我们处此民治与极权作恶斗之日，务须认清极权主义的毁灭性与民治主义之可以改良，务须以三民主义救民治之短，务须从速建立三民主义的中国，并进而感化民治国家及苏联，使之仿效我们，同时则以全力协助甚或领导民治国家，击毁极权国家，使人类元气得以多所保存。

因为我们是一个重要而危急的时代，我们不但应知我们所应采的态度与所应任的工作，而且应积极组织我们的力量以担任所应担任的工作。我们应悉心悉力拥护蒋介石先生建设人民有权政府有能的民权国家，我们应悉心悉力抗日，我们应与民主国家保存最大限度的合作。

罗斯福四大自由之知与行

大运动不能无大口号。法兰西革命徒众的，苏维埃革命时共产党徒的"无产阶级专政"，以及我们国民革命中的"民族民权民生"，与革命的成功俱有离不了的关系。即以此次中日之战而言，我方也有"抗战建国"四个大字来加强我们的信念，并鼓励我们的勇气。

美国人向以善呼口号著名，林肯的"民治民有民享"及威尔逊的"使民主政治能安存于世界"均为显例。罗斯福总统尤长于此道。他有他的世界政策。他欲善用美国雄厚的力量以建造一个民族合作共荣的世序。因之他在一九四〇年一月七日于国会开幕演词中倡为四大自由之说。即言论自由，宗教自由，不虞贫乏的自由，及不虞威协的自由四者。据他自己的解释，言论及宗教自由为美国人民传习的自由。他将一面力保此种自由，不任剥夺，又一面力使未获此种自由的民族亦取得此种自由。第三种的自由大部美人尚未取得，故他将努力使人人均无失业或贫乏之虞。第四种的自由只能滋长于有秩序的世界，故他将努力求良好世序的建立。在今年同日国会开幕词中，罗斯福总统于检讨全盘战局之后，复重申此四大自由之义，力言如果美人不能获得第三及第四自由，则前二自由也将有皮之不存，毛将焉附之概。

四大自由中的第三第四两种自由已被采入大西洋宪章；宪章的第六点即包含不虞贫乏及不虞威协两种自由。近年来因美国报章杂志时常提及之故，四大自由之义，在英美等国颇能家喻户晓。如果此义能为战后一切国家所接受，则熙熙攘攘的大同社会即可开始实现。四大自由之重要于此可见。

我们是崇奉三民主义者。三民主义与四大自由不特在精神上一致，而在目的上亦

＊　原载《东方杂志》第三十九卷第一号，1943 年。

复相同。如各民族均可不虞威协，则退为民族独立，进臻世界大同，与民族主义固少分别。如人民而无贫乏之虞，则民生主义的理想便已实现。而且祛除贫乏之道，除民生主义外，亦无他途。有了言论及宗教自由，则必有民主政治；人民欲有权，则亦必须先有言论及宗教自由。故第一第二自由的涵义虽狭于民权，而其为民权主义的基础则亦显然。

三民主义与四大自由之相似，同是一件值得中华民族欣慰的大事。在现世界中，中美两大民族所居的重要地位是无可忽视的。我们是人数众最众多而面积又广袤的民族，美国则是人众地广物博的国家。两国的理想如相同，则全世界的合作易。两国的理想如不相同，则国际间的对峙将无法幸免。此所以我们应知四大自由约略即是三民主义；而美人则应知三民主义约略即是四大自由。这种相知互解可以增进两民族之互相尊敬，也可以增进两民族间的合作。

然而知之外，尚贵行。我们必须实现三民主义，美人亦必须实现四大自由，然后两国能诚信相处，共为光明的前驱者，共为世界和平的柱石。两国之中，有一个不能尊重言论自由及宗教自由，或不能实现民权，则其人民便流为奴隶，在世序中应有的力量亦归于乌有。两国之中，有一个不能保其人民足衣足食，生活无虞，则其国力必弱亦不能在世序中发生任何力量。两国之中，有一个不能保持独立，或不能信赖大同之治，则国际纷争将无法消灭。易言之，必两国均能确守四大自由或三民主义，然后未来的世界可有希望。

中美两国如此，其他国家亦如此。必须个个国家能完全尊重四大自由或实行三民主义，然后世界新秩序可以建立。

关于知，国人大多均知有三民主义，而不知有四大自由；即知有四大自由，亦不知其与三民主义相似。美英人士知有四大自由，而大多不知三民主义为何物。此种相知的缺乏，尚有待于补救。

关于行，我们希望个个国家能尊重四大自由或实现三民主义。我们责无旁贷，须首先负起实行三民主义之责。我们必须先责己，然后责人。我们必须先能使四大自由一一确立于国土之内，然后可侈谈三民主义的世界性。

第二编　国际政治

世界公法学会 *

世界公法学会（Institut International de Droit Public）系叶慈（Jèze）等一班法国公法学者所创立。它的目的在联合各国公法学者，分组研究公法及政治学上的各种问题，举行不时之集会，以互相交换意见，藉使近代国家所应尊重之人民自由更得一重的保障。同时它也带些荣誉性质，故会员的资格极严，而人数也极有限。

该会于一九二六年六月开成立大会于巴黎，并通过会章（附后）。法之 Barthélemy，Duguit，Haurion，Jèze，美之 Goodnow，Lowell，W. F. Willoughby，James Brown Scott，奥之 Kelson，Redlich，德之 Schücking，Stier Somlo，瑞士之 Fleiner，英之 Edward Jenks，智利之 Alvarez，希腊之 Politis，西班牙之 Posada 等皆为发起人。当时加推 Barthélemy，Carré de Malberg，Corwin，Dupriez，Freund，Kaufmann，Menzel，Merkl，Boris Nolde，Pound，Smend，Triepel 等为正会员（Membres titulaires）；推 Bonnard，Duez，Fairliè，Garner，Walter Jellinek，Schmidt 等为参加会员（Membres Associés）；推 Duguit（Bordeanx），Fleiner（Zürich），Jèze（巴黎），Kelson（维也纳），Lowell（哈佛）及 Politis（希腊学者，今为驻法公使兼巴黎大学名誉教授）六人为理事，而以叶慈为会长。

世界公法学会自成立以来，已开过三次大会，都在每年的暑假前后，地点也都在巴黎。一九二七的大会开于成立大会之后。它选定六种讨论题目，并将会员分成六组。每组各有报告员。大会的讨论须依据报告员的报告。六组题目及报告员如下：

（一）分权的理论及实施——Redlich

（二）代议政治的危机——Barthélemy 及 Lowell

（三）宪法上关于订结条约的规定——Politis 及 Schücking

（四）宪法原则的法理根据——Kelson

（五）法律及客观法——Duguit

（六）自由的法理意义——Jèze

惟上述题目嗣后已略有增删变动。

一九二八年大会讨论第四第六组的报告；一九二九年大会讨论第二第三组的报告后，复讨论上年指交 Mirkine-Guetzévitch（人权宣言的新倾向），及 Fleiner（直接立法）预备的报告。开会时各会员颇能讨论尽致。一切辩论以及相关的材料，则详载在该会年刊（Annuaire de l'Iustitut de droit Public，一九二九起）中。

附世界公法学会章程（节译）

第一章　宗旨

第一条　世界公法学会为各国学者合组的学术团体。

本学会以研究公法及政治学为目的。

第二章　法律上的地位及会址

第二条　本会根据法国一九〇一年七月一日之结社法而成立。

第三条　本会会址设在巴黎大学法学院。

第三章　会员

第四条　本会设正会员及参加会员两种：前者不得过四十人，后者不得过五十人，属于任何一国的会员不得过各种会员全数五分之一。凡本会发起人赞成本章程者悉以正会员论。第一次的正会员及参加会员由发起人于本会成立大会时选举。

第五条　正会员由大会于参加会员中选举。参加会员由大会于各国著名的公法及政治学家中选举。此项选举仅正会员得以参与。

第六条　选举用无记名投票，会员不能到会者并得通信投票。得票过全体票数之半者当选，但不足十二票者不得当选。

第七条　参加会员得由评议会或正会员推荐。

正会员推荐参加会员应依下列手续：

（一）如候补者所属国有三人以上的正会员，须得多数的推荐方为有效，且须于大会会期六个月前提出。如候补人得本国正会员全体的推荐，评议会应即于下届大会中提出票决。如不得全体的同意，评议会得以延搁一届后再行提出。

（二）如候补者所属国的正会员不满三人，评议会得将候补者延搁二届后再行提出。

（三）如候补者所属国无正式会员，则推荐的权属于评议会。

第四章　组织

第八条　本会除大会外设理事会，秘书，及会计。

第九条　大会讨论会务时只正会员得以出席。

第十条　理事会置会长及理事若干人。理事的选举依本章程第六条的规定。秘书及会计由理事会选任。

第五章　工作

第十四条　本会大会不得多于每年二次，亦不得少于每二年一次。会期及会址由大会决定。

第十四条 [1]　理事会分配各会员于各委员会，并指定报告员。

第八章

第二十四条　本会得在大学假期内选择一地设立世界公法学院，教授公法。规程另定。

---

[1]　此处有两个"第十四条"，原文如此。——编者注

国联与和平机构 *

  自从意阿之争陷国联于空前的矛盾后，改组国联的声浪本一直没有中断。自"德日协定"及"日意协定"成立后，根本怀疑国联能有何种维持世界和平功能的情绪更日有增加。然则国联在过去究竟曾否为一种维持世界和平的机构？如果是的，在将来，它是否仍可为这样的一个机构？如果不是的，经相当的改善之后，是否尚有成为这样一个机构的可能？如果没有可能，我们又将如何产生一个维持世界和平的机构？

一

  按《国联盟约》的前言，成立国联本有两大目的：一为提倡国际合作；二为建立国际和平及安全。关于前者，将近二十年来的历史已充分证明了国联的成功。国联成立以前，国与国间固然也有合作，但当时合作的范围与合作增进的速率俱不足与近二十年来的合作相此。关于后者，国联的成功便没有同样的显著。对于国联持严酷的态度者，且谓国联已完全失败。

  国联所以未能完成它的第二使命的原故甚多，或由于国联本身方面的缺陷，或由于各国方面不利于国联的举动。《国联盟约》（第八条）本规定国联行政院应制成军缩计划，以供各国的采行，但冉冉多年，国联并未积极筹备此项工作；及至一九三二年开成军缩会议时，则国联形势已不利于军缩的实现。盟约（第十九条）又规定国联大会应时常劝告会员国修改不适实行的条约，并纠正足以危及和平的国际状况，但是德国对于《凡尔赛和约》的愤懑，始终未能使国联瞭然于实行盟约的必要，终使德国采不利于世界的和平的态度。盟约（第十六条）更规定会员国对于侵略国应施以经济的

  ＊ 原载《世界政治》第一卷第二期，1937 年。

及其他必要的制裁，但国联在一九三五年十月以前多方规避，不肯执行盟约，制裁条文驯至视为废纸；及至一九三五年对于侵略阿比西尼亚的意大利宣告经济制裁后，又畏首畏尾，不敢尽力作有效的制裁，结果徒使第十六条成为众矢之的。

除了国联本身方面的行为或不行为外，美国之自始拒绝加入国联，法西斯主义的澎湃，及国际大政治家的缺乏，亦为促成国联未能完全和平使命的原因。这些原因与前述原因本是相生相长的，因为美国拒绝加入，所以法国在国联初成立的数年中，便常恐国联不能保障它（法国）的安全。法国既作如此看法，它对于德国的态度自不免过分严厉，而军缩运动亦因是不易进行。法对德愈欠和缓，则德愈感压迫，而法西斯主义乃得滋长。法西斯主义愈盛行，则国际合作的机会亦愈狭小。至于国际大政治家的缺乏，则更有助长各种反和平势力的功效。

然而国联对于和平及安全的工作真已完全失败了么？则又不然。近数年来的国际局势固令人常感觉到和平之没有树立，大战之不难爆发；但我们却不能因此而说国联对于和平的树立完全没有供献。如果没有国联，现在的世界将成为那一种的世界，固难逆料；但我们敢信，战争的危险必比现在更大，而和平的空气必比现在更薄。我们须知民族间利害的冲突本世纪实比前世纪更烈。在十九世纪之末，列强之所争者大都为殖民地及殖民地上的原料及市场，但自可供殖民之地瓜分净尽而后，一切地面上的原料及市场俱成为竞争的标的。竞争的目标愈不具体，则竞争的方法亦愈深刻。这种竞争深刻化的演进，并未因欧战而中断；《凡尔赛和约》之有失公允，及列强之干涉苏俄革命更引起了许多情绪上及制度上的冲突。要消弭这种旧有新起的冲突，本需要一个比现国联较强较大的国联，更需要若干伟大国际政治家的产生。但现国联的存在已远胜于任何国联的不存在。如果没有国联，没有日内瓦的世界讲坛，没有常设的意见沟通机关，而须赖欧战以前常见的外交会议，如柏林会议或阿吉西剌（Algeciras）会议之流，以维持和平，则无数的局部战争恐早已发作；因局部战争而引起大战的可能也是很大。这一点，即对国联持最严酷的态度者恐亦不能不予承认。

但我们之所欲注意者究不是过去，而是将来。国联过去维持和平的功能究嫌过于微小。在理论上，我们需要一个较有力的和平机构。这个和平机构究在那里呢？

二

我们首先要问的，就是脱离了国联的机构，是否尚有产生一个新的和平机构的可能。

抽象的说起来，这种另起炉灶的办法是讲不通的；因为，如果世界各国能另组一个有力的和平机构，它们也当能改良已有的国联，而使之成为有力的和平机构。现国联之未能包括全体国家——尤其是美国——在内，尝为世人所诟病，且被世人所视为国联最大的弱点，所视为国联不能维持和平，保障安全的主因。但这层困难初不能因另起炉灶而解除。盖美国如能参加另一有世界性的和平机构，则美国也未尝不可加入国联。美国如不愿加入国联，则也决难加入会员国义务比国联更大的机构。国联会员国之未能忘情于主权观念，亦为国联难以有力的重要原因。这层困难亦不会因另组和平机构而消减；因为主权的观念既可以使现在国联微弱无力，当然也可以使新机构微弱无力。如果现代各国能容许一个强有力的超国家的和平机构存在，则国联也早就成为这样的一个机构了。

就史实而言，一九二八年巴黎《非战公约》即是这种理想——离国联而另起炉灶——一个具体表现。签字于公约者几为全世界独立国的全体，无论美国苏联，俱在其内，显然可以弥补国联不能包括一切国家在内的缺陷。但《非战公约》只重和平，而乏机构，因之缺乏任何实际的意义，亦无维持和平的何种实效。

近年来罗斯福总统及若干美洲国际政治家颇拟树立一个美洲国联。一九三六年十二月泛美会议时，美国曾提议美洲各国订一公约，规定（一）每年开会一次，由各国外交部长出席会议；（二）如遇有战事，则订约国应拒绝与交战国的任何一方通商。但此项提议未能通过，因为大多数的国家尚不愿各国间存有这样密切的关系；且忠于国联的国家更恐第二项的规定可与《国联盟约》发生冲突。其他含有重大的条约义务的提议亦未能通过。当时通过者仅为一种不含多少条约义务的议定书，即与会各国协议，如遇有战争危险（无论在美洲以内或以外），与会各国当集议以讨论解除危险的办法。换言之，泛美会议至今仍未能产生一种超过外交会议的和平机构。

主张设立一个欧洲国联者亦不乏人。但其现实性更小。盖国联本身的失败——如果是失败的话——本是欧洲国家的责任。如果欧洲的国家对于已存的国联尚不能参加，不能容忍，则另设一个欧洲国联的可能，自更不存在。至于在现国联机构之下，更佐以区域互助或互保公约的办法，则显然不是另起炉灶的办法，故此地可不置论。

离国联另组和平机构的尝试本极有限。从泛美会议之未克产生任何和平机构，更可推知此种尝试实无成功的可能。然则我们索性不要具体的机构，而专赖各国当政者的责任心以维持和平，又将何如？非难国联的人常有谓门罗主义维持美洲和平的效力，比国联维持世界和平的效力为大。但这种说法对于国联实欠公允。我们须知门罗主义之所以能收和平之效者，乃因主持门罗主义的美国，在美洲大陆有高压一切之力，因此美洲以外的国家无敢参加美洲的战事。我们敢说，如果欧洲大陆亦有一个可以独霸的大国，则欧洲亦绝无发生大战的可能。且门罗主义并未能完全消弭美洲各国间的互战。和平机构的作用，不仅在消弭大战，且在消弭一切战争。所以即就美洲而论，和平机构的需要亦甚显然。

如果没有国联，则欧战以前欧洲协调与防守同盟的制度必定复活；不过现时的世界较前世纪的为小，所以在昔仅限于欧洲者，或将普及于全世界（美洲因有门罗主义之故，容可不加入此协调或防守同盟之内）。在国际冲突不剧烈的时期为协调，在剧烈时期则为防守同盟。就现时的国际局势而言，协调是不可能的，所以防守同盟的制度将成为国联的唯一代替物。但防守同盟的逻辑上的结论即是将一切国家分成两大壁垒。甲与乙因恐丙之侵略而结成防守同盟，则丙又必视甲乙的同盟为侵略者，而与丁缔结防守同盟，以作抵制。如此演进下去，必至一切强国俱加入甲乙或丙丁的两大集团，而中立国家则将限于若干小国，这种现象就是欧战以前五十年的现象。我们固可说该五十年的欧洲大体上是和平的欧洲，但欧战也即是这和平之赐！近年来，因国联威信衰落，防守同盟已渐见流行。先有前年"法苏协定"，法苏联以防德；近又有"德日协定"，德日联以防苏。这可为没有国联，防守同盟的制度必将继起的明证。然而防守同盟制度与国联和平之两不相容，则一九一四年的殷鉴正是不远。

由于以上，我们可作如下的结论：第一，于国联以外另立和平机构，在理论上是不可能的，在事实上是不成功的；第二，没有国联，则在现时的国际局势之下，防守同盟制度将成唯一的避免战争的方法，但这种避战的方法势必引起比所欲避免的战争规模更大的战争。

三

但是现在的国联也决难对于和平工作为满意的努力。为谋改善起见，有主张修改《国联盟约》者，亦有主张增强盟约的实行者。

修改盟约之议向来有之，自去年七月国联大会议决撤消对意制裁以后，则成为国际最重要的问题之一。去年九月第十七次国联大会曾委派一个由二十八个会员国所组成的委员会，令其审查各国所提方案，并令向今年九月的国联大会报告审查结果。所以关于国联的改组，此时犹在讨论时期。

各国所提的改组方案为数甚多，性质及倾向亦大不相同。大致的说起来，则有法苏，北欧，及南美三派之别。法苏均主张使制裁的决定较易较敏捷；关于制裁的实施，则主张利用区域互助公约，使邻近侵略国的国家多负军事责任。换言之，于增加《国联盟约》中关于制裁条文的实效之外，法苏更欲藉此表示其所订军事协定为合于《国联盟约》的条约。北欧各国（即丹麦，瑞典，挪威，芬兰，及爱沙尼亚等）主张《国联盟约》不予修改。但各条款须全部实施。北欧各国之所主张者实为《国联盟约》本来的面目。南美如阿根廷，秘鲁等国与瑞士匈牙利等所主张者颇有出入，然大体上俱赞成取消制裁条款，扩大国联基础（即增加会员国），并减除大小国间的不平等。它们几国的动机各不相同，有则希望美国加入国联，故欲减少会员国的义务者。有则恐制裁太严厉，转足以引起剧烈的冲突，因不愿牺牲中立，加入漩涡，故欲取消制裁者。有则欲见好于意大利，故原则上即反对制裁者。中国，纽西兰，哥伦比亚，伊拉克等国家所提改组方案则与以上三派又各有不同。中国所提者似为集法苏及北欧两派的方案而成者，但无其坚定。纽西兰主张国联设置国际军队，但于制裁则又主张各国于实施前应先付国民复决。哥伦比亚主张分散国联权力，而于各洲或各区分设联合团体。在此种办法之下，国联殆将成为若干散漫的邦联的一种散漫团结。伊拉克主张将《国联盟约》与《凡尔赛和约》分离，并主张利用区域互助公协（原文"公协"，似应为"公约。"——编者注），以增加集体安全。

　　从以上许多不同的提案中，可知最重要的问题不外制裁应否存在与区域互助公约两大问题。其余的建议或则绝难见诸实行，或则即见诸实行亦与国际和平无大裨益，或则其实行须在国联已能维持和平之后，所以俱无实际的重要。设置国际军队为极难实行之事。复决及分区（或分洲）设立国联为极难实行之事，即实行亦于和平无补。欲美国等国加入国联，无论国联如何改组，在现时决难办到。如果国联毫无实力，则美人将认为不值加入。如果国联的会员国有重大的义务，则美人仍必以为加入含有危险。

　　讨论区域互助公约这问题可以有两个出发点。如果国联是大多数国家的团体，而又是执行制裁的团体，则区域互助，一方可使有力侵略的国家不敢轻易图谋侵略，一方更可在侵略发生之后，易于实行制裁。如果国联是少数国家的团体，则无论执行制裁与否，区域互助公约总易成为防守同盟的条约，而其弊害亦与防守同盟相同。我们可以《洛加诺互助公约》与"法苏协定"为证。当《洛加诺公约》成立时，国联几包含全体欧洲国家（仅苏联除外）在内，而制裁的条文亦从未有人加以否认，所以这种互助公约实有裨于和平的维持。当"法苏协定"成立时，德国已脱离国联，意国亦已入若即若离的状态。所以《国联盟约》如继续保存关于制裁的条文，则国联所议决的制裁，如涉及非会员国时，此非会员国势将视此制裁为法苏行动，而国联不过是法苏的机关。因为如此，此非会员国势将组织一种反抗的防守同盟。《国联盟约》如除去关于制裁的条文，则"法苏协定"一类的互助办法更显然与旧式的防守同盟接近。

在许多强国尚非国联会员的国际情势之下，区域互助公约，除了重演防守同盟制度所易引起的种种纠纷外，毫无其他意义。与其订立区域互助公约，还不如增强制裁。增强制裁的结果，固然将使意德等国更不愿重入国联；但国联至少尚可以国联的名义执行制裁。如不增强制裁，或制裁只能由若干缔结互助公约的国家在互助的范围内执行，则徒然将引起国际间进一步的分化而已。

而且以上尚仅就欧洲的形势而言。若就亚洲美洲而言，则区域互助公约，无论在何种情况之下，尤不可能。亚洲以中日苏为主要国家，亦为利害冲突最甚的国家。三国之间关系错综复杂，无论那两国发生冲突，第三国势难中立。设有冲突，则谁为侵略者，势须由三国以外的团体宣判。如三国中有一国不在国联之内，则其余两国所订的互助公约直等于防守同盟。如三国均为国联会员国，则三国所共订的互助公约，设遇甲侵乙的事件发生，亦并不能增加国联的力量；因为丙的态度殆将依其自身利益而决定，除非国联能有力强迫丙助乙国。至在美洲，则互助公约必不能违反门罗主义的原则。如违反门罗主义，则必非美国之所欢迎。但欲不违反门罗主义，势必以美国为区域互助公约的警察；美国所视为侵略者便由美国领导缔约各国加以制裁。但此种义务恐美国亦不愿负。美国既不愿负，而别的国家又不能负，则区域公约成立的可能，固已小而又小。

所以区域互助公约的有无，比较的仍是不重要的问题。最重要者仍是制裁的问题。

无疑的，对意制裁的失败，使国联大失威信，而会员国间复增加不少恶感。无疑的，如果取消关于制裁的条文，意国或不难重行参加国联的工作，而德日等国亦有重返国联的可能。但制裁取消之后，则盟约第十条所云抵抗侵略国的义务，势将无存；而国联亦无须决定某种行为是否形成"侵略"。固然，也有人主张国联仍可宣布侵略为侵略，但不必有任何经济的或军事的制裁。这种人以为侵略的宣布已足以形成一种道义的制裁，这种道义的制裁即足以寒侵略者之胆。换言之，有一派人主张盟约中关于制裁的条文应删去，删去后可望德意等国一律加入，然后再赖舆论及道义的制裁，以防止侵略，以维持和平。但作此主张者实忘了侵略者的真面目。我们须知凡是侵略的国家，自身俱有一番大道理。意国在一九三五年十月时即自辩非侵略者。故非大不得意，国联决不愿宣告某某国家为侵略国家。我们敢言，如国联不预备制裁，则一九三五年十月的国联大会决不致宣告意国为侵略国。此其一。即已作侵略的宣告，如不继之以制裁，则被宣告为侵略者仍不会感觉多少道义上的压迫。一九三三年二月国联大会关于中日争端的决议，等于宣告日本为侵略者。但因没有制裁为继，故日本仍可逍遥自在。此其二。由此可知所谓道义上的制裁者实不具任何制裁的力量。

国联无制裁即等于刑法不设罚则。有制裁而不能实行固足以使国联威信扫地；但因其不能实行，而废去制裁，则国联纵能囊括全世界，亦不足以维持和平的机构。一九二八年巴黎《非战公约》的无效足以证明无制裁的国联决不足以维持和平。制裁之难以实行，我们并不否认。制裁须能立即发生，须能自动发生，须完全，才能有效，而此种条件现时决难具备，我们也不否认。但我们以为与其牺牲制裁条文以诱致意德等国的重返，宁可维持制裁的条文，而坐使国联在最近将来内，成为一个仅包含一部分国家的团体。我们如继续制裁的条文，日后继日德而脱离国联者恐亦只限于意国及奥匈等国。法苏为现国联的支持者，决无脱离之理。英国态度暗昧，亦未正式提出改组国联的方案（换句话，即对于制裁问题赞同与否俱无正式表示），但决无退出国联之理。北欧诸小国拥护国联最为热烈，自将与国联共终始。瑞士虽深恐制裁足以危及它的中立地位，但与国联关系过分密切，即维持制裁的条文，亦仍不能有脱离之意。所以国联纵维持制裁的条文，现时大多数的会员国仍将继续支持国联而不会脱去。

即就意国而言，其最终脱离国联与否，亦仍须视它与英法的关系。如果意国愿与，且能与英法接近，则制裁条文纵予维持，亦可不致脱离国联。自德日及日意协定成立后，世人辄将国联形势作过分简单的看法，辄将英美法苏及德意日看做两大对峙的集团。实则莫索里尼完全是一个机会主义者，他的政策亦最现实。他的最一贯的政策仍是交驩英国，英意对阿的冲突本不是莫索里尼始料之所及，而由英国一九三四年所持的模棱态度所养成。今者英意既成立"地中海协定"，则英意的感情已恢复大半；而意国重行参加国联工作的可能亦已比完全脱离国联的可能为大。

由于以上所言，欲增加制裁的实效现时固不可能，但因噎废食，因不能实行而取消，亦良可不必，且亦不智。我们主张制裁条文仍应维持，而《国联盟约》在大体上亦不必修正。在形式上，我们只建议作两种的修正，即将第十九条修正，而将盟约与和约分离。

为使一般条约的修改易于实现起见，盟约第十九条关于不适实行的条约的修改规定，应略予修正。盖条约犹宪法。宪法愈刚性，则革命愈易发生。条约愈难修改，则国际间的冲突亦愈不易避免。《凡尔赛和约》之未能修改本为近年来许多国际纠纷的重要原因之一。盟约第十九条的规定过于严格，几使修改条约之事无从实行。自应修正。

如修正盟约不易，则似应采从新解释的方法，将第十九条从新解释，使之较易发生实效。法国近年来常呼号条约的神圣，但欲求条约之被尊重，则不公平与无法实行的条约势须有修改的可能。

此外，和约与盟约亦有分离的必要。这种分离在过去本为法国所不能赞同。因为法国向赖盟约保障不公平的和约。但事实上和约既已被德国所陆续废弃，则亦乐得将二者分开而使盟约有较被尊重的可能。

就盟约的实行而言，如果英国能有如下的感觉——即法苏与德日等国如有战争，定将酿成世界大战的感觉——因而愿国联会员国联合一致，成为一个互助团体，则制裁的实行较易，而法苏的协定或亦可以废弃。如果法苏协定废弃，法国复与德国求进一步的谅解，则国际空气立可好转，而制裁问题实际上亦可不至发生。如制裁问题不发生，则英国当更愿保障法苏的安全。十九世纪末年英国的观望态度促成了欧战。一九三四年英国的含混态度鼓励了莫索里尼的侵阿。欧战后英国的游移态度更形成了今日的恶劣循环。解铃还须系铃人，亦惟有英国方能打破此恶劣的循环。

我们不否认经济制裁必引起军事制裁，军事制裁的责任势将由大国担负。但现世界各国的关系既如此密切，大国与大国间一旦如有战事发生，其余大国决无可以袖手旁观之理。既如此，则英国纵欲逃避责任，亦有所不可。小国与小国间冲突，则即经济制裁已足以发生阻止战争的效力。英国所不愿负而又可以不负的责任，当为大国（会员国或非会员国）侵略弱小国家（会员国）时所引起的责任。日本侵中国，意大利侵阿比西尼亚时所引起的制裁即属此种性质。对于此类侵略，单用经济制裁，不易生效；兼用军事制裁，则力能制裁的国家又不愿意。但此类侵略今后将较少发生的可能性。最可能的场合即为日本之侵中国及菲律宾（假定已入国联）。菲律宾与美国间殆将有一种军事协定，故制裁的责任多半将属于美国，不劳国联会员国特别操心。至于中日的冲突，则依现行盟约，国联固应制裁日本；但英法等国固又最不愿实施制裁者；不取消制裁的条文，则他日中国再有所陈诉于国联时，势将陷大国于极困难的地位。但此决不能成为取消制裁条文的充分理由，亦彰彰明甚。

总之，如有侵略国联会员国之事发生，国联仍应正侵略者之罪。至关于制裁，国联至少亦应尽力以赴之；纵在现时制裁不易澈底；但究亦聊胜于无；久而久之，亦定能发生不可侮的效力。独立国家的主权观念决不是可以一旦放弃者；但如国联能维持制裁的条文，而量力予以实施，则会员国亦终必习惯于国联的干涉，而国联的实力及效用亦可大增。

由上以观，不特国联为唯一可能的和平机构，且现有的盟约，从现实的眼光看之，正亦不必修正。加重现国联的制裁力容是不可能的；而减轻其制裁力，则将减低其维持和平的效能。我们维有求国际空气的改善，以增加实行盟约的可能；从盟约的实行，以求国际空气的改善。

但欲望英国能负责，法国愿修改和约，一切国家愿实行盟约第八条，以及其他应为而未为之事，我们实不能不有赖于舆论之发挥其力量。威尔逊总统于一九一九年二月十四日向巴黎和会提出国联盟约草案时，曾说：

> 我们首要主要的依赖是世界舆论所产生的道义力量。……武力为此计划国联的背地力量；但武力只在背地，如道义的力量不敷用，则实质的力量应能敷用。但这是最后的方法，因为我们预期公约为和平的宪法，而不是战争的联盟。

在现局面之下，我们更须先依赖道义的力量。道义的力量大至相当程度时，武力或实力才有可以应用之处；同时，武力或实力或亦竟可不用。

四

然以上所言乃纯为国联打算，纯为世界和平着想。国联的成功亦即中国的幸运，国联与中国间本无冲突；为国联着想亦即为中国着想。但有一宗分别：即为中国计，国联应施侵略中国者以制裁；而为国联计，则实施此种制裁，在现时国际局势，及短见的英法政治家眼光之下，恐为绝不可能之事。然则从中国人的眼光看起来，我们应放弃此无力制裁远东侵略者的组织呢，抑仍应大公无私地赞助此多难的和平机构，而使之逐渐树立威权呢？我以为国人应一方放弃依赖国联的态度，而一方则应以大国民的态度，力助国联。中国向来只有求于国联，而从未有所供献：驯至我们在国联中的势力名望十分藐小，求如一班南美小国而不可得，以比捷克加拿大等国，则更望尘莫及。就人事而言，我们纵使不能有贝尼斯（Benes）其人者（因捷克为重要国家），求为包理推斯（Politis）尚不太难。然而我们的贝尼斯及包理推斯又在那里呢？现在正是国联生死的关头，我深愿政府及国人俱放大眼光，联合北欧国家，作拥护国联的运动，务使吾中国为国联的热诚赞助者，吾国的代表为国联的政治家。苟能如此，则不特日后中国可得国联的援助者正多，而中国在世界上的声望及势力亦可大有增加。

论国联政策为唯一正大而有利的政策 *

"弱国无外交"这句话是含有一部分的真实，却并非全是真实。

如果我们因自视为弱国，对外事完全随时势漂转，外交上不打定一点点的主意，其结果必是误国。但晚近提倡中国应有所谓"自主的外交"者，也只看出了"弱国无外交"这句话的弱点，而没有顾到这句话的真实性。外交上有许多行动须以实力为后盾，更有许多行动可无须实力为后盾，如果所谓"自主的外交"者是指前一种的行动而言，则我们中国此时恐尚讲不到自主外交。

中国的外交向来有两种根本不成为政策的政策，不成为办法的办法。遇到于我无直接利害关系的事件，我们常常随便应付了事，不愿有所动作。在这种敷衍了事的办法中，及避之若浼的精神中，我们常常失掉了为国家争地位，博名誉，交朋友的绝好机会，而我们还没有觉得。这种失掉了的机会，最近就有过好几次；而这种机会之不应失掉，则可于抗议波兰瓜分事证之。百余年前波兰被俄普奥三国瓜分的事，本不与我相干，但当时（乾隆）的清廷，大概受了耶苏会教徒的请求，居然向俄皇抗议起来。抗议瓜分者除我国外，只有土耳其一国。近年来波兰有倾向日伪的行动时，我国外交官常常于言谈中，藉这件事迹，稍稍加以劝阻，有时也竟生效力。这正可见仗义执言是一件值得做，而不是毫无善果可收的事情。

第二种不成为政策的政策，与不成为办法的办法是：遇到与我们自己利害攸关的事件，我们如不能或无力与对方谋直截爽快的解决时，我们常会作单相思的依赖。因为我们总想直觉地或次直觉地想依赖人，所以对于国际的形势，人我的关系，常不能为客观的分析，常不能有不沾染的看法。就以目前抗战期内的情形而论，许多人对于

* 原载《世界政治》第三卷第九期，1938 年。

某一国家或某一类国悲痛的失望，或过分的期望，其所根据动辄为主观的依赖，而不是客观的判断。我们所遭遇者为蛮横不讲理性，不服公法的强敌，我们本不应希望人家轻易来拔刀相助。但我们的抗战确是上顺天理，下应民心，外获同情，而事实上也无可幸免的一件正经大事，久而久之外援必能自畏缩不前的空同情，进而为可以左右局势的实际援助。我们此时妄存奢望，固是无聊；遂告失望，也着实显出我们缺乏忍耐性与自信心。

同时，因不满过去没有自主自动的外交，而要出奇制胜，以合纵连横的手腕，声东击西的方法，或拉拢几个强国做我们的同盟国或协约国，或使中立者不得不助我，或使与我不睦者互相分离，则是中了不知己也不知彼毛病，也是妄想。这种所谓自主的外交，像我们这样弱国，尚主不起来。合纵连横的外交纵然是有利无害的外交，也不是弱国所能胜任。无论在战国时代的中国，或在近二三百年的世界，我们只看见强国互相联合，或强国勾搭弱国，而没有看见弱国勾搭强国能成功，或成功而召好果的。原因是：强国本不稀罕弱国，即或偶与弱国联合，也往往只徒自利，而不让弱国有取得便宜的机会。弱国拉拢强国，其结果往往使弱国丧失了原来拉拢强国的目标。古今中外，弱国联强国成功的似乎只有加富尔。

加富尔的联络英法确是大成功。但加富尔的成功造基于一八五六年萨地尼亚王国之能参加巴黎和会。因为加富尔目光远大，能先参预与萨国无直接干系的事件，以博得英法的好感，他才能联英联法，而建议统一的意大利。我们苟不下本钱，不从正义着手，而开始就想占便宜，必然难有成功。

重复言之，不顾问与我无直接干系之事，因而坐失良机，不是办法；遇到与我有关之事，单相思地想合纵连横一下，搭着几个好朋友，大大的依赖一下，也不是办法。自以为弱国，因而不想有自主的外交，对于与我无直接干系之事，不顾不问，坐失种种良机，固然是错误；不问自己如何软弱无实力，强谓弱国也可办自主外交，因而想拉此制彼，或以夷制夷，也是错误。深信弱国无外交者，固然是没出息，而以积弱之国，也想合纵连横，且称此为"自主的外交"，那也是不通不通。

我们应有，我们也只配有，讲信义，爱和平的正派外交政策。我们做什么，就说什么，用不到权术，也不配讲权术。在一个理想的世界，无论那一个国家的外交政策本来均应如此。但在这离理想尚远的世界，强有力的国家固然还可以运用波谲云诡的外交政策，或恫吓，或敲诈，或密盟，或利诱，而占得便宜。但积弱而又正被强敌侵略的我国，如何能有余力以恫吓或敲诈或利诱人家？

钱端升文集

最正当最自然的外交政策当然是拥护国联的外交政策。

　　从正义及理想方面说起来，国联本应为全世界所拥护，大家俱应努力由国联以取得世界大同，及世界和平。二十年来的国联固然还没有实现国联的理想；不特没有实现，最近数年的世界似乎在开倒车，似乎没有因国联的存在，而稍近于真正的和平。但这不是国联的过失。如果没有国联，这几年的纠纷，决不会减少，多半或还要增加。而且国联虽然没有完成他的使命，而这使命依旧存在。即使世界发生第二次大战，国际的纠纷仍不能因战事而消灭。二次大战之后，大家仍须想方法以避免战争。不论方法的细节如何，其轮廓总逃不出国联已有的规模与经验。所以拥护国联总是不差的。美国虽非国联会员国，但因其为爱好和平的国家，所以历来支持国联。这可为爱好和平与拥护国联不能分离的一证。

　　站在国家长期利害的立场，国联政策也是利最多而害最少的政策。我对于抗战的成功有十二分的信任与把握，虽则在这抗战期内，我们尚须经过极大的困难与危险，虽则我们尚须十二分的忧勤惕励以避免堪虞的隙越。但是抗战胜利之后，我们也有不少可虑的变化在等待着。我们的民族主义尽可有过分的浓厚与过度的高强。我们处置我们旧敌的态度尽可是仇视而不是宽大；我们对待我们四邻的友邦尽可是偏激而不温和。若然，我们的国家纵然十分强大，亦只能为人所畏忌，而不能为人所敬服。若然，我们势必先则增加国际间紧张的空气，继则与各国发生许多的冲突。

　　要我们既强之后，能为各国所敬，而不为所畏，能增进我国的地位，而不至引起他国的疾视，我以为惟有拥护国联，光大国联，并奉行建立国联的宗旨。我们如能诚心诚意，拥护国联，联合爱好和平的大国，共同努力于世界真正和平的建立，使民族无论大小，国家无贫富，俱有欣欣向荣，各对人类为贡献之可能，则我们将永为世界历史上最光荣的国家，而中华民族亦可为人类最大的功臣。

　　上述的期望固然偏于理想，但这是最值得提倡的理想，也是拯救苍生的唯一理想。我最近得有机会游历欧美若干国家，与各国人士讨论和战问题，及民治独裁等一类问题。我发现大家都感觉和平不建立，则其他一切高尚的理想，物质经济的建设，以及学者们的研究或创造，均是空虚的，没有价值的，一旦大战发生，从事于建设者或学问者即不从戎，亦有被炸可能，而其一切理想与事业则化为毁烬，归于乌有。然而最可怪的，大家虽都有这种感觉，而大多数都以为无力去化战为和。不特受制于独裁者觉得无力，即英法的人民也觉得提倡和平是徒然的。他们都欲避免战争，但他们都缺乏建立和平的意志力。美国的孤立派固然是力主和平者，但他们建立和平的方法，是硬将美国孤立，硬说美国可以孤立求存。却也未真为和平努力。

欧洲人对于和平问题所持的态度实在是受了运命主义的毒。盖现今各国当权之人大都是参加过首次大战的。因厌战故望国联成功，但又不肯以实力为国联后盾，因为以实力为后盾又有战争的危险。国联既因缺乏实力而失败，于是蛮不讲理的侵略国家乃蜂起。对付这种侵略国家更须以强力为后盾，统治者先既无勇气以支持国联，今自然只有赖妥协让步以保持和平于不垂。在这样一个悲痛不光荣的过程中，一个人的意志力自然最易丧失，而高尚的理想最不容易有滋生之地。

但是，愈是在这样的一个世界，愈是需要人来提倡高尚的理想。我以为世界上最有提倡和平理想的国家只有我们和美苏三国。苏联的外交曾经过许多的变动。而现在确是以拥护国联，维护和平为其基本和平政策。疾恶共产主义者多谓苏联的和平政策是假的，而其所倡导的和平阵线或民族阵线是一种恶毒的策略，袒护共产主义者则几以苏联为唯一真能尊重和平维护和平的国家，诚意求和平当然绝无问题。我所知苏联的事情太少，我不敢以权威自居，但我看不出苏联要装假的理由，因为国联政策对苏联固有利而无害。苏联是大国，苏联能维护国联，坚守着和平的理想，世界和平当然可蒙其利。美国向未正式加入国联，但美国人民的情绪始终与国联的理想相暗合。美国人民最怕上当，最怕加入国联之后，卷入欧洲多事的漩涡而不能自拔，但这并不是对于世界和平不关心。正在反面，美人对于和平的树立容比任何欧美国家为热心。我们与美苏同为地广人多的大国，爱好和平本为我民族历史上的传习。徒因过去积弱，政废纲弛，故对于世界的和平没有关心，没有说话，更没有提倡。现在我们是一个新兴的国家，无论抗战何时结束，战后的建设何时上轨道，但提倡和平要为万无一失的政策。我们亟应以有灵魂有智慧的大国自居，积极联络美苏作种种和平的运动。我们不能因抗战而忘了和平的运动，尤之我们不能因爱好和平，而不积极的抵抗侵略。抵抗侵略者的暴行与提倡一般的和平是互相表里的，也是一而二,二而一的事。我们年余来还奋着大无畏的精神与顽敌抵抗，我们今后尤须以大无畏的精神提倡和平的理想。美苏能与我共同提倡，固然最好，即不能，我们亦应单独提倡。欧洲人愈是屈服于命运主义，愈是没有信仰和平，提倡和平的勇气，愈是我们表现民族精神，以救世救民的际会。我们须以宗教家传教的精神，来提倡和平，来提醒欧洲人民，来壮欧洲爱好和平者的勇气。

我绝对相信，我们此时如能将我们对于和平的信仰见之于我们的言行，不怕人家讥笑，更不怕一时没有效力，在极短期间的我们会增大我们的自信力，自尊心，更会使世界各国尊敬我们，而不畏惧我们。我们的言行——当然须一致——将使友邦各国益愿我国抗战胜利，益愿我国为东亚的领袖国家。种瓜得瓜，种果得果。我们如以义方教训我们的子弟，我们的子弟必成为慷悌君子，我们如以爱好和平的大国民自居，引建立世界和平的大任为己任，我们不久便可成为真正的大国民。要我们民族做大国民，我们忝居领导地位的人，也得以义方自勉，并以勉国人。单靠一点点小聪明，或想在此处占一点国际小便宜，彼处获一点国际小援助，是绝对不够的。

我也承认国联政策或和平政策对于我们目下的抗战，除了精神上的自慰外，殆难期有多大实在助力。但即在抗战期，拥护国联亦为比较有利的政策。我们所能想到的国联政策不是不利于我不可行，便是可与国联政策相辅而行。国内近年有主张与苏联作进一步的联系者。姑不论苏联是否当与接近，可否接近，但要接近苏联，则不特可在国联政策之下，与之接近，亦且只应在国联政策之下与之接近。苏联至今为国联的拥护者，在各大国中，或至今仍为最忠实的会员。接近苏联本与拥护国联不相冲突。而且接近苏联而不同时想到拥护国联，则易起国内国外一般人的疑窦。向来疾恨苏联者更可多一藉口。国内近时亦有谓美国为我们唯一可靠的友人，亟应与之发生更密切的关系者。这个政策与拥护国联及接近苏联均不冲突，正可相辅而行。于亲英亲法政策亦然。目下英法政府固对于国联相当冷淡，但英法决不至轻易放弃国联。英法如愿予我以援助，决不会因我之积极拥护国联而消极。

所以凡于我有利的外交行动，无一不可与国联政策相辅而行，甚且可以相得而益彰。与国联政策不相容者，只有接近德意及与日妥协的两种政策。这两种政策俱是要不得的。与日妥协则势不能不与国联疏远。日本反对国联，而国联助我，我一旦与日妥协，则我实无以自容于国联。这为极显而易见之事。所幸抵抗侵略国人咸有决心，在日本放弃侵略政策，并停止侵略行动以前，国人绝不会作妥协之论，所以与日妥协政策可以不论。

接近德意亦与拥护国联政策不相容。德意近年所为者，无一不与国联的理想相抵触，所以与德意作共同的行动，必难免违反国联的精神。即以慕尼黑协定而言，该协定须用协定的方式，然其底子是德国武力的压迫，与英法向武力的屈伏，而不是平等的磋商，所以其所表现者乃大反国联订盟的精神。犹之列强对于德国，在一九二六年洛加诺公约以前，表面上虽用协商的方式，实质上，常为压迫的行为，所以也没有能确遵国联的精神。与德意作共同行动既不免违反国联的精神，欲接近德意，更必须疏远国联。

然而接近德意实是要不得的政策。接近德意的目的不外二种：其一求德意助我以抗日，其二望德意为中日间公平的调和者。前者是不可能的。我们最大的希望是德意不助日以和我捣乱，但要其助我以抗日，是不可能的。中德间商业上的交易不是不可能的，但这种交易无论于我有利与否，一定是于德有利的。苟于德有利，则不能接近亦可成交。苟只利于我，于德无利，则这种交易，即已进行，一经日本抗议，德方便会停止。此中道理至为明显，奉劝国人，再勿作若何种的单相思。至于第二种的目的，也是不可得的。中日间的战争此时根本上无调和的可能。日本所求者是我们的屈伏，而我们所求者，是日本停止侵略，放弃侵略。此时只有准备压迫中国，要中国停止抵抗，或武装干涉日本的侵略行动，才能中止中日的战争。此所以英美政府直接间接多次表示调和尚未至其时。希望德意调和者，既不能望德意武装干涉日本，难道希望德意压迫中国停止抵抗么？所以接近德意是要不得的政策。

由上以观，千妥万妥，比较有利无害的政策，即在战事期内，亦只有这拥护国联的一策。其余若联美或联苏的政策则尽可相辅而行，丝毫不损及国联政策的正当。

我也承认国联年余来与我的援助太微小了，远不及我们之所望。但这并不是国联的过失，而是国际形势所造成。我们不要忘了，国联虽处于极不利的时期，而对我的援助，确显得有进步性。我们此时正应以全力促援助的加增，而不可轻易改辕易辙。如果丢了国联，可以取得更大的援助，则为目前起见，尚有可说。但上面已经说明，丢了国联，更无一可。而况为永久的将来，我们更应放大眼光，以大民族自居，有大理想，而以建立世界和平的责任自任。

以上所说明的为国联之应拥护，国联政策之兼利于将来及目前，及其他政策之无一可。至于我们应如何拥护国联，远以谋国联的成功，及和平的建立，近以谋抗战时的助力，则容下期另作一文以述之。

国联政策的实施及运用 *

在本刊第三卷第九期《论国联政策为唯一正大而有利的政策》一文中，我主张立国应有伟大的理想，在外交方面则应以建立世界和平为我们的大任。我主张积极拥护国联。我以为惟拥护国联，加强国联威力，更藉国联以建立和平，人类才有安居乐业的可能，我中华民族亦才得永为伟大的领导者，永为其他民族所敬爱，而不为他们所畏忌。我并已说明，即以目前抗战时期的利害而论，我们亦应拥护国联。因拥护国联，总可得若干精神上及物质上的协助。这些协助，有，总胜于无。且不重要的协助，我们如继续努力，亦未尝不可进为重要的协助。二因其他外交政策，或则仅可为拥护国联的政策的辅助，或则根本不利于我国。

我们究应怎样实行这个国联政策，以建立世界的和平，并怎样运用国联的机构，以渡过目前的难关，便是本文所要图谋解答的问题。

我们有很多事应做。这许多应做的事中，有些是不易成功的，有些是很容易做的。但既然是应做的事，我们便应不问难易，而以全力赴之。

我们应做的事，可分三类来说：

第一类是关于国联本身威力的事。这些事纵与中国无直接的特别关系，但中国既是国联会员国，国联的威力愈增加，中国自然也愈占便宜；所以有我们不应因为这些事目前于我无利（非不利），而漠不关心。今分别论之：

第一，欲维持国联现存的威信，或恢复国联已失的威信，或培养国联未有的威信，我们对于制裁务须有一忠诚的主张，并力求这主张的贯澈。制裁本是国联盟约草拟时争论最激烈的问题之一，也是近年日意等国最不满意国联，因而退出国联的藉口。大

＊　原载《世界政治》第四卷第一期，1939 年。

国如英国，因欲诱致德意等退盟国家重入国联，故近年来常有减轻制裁条款的拘束力量的建议。小国如瑞士，因为不愿遭德意等国的敌视，故近年来也常有惟他们（瑞士等国）不受制裁条款的拘束的要求。为我们民族抗战的成功计，我们自愿制裁的条款发生完全的效力。为世界永久的和平及国联能尽维持和平的大任计，我们也自然愿国联制裁力发展到极高度。但是，我们如欲国联的威信不再下坠，而且得以逐渐恢复，我们也须顾到实际的情形。我以为盟约中关于制裁的条文，此时固不必作文字上的修正，加强固不能，减弱亦不智，但制裁一款的实施，不妨加以一不妨害我国取得援助，再可减少国联困难的解释。我不赞成修改条文，因为即取消了第十一第十六第十七等条，侵略国家也不会洗面革心，皈依国联；而且徒足示弱。但我主张将该项条款作一合理现实的解释。所谓合理现实的解释，应以在现状之下，最大的可能的实际制裁为限度，而不应企图实际上不可能之事。说得较为具体些，军事制裁在目前是不可能的，我们尽可不必空望其发生效力。经济制裁不是不可能的，我们抗战的胜败大概亦须有赖于经济制裁的实施，所以必须早日制成一个有效的方案。这个方案不必以一九三五年对意制裁时调整委员会所制定的方案为张本；因为依照上次的方案，大小国家所负的制裁责任，并无差别，今后势力为邻近德意等国的诸小国所反对。制裁要在今后能实现，必须由各强大的会员国负起强制的责任，而各小国只须负起任意的责任。至于这个方案的具体细节，则自然须与各国会商。我以为我们如能提出一个具有现实性而又不妨害我国取得援助的解释方案，而以之提出于国联大会，并力促其通过，则一方可以增强国联的威力，一方又可以增加我国在国联内的领导地位。

第二，要国联的实力增加，我们不能不尽量诱致美国加盟，我们不能不尽量赞助苏联，使之继续为国联的忠实会员国，为集体和平的拥护者，我们亦不能不设法减少德意日一班人民对于国联的猜忌。今分说于后。

要美国加入国联为国联初成立时，世人所祈求，而亦为近年来世人所引为绝望之事。但要望国联实现其维持世界和平的最后理想，美国的加入为绝不可少的条件。因之，无论困难有多大，也无论目前可能性怎样的小，我们仍须努力。我以为要美国加入国联，第一要国联勿再自坠威信，第二要成立各洲或各地域（如太平洋沿岸各国）互保安全的条约。第一点是极显然，无须阐说。第二点也是必要的，因为美国多年来虽爱好和平，即不喜欢卷入欧乱，虽不喜欢干与外事，却又不愿失了在太平洋上不受威协的安全地位。所以各洲或各地域，如能参考洛加诺制度的原则，各自成立互保安全的条约，而将这些互保的制度，纳于国联机构之内，则美国既不必畏惧因加盟而致牵入欧洲的漩涡，却又可以藉国联以加强太平洋各国互保安全的制度。我并不说成立了各洲或各地域分别互保安全的制度，便可以使美国加入国联，但成立这种制度要不失为诱致美国加盟的重要步骤。中美间向有好感，美国对我亦富同情，我国如能采取自主的外交，以成立太平洋保安条约为目的，先之以鼓吹，继之以征求各关系国的意见，终则请美国为主盟者，则若干时期而后，太平洋保安制度的成立亦绝对不是没有可能。所需者只是有志者事竟成的信念。

苏联自一九三四年加入国联以来，成了国联的栋梁，兼为集体安全的拥护者。但自慕尼黑会议成立德意英法四强协定，英法离开了国联的立场，压迫捷克，并与苏联疏远以来，苏联对国联几有爱莫能助之势，苏联此后是否对国联亦将取冷淡的政策，诚是值得注意的问题。明年一月行政院会议，开会时，如果李维诺夫不自出席，或用其他方法表示冷淡，则国联的实力又将受一极大打击。我以为为爱护国联计，兼为增高中国国际地位计，我们应支持苏联在国联内的行动言论，我们并应运用外交，使中国与苏联在国联内取得领导的地位，促使英法继续为国联努力。这样，我们可以对得起国联，我们也可以顾到我们自己的利益。

德意日三国的退出国联是为求得侵略弱国的自由。他们一日不放弃侵略的野心，他们亦一日没法与国联相融洽，没法重入国联。站在国联的立场，我们只有祝祷三国的侵略政府崩溃，我们本不必因三国的退崩而有所惋惜。但政府与人民不可混为一谈。统治者尽管与国联背道而驰，而一般人民对国联的同情心，已失者不可不谋恢复，仍有者不可不谋维持。这是减少反国联的力量的釜底抽薪的办法，我承认这不是容易做的事，因为德日意的人民并无意见的自由。我也承认这不是我们所能做的事。但我们至少可以督促国联秘书处注意对三国人民的宣传。

第三，各国军备的缩减或扩充为国联成败的关键。军备扩充，最好也不过是均势的局面，坏则至于大冲突，大火并。军备缩减，则集体安全的制度不难成立。国联近年的失败，英法要负极大的责任，因为英法始终没有认真执行盟约第八条关于军缩的规定。现在德意日的军备大增，在没有成立某种协定以前，英法自然没有片面裁军的道理。但军缩的原则却不可不尊重。为今之计，国联应提一普遍合理的军缩计划，并声明与非会员国共同奉行。对于这种计划，德意日现存的政府自不免将取反对的态度，但国联未尝不可以此作拉拢德意日人民的宣传。我们国家既以和平为立场，我们应积极促成这种计划。

第四，缩军而外，世界资源的重行分配亦为国联最重要的职务。缩军仅足以减低冲突的严重性，而不能根本免除冲突；只有重行分配世界的资源，使各民族的经济有欣欣向荣的可能，国际间的冲突——至少是由经济民族主义而起的冲突——才可免除。当一九三五年秋季，阿比西尼亚之战尚在酝酿而未爆发时，当时英国外相贺尔在国联大会中有资源重分配的拟议。当时如英法等国一方诚意地讨论这个问题，以期公平的重分配的实现，另一方又认真地以制裁为恐吓，则不特阿比西尼亚之战可以不起，即以后的许多国际大纠纷亦可不起，而国联的地位亦可不致降落。即往事可不谏，来去仍必须追上。资源重分配的问题仍是日后国联成功失败所系。即云现在的侵略国家蛮不讲理，与之言重分配，等于送礼于暴徒，但国联仍须有一比较完美而且绝对公平的重分配方案。国联应声明，如侵略国家放弃侵略，则这个方案即可实行。有一个方案摆着给全世界人士看，国联才可以维持现世界一般较富理想的人士的信仰。因为，我国政府于最短期内制成一个比较合理的方案，向国联提出；一次不能通过，则继之二次三次。这样，不特国联高尚理想的宣传力可以较为广大，即中国对于国联的贡献及国联中的地位也可以增加提高。

第五，凡盟约所规定的义务，以及国联议决案所规定的义务，我们亦须忠实地执行。像十许年前我国积欠国联会费至数百万法郎之巨，固是不应，即昔年对于烟禁之不切实执行，亦实与国联许多决议案不合。此外，对于劳工会议的议决案，我国对之采敷衍了事的态度者亦多。严格的说起来，这都不是忠实的会员国应有的行为，所以我们也不能不作自省的功夫。

总之，要希望国联能完成他的和平使命，会员国不能不尽最大的义务，不能不作最大的贡献。我们不可随英美冷淡国联，亦不可因我为弱国，而以为可采旁观的态度。我们应以信宗教的热心，来提出应该提出的建议，并力求其成功。

第二类我们应做的事是关于我国与国联的联系的。我们究应如何而可以使我国与国联的关系更密切，使国联认识我国是热心的会员国呢？

第一，我以为我国应罗致若干能干人物，设法送入国联秘书处及劳工局服务。这两个机关的服务人员来自各国，而以英法的为最多，亦最占重要。我国国民历来即少服务于国联的机关者；即有之，亦很难认为学识兼有，志趣远大之士。所以国联各机关的负责人士，对于中国人的感想向不甚佳，而同僚的器重亦不存在。这是一件可惜的事，且须怪我政府之向未注意此事。须知服务国联，待遇本佳，如我政府与秘书处及劳工局负责人员先有接洽，只令录用胜任的中国人，而不让任意觅人，则我国未尝不可在国联机关中，有胜任的代表。如果我国职员能为同僚所敬重，且能居高位，则直接间接对我国国家的立场亦必多所裨益。

第二，我国的国联同志会殆亦有扩大组织，增加活动的必要。英国的同志会是有特殊的发达的。结果则国联的理想在英国亦特别普遍。我国同志会如能有同样的发展，则国人对国联的前途必更关心，而国联亦必加倍重视我国。

第三类我们应做的事是单关我国的利益的。我国究应如何运用国联，以取得援助，以增厚抗战力量，在目前诚是急要的问题。国联现在的力量是极微小的，各会员国更缺乏急公好义的精神，要国联在最近期内予我以有效的实际援助，似乎是很困难的，便是我们千万不能灰心。凡事在人为，有多少努力，必收多少效果。就目前而论，我们应紧守这样一个原则：凡事实上不可能的援助不必靳求，而事实上可能的援助，则我们应毫不放松地要求。国联应做而目前必不能做之事甚多。这种事之涉及国联本身或涉及其他会员国者，我们应不管事实上有无实行希望，仗义执行；但涉及我国者，则不必提起，以免自私之讥。这样做法可以表示我民族的大方与识大体。所以高度的对日制裁，我们此时不必要求，即要求也是无用。但是可能的制裁以及其他助力，我们务必以全力促其实现。现实的鉴别，是我国对国联要求的先决条件。

我以为国联或国联会员国，关于对日制裁及向我援助方面，目前所可做到之事，除同情或道义上的援助不计外，不外三种。第一，财力较富的国家应借款于我。第二，向来对日有军火及军需输出的若干国家应禁止这种输出。第三，各国——尤其是社团组织较为发达的国家，如英国瑞士丹麦瑞典等大小国家——应组织对华救济事业。我当然也欢迎其他的与更重要的援助。我知道根据本年九月二十九日国联行政院关于中日争端的决议，我们有权要求者绝不止此，但其他的援助不易得，所以我们应集中全力以求可能的援助。今再将这里援助分述如下。

第一，我们应求财力较富的会员国，或共同，或分别借款于我。我国在国联本年的许多决议之下，本有要求国联或国联会员国借款于我的权利。会员国如真借款于我，日本亦不能视为敌视的行为。各国的舆论对此事不特不无若何的反对，且有一部分人十分赞成。只各国政府不甚热心。我不否认借款的成功是不易的。但我绝对不相信我们已尽了最大的力。我以为要借款的成功，单靠外交上的努力是不够的；在财政的信用上，及生产的调整上，我们也须为最大的努力。

第二，会员国应禁止对日为军火及军需上的输出。会员国中以军火供给日本者不多，但以军需品如五金石油等输给日本者甚多。要做到禁止比做到借款更难，因为荷兰就怕因此而引起日人之攫荷属南洋。但根据本年九月二十九日的决议案，我们有权要求禁止。我们如能同时使美国为同样的行为，其可能性亦不是没有。属于此事我们在日内瓦及在各国的外交官尚应作进一步的努力。

要求各会员国禁止借款于日，也是我们的权利。不过各会员年来并无对日借款者，故可置而不论。

第三，要求各国在中国多行救济事业本是比较容易做到的事，但时至今日，除了国联所经营的若干微小医药救护事业，及英国若干微小数目的捐助外，不闻有他。救济事业不限于国联及大国，瑞士瑞典丹麦等国亦优为之。如我国驻在各国的外交官而善用外人对我的同情，则巨数的募集，与夫救护团及救济组织的派遣，实不是难事。

上述三项工作，即能成功，亦不见遽能化败为胜，但有了上述三项，必可更有其他的援助。如果上述三项做不到，则其他援助更谈不到。所以政府负责者，实有尽其全力，以赴事功的必要。

国联政策的成功与否，为我们兴亡所系。而要国联成功，我们尤须兼有远大的眼光，高尚的理想，及浅近的利国之图。没有前者，我们不能为人所重，亦不曾有不顾一切的大勇。没有后者，则无以应付目前的大难。所以两者实不可偏废。

新世序与世界公务员 *

　　我相信经此次大战而后，世界新秩序定可有相当规模，定可比战前有显著的进步。我确有此信心；目前一切不甚可乐观的现象，与若干国家的领袖因憧憬于过去光荣，不肯毅然采更新的态度，均不足摇动我的信心。良以凭我的看法，这次的大战确为人民的大战，而不是政府或少数领袖的大战。联合国所有的人民均不欲战，经惨痛的经验后，始发现不能不应战。他们体验到战争所给予他们身体上的苦楚，他们更体验到欲避战而不能这一种情形所给予他们精神上的苦楚。所以他们必将要求能确保和平的新世序的建立。为达到这一个最高的起见，他们将不惜作一切的牺牲。即若干狭窄性的民族虚荣，如帝国的维持等等，也可在牺牲之列。凡不懂得人民心理，过分顾全一民族利益，致使公正的秩序无法出现者，纵一时可获一部分人民的拥护，最终仍必为大多数人民所斥弃。盖不如此，则公正的秩序势将因民族利害的冲突而流产。这一个结论各国人民我信不久必可得到。五年前我们开始抗战时，在英美等国，也是人民先表同情于我，然后朝野领袖们跟上（罗斯福总统及新政领袖为例外，他们在始即和人民站在一起，表同情于我）表同情于我的。此一前例更使我深信各国人民于媾和的要紧关头，定能主持正义，从大处着眼，而要求一个可以维持和平的世序。

　　除了对于各国人民政治意识的纯正，可容我们乐观外，若干国家若干领袖的态度也足为乐观的基础。中国国民党总裁蒋先生去年十一月在纽约前锋讲坛报的论文，及美国共和党领袖威尔基先生及副总统（亦民主党领袖之一）华莱斯先生一年来所发表的言论，均能以全人类的幸福及全世界的和平为着眼点，公正通达，向往大同，无后一班民族领袖偏私护短之病。目下最有力的国家的最大领袖——罗斯福总统——其论

第二编　国际政治

调虽未能如华莱斯副总统的显明，然他的地位颇似联合国的大统帅，为获取胜利起见，他或不便多说。他既然能容许其副总统一再作陈义甚高的言论，则他本人之能竭诚赞助健全的新世序的建立，似亦无须怀疑。

而且像英国等国之亟欲往民生主义的大道切实做去，也不是对世序的建立没有促成的功用的。数月前英政府发表所谓毕佛立治社会保险报告。毕佛立治前为伦敦经济政治学院院长，战起后加入政府，襄助关于战后经济建设的一部分的计划，并主持社会保险计划的拟制。原报告我未得寓目，然证以英人注意之深，在美流通之广，及英美进步人士之交口称许，如获实行，当可使英国社会中之贫富一扫而空，使英人全体得获裕足的物质生活及尊严的精神生活。如果英国人对内能有这样合乎民生主义的伟大改革，则对外亦决可不致罕守古老帝国的成见，不肯澈底与天地民族和衷共济，而坐令健全的新世序流产。

从以上及其他种种看法，我因敢断定战后我们必可获得一个有伟大规模，广泛职务，且有雄厚力量的世界组织。规模一定宏于国联，职务一定繁于国联，力量也一定大于国联。

在这样的一个新组织之下，一种新的公务员制度良有必要。旧日的国联，其规模不能谓宏，职务不能谓繁，力量亦不能谓大，但其秘书处与劳工局的工作人员，当其盛时，亦几近二千人。将来的组织将负起制裁侵略，控制国际经济生活，促进国际文化合作等大任；且总组织而外，殆将有区域组织并存。他所需要的工作人员或须百倍于往日。平时十倍于往昔，则世界公务员的数额亦将有二万人之巨。这一个二万人乃至二十万人的公务员，如何募集，实是一个异常重要的问题。我们中国人本有治人须与治法兼重之说。有治法而无治人，则其治不隆。如果我们单单有一个理想的国际公约及组织，而没有合式之人以承担各种职务，则新世序徒成纸上空谈，实际无由建立起来。

近百年来各民族国家均曾有过公务员制度这问题；而且在许多国家，公务员制度至今尚未确立。世界公务员制度比国家公务员制度一面较易树立，一面又较难树立。较易者，因世界组织是一簇新的组织，故其公务员制度可不受任何既成事实的限制，亦可不受旧国联秘书处人事制度的拘束。较难者，因为对世界公务员制度，各大国间或不免有不同的看法，一有争执，则困难便多。但无论为难为易，最合理的办法自然无过于在新组织成立之始，即确定了一个公务员制度。

要建立一个世界公务员制度，首须解决的问题便是公务员应不分国界呢，抑应由各国凑合呢？如按国之大小，由各国分头供给一定额数的公务员，其事自较易为，且各国亦可不致反对。但此与人材主义的原则不甚相合，且如此凑合的公务员势将富于分离性，不易成为一个团体，且亦不易有世界的看法。故我以为折中的是合理的办法。我以为世界公务员可分为两类。其工作之含有政治性者应于有关国家的人民中选任之，但其工作之全为技术性质者则应全凭能力，不问国界。前者如管理某一特别区域的公务员。这种管理自应尽先由当地人民，邻国人民，及有重大经济利益的国家人民参加。后者如扫除黄热病的卫生人员。这种公务员自可专问能力，不问国籍。

征募世界公务员时，下列各项资格或条件是不可少的：第一是教育的条件。这条件不应低于现今一班国家所需求于各该国的公务员者。换言之，任高级者必须受过大学或高等的专门教育，任低级者必须受过中学或技术教育。第二是语言的条件。将来的世界如有一世界【语】所产生的可能，则世界公务员自应以粗通世界语为尚。如无世界语之规定，则通语言愈多者自最合理想。再次，则通比较流行的语言为英语者较仅通本国的语言者为得用。第三是信仰世界组织的条件。近代论公务员制度者恒注重所谓"公务员的中立"，其意即谓无论当政者属何政党，公务员务须能守中立，以同样的忠诚，执行政权机关的意志。世界公务员则务须能忠于国际组织，而对各国不作左右袒。此则惟有能对世界组织有信仰者才能有之。故世界组织将来征募公务员时应有权利设如种种方法，以察知候补者之是否有此信仰。

如世界公务员制度果秉上述的原则及条件而建立，则我深恐我国人民将不易大量获选为世界公务员。我们如对此可不作计较，则自然无话可说。我们如忘不了我们幅员大于人，人口多于人，因而希望巨数的国人能为世界组织的执行人，则我们殆不可不早作准备。近数月来，国内颇多关于未来世界组织的讨论，且颇注意于我国在此组织中应占的地位。然地位的高下决不能单凭条约所定，亦不能全视所派代表的人数或所获票权之数。最有关系者当然就是经济力量。经济力量宏厚者，地位自然地会高。经济力量薄弱者，地位无法提高。但除经济力量这一因素外，最有关系者乃是一国所出公务员的数目。数目大，地位高；数目小，地位低。故我以为我们与其斤斤于条约上所定的地位，不如多多训练人才，庶几新组织成立时，我们可以有巨数人民得入选公务员。

或者曰，战后我国的建国工作既大且繁，凡一切可能的人材将用诸于本国之不暇，安能投往世界组织？我则曰，此乃大国注定的命运。大国有大国的权利，也有大国的责任。我们如不欲为大国则已，欲为大国，则不能吝惜人材，国内需要人材，国外也需要人材。不特世界组织需要人才，台湾等失地收复而后也需要人材去负治理之责。日本人在台是非常刻薄的，非常不能容许台人有爱国心的。但在物质方面，无论市政、卫生、户籍、治安、甚或奴化教育，日人均有极高的行政效率。我们如要治理得有色有声，我们确须作一番极大的努力，而接替者之得人尤所不可忽视。所以无论为建国，或为治理收复的失地，或为参加世界组织的管理，我们此时均须急作准备，有计划地训练巨数行政人员。

我因为欲求这个问题于我有满意的解决，我们急须早作准备。如果日后世界组织成立，我国依约取到领导地位，而又无法供给大批合用的公务员于这组织，则必临时无法补救，而我所得的领导地位也将成为毫不实在的空幌子了。

论战后国之大小 *

关于政治单位的大小，古今中外所有的理想不外乎三：一是城市国家，二是民族国家，三是大一统。城市国家见于古希腊古罗马。民族国家为近数百年来的正宗思想。大一统为中国自秦汉以迄明清的唯一理想，为西洋中古耶教帝国的理想，殆亦为凯撒，亚历山大，拿破仑及希特勒辈的理想。就中，城市国家或不值得称为一种理想，因为希腊罗马的城市国家，在其末期，都在成立联邦。联邦的成立不啻说明城市国家不是最后最高的一种的政治单位。民族国家及大一统的组织则和城市国家不同。在民族国家盛行的时期，谁不以民族国家为人类政治组织最高的发展？谁又不以此为举世所应采行的制度？至于拥护大一统者，不消说，自然更以之为人类政治组织的止境了。

大一统之制在前，而民族国家之制在后：这是政治进步中的一个奇特现象。在欧洲，耶教帝国不能维持下去，而有民族国家的代兴，于是耶教的天下乃由合而分。在中国，自秦汉一统以来，汉族文化所及即成汉人的天下，在汉人所知的宇宙中，亦只有一个一统的组织。但东西的交通将民族国家的理想传入中土，并代替大一统而成为大众所接受的制度。骤看起来，民族国家为一种进步的理想，而大一统则是陈腐的理想，是无疑的了。

然而民族国家之不能成为人类政治组织的最后单位，已因过去数百年来不断的并日增的民族纷争而显然。人类的政治单位如留滞在民族国家的制度，而没有进步，则人类的文明终有一日会因战争而毁灭，即人类的本身亦会因而毁灭。进步之道何由？便是增进民族间的合作，树立世界永久和平，而引导各民族以进于大同的社会。大同的社会仍是大一统的政治单位。民族国家于欧洲中古及中国秦汉以来天下为一的帝国

＊　原载《东方杂志》第三十九卷第八号，1943年。

本是一种进步，而民族国家的进步又为大一统的组织。我上述所谓奇特者盖在此。

大同社会与耶教帝国中华帝国虽同为大一统的理想，而其对民族的关系则完全相反。帝国是抹杀民族的存在的。中华帝国以同化异族的手段，促成国土的扩大。耶教帝国最初以教皇为帝国的中心，继则造成德意志人为上邦而其他民族为隶属邦的不平等关系。希特勒帝国更完全建筑于德民族统治其他民族的理想之上。这些帝国固然也有优劣之分，但其不能兼顾全人类的幸福，吸取全人类的文化，自极显然。故对他们而言，民族主义是进步。但大同社会则以民族的存在为出发点，不特不抹杀民族的存在，而以融通一切民族的文化，兼顾一切民族的利益为目的。故与民族主义相比，又进一步。

我们如接受上述的看法——即大同社会是民族国家的进步——则政治单位自应由小而大。现在已成国家的民族约五六十，未成独立国家而有此野心的民族亦有五六十。以百余民族而欲一蹴成一统的大同社会，是不可能的。必定地域文化相接近的小国互相联合起来成为较大的单位，这较大的单位又互相联合起来成为更大的单位，然后大同的社会可得而脱胎。

由上的说法，则负改造战后世界之责者，应极力鼓励国家的合并，而防止国家的分裂与小国的成立。

但这可能与民族自决的政策冲突。以比利时为例。比国包含两种民族，在南者曰瓦龙族，与法人相近，在北者曰佛兰特族，与荷人相近。这两族合组比利时国，而时有龃龉。如果他们根据民族自决的原则，要求裂为两国，又有何法以阻止之呢？所以主张澈底的民族自决主义者，偏向小国主义。

此次战后，这两种不同的见解——以大同社会为最后目标而欲小国相合者，与根据民族自决主义而欲各民族尽量自由组国者——势将各占若干势力。我是持前一个见解的。我以为政治单位太小太多，则纷争必多；和平既不易维持，而大同亦难以实现。故我们务须放大眼光，以伟大的气魄，于战后尽力阻止无须要的分裂及无须要的建立小国。我们最好此时即立下若干成国的条件。凡人口不满若干数，而又可以和邻国合并者不许成国。凡文化太落后，而显然无维持治安的能力者不许成国；他们宜暂归新国联保护，以观后果。条件如何决定固有待细密的推考，但在我的直觉中，已独立的国家，如卢森堡，如阿尔巴尼亚，实在不必单独成国；企望独立的国家，如斯洛伐克，如印之回教徒，也实在不可单独成国。负改造战后世界的责任的诸大国对此问题应于此时即有充分的准备与宣传，免得战事结束，独立的要求一经提出后，不及措手。

钱端升文集

第三编　中国政府与政治

评立宪运动及宪草修正案 [*]

《中华民国宪法草案初稿》（本文简称初稿）是由立法院的宪法起草委员会拟定，而由立法院于本年三月一日发表，发表的目的在广征国人的意见，以作修正的参考。三月中立法院院长又指定若干立法委员，负责审查这个初稿，结果为立法院七月九日所发表的《中华民国宪法草案初稿审查修正案》（本文简称修正稿）。各方所贡献的意见计有二百多件尝被审查者所用作参考。立法院的能够尊重外界意见是没有疑义的。

本文本来预备批评修正案。但是，单单批评宪草而不及根本问题是没有意义的。究竟中国现在是否需要立宪，人民是否有实行宪治的能力，这些问题先得有一答覆。所以我这篇文章拟分四节讨论：第一，中国现时应否立宪？第二，如不立宪，政府组织法应否改善？第三，如果定须有宪法，则宪法的原则又应怎样？第四，如果迁就，立法院宪草的轮廓，它的内容又应有怎样的修正？严格的说起来只第四节是批评宪草，但要有意义地批评，前三节却不能不先讨论。因先后论述如下：

一　中国现时应否立宪

立宪的目的是什么？要立宪不外要实现民主政治，奉行民权主义，或树立法治局面。但是，民主政治本质的良不良很有问题，民权主义又不能以一纸空文来实行，法治也是这样。除此而外，我们又想不出立宪尚可有其它的目的。

通常的所谓民治，实包含下列五点：（一）人民在法律上一概平等，不问事实如何；（二）国家权力有限制，个人保留着一部分自由权；（三）有一代议机关，由人民依平

* 原载《东方杂志》第三十一卷第十九号，1934 年。

等的原则选出；（四）议会中有两个以上的政党存在，互相监督，轮替执政；及（五）政府采分权制。[1]

上述的民治本不是宜于现代国家的一种制度。这意思我在《民主政治乎，极权国家乎？》那文中尝有详细的说明。简单地说起来，现代的经济民族主义不容国家在生产方面进行迟缓，而通常的所谓民治则不利于高速度与大规模的生产。中国固然还不够资格做一现代国家，但要成为一个现代国家，也万无绕道民治的理由。而且，即使民治宜于中国，中国人民现在也实在没有实行民治的能力。成功的民主宪法皆先有民治而后有宪法，先于民治的宪法皆为失败的宪法。

民权主义是否即是通常的所谓民治，所谓德谟克拉西，诚是近年来争论甚多的一个问题。如果是的，那末屏弃民治等于破坏三民主义。这于不信三民主义的人，本来没有什么关系；但对于笃信三民主义者却大大为难了。我以为孙先生晚年所主张的民治和其早年所阐释的民治甚有不同，后者或许与通常的所谓民治甚接近，但前者则决非民治。我们须知三民主义本是准对中华民族的一个良方。病人的征象稍变，则药方也不能不随之而稍变。孙先生在其革命的过程中，主张常有（虽则不剧烈）变更者即因病象常有变动（虽则也不剧烈）的缘故。然则我们又那可牵强附会，以未来式的民权主义和殆成过去的民主政治相混？

孙先生的民权本不是通常所谓民治。这从他对于议会制度的批评中可以看出。普通的民治甚重视议会制度。拿破仑叔侄所利用的所谓凯撒民治，便非一般人所肯认为民治者。孙先生的民权论则注重在民众的行使四种政权——选举，罢免，创制，及复决。要能行使这四种政权，其人民必须经过充分的训练，绝不能有所微幸，绝不是一纸宪法所可奏功。

所以，如果立宪的目的在民权，则目的虽无可非议，而立宪却非达到这目的的正当工具，正当工具应为安定政局以实施训政。

至于为树立法治起见，中国是否应即立宪的问题，则比较复杂而不易答覆。我们应首先声明，即法治与民治不是一致的名词。民治虽然一定包含法治，民治国家虽然一定也是法治国家，法治却不限定即是民治。立宪尽可仅含法治，而不含民治的意义。我们固然承认通常的所谓立宪即是民治。英国是立宪国家，也是民治国家。美法是民治国家也是立宪国家。但也尽可有立宪而非民治者。民治国的宪法学者虽不承认俄意为立宪国家，但俄意的独裁究尚不失为法治；因为俄意等国皆有固定的最高机关，这

钱端升文集

[1] 参阅本志第三十一卷第一号拙著《民主政治乎，极权国家乎？》一文。

最高机关意志的变更必有一定的表示，故无论政府及人民，皆有一定的法律可资遵循。

法治与民治不同。民治不需要，而法治则不能无。无论政体为旧式的民治，为孙先生的民权，或为俄意的极权式，法治皆有必要。没有法治，政治便无从循轨而行。

不过，法治也不是一纸宪法之所可建立。法治本可分作两部分讲，私法方面的法治，及公法方面的法治。在私法方面，中国并不是缺少法律。所以尚未臻于法治者，乃因法院缺乏执行的力量，而法官的知识及能力也嫌不敷。所以要促进私法方面的法治不在立宪，而在慎选法官，并尊重法院的权力。

在公法方面，法治的需要或更比在私法方面为大。如果政府各机关之间常因职权不固定而常生冲突，或是行政没有一定手续，而人民常遭压迫，那无论政体怎样规定，政治总不会怎样高明。

从理论上讲起来，中国这时候如能有一宪法，将政府各机关的组织及职权，及彼此间的关系，有一扼要的规定，则公法方面的法治必可较有把握。但是，令法律（就公法而言）迁就事实易，而令事实遵随法律难。这本在各国皆确，而在中国为尤甚。过去二十余年的经验更是历历不爽。所以，如为树立法治而立宪，则所立宪法，第一须切合现时的国情，第二须简要，庶几遵守实行俱没有问题。如果有法而不能实行，不被人所遵守，则离法治更远，不如无法。

这里所说的宪法，不是德国一九一九年的宪法，也不是英国的不成文宪法。这里所说的宪法实不够宪法的资格，而仅是一个或几个组织法，好像法国一八七五年的三个宪法法律，能简要，能切合国情，不涉理想，也不夸大。为实在起见，我们最好不将它们叫做宪法。

二 政府组织法的改善

根据上述的精神，国民政府现在的组织有三处亟应改善：

第一是中央政治会议。中央政治会议为党治机关。如果党治取消，则它也自然无从存在。但目前情势距取消党治尚远，故取消政治会议也谈不到。不过它既负有政治的最高指导责任，则首须有负起这责任的能力。现在的中央政治会议有两大弊病，第一人数太多，第二所问之事亦太多。国民党有中央执监委员百七十余人，这百七十余人也全是政治会议委员。这样的大团体怎能负起指导的大任？而且人数虽多，出席则非必要，于是这次会议，这一批人出席，另一次会议，另一批人出席。这样的缺乏固定性，更怎配指导？就令政治会议设有九个常务委员，但是这九人也非全数常驻都城。关于第二点，政治会议既负指导的责任，则只应问大事，而不问小事，但事实又与理论相反。姑举一例：关于国医馆事，政治会议前后讨论计有五次之多，而且每次争论甚烈。这没有别的缘故，这完全因为政治会议不能自立限制的缘故。因为政治会议患了以上两种弊病，于是重要的委员不一定全出席，而出席者不一定全是重要委员；重要的事情不经由政治会议讨论，而讨论者转多为例行事件。

在党治之下，最高的指导责任本应归政治会议担负。政治会议既不能担负，担负者遂不能不为若干重要的个人。于是人治的成分更重，而法治的成分更轻。欲图补救，则第一须将政治会议缩为一个不逾二十人的团体，人数愈少，则讨论机密事件也愈方便，而出席亦愈可有恒；第二须专负指导责任，而不干与琐屑事件。这两点有连锁的关系，缺一不可。一定要能做到这两点，然后政治会议能为最高的指导机关，而中央政令也可集中。

第二是军事委员会的职权问题。军事委员会的权力本极有限，徒因军事委员会现任的委员长为国民党最有力的领袖，也为声望最重的军人，遂成为中国今日权力最大的统治机关。而且委员会依法应为委员制，也不是首领制。为求法律适合事实起见，我主张稍改现行法令，设立全国最高军事长官之职，以一切军权交给长官，除军事预算及宣战仍应得政治会议的同意外，其余他可便宜行事。禁毒等事由军事机关办理确较方便，则亦不妨由政治会议议决暂交军事长官办理。但其它民事则应由行政院负责办理，不可因人而害法。不这样，则行政院将无责可负，而军事委员会则有权而无责。至关于最高的指导，则无论为国府主席，或为其他，俱应凭藉政治会议而有所活动。不这样，则政令无由统一。

第三是缩小五院的组织问题。五权应作独立行使的试验，却不必有同样庞大的组织。司法，考试，及监察三院能裁去最好，即不能裁去亦当缩小组织。立法院则应以能制定良善法案为目标，故也不必有太大的规模。

依照现行法律，中央政治会议为最高政治指导机关，而行政院则负行政的责任。我认为这是尚合国情的制度。所以我提议充实政治会议的力量，厘定军事委员会的职权，而保持行政院的完整。能这样，则政治权力较可有系统，而行政效率亦必较大于今日。至于用人行政的如何改进，其重要固然不亚于制度的改良，但非本文范围以内之事，所以不赘。

以上所述是一种极简易的改良。即使新的组织法俱依我的意思而成立，也不能凑成一个新的宪法。这是很自然的，因为我本不主张于此时立宪。

三 宪法的原则

我之不主张于此时立宪既如上述。那末，如果现政府及行将召集的国民党第五次全国代表大会，决意成立宪法，我又有何说呢？那我只有提出几个原则，以供制宪者的参考，庶几这新宪法可以不尽成为空文而已。原则如下：

（一）宪法可尽量的以三民主义为根据，但在文字上以少采国民党所特有的名词为佳。因为宪治既为党治的替身，则凡足以引起一般人民的反感者自以愈少愈妙。

（二）普通所谓人权，在目前的中国决无保障良法；至于基本权利及义务更无实行的可能。关于权利及义务的条文，既不能望其即日发生实效，则制宪者反可趋于理想。譬如说，如果我们希望中国将来成为社会主义的国家，则于权利义务章不妨充分有这表示。德国一九一九年宪法第二篇中许多条文也很多只为昭示民族应走的途径，而不求急切实行的。

（三）关于政治制度的部分应力求适合国情，不可有不易实行的条文。但现时已显著的流弊，则应纠正，不应使再获得宪法上的根据。

（四）民选的机关，及机关的人数愈少愈好，选举次数也愈少愈好，因为人民的程度不容许选举制度的成功。

（五）宪法的修改愈容易愈好。愈容易修改，则违宪的可能性也愈小。宪法愈少被蹂躏的机会，则人民对于宪法的尊敬也愈易维持。

四 评宪草修正稿

初稿及修正稿俱犯了一个根本的毛病，就是草宪者在一方固不满于现在的局面，但在又一方也没有一定的要求。他们唯一的要求，就是要一个宪法。至于什么样的宪法，他们却缺乏很固定的主张。今举数例言之。两案皆以民生主义为国民经济的基础，但两案的起草者对于这民生主义的经济生活似皆缺乏斩截的认识，或有之而不便明言。一九一九年德国宪法关于国民经济的部分已经被世人公责为太含混。若将修正稿的第八章和德宪第二篇第五章一比，则含混似有过之而无不及；初稿中的第三章更不必说。这是一例。国民大会委员会（初稿中作国民委员会）是一个何等重要机关，但修正稿

第三编　中国政府与政治

与初稿间的不同极大。在初稿中它是实际的统治机关，而在修正稿中，它的权位已大大缩小。这种剧变或尚可有说，因为国民大会委员会是新的机关。但是总统制与内阁制的问题则为国人二十年来讨论得滥熟的问题，在理应有一定的见解。修正稿距初稿的发表仅有四月，国中的制度没有变，最高的当局也没有变，根本的情势更没有变，然而行政体制则已自大体上可称为内阁制的制度，一变而为大体上可称为总统制的制度。这又是何等的剧变。凡这种种含混及无恒俱可视为起草者缺乏坚信的一种象征。他们所起草的宪法于是也尽多可议之处了。

要根本补救上述的弊病，我以为只有采用本文第三节中所述的各种原则。兹根据那些原则的精神，局部的批评修正稿如下：

（一）总纲　总纲可以有，而弁言不必有。总纲的内容与宪法的实际不大相干，所以没有也成，但有也无妨。弁言则必须讲到谁制定这宪法的问题。由党治蜕化到宪治，弁言中少不了要提起党；一提起党，党外的人顿生反感。所以与其有弁言，不如没有。初稿没有弁言，较妥。

说到党，我们便不能不讨论到第一条的措词。第一条说，中华民国为三民主义共和国。"三民主义"之正式入宪为好多人所不满。但我以为这条尽可存在。三民主义虽为国民党的党义，但究非狭窄的党义可比。三民主义没有对不起中国，只是国民党没有实行三民主义。"三民主义"入宪是极应该的事。不过除此而外，则不应再有党的字眼形诸文字。

第四条列举各省极不妥。列举的用意据说在不承认东四省被攫之意。但列举的毛病则在不能完全列举，京沪各市即未列举在内。至云有"其他固有之疆域"一语为殿，则也不妥，因为这一语也将列举的各省区包含在内。

（二）人权　修正案第二章列举"人民之权利义务"，但未包括积极的权义。人权章本是各国宪法中的老生常谈，几乎千篇一律。就大体言之，修正稿第二章亦大致甚妥。修正稿将初稿第二十三条扩成三条，将来（原文"将来列举"，似应为"将未列举"。——编者注）列举的权利加以保障的原则（第二十四条），将限制权利的法律加以原则上的限制（第二十五条），并将国家因公务员侵害人权而负的赔偿责任，加以规定（第二十六条）；这都是优于初稿的地方。

但是修正稿第九条（初稿第八条）关于二十四小时内提审制的一段我以为可以删去。这条是有直接的法律效力，早已在约法之中，而向不能实行的，不若其它各条则本来仅是一种理想，一种期望。法律贵在实行，不实行的法律愈少，则法律的尊严愈少损失。

（三）积极的权利义务　修正稿国民经济及教育（初稿称国民教育）两章即普通所谓积极权利及义务者。教育章与初稿无甚出入，均嫌太过陈旧，太迁就现行学制。要知修正稿中第一五六及第一五七等条在短时期内决无实行可能。既然不能实行，则可索性将调子唱得高些，借以为异日的目标。

修正稿中的国民经济章较初稿为详尽，为进步，但离统制经济或国家社会主义尚远。难道统制经济或国家社会主义我们还应视为陈义过高么？所以经济一章应以统制经济为悬的，而予以澈底的改写。

（四）财政及军事　修正稿增财政及军事两章。这两章俱没有多大意义可言，而且也不能实行，故以删去为宜。财政章大抵为中央说话，而能不能实行则要看中央能不能真正统一。添设军事章的最大目的似乎在限制军人的干政。这也是事实问题，政治问题。我们既不主张有不能实行的法律，那这两章也最好删去。

（五）国民大会　国民大会为新款的机关，故争论亦最烈。大概不立宪则已，立宪则必须有国民大会；不然便无须立宪。老实说，我之不主张此时立宪者，即因国民大会此时无成功的希望。

如果国民大会非有不可，则组织不能不求其小，而职务不能不求其简；再视其成功的大小迟速为标准，而扩大其组织，加重其职权。

国民代表一县一人固然见诸孙中山先生的《建国大纲》，但这绝对有变通的必要。我国各县，大小悬殊，一县一人，极不公允。修正稿中既有大县可以增加代表的规定，则何不再进一步而减少国民大会的人数？二千人的国民大会一定是一个无从组织的庞杂群众，因之一定也缺乏意识，缺乏能力。其结果必费用浩繁而操纵易为。所以大会人数必须减少。如能于一百至一百五十万人中选出代表一人，则总数便可不太众多。至于代表应如何选出，则采用间接选举的方法为最方便，以各县的当选人为选举人，而以省或小于省的区为复选区。

初稿及修正稿但将代表年龄限在二十五岁以上。这大非所宜。我们现在最要紧的工作就是现代化，而要现代化则绝对不应歧视青年。一百个有现代知识的国人中，三分之一的年龄殆在二十与二十五之间。所以修正稿中关于年龄的限制可使三分之一的优秀人材无法获选。这是不应有的限制。反过来，教育的限制，我们倒不妨设立几个。依我的意思，仅中学或中学以上的学校毕业生才能充任代表，惟年龄已逾四十五者则准以别种教育资格代替。经过这样的修改，国民代表的人选必可整齐许多。

至于国民大会的职权，则我主张予以投票的职权，而少予以讨论的职权；如果为修正稿中的国民大会（二千人的大会），则简直不应令有讨论之权。选举，罢免，投票即是，性质简单，故国民大会尚可试行；议事修宪，性质较繁，故最好暂不经国民大会之手。依照孙先生的遗教，四种政权本应由人民直接行使。若照修正稿，则四权的行使（且仅为部分的行使）操之于国民大会。这已是一种变通，理由则因人民的政治能力薄弱。我主张暂不令国民大会有复决权及创制权，我的理由也是人民无政治能力。如是国民大会能如我说而人数较少，教育的限制甚严，则神以创制权及复决权亦无不可。

国民大会的任期及会期修正稿的规定尚妥。无论职权怎样的小，初稿的规定未免带些仇视国民大会的性质。

（六）国民大会委员会　初稿的国民委员会，是一可以离国民大会而独立的机关；但修正稿的国民大会委员会则是国民大会的委员会。二者之中，自以后者的性质较为相宜。修正稿中的选举方法也甚妥当。初选当选人选举国民代表的方法即可仿效国民代表选举国民大会委员会委员的方法。但初稿中的选举方法则万万不应恢复。

国民委员会的职权大得无比，俨然为最高统治者。那是极不妥当的办法。国民大会委员会的职权则重要者有下列四种：

（1）代国民大会复决立法院所通过的预算案，宣战案，媾和案，条约案，戒严案，及大赦案；

（2）代国民大会受理总统及立法，司法，考试，监察四院提请解决的事项；

（3）受理监察院对于总统，副总统，立法，司法，考试，监察各院院长，及立法委员，监察委员的弹劾案；

（4）对于国家政策或行政措施认为不当时，得先向总统提出质问，再得召集临时国民大会，以作罢免与否的决议。

我们再反观国民大会本身的职权，则有下列几项：

（1）选举并罢免总统，副总统，立法，司法，考试，及监察各院院长，及立法委员及监察委员；

（2）创制立法原则；

（3）复决预算案，宣战案，媾和案，法律案，条约案，戒严案，及大赦案；

（4）受理总统及立法，司法，考试，监察四院提请解决的事项。

如果国民大会是我所主张的会议，则大会及委员会间职权的分配尚无不妥。如果国民大会为二千人的大会，则第（2）项权应取消，而（3）（4）两项则应永由委员会行使。

以上所言者当然假定中央政府用总统制并设立五院。如果不设五院，且不行总统制，则关于总统及各院等等的条文自应照改。

（七）行政机关的体制　关于这层，我们愿先提出四个原则：第一要注重效率，第二要强有力，第三要能负责，第四要有制裁。

按初稿本采内阁制，但行政院长须向多个机关负责。他由总统得国民委员会的同意而任命，他又须同时向立法院及监察院负责，因为两院得了国民委员会的同意后俱可将他推翻。换言之，行政院长向国民委员会负最大的责任，而向总统及立监两院负次大的责任。这诚不是健全的制度。

但是修正稿所采取的总统制更不是健全的制度。照修正稿，行政院长仅是总统手下的属官，并没有专责可负。既然如此，何不即令总统兼任行政院长，而合二职为一。但与其合二职为一，则又毋宁使负实权者仅挂行政院长者之名，而于上再设一虚位的总统。因为这样确可使政局易于安定，使政局不因握大权的行政院长有进退而发生绝大动摇。无论为总统或为行政院长，中央必须设一强有力的行政首长。初稿中的行政院专权固不够大，即修正稿中的总统，责任也不够专，因为国民大会委员会尚可常提质问，而监察院可施监察。我的意思，行政制度应仍为行政院长负责之制，行政院长由总统征得国民大会委员会的同意而任命，但行政院长的罢免则须经国民大会委员会提请国民大会通过。立法院不得提出质问。监察院如果存在，则当然可以提出弹劾，但弹劾案亦须经国民大会委员会的受理，始得提交国民大会作罢免与否的决议。如能这样，则行政院长仅对国民大会负责，更动可以不频，权力亦可以较大。

（八）总统　上面已经说过，修正稿中的总统责任尚不够专。监察院可以弹劾他，立法院可以重行通过他所提交复议的立法案，而国民大会委员会则随时可以麻烦他，磨难他。我们既主张责任内阁制，则这些问题自然无存。又修正稿禁止现役军人任总统。这也与国情不合。无论为总统或为行政院长，我们俱不主张有此限制。

初稿及修正稿俱设副总统，这亦可以取消。总统如出缺，可以行政院长暂代。

初稿有国民政府，修正稿则取消国民政府而以总统为中央政府的首领。总统制固应取消，但不设国府的意思可以保存。

（九）五院　说到五院制，我们主张能简单则简单，因为组织愈繁复，则经费亦愈大，而人事的纠纷亦愈多。我们的理想如下：

（1）行政权——行政院。

（2）立法权——立法院，但规模极小。

（3）司法权——各级法院，不设司法院，司法行政部属行政院。

（4）考试权——考试委员会，由国民大会产生，但不用选举方法。铨叙事宜属行政院。

（5）监察院——监察委员会及审计院，俱由国民大会产生，但俱不用选举方法。

上述的理想优点甚多，一为消灭院与院之争，二为增加事务的效率，三为经济。不得已而仍采用五院制，则司考等院的组织仍应视现有的规模为缩减。初稿中各院有副院长，修正稿中裁去甚是。

修正稿中的政务委员会并无新奇可言，而且也讲不甚通。不管部的政务委员实即西方责任内阁中的不管部阁员。责任内阁中究有设置不管部阁员的必要，但总统制之下则无此必要。即行政院为我所主张的制度，不管部阁员亦无必要，因为我们的是行政院长负责制，而不是阁员共同负责制度。

初稿及修正稿皆予行政机关以交立法院复议已通过的议案之权。这也不必，因为一切争端最好取决于国民大会委员会。

立法院院长及委员的产生方法修正稿的规定颇佳，但院长所推荐而经国民大会决选的专家似乎不应少于半数。立法委员的总数在宪法中应即规定，且应在五十人以内，因为立法院本不是代议机关，而是立法机关。

修正稿对于司法院似采大司法院主义，初稿仅言司法院掌理司法行政，而修正稿则明言司法行政部属于司法院。这与上述的理想相差太远。我以为司法院最好取消，即使存在，则应以最高法院院长兼任司法院长，而将司法行政部仍隶行政院。

依我的理想，中央可设一三人或五人的考试委员会，由总统得国民大会的同意后任命。我们应知道英美等国的考试权早已独立，虽则考试委员会的规模极小，这种精神深可取法，因为实际的考试，委员会总得向各机关各大学借材，即使设了庞大的考试院，也非借材不可的。

监察委员的任命如考试委员，人数不必过二十人。监察应以违反宪法及行政法的事项为范围，而不应涉及政策，效率，及私法上的违法事项。二十人之数已足以树立良善的风纪。至于事事明察，则在这纪纲废弛的中国，即设置一千委员还是不够。所以宁少毋多。

审计院应独立，但不必与监察委员混做一谈，也无与后者同隶一院的必要。审计应由总统与监察委员用同一方法任命。

修正稿中的考监两院也是大院。我惟有希望制宪者将它们大大缩小而已。

（十）中央与地方　初稿设"中央与地方之权限"一章，列举属于中央的立法权二十五项，用意殆在模仿德宪。但中央又有自扩其职权之权，故初稿的宪法决不是联邦宪法。既不是联邦，何必于宪法中将中央及地方之权规定？修正稿删去这一章甚是。

（十一）地方制度　省县市的制度，在组织上，修正稿与初稿大致相同，但在原稿中省长由行政院长提五人，由参议会决选，而修正稿则规定迳由中央任命；在原稿中县议会得弹劾县长，修正稿则删去了这弹劾权。两者之中自以修正稿的规定为佳。但即在修正稿中，省参议会的职权及县市自治范围仍嫌太广。自治只能逐渐养成，故我不以一时即付人民以大权为然。

（十二）宪法的解释及修正　关于宪法的解释，初稿规定由立法院拟具意见，提请国民大会(或国民委员会)决定；修正稿则易立法院为最高法院。我们对此可表同意。

关于宪法的修正，修正稿与初稿相差极少。初稿规定修正案由国民代表三分一以上的提议，三分二以上的出席，出席代表四分三以上多数的通过，才能成立，而修正稿则易四分三为三分二。但修正稿规定修改提议应由提议人于国民大会一年前公告大众。所以无论在初稿或在修正稿中，修改宪法俱不易易。这点我认为不妥。我以为宪法不应如此刚性。我以为修正案应由国民大会委员会拟成，但经国民大会寻常的多数通过便可成立。

能暂不颁行宪法最好，如果定要立宪，则愿制宪者能采用上述的许多意见。

二三,九,一〇,于北平,香山。

评中华民国宪法草案 [*]

　　立法院从事于草拟宪法的工作已一年有余，其间尝三次发表草案，征求国人的自由批评。第一次为宪法起草委员会副委员长吴经熊所拟之稿（去年六月上旬），第二次为宪法起草委员会所通过的《中华民国宪法草案初稿》（本年三月一日），第三次为若干其他立法委员所审查修正的《中华民国宪法草案初稿审查修正案》（本年七月九日）。十月十六日经立法院三读通过的则为立法院最后的草案。

　　吴稿欠妥，本少采用的可能。所以去年秋季各省市政府，以及各大学，各律师公会，所分别或联合设立的宪草研究会讨论宪草时，皆自由发表意见，并不以它为根据。初稿无论在实质或在技术方面，均远在吴稿之上；我主天津《益世报》笔政时尝有过好几次的评论。修正案在大体上比初稿更为进步；在上月一日的本杂志上我也尝著论批评。至于三读通过的草案，则依照《国民政府建国大纲》（第二十二及二十三条），及中国国民党中央执行委员会二十一年十二月的决议，[1] 如经明年三月预定召集的国民大会决定并颁布后，便成为中华民国的宪法，故它的重要性更比从前所刊布的几个稿件为大。它固然是立法院的最后草案，可代表立法院的总集意见，但国民批评它纠正它的义务却依然存在。我们现时如尚不需要宪法，我们应请愿五全大会将颁布宪法的日期延缓下去。我们现时如即需要宪法，我们也应趁国民大会未召集以前，主张一种较健全，较适合国情的草案，庶几国民大会所采纳的宪法，于颁布后，一不至不能实行，二不至实行而有害。

---

[*]　原载《东方杂志》第三十一卷第二十一号，1934 年。

[1]　当时三中全会有如下的决议：（一）拟定民国二十三年三月开国民大会，议决宪法，并决定颁布日期；（二）立法院应速起草宪法草案发表之，以备国民之研讨。

一

关于中国现时是否需要立宪的问题，我在上月的一文中已有较详的解答。我以为如为实现民主政治而立宪，则大可不必，因为民主政治本身不见得适宜于现代的国家，而且中国人民也没有运用民治制度的能力。如为奉行民权主义，或树立法治局面而立宪，则犹御车者置车于马之前，而欲车行。要奉行民权，先得训练人民如何行使政权。要树立法治，人民先得有制裁违法的当局者的实力。要是人民不能行使政权，也没有制裁的力量，则纵有宪法，民权及民治仍是无法存在。无论在吴稿中，在初稿中，在修正案中，或在最新的草案中，国民大会的权力俱不能谓小。但是谁能保障国民代表真能由人民自由选举？真能代表人民？又谁能保障国民大会能行使宪法所赋予它的权力？谁能保障政府各部分的官吏能遵守宪法及法律？又谁能保障违法者会受适当的制裁？

直爽地说起来，无论从国民党的立场而论，或从普通国民的立场而论，宪法均是不急之务。国民党主要的使命在完成国民革命，三民主义的革命。如果真能革命，则世人即有不满于一党专政者，即有要求立宪者，国民党尽可充耳不闻，宪法更不必谈起。至于国民，则此时也没有要求宪法的必要。如果执政者有实行法律的修养，而人民又有行使民权的能力，则在现行的约法，及其它法律之下，民权及法治尽可有满意的起始，如果不然，则纵使有了一纸叫做"宪法"的空文，人民仍是缺乏有效的保护，而且仍是不能参加政权。若然，则有宪法仍等于没有宪法。所以从一般国民的立场而论，立宪既不是轻易可以实现之事，则要求宪法也无意义可言。

政府现在最大最急的任务在维持国内治安，增进行政效率，发展国民经济。要做到这些，则有待于执政者及各界领袖的觉悟及奋发，有了宪法不特不能有所帮助，且转恐因采用宪法与夫改制时所引起的纠纷而多所阻碍。

二

以上所言乃是根本的问题。如舍根本问题，而谈草案的本身，则立法院所三读通过的草案亦尚远不及七月九日所发表的修正案。三读案是退步而不是进步，谈不到适合国情，更谈不到完美。国民党如果于短期内定欲召集国民大会以制定宪法，则三读案实在不宜作讨论的根据。立法院对于初稿的草拟是费过一番苦心的，审查时的细心及虚心也是值得我们的赞佩的；但审查修正以后，二读以前，忽因一二人的意见，而将草案加以根本的改窜则是不可思议的，也是不足为训的。如果国人及立委们对于这根本的修改尚有长时期讨论的机会，则还有可说，但二读所历的时间又极短，一共虽经过十二次立法院大会的审议，然从二读开始到终结为时仅有半月（自九月二十九起至十月十四日止），三读则仅有一次。那实在未免太仓促而轻率了。

对于七月九日发表的初稿修正案我已于上月的文中批评过。三读通过的草案与初稿修正案相同的地方，我不必再作批评，阅者但请一读上月之文。今单就其不同的地方，分段批评如下：

（一）关于国民大会及国民大会委员会者　二读案与初稿修正案间最大的不同之点厥为国民大会委员会的取消。依照初稿修正案，国民大会之权由国民大会本身及其所选的委员会分掌。国民大会有下列各种重要职权：

（1）选举并罢免总统，副总统，立法，司法，考试，及监察各院院长，及立法委员及监察委员；

（2）创制立法原则；

（3）复决预算案，宣战案，媾和案，法律案，条约案，戒严案，及大赦案；

（4）受理总统及立法，司法，考试，监察四院提请解决的事项；

（5）修改宪法。

委员会的重要职权则如下述：

（1）代国民大会复决立法院所通过的预算案，宣战案，媾和案，条约案，戒严案，及大赦案；

（2）代国民大会受理总统及立法，司法，考试，监察四院提请解决的事项；

（3）受理监察院对于总统，副总统，立法，司法，考试，监察各院院长，及立法委员，监察委员的弹劾案；

（4）对于国家政策或行政措施认为不当时，得先向总统提出质问，再得召集临时国民大会，以作罢免与否的决议。

因为国民大会是庞大的机关，国民代表的能力又毫无把握可言，所以我在上月的文中主张再缩减大会本身的权限，取消其第（2）项，而以（3）（4）两项永远委托委员会代行。我以为只有用这样的调和方法，才能一方不违背人民有政权的理论，一方又可顾全二千国民代表无力行使政权的事实。而且过去七八年的政治为中央政治会议集权的制度（至少在理论上是如此），国民代表委员会产生时当然免不了选举的竞争，

钱端升文集

如果国民党中有力量的份子能占国民委员会的多数，则七八年来的习惯制度也不至于发生骤然的变更，更不至于因骤变而发生武力的争执。而且政治是现实的，决不是单凭理论的。无论有宪无宪，国民党当然仍想维持政权。与其由一人争总统之位以维持政权，毋宁由一群人操纵国民大会委员会以维持政权。所以国民大会委员会的设置，除了看得见的便利而外，尚有微妙的作用存乎其内。

照立法院二读及三读通过的草案，国民大会委员会是取消了，以前分隶于大会本身及委员会的权限今大部分归于大会本身，小部分则移于总统，立法院，及监察院，又一小部分则取消无存。计属于国民大会本身者有。

（1）选举并罢免总统，副总统，立法院长，监察院长，立法委员，监察委员；并罢免司法考试两院院长；

（2）创制并复决法律；

（3）修改宪法。

初稿修正案中的国民大会本有选举司法及考试两院院长之权，但这权今由总统及立法院合并行使（即总统得立法院的同意而任命）。国民大会第（4）项受理总统，立法，司法，考试，及监察四院提请解决的事项之权本议改归"总统召集五院院长会议决定"（孙科院长原提案），但于二读时未获通过，所以五院如发生争执，今只能由总统运用其个人地位来善为调处。国民大会委员会第（4）项的职权则已取消，换言之，在三读案之下，国民大会并不能向总统提出质问。三读案第六十五条固然规定"关于立法事项，立法院得向各院，各部，各委员会提出质询"，固然所谓立法事项的范围极大，但这是没有制裁的质询，答复不能满意时，立法院也不能予被质询者以制裁，所以不能与国民大会委员会质问总统之权相提并论。又以前国民大会（及委员会）的复决权包括预算案，宣战案等等，但今则只限于法律案。

但是，国民大会之权虽较前为略小，而行使者则为国民大会本身。国民大会是二千人左右的一个大团体，职权简单，则失败的可能性已不能免，职权愈大，则失败的可能性愈大。有了国民大会，产生政府的权力，[1] 及修宪的权力本不能不交给它。但别的权力则愈少给它，愈是妥当。万一国家有些职权，别处无可寄托，而一定须给予国民大会，则只有设立一个委员会以代行职权。我不敢说委员会于行使职权时定可胜任而愉快，但我敢说，其失败的可能性必可比国民大会较少。此所以立法院二读时将国民大会委员会取消是一个大大的错误，也是失策。

---

[1] 法国有些宪法学家认公民团体为国家机关之一，将它叫做产生机关（l'organe createur）。

据立法院负责人的解释，此次取消国民大会委员会的目的在将政权及治权厘分清楚，政权在民，而治权则在政府。表面上这诚是《建国大纲》第二十四条的正当解释，但按照《建国大纲》，施行宪政本在训政之后，现在地方自治尚未实现，人民行使四权的训练尚未成熟，训政尚未成功，则这时所采用的宪法又乌能拘泥不化？如果国民大会真应为行使政权的最高机关，则也不应每二年仅召集一次。[1] 如果《建国大纲》第二十四条也敬谨遵守，则何以五院院长中，有三院长（行政，司法，及考试）又可由总统任命，而不由国民大会选举？《建国大纲》应有整个的实行。如须变通则应有合理的，不自矛盾的变通办法，而不能不应变者变之，既变甲条而与有连带关系的乙条反而不变。

我们要知道二千人的国民大会定是一个效能奇小的集团。我们如不让它行使四权的全体，也不见得就违背了划分政权治权的原则。我们尽可先让国民大会（及其委员会）行使一部分的政权，然后再看行使的成绩，而逐渐将其权力范围扩充。国民大会（及其委员会）的权力小，固然等于政府的自由大，然这并不等于政府有了政权，政府抢了国民的政权，所以与政权治权划分的原则并不相悖。

总之，立法院大会将国民大会的创制复决权大加扩充是极不妥当的，取消国民大会委员会则等于促成国民大会的失败。

（二）立法院　取消国民委员会的动机似乎在扩充立法院的威权。新草案中的立法院是一个近似议会的机关，人数即在二百以上。本来立法院的重要议决案，如预算案，宣战案等等，须经过国民大会或其委员会的复决（初稿修正案第四十八条），但这条今已取消。司法及考试两院院长的产生，立法院今也有参加之权，一若这是治权而不是政权，更若五院独立并不因此而受影响者。[2] 又孙科院长于取消国民委员会后，本欲予立法院以会同监察院审议重大弹劾案之权。[3] 这意思固然未被大会采纳，但其扩大立法院权力的用意亦至为明显。

若照初稿修正案，则西方国家议会所享的立法权由立法院及国民大会（及委员会）分掌；照新通过的草案，则大致将由立法院包办。这个立法院的权力虽尚不及美国国会之大，但就它和总统间相对的地位而论，实亦不在美国国会之下。总统由国民大会

---

[1] 孙科院长尚提议改二年召集一次为四年召集一次，则更是不信任国民有政治能力的一种表示。

[2] 照二读时大修改的精神而言，政权治权的分别及五院的独立俱应维持。

[3] 依孙氏原提案"对于总统，副总统，立法，司法，考试，监察，各院院长之弹劾案，由立法监察两院联席会议，经全体委员四分三以上之出席，委员三分二以上之议决，召集临时国民大会，为罢免与否之决议"。

产生，而立法院也由国民大会产生。万一总统与立法院失和，则即不至公然用武，至少亦不免发生总统或立法院联合监察院以自重之事。在没有守法习惯的中国，其间危险真有不可思议者。如果留国民大会委员会为政治的中心，并采用责任内阁之制，则只消行政院长能向委员会负责，许多争端便可不至发生。所以立法院权力的扩充，也不是一件可以乐观之事。

（三）监察院　因为取消了国民委员会，监察院的权力也有相当的增加。对于总统，副总统，及各院（除行政）院长的弹劾案本须由国民大会委员会受理，才得召集临时国民大会以决定罢免与否，但现在则只消弹劾案经过全体监委半数以上的审查决定，便可提出于国民大会，在闭会期间则得请国民代表依法召集临时国民大会，以决定罢免与否。[1]换言之，以前尚有国民大会委员会可以镇压政潮，但现在则半数监委的意见便可以引起政潮。这也是新草案的大缺点。

又按草案第九十三条，监察委员于行使监察权时得依法向各院部会提出质询。这固为与第六十五条立法委员的质询权对照而设，但这样一来，各院部会更将不胜答复之劳。如果将来的监委仍为古时御史式的人物，闻风便要言事，那各院部会长官更将疲于奔命了。

（四）五院制　我于上文中尝主张五权独立行使，而不设五院；即设五院，其组织亦务求简单。然三读通过的草案中的五院仍是五大峙的制度。改良者只有一点，即最高法院的取消，但第七十九条的条文实在欠妥，因为就条文而论，司法院之下好像只有公务员惩戒委员会，及司法行政部，而没有各级法院。

五院院长，照初稿修正案，除行政院长由总统自由进退外，其余四院院长俱由国民大会选举，任期四年，连选连任。照三读通过的草案，则行政，立法，及监察三院院长仍旧，而司法及考试两院院长则改由总统得立法院的同意而任命，但任期仍为四年。如果五院取消，则这些院长产生的方法本根本不成问题。即使五院制存在，也没有使国民大会，总统，副总统，及五院院长同时满任的理由。一国重要执政者如果须同时更替，则试问政治的安定尚有何法可以保全？更试问世上那一个国家有这种既蠢且危的办法？我以为司法，考试，及监察三院院长总应使之成为不加入政治漩涡的人物，所以任期即非终身，也应较长。

（五）宪法的修正　宪法草案初稿规定修正案由国民代表三分一以上的提议，三分二以上的出席，出席代表四分三以上多数的通过，才能成立；初稿修正案易四分三

---

[1]　三读案第一百条的末句极欠妥当。国民代表如不应监院的请求，则又当怎样，草案并未说明。

为三分二，但又规定修改提议应由提议人于国民大会一年前公告大众。现在提议的人数虽减低到四分之一，但出席的人数又恢复了四分之三的巨数。所以修宪仍极不易。我主张宪法要柔性，所以我总以为修宪太难是不相宜的。

三

但是，话又说回来了。就中国目前的情形而论，无论如何仔细考虑，总不易有完美的宪法。即使有了合乎理论的宪法，也不见得即有实行的可能。所以我总望今之当国者，不急于宪法的完成，而努力于政治及经济的改进。如果为满足国内一部分人的要求而立宪，则亦须能真正立宪，才能消灭反对。

二三，一〇，一八，于南京

孙中山先生的宪法观念

孙中山先生究于何时开始主张立宪，是一个无从断定的问题。一九二二年先生尝为《申报》著《中国之革命》一文，文中说道："乙酉以后，余所持革命主义，能相喻者，不过亲友数人而已。……及乎乙巳，余重至欧洲，则其地之留学生已多数赞成革命；余于是揭橥生平所怀抱之三民主义，五权宪法，以为号召，而中国同盟会于以成立"。[1] 详考先生的著述言论，三民主义及五权宪法的宣传也确在同盟会成立以后。[2] 但单就"宪法"一词而言，则于一九〇〇年先生致香港总督的信中，早已见过。该信拟《平治章程》六则，其第二则云："于都内立一中央政府，……惟其主权仍在宪法权限之内"。[3] 并且我敢说，先生之信仰立宪必尚远在一九〇〇年之前；因为先生于一八九四年即游檀香山，自一八九五年起则先后留居美国及英国达二年以上；英美为民主先进国家，其宪法的功用自必早已引起先生的注意。我们如假设先生自一八九五年起，即主张立宪，则自那年以迄一九二五先生逝世的三十年中，先生的各种宪法意见自不能一成不变。研究先生的宪法观念的困难即伏于此。

但是，先生关于民权主义的思想，比较起来，究算是固定的，一贯的；不像先生的民族主义可因满清之已否推翻，而有狭窄与宽大的不同；也不像先生的民生主义可因社会经济的剧烈变化，而有缓和与激进的分别。盖先生壮年受英美民主政治的熏陶，信仰至为坚深。英美人士——尤其是美国人士——对于代议政治的不满固然也影响及

＊　原载《民族》第四卷第一期，1936 年。

[1]　见《总理全集》，第一集，第九二〇页。

[2]　同盟会初成立时（一九〇五年）所预拟的《军政府宣言》共有四纲三序，虽具"民族"，"民权"，"民生"之实，而尚无"三民主义"这个名词。（见《全集》，第一集，第二八八至二九〇页）。从先生为《民族》所著"发刊词"（一九〇五年）中，可以首次看见"三民主义"这个名词。（见同上，第一集，第一〇三一至一〇三二页）从先生为《民报》成立周年纪念（一九〇六年）而作的演说中，则可以首次看见"五权宪法"这个名词。（见同上，第二集，第七一至八一页）

[3]　见《全集》，第三集，第一〇八页。

于先生的思想，但先生早找到了补救的方法。先生晚年固然也及见了苏维埃政制，及法西斯蒂政制，但后者对于先生始终没有发生影响，而先生对于前者又只注意其在经济方面的变化，而并未认苏维埃政体为一种反民权的政体。所以先生的民族主义及民生主义早晚变化极大，而赖以实现民族民生的政体则比较的尚算固定，这是研究民权主义者的便宜地方。

在可能的范围内，本文拟指出先生关于宪法的主张的前后不同之处，而断定何者为最后的主张。但先生的著述及言论，至为浩繁，而年期又未经一一断定，所以错误忽略或者难免，尚乞读者予以指正。

一　关于宪法的成立

先生主张我国采用成文宪法。这是先生一贯的主张。所以不主张采用不成文宪法的理由，则因其不易学。先生于一九〇五年即说："历观各国宪法，有文宪法是美国最好，无文宪法是英国最好；英是不能学的，美国是不必学的"。[1]

先生虽主张成文宪法，但是成法宪文的成立，决不能单凭理想。而须以经验的基础。英国的宪法是完全建筑在几百年的经验之上的，所以英国宪法虽不成文，而变动却极少。先生主张县省先行自治，然后中央再试行五院组织的政体。前者即训政，而后者则为宪政的开始。至于宪法则须本于训政及宪政两时期的成绩。[2]

宪法成立以前，革命政府究应经过若干种的预备时期，则先生的言论前后微有不同。在《军政府宣言》（一九〇五年）中，革命治国共分三期，即"军法之治"，"约于之治"与"宪法之治"。[3]军法之治侧重于"扫除旧污"的工作，每县以三年为限。约法之治为军政府督率各县自治的时期。各县的取得自治，自须在军法之治满期之后；故各县之取得约法之治势须有先后的不同；但全国行约法六年后，便须结束约法之治，而制定宪法，以进于宪治。

如按《中国之革命》（一九二二年），则革命进行的时期有三，即"军政时期"，"训政时期"，与"宪政时期"。[4]兹所谓军政时期仅能抵上述的军法之治的前期，而兹所

---

[1] 见《全集》，第二集，第七九页。

[2]《建国大纲》，第二二条。

[3] 见《全集》，第一集，第二九〇页。该宣言关于年限一事，颇不可解。三年军法之治，如上六年约法之治，便已九年，又何得云"以天下平定后六年为限，始解约法，布宪法"。

[4]《全集》，第一集，第九一八页。

谓训政时期则实包含军法之治的后期与约法之治的全期。训政时期究有多长,先生在当时尚欠明确的规定。在《中国之革命》一文中,先生一面说道:"每县于散兵驱除,战事停止之日,立颁约法,以规定人民之权利义务,与革命政府之统治权;以三年为限,三年期满,则由人民选举其县官,……而成完全之自治团体。革命政府之对于此自治团体,只能照约法所规定,而行其训政之权"。由此,则县自治的预备工作务须于三年以内完成。但先生又说道:"俟全国平定之后六年,各县之已达完全自治者,皆得选代表一人,组织国民大会,以制定五权宪法"。由此,则先生亦预料军政告终之后的六年中,各县中必仍有经六年而仍不能完全自治者。然则宪法是否应待至全国各县均能完全自治之时,才予实行?抑"宪法制定,总统议员举出,革命政府归政于民选总统"之日,即为宪政实施之日?依《中国之革命》所云,似应为后者;但如为后者,则建设实未完成,因各县中固尚有未达完全自治者。如为前者,则各县的训政期限又究应长至何种限度?

在《建国大纲》(一九二四年)中,建国可分四个时期,即"军政时期","训政时期","宪政开始时期"与"宪政告成时期"。今人将宪政开始时期与宪政告成以后的时期往往混称宪政时期;实则两者间的分别甚是显然。兹所谓"军政时期"与《中国之革命》中的"军政时期"相同。兹所谓"训政时期"略当于《中国之革命》中"训政时期"的前半期。兹所谓"宪政开始时期"略当于《中国之革命》中"训政时期"的后半期;盖一省全数之县皆达完全自治者即为宪政开始时期,而按《中国之革命》,则宪法实施之日,训政始告结束。

先生在《军政府宣言》中,以三年为军法之治,六年为约法之治。是全国平定后九年内,即须从事于宪法之制定;[1]在《中国之革命》中,年期似亦无所变更;但在《建国大纲》中,则对年期一事绝无说及。换言之,先生因鉴于民国初元宪政的失败,训政未成,宪政不能开始;宪政未经相当时期,宪法亦不能成立;一切均须依次而行,欲速不达,故时期不能预有规定。

由上以观,可知《建国大纲》第二二条所云"宪法草案当本于《建国大纲》及训政宪政两时期之成绩"云云,实非无的放矢。如果一切严遵先生的遗教,则起草宪法时,实有许多经验可作根据,不若年来立法院起草宪法,则除先生遗教外,几无任何实际的经验可作根据。

我以为宪法所可资为根据的文件,除《建国大纲》不计外,可有两种:一为训政

---

[1] 姑作如此说法。

时期的约法，又一为宪政开始时期，中央政府的组织法。

训政时期应否有一约法，在民国二十年前的三四年中，尝成为一个重大的问题，但我以为约法是无疑地应该有的，因为《建国大纲》既不禁止约法，而《军政府宣言》及《中国之革命》又明说训政时期应有约法。约法的内容应规定人民的权利义务，县政府自治职权及中央政府统治权的内容，及训导人民实行县以内的自治权的方法。[1] 约法不必具有宪法的形式，也不是一个暂行宪法，而是一种有一定的目的——即训民自立，训民自治———个法律。

在宪政开始，宪法未制定以前，这过渡时期中的制度 [2] 又应如何，则《建国大纲》的规定颇见详密。第一，训政时期当设立的国民代表会 [3] 自然应继续存在。这个代表会由已达完全自治之县各举代表一人组织之。第二，中央政府应设五院，院长由总统任命。至于中央政府是否于行政院院长之外，更设有总统，则论者颇不一致。有谓训政时期必另设总统者，因为《建国大纲》第二一条明白规定，"宪法未颁布以前，各院长皆归总统任免而督率之"。有谓训政时期的总统即行政院院长者，因为《中国之革命》一文中，曾有"宪法制定之后，由各县人民投票选举总统，以组织行政院"一语，因而断定，在宪政时期，总统即是行政院院长；宪政时期既然如此，训政时期亦当无另设总统之理。姑不论上述的推断是否准确，我则以为训政时期必另有总统。我的理由有二：第一，《建国大纲》第二一条只能如此解释；第二，先生极富于责任心，先生一日在世，则革命政府或国民政府的领袖自非先生莫属；所以由先生任总统而任命五院院长也是最自然之事。

至于制宪的机关，则先生主张以国民大会充任。依《军政府宣言》，宪法似应由国民公举的议会制定，因为在该宣言中，除议会外，尚无其他人民代表机关的设立。依《中国之革命》，五权宪法由国民大会制定，至于立法院是否应担负起草的工作，则未明言。依《建国大纲》，则宪法兹案由训政时期立法院拟订，而由国民大会决定颁布。三种办法中，最后一种的办法自然可以代表先生最后最成熟的思想。

制宪权与立法权之有分别，制宪机关与立法机关之不宜相混，是先生所熟知的理论。所以我们如认《中国之革命》中的规定是一种进步，《建国大纲》似又犯着将立法权与制宪权，立法机关与制宪机关，相混的嫌疑。但先生本希望宪法草案能经过长

[1] 见《中国之革命》，《全集》，第一集，第九一八页。
[2] 若按《中国之革命》所厘分的时期，则这过渡时期当为训政时期的末一期。
[3] 《建国大纲》，第十四条。

期的宣传与多量的批评；要做到这层，草案自非于宪政开始时期即行成立不可。此时国民大会既未召集，则势须委立法院任议订草案之责。而且草案于日后仍须经过国民大会的议决。所以我们尽可说，立法院并未篡夺制宪机关的职权。我所不解者，此时期中，国民代表会如继续存在，则先生又何以不令代表会参加起草宪法之权。

二 宪法的内容

（一）国民大会 关于国民大会的组织，先生的遗教至为肯定而简略。先生始终主张凡自治已经完成之县，每县得举代表一人。先生作《建国大纲》时，全国已有一千九百余县。照先生自己的推算，如未设治的地方亦设县治，则全国可得三千县。若然，国民大会的代表将有三千之多。

一县一代表有两种弊病：第一，选举的基础不公允，大县与小县无别；第二，代表人数似嫌太多。但先生之所以主张一县一代表者，则因县为自治单位，一个单位有一个代表确是一种办法。不过关于这一点，我们即使稍有变更，在精神上亦并不与遗教相抵触，而且代表的人数便可大大减少。

国民大会，除了制宪之外，又应有何种职权，遗教颇不一致。依照《建国大纲》第二四条，则"国民大会对于中央政府官员有选举权，有罢免权；对于中央法律有创制权，有复决权"。若然，则人民选出国民大会后，人民的四种政权，即由国民大会代为行使。如按《中国之革命》，则国民大会似仅有修改宪法，及制裁公仆之权。我以为关于这个问题，《中国之革命》中的规定实有自相矛盾之处，[1] 故不必加以考虑。

在这里，我们可以连带讨论人民的选举权的范围。如照《建国大纲》，则人民对于中央政府，只有选举国民代表之权，因为中央政府的一切官员皆应由国民大会选举。如照《中国之革命》，则国民大会只有罢免，创制及复决三权，所以选举权可完全由人民行使；而且该文尝明说"由各县人民投票选举总统以组织行政院，选举代议士以组织立法院"。如采用前说，则人民的选举权较狭小，而五院须多少依赖国民大会；如采用后说，则人民的选举权较大，而行政及立法两院可以相当的不受国民大会的挟持。我以为《中国之革命》中的规定与《建国大纲》的文字固不甚一致，但与整个《建国大纲》的精神尚不至于冲突。

---

[1]《中国之革命》一则曰："国民大会职权，专司宪法之修改及制裁公仆之失职"，再则曰："人民对于本县之政治，当有普通选举之权，创制之权，复决之权，罢官之权；而对于一国之政治，除选举权之外，其余之同等权，则付托于国民大会之代表以行之"。这两点显系互相冲突。

（二）**五权制度**　关于五权宪法，先生于一九〇六年为《民报》成立周年纪念，而在东京作演说时，始有阐明。[1] 中国之有台谏制度及考选制度，先生当然知道。大概先生在英美时适读到哥伦比亚喜斯罗教授在所著《自由》一书中，主张弹劾权独立的言论，及另一学者叫做巴直的，在所著《自由与政府》一书中，盛称中国弹劾权的议论，[2] 以及麦考来在英国会中称道中国试士方法的演说，及英国采用考选制度的经过；遂使先生益信五权之优于三权。而一般学者对于议会政治的失望，亦为促成先生五权宪法的一大原因；盖在五权宪法之下，议会并不能有把持一切的权力。[3]

监察及考试两权之应独立，我们绝无异言，不过在实行上颇有困难。简单言之，行政机关本为实力机关，所以行政权的之得以独立自无问题。议会有议决预算之权，故议会亦得独立。若夫法院的独立则已须以长久的良善传习为基础，不能一蹴而几。考试及监察两机关势不能有实力，亦不能有议决预算之权；所以他们的独立，一半固须赖国民大会的力予扶持，一半亦须赖有良善的传习。果然，则于宪政开始时期，便设立与行政立法两机关平等的考试监察两院，似转非计之得者。如果在宪政开始的时期中，考试监察两院尚未能树立良善的传习，则到了宪政完成时期，考试监察两权的独立亦势必无望。这是《建国大纲》中一个至可讨论之点。

或者曰，《建国大纲》只规定宪政开始时期须设五院，但并未限制正式宪法亦须设立五院，而先生也没有主张五院与五权绝对不能分开，然则宪法或可不设五院。但根据《中国之革命》，则宪法又必设五院。我以为宪法必须规定五权的独立行使，不然便违了遗教；但正式宪法如不设司法，监察及考试三院，而设一较简单的机关，以助成其独立，则不能以违背遗教视之。

又《中国之革命》规定长行政院的总统及立法院的代议士由人民选举，而司法监察考试三院院长则由总统经立法院的同意而任命之。如果五院必须一一设立，我以为司法监察考试三院院长的产生方法，决不能再如《中国之革命》的规定。因为这种规定既与《建国大纲》冲突，又与五院平等独立的精神不合。

（三）**元首的存废**　依照《建国大纲》的涵意，宪政开始时期必有总统。果然，则训政时期亦可有总统。但《中国之革命》又有"由各县人民投票选举总统，以组织行政院"的一语，于是有人便以为行政院长即是总统，而元首式的总统可以不必另设。

[1]《全集》，第二集，第七一至八一页。
[2]《全集》，第一集，第八三二及八四一页。喜斯罗及巴直究为何人，未能查出。
[3] 参看《民权主义》第四讲。

我以为元首之应否设置，不应以《中国之革命》为根据。而应以宪法是否采用五院制度为准。如果采用五院制度,则五院之上可以不另设总统;如果只注重五权的独立行使,而不设同等规模的五院，则应设总统,以监视五权的独立行使。这两种办法，与《建国大纲》的文字及精神俱不抵触。

（四）立法院代议士的产生　　《中国之革命》主张由人民选举代议士，而《建国大纲》则主张由国民大会选举一切中央政府官员,——包括代议士在内。两者之中,前者或较为合理;因按《建国大纲》，国民大会有复决之权,如代议士由人民直接选举,则将代议士所议决的法律交由国民大会复决，未免不甚合理。

（五）弹劾权　　《建国大纲》关于弹劾权无规定。如按《中国之革命》则行政,立法，司法，考试四院人员的失职由监察院向国民大会弹劾；而国民大会自行弹劾监察院人员的失职。

（六）考试权　　关于这点,《建国大纲》亦无规定。《中国之革命》则规定"国民大会及五院职员，与夫全国大小官吏，其资格皆由考试院定之"。所谓定资格者,可以经由考试，亦可以不经考试。以中国之大，全国大小官吏无虑百万。定此百万人的资格，纵不由考试，也不是一件易事。于此可知《建国大纲》之对于弹劾及考试两权无所规定者，实欲予宪法以伸缩自由之权。凡过分注重《中国之革命》中的规定者，实有未能了解《建国大纲》的精神之嫌。

（七）地方制度及中央地方分权问题　　《建国大纲》第十七条规定，在训政时期中，"中央与省之权限采均权制度；凡事务有全国一致之性质者划归中央，有因地制宜之性质者划归地方，不偏于中央集权或地方分权"。但宪法应如何规定，则先生未作主张。

但先生之反对中央集权与联省自治则向为其一贯的主张；县应为自治的单位，而省与中央应采均权主义又为其不变的信条。[1] 至于省与县之间，则先生重县而轻省。先生对于县似乎求其必存；但对于省则并无此意，虽则先生也并无废省的主张。[2]

由此可知，依先生之意，宪法应保存县之自治权，而对于省则不必有太固定的制度，俾可以随时机而生变化。

（八）人民权利义务　　关于人民的各种权利，先生的遗教殊乏有系统的规定。一九二四年《国民党政纲》对内政策第六条有"确定人民有集会，结社，言论，出版，居住,信仰之完全自由权"。但国民党第一次全国代表大会宣言又反对所谓"天赋人权"

---

[1] 见《中华民国建设之基础》(一九二二年)，《全集》，第一集，第一〇二四至一〇二九页。
[2] 见同上，第一〇二九页。

之说，而只认含有革命性的人民得享自由权。

先生倡四种直接民权——选举，罢免，创制，复决——甚力。[1] 惟详究《建国大纲》及《中国之革命》，人民惟对于本县的政治，得享有四权；对于中央则绝无罢免，创制及复决之权；如按《建国大纲》，即选举权亦只限于国民大会代表的选举而已。

其于受益权方面，先生所尝说及者，则幼年有受教育之权，老弱残废及孕妇有受地方供养之权。[2]

综上以观，可见孙中山先生关于宪法的主张，并非历久不变，亦并未事事有所指示。我国将来的制宪者，苟能熟知先生所处的环境，严守先生整个遗教的精神，而不为文字所拘泥，则伸缩的余地自极可观。伸缩的余地既极广大，则求与遗教不生冲突，尚非难事，而于不违遗教的范围中，求一适合国情的宪法，才是难事。研究最近两年以来各种宪草之后，我也深觉得他们与遗教出入之处固然不是没有，尚不是不可解除的困难；而求其如何能适合国情，则才是才智之士所最应悉力以赴者。

---

[1] 参看《民权主义》，第六讲。
[2] 全集，第一集，第八六〇页。
    关于孙中山先生的宪法观念的专著颇多，就我所见已有下列五种：即谢瀛洲，《五权宪法大纲》；金鸣盛，《五权宪法》；徐照，《五权宪法之科学基础及其运用》；汪波，《五权宪法研究》；及陈顾远，《五权宪法论》。此外，泛论三民主义的书籍自亦不会置民权主义及五权宪法于不论。但是，除了先生自己的著作及言论外，凡欲研究先生的宪法观念者恐亦只有邹鲁所编《中国国民党史稿》，及中央宣传委员会所印行的《孙中山先生年谱》尚可利用。著者颇希望党史编纂委员会能多搜集一点关于先生思想的基础的材料。

论官等官俸[*]

一

政治的良不良，下列三种因素最关重要。第一是政策。没有一个适合国情，经过仔细考量，纲举而且目张的整个政策，则最优良的政治，充其量也不过是无为消极的政治。第二是法制。没有一部适合于实现前述政策，而又为人民所能奉行的法制，则最优良的政治，充其量也不过是零碎的局部的小惠，或偶然的暂时的英勇行为。第三是官。没有能理解前述政策，并遵守前述法制的官吏或公务员，则最优良的政治，充其量也不过是等因奉此的文书政治，或口是心非的宣传政治。

政策，法制，及官吏，三者之间固有连锁关系。但本文所欲讨论者，则仅为关于官的一部分问题。关于官的问题甚多，但最重要者不外四个：一是官的出身；二是这种出身的评定及官吏资格的正式承认；三是官的待遇；四是官的管理。出身即教育，评定出身的最好方法即是考试；在考试制之下具有某种教育（即某种出身）的人，须应官吏的考试而及格后，始能正式取得服官的资格。考试的重要尽人能言之，但考试制度之未能在中国推行，亦尽人皆知之。官的待遇大体上即指官俸。官俸以外本尚可有他种待遇如公费，津贴，养老金，恤金等等，养老金及恤金在中国极不通行，而得领公费及津贴者又为公务员的极少数，故官俸在中国或即可视为官的待遇。论官俸必涉及官等，不分等则不能言俸，故官等官俸实为不可离的分题。同时，考试时，亦必须有官等之分，不然考试的标准将无从设定，官的管理，即所谓人事行政，小者如请假，大者如考绩及升迁等等，均属之。此四者中，严格言之，出身问题最为重要；如果根

＊　原载《行政研究》第二卷第二期，1937 年。

本没有人材，则纵有完善的考试制度，公允的官等官俸，及严密的人事行政，亦无所用。次则为考试问题；如果考试不得其道，则政府机关将无从罗致适当的人材，再次方为官等问题。人事行政则最不重要；因为官吏如皆为人材，而又给以公允的待遇，则纵少管理，吏风亦不致下坠。但出身涉及教育的根本问题，而考试之不易推行又由于政治上的理由，欲求改善，俱不易易，故今不具论，官的管理较不重要，今亦不论。惟关于官等官俸，应改良之处甚多，改良的可能性较大，而又不甚为一般谈政治改良者所重视，故兹特加以申论。

不过，官等官俸这问题虽有其重要，仍只是许多重要问题之一。单单解决官等官俸这问题，并不能解决关于官的全部问题，更不能解决整个的政治问题。国人向习惯于人治，向偏重人的问题，甚有以为有厚俸，必有好官，有好官即可改良政治者，因先说明官等官俸问题的实在性于上。

二

中国现行的官等官俸制度极为复杂，因为除一般公务员外，特殊的公务员尚有特殊的分等受俸办法。就一般公务员而言，现行的制度系根据民国二十二年九月二十三日国民政府公布的暂行文官官等官俸表。此表系由铨叙部会同各机关，参合民国十六年十二月二十五日修正文官俸给表，及十八年八月十四日文官俸给暂行条例制成，制成后便呈由考试院转请国民政府委员会议决公布。此表在形式上当然不是一个法律。铨叙部原呈云：

> 查此项俸给法将来应俟立法机关制定。本部前为急谋解除目前困难起见，仅将十六十八两年俸给旧表，参合修正。但既为适应需要，期速公布施行，似毋庸另订条例，以免周折。兹谨将前拟俸给条例及俸给表草案，改为官等官俸表，理合呈请鉴核，转呈核定公布。

从这原呈，铨叙部显然承认官俸应以法律来规定。如果官俸应以法律来规定，官等自然更应以法律来规定。事实上立法院至今未能制定关于官等官俸的一个正式法律：规定官等官俸的不易，盖亦可见一班。

暂行文官官等官俸表之根据于民国十六年的修正文官俸给表及十八年的文官俸给

暂行条例已如前述。这两个表及条例则自民国十四年十月六日的文官官等条例及其附表（文官俸给表十一月二日公布）蜕化而来，其官等则因袭民国元年北京政府所颁布的中央行政官官等法。但北京政府的法律则又直抄日本。今将其演变的经过述明如下：

民国元年十月十六日北京政府公布中央行政官官等法，分中央行政官为若干等：计特任以外，共有九等，第一等第二等为简任官，第三等至第五等为荐任官，第六等至第九等则为委任官。此为"特任"，"简任"等名词正式见于中国法令之始。但此实由日本抄袭而来。日本的文官，向分"亲任"，"勒任"，"奏任"及"判任"四等。按明治四十三年高等官官等俸给令第一条，除亲任官外，其他勒任官及奏任官共分九等，此固与中央行政官官等法第一条完全相同。同日，北京政府更公布中央行政官官俸法，使各官按等支薪。自民国元年以至十七年北京政府覆灭，这两种法律一直有效：纵有修正，亦极微细。即袁世凯所颁的文官官秩令（民元七月二十八日）中，虽有卿大夫士一类帝制式的官秩，而"特任""简任"等分别则依旧保存。

北京政府时代官吏的分等原则，仍为国民政府所继续采用。民国十四年七月一日国民政府成立之日，即"特任"胡汉民等为国民政府各部部长。十四年十月六日文官官等条例将官吏分为特等及一二三四各等：以特任官为特等，而以简任荐任委任各官分配于一二三四等的相当级。在原则上，此种分等方法与民国元年的分等法毫无分别。十四年十一月二日所颁的文官俸给表（即上述条例的附表）亦与元年的官俸法相似，主要的不同仅有二点：第一，特任官昔有月薪一千一百元及一千元两级，今只有八百元一级，俸额数亦较低。第二，旧时共有二十四级不同的俸给，今则只有十三级不同的俸给。分级较为简单。

民国十四年十一月二日的文官俸给表，经国民政府于十六年七月十三日及十月二十六日先后加以修正。经此修正，俸给的级数较前增多，而级与级间的差别则较前减少。

民国十八年八月十四日，复有文官俸给暂行条例的颁行。此项条例，系由中央政治会议议决，函国民政府令饬行政院遵行。如谓为法律，则按立法程序，凡条例固非经立法院的议决不可；如谓为非法律，则该条例又曾经中央政治会议议决。当时国民政府对行政院的原令云：

> 案准中央政治会议函开，"关于文官俸给条例及文官俸给表一案，前准函请核议；经本会第一八八次会议议决，交胡委员汉民等审查。兹据提出审查报告，拟将原条例改称文官俸给暂行条例，并将调文（原文"调文"，似应为"条文"。——编者注）

酌加修正，请公决"等因。经本会第一八九次会议议决："（一）文官俸给暂行条例，照修正条文，由国民政府暂准行政院转饬所属各部会，于不牵动各该机关预算范围内依照办理；（二）将全案交立法院制定官俸法规"等因。"除函立法院外，相应检同该暂行条例函达，希查照办理为荷"等由，查此案前据该院呈请"鉴核施行，并迅予公布"等情到府，当经提出本府第三十六次国务会议议决，送请中央政治会议核议在案，兹准函复前因，应即令行照办。

从此训令，可知十八年的文官俸给暂行条例，并非完全的法律，而且系暂行性质。最后的法律固尚有待于立法院的议决。

但立法院历久未能制定一个正式的法律，而各机关又不尽能奉行此暂行条例；因为暂行条例所规定的俸给，关于简任官者，因较民国十六年的修正文官俸给表为低，为谋迅速的救济起见，铨叙部乃于民国二十二年，制定暂行文官官等官俸表，呈请考试院，转呈国民政府于九月二十三日公布。

至在立法院方面，则自民国十八年七月三十一日中央政治会议将官等官俸全案交该院制定官俸法规后，该院当于八月十日议决将该案付法制委员会会同财政委员会审查。嗣据报告审查结果，复于二十四年一月十八日议决再付原审查委员会审查；但至今似尚未完成第二次的报告。

以上所述，为民国以来，关于官等官俸法规的演变经过。从此，第一，可知这种法规，廿年来，大体上一仍旧观，法律并未随时代而更新，国民革命并未引起若何剧烈的变更；第二，可知，立法机关多年来迄未能制定一正式法律，既未有正式法律，则正应乘此机会为较澈底的革新。

至于暂行文官官等官俸表的内容，则为一般人所熟知。简单言之，官等有四，即特任，简任，荐任，委任四等，及雇员五等。雇员从严格的法律字义言，尚不得称为公务员或官吏，但就其一般的性质而言，则固可与公务员同列。各等官吏任命的方法，依其他许多法律所规定，各不相同。就其俸给而言，每等又分成若干级，计特任一级，简任八级，荐任十二级，委任十六级，按等级的高下，为支薪的标准。各机关的官吏，按各机关组织法及铨叙法之所定，均有一定等级，大概官阶愈高，由级与级间的差别亦愈大。高级负责官吏，于正俸之外，尚有所谓办公费者，则各机关各自为政，并无一定标准，其数往往超过正薪，审计机关亦苦尚无法作有效的取缔。

以上所言系指一般的文官而言。此外，文职中尚有司法官（十七年四月六日司法官官俸暂行条例），法院书记官（同日法院书记官官俸暂行条例），监所职员（同日监所职员官俸暂行条例），使领官（十九年十二月二十七日外交官领事官官俸表）及警察官（二十三年五月十七日暂行警察官官等官俸表）五种公务员，则虽同有"特任""简任"等的分别，而其支俸方法则按单行法规办理。此种单行法规，或经主管机关迳自公布或呈准国民政府公布，但俱非经由立法程序的正式法律或条例。就其内容而言，则与暂行文官官等官俸表，虽微有出入，而无大别，故可不论。

文职公务员中，除以上五种外，尚有关邮电铁四类人员，其等级待遇均与一般公务员完全不同。他们均无"特任""简任"之分；至其俸给，则关邮铁三类人员均较一般公务员为优，而以关邮人员为尤甚。

武职人员取官职分离之制，其任官任职时亦有"特任""简任"等等之分，但其所得之俸，则依官或职而分，与"特任"或"简任"无关。就俸额而言，武职人员远不及文职人员。

各公立学校的教职员具有不完全的公务员的地位。校长有简任者，有荐任者，亦有委任者；职员由校长委任；教员由校长聘任。除教员外，政府机关中亦有若干聘任人员。政府机关中的聘任人员，其俸给相当于同等的公务员；但学校教员每较同等的公务员为低。

三

以上所述为现行官等官俸制度的由来及大概情形，今请稍作批评。

第一，是现行分等方法的不合理。本来所谓"特任""简任"等等名词，可以看作各种不同的任命方法，而不必定以官等视之。日本除"亲任"，"勅任"，"奏任"，"判任"之分外，于支给官俸时，复以明治四十三年所颁的高等官官等俸给令，判任官俸给令，以及无数的详细勅令，分划成许多官等，以为支薪的标准。但即在日本，经"亲任""勅任"等名词仍为划分俸给等级的主要标准。至在中国，则俸给等级完全先迁就"特任""简任"等等，所以"特任""简任"等等，不特表示不同的任命方法，而且确是官吏的基础分等。惟是此种分等方法殊不合理。所谓特任官者不尽是政务官，而简任官亦有为政务官者，于是"特""简"之分不著。简任官，荐任官及委任官中又不知各包涵多少种，职务性质不同，地位高下悬殊的官；于是简任荐任及委任三等的互分亦乏意义。加以"任"之外，又有所谓"派"者，亦有"特""简""委"之分，则更缺乏准确的意义。依常理言之，"派"者当指暂时之意；但侨务委员的委员用"任"，而导淮委员会的委员用"派"。是则"任"与"派"间的分别，最多也不过存在于"老公事"者的心目中，而并无任何合理的基础。

第二，分等方法的不通与不当，足以妨碍考试制度的推行。现行的考试以高等考试及普通考试为主要类别，高等考试及格者得任荐任官，普通考试及格者得任委任官。高考普考又均分成许多门类，如普通行政，财务行政等等。但因荐任官及委任官每等俱包含无数职务不同，地位不同的官吏在内，所以考试的门类虽多，而所考的科目与及格后被派的职务，仍可不发生若何的关系。在考试机关，须广设种种门类，执行已见困难，而用人机关则仍可以所取之材亦非真材，诋责考试机关。如有较合理的分等方法，则此种弊病要可减少。

第三，现行的分等方法，因为不是职务上的分等，而是官阶上的分等，因之极易酿成机关庞大，经费浩繁的恶果。盖中国人向重体制与颜面，特任官与简任官之间或简任官与荐任官之间，既无严格的职务上的分别，则同一职务，未有不愿其为特任或简任，而不为简任或荐任者，机关首领的官阶愈高，则机关的编制亦愈大，而经费亦愈增。民国成立二十余年来，名器之滥及官俸在行政费中所占百分比之大，官吏分等法的失当盖亦重要原因之一。

现行的俸给表亦发生许多不良的结果，其较为显著者如下：

第一，官吏等级的高下，与所任的职务的轻重难易，不发生直接的比例的关系，因此，按官吏等级，而定的俸给亦不成其为正当的报酬。同一书记在高级机关可为高级委任官，支俸百元以上，在低级机关者，则往往为一雇员，支俸不满五十元。同一庶务，在高级机关者可为荐任官，支荐任官的俸给，而在低级机关者则仅为低级科员，甚或雇员，支低级科员或雇员的俸给。此种例子，不一而足。因此在中国，俸给不是职务的报酬，不是工作的报酬，而成为地位的报酬。此种办法，不特有失公平，且对于吏风及行政效率亦往往发生极不良的影响。

第二，高级官吏的俸给过于高，而低级官吏的俸给又过于低。即舍雇员不论，特任官的俸给（公费尚不计在内）已十五倍于最低级的委任官。此种高下悬殊的状况实为一般国家之所无。在自由竞争的工商业中，俸给本无一定的标准，高者可以极高，低者可以极低，在艺术界中，此种高下悬殊的俸给，或比在工商界更为普遍。但公职究非私职可比。在提倡平等，提倡民权的社会，此种高下悬殊的俸给究不是善良的政策。而且在贫穷的中国，有了少数高俸给的公务员，其结果亦只会奖励一种过于奢侈的风气，与不经济的生活：其生活离一班的人民愈远，则其所愿见过实现的政策亦往往愈非利国利民的政策。同时，俸给较低的公务员，或则忙于糊口，日趋愚昧，或则非分的羡慕高官厚禄，驯至官常丧失，纲纪荡然。

第三，中央与地方之间，中央官吏的俸给过高，而地方官吏的俸给过低，省政府主席的俸给同于国民政府的文书局或印铸局局长，然而主席责任之大，固远在局长之上，县长的责任又何等重大，但其俸给只等于中央各部的科长，至于县政府局长科长的俸给则仅可与中央各机关的二等科员相比拟。近年来稍有才具之士之群集中央，而不肯赴地方服务，现行俸给制盖诚为一大理由。欲救国家的真统一，及全国的近代化，此种重内轻外的制度一日不变，恐亦一日不能收功。

第四，就中央的各种公务人员而言，一般公务员的俸给太低，而关邮铁三种人员的俸给又太高。管理一关的税务司，与管理一省邮务的邮务司，其俸给便可在省政府主席之上，责任轻微的特等税务员或甲等邮务员其俸给便可在县长之上。此种畸形制度，固为特殊的历史环境所形成；然亦不能不予纠正，且亦不难纠正。

第五，以从事教育的人员与公务人员比，则公务员的俸给过高，而教育界的俸给又过低。从事教育的人员固非严格公务员；但无论任职公立或私立学校，究为从事公职者。教育界人员俸给过低，则教育必难有生气。试观在德法日本等国，仕学俱不甚分，仕者亦有学，而学优者亦仕。在中国则至今仍只有学优则仕者，而不闻有仕优而学者。中国的工程教育极需一些有实际经验的教授。但事实上，则工程的学者，偶一踏进实际的工程事业，便不愿再回教职。工程方面如此，别的方面也大都如此。大学如此，中小学也是如此，其所以然则多半因为教员的俸给太低。

第六，就文职与武职言，则文职人员的俸给太高，而武职人员的俸给太低（空军或为例外）。中国将士之多，甲于天下，增高武职人员的俸给，对于国库诚可发生重大问题？然如不均平文武两种公务人员的待遇，则征兵之制决难实行，而武人的廉洁亦绝难维持。依现行法令，中将阶级的军职仅得月俸四五〇元，但中将可任总指挥，以现时官场的生活程度而言，总指挥即在理论上，亦决难在月俸四五〇元之下养廉。于是为军官者，其上焉者不能不赖公费以维持生活，其次焉者恃馈赠，其下焉者则恃征索。为维持军队的纪律，且为奖励军国民的精神起见，苟国力能容许增加武职人员的俸给，便应增之使与文职人员的俸给相称，即国力不能容许，变应减低一般文职人员的俸给，使与武官处于同样生活水准线上。

总之，官吏俸给的多少影响于社会者甚大。如官吏的俸给低于一般的职业，则政府不能罗致优秀人材，而政治不易有生气，如官吏的俸给过高，则一般的职业必将有材难之感，而政治引诱力之过大，亦决非政治之福，故官俸的厘定实为一种重要的社会政策，不仅涉及官吏本身的报酬而已。

现行官等官俸制的缺点及流弊，已约略如上述。然则如何能补救这些缺点，并除去这些流弊？

欲补救上述的缺点，并除去上述的流弊，首先自须将官吏另行分等。分等的用处，上面已经说过，可为考试的标准，再可为支俸的标准。特简荐委四等的分类，既因不合理而失其作用，自应毅然废去，而另求良法，废去后，凡须视为政务官而须经过一种政治上的考虑者（如现今须经中央政治委员会核准），索性加以列举，不必再混称特任官。其余的官吏，在事实上必由主管机关，就合格人员中委用，根本就无所谓简荐委之分。如果有一部分公务员须经最高行政机关的核准，则亦不妨加以列举。

至于新的分等方法，则以可推行者为准，而不必急求过分的精细与新颖。各国关于官吏分等或分类的方法，以英国的演化为最正常，而美国现行的方法为最精细；至于大陆各国，则行政机关对于所属人员的分类，至今仍不甚统一。

英国向将一般公务员分成第一级书记（但此不能与中国所谓书记混用），第二级书记，助理书记，青年书记数种；政务官与最高级的事务官则俱不在此分类之内。此种分类方法显太笼统，欧战前后十数年内因又成立一种新的方法。按现行方法，公务员分若干类。（一）为书记类。按一九二九年报告，此类约共九万人，为公务员中的主要部分。（二）为视察员类，有二千余人。（三）为专门人员，共六千五百余人。（四）为次要视察及技术人员，约近九千人。（五）为手工作类，近十八万人，邮电两业的人员大都属之。（六）为信差等，近一万七千人。书记类大都须经考试，其余各类则或不经考试，或仅经考核。书记类又分为（子）行政，（丑）执行，（寅）书记，（卯）助理，（辰）速记打字，（巳）临时打字，（午）税务人员七级。若以中国现行制度衡之，则自（辰）以下均是雇员，而（五）（六）两类亦非文官官等俸给表中所指的文官。

美国最初所采制度与英国大同小异，亦将文官制度范围以内的公务员分为一级二级三级四级四个级，则按照一九二三年的分类法。按此法，文官制度范围以内官吏共分成五大类：即（一）专门与科学事务，（二）次专门事务，（三）书记，行政，及财务，（四）保管事务，（五）书记及机械事务。每类各分若干级与若干门，某门职务可有若干级，某级亦可有若干门。计共有四十七级，一千七百余门。级与门既如此繁复，故定法者更列举三千余种标准职位，以为各职分类时比照之用，故即有新的职务发生，亦无不可比照各标准职位，而予以分类。至于俸给，则按所处的类门级而定。按美国文官制度的推行本只限于一部分的文官，但最近罗斯福总统有将全数文官，除极少数高级人员及亲信人员外，扫数纳入此范围以内之议。一九二三年分类法的精细程度似又将得一试验。

由简单的分类，到精细的分类，本为一般国家人事行政上自然的趋势。因之，谈新的分类方法者，颇有提倡美国式的职位分析制者。在理论上，最精细的职位分类自可赞成，但事实上中国此时不能，亦不宜，有太精细的分类，不能有此种分类，因为在此时期精细的职位调查无法实现，调查者所欲知之事，被调查者必不能予以准确的答覆。我们非不赞成此种调查，但在最近的将来，此种调查只能视为试办的调查，而不能以之为计划的基础。不宜有此种分类，因为中国官场最善于因循，规避，并取巧，精细的职位分类，即是可能，亦难于实行。不但不能忠实的实行，且其流弊恐将更大于现行的分等方法。

我们建议一种近似英国现行制度的官吏分类方法，将一般的公务员分为（一）行政与专门，（二）执行，（三）文书与财务，及（四）抄录与机械四大类。若以此为分类的初步，则现在一般的司长，科长，技监，技正，厅长，县长，县政府科长等当属于第一类；科员则便应因其职务而分别安插在第二，第三，或第四类之内；邮务税务人员则大都当属于第二类以下。每类之中，自应参合英美成规，及中国向习，各分为若干级及若干门，但亦不应过于复杂。按现行文官官等制度，文官仅有三十七个的俸级，亦不过三十七级。如每类分为六七级，再分为工，教，法，外交，普通行政等一二十门，则总数即可有三四百种不同的职位。虽其复杂并不甚于现行制度，却尽可以满足目前的需要。至于武职人员的分等，则不妨暂仍其旧。

关于俸给，我们只能提出若干原则，第一，我们以为各职人员，无论文武，其待遇均应相等，不宜有厚薄之分，高下亦不宜悬殊。如以文书财务人员的俸给，为最多数人的俸给，则最高级的俸给似不应超过此平均数至五倍以上，最低的亦不应少于此平均数之半。我们的理想盖欲造成一贫富不太悬殊，生活程度亦不太悬殊的社会。至于平均数应为多少，则应将国家每年所需俸给公费的总数，加以总核，务使新法实行后的俸给总数不超过现支者为度。第二，每类官吏的俸给，应各分为若干级；如采每年晋一级之制，当使于若干年内达到最高级的俸给。假如文书财务类的最低级为月俸八十元，最高级为百五十元，如令于八年内可以达到最高级，则每级便应相差十元，我们以为公务员的晋级不宜难，而擢升较高的一类则不宜较易（因教育不同之故）。

晋级至无可再晋，加俸至无可再加时，便宜令之有如下的感想；即如再继续服务，虽不能加薪，但可受退休金及恤金的保障。第三，因职位的关系，俸给较低之人，亦可命令俸给较高之人。例如县长之俸虽三百，但仍可命令俸额较高的工程师，不如此，则行政的近代化必将因传习的高下观念而阻滞。第四，关邮铁三种人员的俸给表，一时如不易完全革新，亦应定一期限，使之逐渐就范于一般公务员的俸给表。第五，公费应一律取消，只使领官得有外勤费；官吏办公所需费用，应另定详细办法，准其作正开支。

根据上述各原则而定的俸给表，在初实行时，必将发生重大困难。现任内外要职之人，予以月俸八百元，公费又若干千百元，尚嫌不敷，如果再予核减，岂不将诱令伤廉？过渡的救济办法，或可由有权作政治考量的机关，于通过某人任要职时，酌加多少数目，为其特殊津贴；但此种津贴仍以政务官为限，一般的公务员则仍颁严格的按俸给表支俸。

也许有人更要说，如果公务员的俸给，定得比一般私职的薪金为低，政府恐难诱致相当的人材。这层非难，诚有理由。但就中国现在各种职业而言，只新式工商业及自由职业的薪给甚高，其余皆甚低微。从事此种新式职业的人数，远无公务员为数之多，政府如稍作统制的工夫，当不难使此种职业的薪资减低。且如银行等业，其高级人员薪给之高，与夫低级人员薪级之低，亦反映着一种不健全的社会组织，政府亦本有纠正的责任。

以上所言，仍为原则；至于准确的分类及俸给表的制定，自仍须以事实为根据。入手的方法，似宜先由中央政治委员会制定若干关于官等官俸的原则，再交行政院会同铨叙部合组一调查机关，责以于半年内起草一种方案。这个方案只须求其合理可行，而不必求其精密高深。依此方案，便可制成一个新的法律。新法推行若干年后，然后再求成立一较精细较固定的职位分类法，而导中国的人事行政于最新式的方向。

新中国与一党制 [*]

中国此时在极大的动荡中，世界此时也在极大的动荡中。战时问题固然很多，战后问题将更多而更严重。第一，战事所引起的社会变动战后须有合理的归宿，不然社会将永远不得安定。第二，中国经过此次战争，国际地位将与前大不相同。大国有大国的责任。我们如一贫如昔，将使我们负不起这种责任。如何可以使国家富强也将成为战后急切而艰巨的工作。

依照我的看法，在战后我们只有两条路可走。一条是立下一个极高的理想，以最大的决心与毅力，于最短的期间，实现这个理想。又一条是得过且过，毫无理想，使中国降为新的侵略的牺牲者。这两条路，我们必采其一。

我的理想如下：我们早日产生一个贤能当道的强有力政府，由他来为人民谋普遍的福利，为国家储雄伟的力量；近则抵制个别的侵略，远则保障世界的和平。

我不否认，上面所说的是一个不易实现的理想，然而也是不能不求实现的理想。这理想不能实现，新中国决不是乐土。盖战后的世界决不是一个易处的世界。法西斯主义及所谓武士道者尽已消灭，但新的纠纷一定不免。战后的中国也决不是一个单纯的社会。如果人民不被一个崇高的理想所笼罩，则各种破坏势力也将如人欲的横行。不进便退，本是文明演进的逻辑，而在战后的中国尤将有此景象。所以我们不能不悬一鹄的，努力以赴。

要实现上述的理想，无疑的，国家须有大权，而人民须保其自由。在过去，自由与极权向为对立的而不调和的。极权国家只知有国家，而不知有人民，更不知有国外的民族，人民只是工具，而外国民族则是奴隶。自由国家只知有个人的自由，而不知

---

[*]　原载《中央周刊》第四卷第四期，1941 年。

有国家的全体，国家遇到危难，个人随而牺牲。我以为战后的新中国必须避免极权国家与自由国家的短处。国家须有权力以促进世界的和平，以谋全民的福利，但人民仍须有自由，庶几国家不至忘其所以，妄自尊大，对内滥施淫威，压迫人民，对外东侵西略，兵连祸结。

就政党的制度言，在这样的一个国家内，决然是一党制度，而不是无党制度，也不是多党制度。

先说无党之不可能。国家的职务愈繁杂，则当政者愈须有组织。如果没有党的组织则领导人民者无人，造意企划者无人，防免独夫专制者也无人。

次说多党制之不相宜。国家如只有一党则已，如有多党，任何一党都希望地位与最大之党能相等相若。像中国今日的政党制度决不能算是多党制度。如果真正的多党制度存在，则总有此起彼仆的现象。在甲党当权时，乙党或其他政党必设法谋代替甲党当权。在此情形之下，当权之甲党在其施政时势须受种种限制。设无限制，则乙党将无法推翻甲党而代兴。无疑的，在英美等实行多党制的国家，国家的权力确是有限制的。如果战后的中国亦受此限制，则理想的新中国决无从实现。

我意，从保障国家权力完整的立场而言，无党制与多党制决不如一党制之相宜。这一点似无多加发挥的必要。

但是从保障人民自由的立场而言，政党的制度又应如何呢？在答覆这个问题之先，我们自不能不确定我们需要之自由为何。"自由"的意义向不确定。在若干年来的中国，一班人又往往硬将"民族的自由"与"个人的自由"对立，一若为民族谋自由则个人便不能有自由，个人言自由则民族便将丧失自由似者。这是一种不幸的错误看法。我们如一日不能脱离这种错误看法，我们的政治建设便将一日不能有一光明的目标。

我以为人生的第一目的为求生活的幸福，物质的及精神的。人不能离群而独立，故最幸福的生活一定是大同世界全人类互相协助的生活。如果这看法是正确的，则国家的光大决不能是人生的最高目标，因欲提高国家的地位而牺牲各个人民的或是旁的民族的利益是一种浅狭不通的见解。我们只能将国家视为一种工具，一种在未臻大同以前保障国内各个构成份子的利益的工具。换言之，不论国权如何发达，人民所赖以维持其自己尊严的言论自由决不可剥夺。这言论自由应从广义解释，凡思想，信仰，出版，集会等等一切足助人类维持并发扬独立庄严的人格的活动均属之。

但财产，工作，结社等自由则不必亦不宜为新中国国民自由。财产的自由积置及处分形成了资本主义。工作自由的容忍势必妨害计划经济的实施。自由结社亦必多方

钱端升文集

妨害国家的权力。这一类与人民经济生活刻刻相关的自由再不必容其存在；这些自由的存在必引起社会上的各种畸形。我们所欲保存并加意保障者只是与人民精神生活有关的各种自由。在这类里，我还可附带说明，即在向日尊重财产自由及工作自由等等的英美等国，战后恐也将不再保障此种自由。罗斯福在本年一月六日广播演说时，曾说民主国家反抗侵略并重建世序的目标在树立四大自由，即（一）言论自由（二）宗教自由（三）无不足的自由及（四）无恐惧的自由。第三第四两种自由是新自由，而与传统的自由完全相反。如用三民主义的说法，则第三种自由是实现民生主义的意思，而第四种自由是树立和平，实现大同，以弭战争侵略的意思。换言之，在罗斯福心目中的未来世界中，亦只与人民精神生活有关的自由应获保障，而并不是十八九世纪民主宪法人权章中全部人权均予维持。

如果自由的范围依上述的规定，则我以为只一党是相宜，而多党制度无必要。

我们不要忘记，在英美等国，党与党之间发生异同，除了人事的问题以外，由于经济政策之不同者多，而由于其他原因者少。即以十九世纪英国保守自由两党对于爱尔兰问题所生的大争执为例，两党争执的焦点是地主阶级权益的问题，而不是政治宗教的问题。一个国家如果须保障财产自由，则不能不容忍对财产问题作不同看法的若干政党存在。如只有一党一种看法，则财产自由丧失了意义。但在战后的中国，财产自由既非应有的自由，而国家的经济政策又必以普遍地改善民生以增进国力为第一目标，则决不能容忍多党同时存在，而以经济政策为党争的足球。

就新中国应予保障的自由而言，则一党制与多党并无分别。自由之能否保障将视法院之能否独立。如果法院能独立，自由即得保障；如果法院不独立，自由即少保障。言论一类自由之所以能在英美得着最好的保障，乃是由于英美法院的健全，而不是由于多党制度。这一点是论自由者所应牢记的。

根据以上所说，我们可得如下的结论：为使新中国的国权完整起见，只有一党制度是相宜的制度；为保障新中国的新自由起见，多党制度并无必要。

此外，尚有两种对于一党制度的怀疑应有答覆。

第一，如果一党当局，滥用权威，实行专制，则将如何补救？我不否认，近年来一党当政的国家，其专制类皆达于极点，而人民辄成可怜的动物，无复一点人格及尊严。但是，我们也得记住，在这些国家，自由本为当局者所鄙弃，而民权则被视为不祥。如果新中国为尊重自由尊重民权的国家，而又有胜任的法院以充自由的保护人，则避免专制的可能当不在多党制度之下。

其次，如果一党之内分成数派，则实际上宁不等于多党？答曰不然。建设新中国的政党必定有其建国的政策。党内纵使有派，其不同之点也不能如党与党间之甚。而且，一党中的数派可以分合无常，不易形成永久的裂痕，而同时并存的数党则界限甚深，融合不易。所以党内分派与多党制究有不同。至于近年来若干国家党内自相残杀的情形则是由于党中首领阶级的嗜杀性成，初非制度之过，可以不论。

我以为不但战后的新中国将采取一党制以建国，我还可进一步推断英美等国战后亦将采取一党体以建新英国新美国，并进而建设新世界。这固是预测，而所有预测均有不验的危险。但证以两国国家权力的增加，以及统制经济的进展，则多党制度的继续势必发生重大的困难。现在英国已成立混合内阁，战争的趋势正在使三党中主张高度国家社会主义的份子逐渐增多，且无分彼此。美国方面，迄近社会主义的新政派与资本主义派固仍在斗争中，但大战的进展无疑地将使新政派渐渐得势，在战后拥护资本主义的政党及派别或竟无立锥之地亦未可知。

事实上，就中国而论，舍一党制度外，亦别无其他可以代替的制度。中国国民党是多年来主政的党，三民主义又为国人及其他小党（中国共产党在内）所共同接受的主义。如果我们秉此主义以建设新中国新世界，则当权者势必仍为国民党，而其他政党，久而久之，必失去独立存在的理由与可能。一方面接受三民主义，而又一方面与国民党对立，这局面我以为是不忠实的，也是难以持久的。

但从国民党应有的立场上说起来，一党制度的不可避免只是加重了国民党的责任。因为我们希望能于最短期内实现一个崇高的建国及建立大同的理想，我们才要一党当局，以集中意志，以增加效力。要党能负得起这样一个大任，党之自满是最大的戒忌。

现　代　化*

"现代化"到底是什么。现代这两字，无论在英文，在德文或者在法文，都是modern。在目前中国一般人的习惯，听到"modern 摩登"这个名词，总会联想到摩登装饰，摩登家具，甚或摩登女郎一类物一类人的身上去。因之，社会上一般人对于这个名词的印象，总不甚好。记得《中央日报》在民国十七年创刊的时候，有一个以"摩登"为名的副刊，他上面所刊载的，都是正经的东西，都是值得提倡的关于"现代化"的各种事物。我今天所讲的"现代化"，也就是正经的值得提倡的"摩登"主义。

所谓 modern 的，或是现代的，当然和 ancient 的，或是古代的，是相对的。由 ancient 的而到 modern 的，在西洋历史上，政治上，社会上是一个很大的分界线。无论在历史上，在社会上，在政治上……各方面都有这种分界线。"摩登"主义的涵义很广，并不是一点小小的主见，或是一个狭隘的名词。他的定义，当然有许许多多的说法。但是我们要明瞭"摩登"主义是什么，重要之点不在他的定义而是在他的涵义。所以我现在不愿给读者一个定义，我只说明他的含义，说明"现代化"到底是什么东西。我现在分开三方面来说明他：第一是他的哲理的背景，第二是他的政治的表现，第三是他的经济的或是物质的表现。现在分别来说。

从哲理的背景方面来说，所谓现代化者，乃指古代思想的解放。古代西洋的思想，受了许许多多的束缚，而最大的可以说是宗教思想的束缚。本来欧洲的思想，并不全是耶稣教的思想，但是耶稣教发达很速，渐渐驾其他各种思想之上，不久以后，什么事情都带了宗教的色彩。到后来文艺复兴，古代希腊的思想——那种非宗教的思想——在欧洲渐渐抬头。再由于以后地球的发现，使大家碰到许多新的，并不是单用宗教思

＊　原载《中国青年》第十卷第六期，1944 年。

想所能解释得通的事情。由于许多新的发现，便得到了许多新的真理，于是中古的学院主义——学院派里面的人，大多数都是教士——便渐渐衰败了。到了十六世纪宗教改革也就发生了。这样一来，真正的科学便也就开始。近代哲学的理智主义（就是靠理智来判断一切的主义），与人文主义因之而起。到这时，古代一切受宗教束缚的思想便大大解放，而新的哲学继起。这一点，因为时间关系，不能详细去讲。简言之，现代化在哲理的背景方面所表现的，可有三点：第一就是科学的发达；二是自由传统的养成，讲到自由，许多人每误认他，就是散漫放荡，我现在所说的自由是指近代思想解放后，大家得以自由地去探讨真理的那种传统；三是相信进步。到了近代，思想的进步，与社会的进步，是宗教束缚时代所没有的。以前教会的人狃于成见，对于一切事物，都以为古的好，而新的不如，不知道有所谓进步。再重复言之，在思想哲理方面从古代解放出来的结果有三，一是科学发达，二是自由传统的养成，三是相信进步。

　　现代化在政治方面的表现，最主要的不外四点。第一是平等，法律上的平等，扫除以前一切阶级的关系。古代有阶级制度。封建社会可以说就是阶级社会，有种种的阶级，有贵族和平民的分别；就是在贵族之中，也有很多不同的阶级。这种阶级的形成，在古时是认为天经地义的。当然古时候也有人起来高叫推翻阶级。如果没有这种举动，那么历史上也就没有那些斗争了。但是这种举动并没有多大效果。特权阶级所享的许多特权，都为一般人所没有。到后来宗教改革，思想解放的结果，于是便有平等的观念，法律上彼此都要平等，没有阶级之分，不因为他出身的不平而享受也不平等。第二是知识普及。所谓知识普及，自然是比较的说法。他自然是一代比一代来得普遍。我所以说他是现代化的特点者，乃因为在平等，在推翻了阶级以后，人人都能够受教育，都能够得到智识来判断宇宙的真理。过去的情形，知识为教士或贵族所包办，其他的人大半都是没有智识的。如果中世纪的佃农要和他的地主谈起平等，那真是一件不可思议的事。第三，由于宗教改革，大家便将各国君主的君权神授说推翻。中古的时候，欧洲四分五裂，当时每一个国家的君主，为想表现他有力量，于是便倡君权神授说，说君主的权力是神所赋与的，是神圣不可侵犯的。这种说法，英国在十七世纪，法国在十八世纪后先后消沉。但在形式上，直到现在，英国国王在许多文告中还常常用"蒙上帝降临照佑"等语，这都是古代的遗习，在如今不过是一句话而已。但是在古代的时候，确实如此。思想解放以后，君权神授说便逐渐推翻，于是人民便要求种种权利，倡政府根据契约之说，甚而要求宪法等等，这些要求之所以起，乃因神权思想的推翻。人民既逐渐有权力，国家也逐渐进入民主制度。第四，在行政方面也发生了一个极大的变动。这就是人民如果有能力，就可以参加政府，参加行政，并没有阶级的限制。原来在阶级社会里面，能够出来负行政责任的，只是一些特权阶级。宗教改革，思想解放，神权推翻，民权日张，于是大家都就可以参加行政。到了后来，行政组织亦大加扩充，效率因此亦逐渐提高。现在许多人常常说中国行政效率太低，但这只是和目前西方若干国家比较的结果。西方国家在若干世纪以前的行政效率是极低的。如果以任何一个西方现代国家的政治组织来和古时那个国家的政治组织对照一下，中间的进步诚有不可思议之处。西洋诸国在十八世纪以前，政治组织的规模很小，没有什么制度可享，西洋各国行政组织的现代化，实在都是十八世纪以后的事。十八世纪普鲁士腓特烈大帝开其端，其他国家在十九世纪的时候才陆续仿效。由上所述，现代化表现在政治方面的有四种结果可见：一是平等，二是知识普及，三是民主制度，四是行政改革。我虽不敢断定他所表现的就只有这四点，但是这四点是缺一不可的。如果缺少了其中任何一个，现代化的资格也就没有具备。

至于现代化在物质方面的表现，最大的可以说是在现代化以后，人类就可以控制自然。以前的人类是无法控制自然的。在这方面大致可有三种结果：第一是产业革命。产业革命以后，生产制度焕然一新，规模扩大，方法进步，于是人类渐能控制自然。第二，由于产业革命，经济单位也就扩大。以前的经济制度乃是小单位内的经济自给制度。产业革命的结果，小单位的经济自给制度便被打破。只靠本单位以内的生产品，不够消费。于是单位逐渐扩大。到后来就连在一国之内，也还有许多东西要仰给国外，国家自给经济制度亦即打破。这种小单位的经济自给制度打破以后，人民的财富便大为增加，以前贫穷的人，如今多变成富有。不但如此，财富的分配，也比较普遍得多。本来产业革命以后，新经济制度产生的结果，形成资本主义，在资本主义的经济制度之下，往往贫者极贫，富者极富，贫富之间，极为悬殊。但是尽管贫富益形悬殊，而富有的现象较之封建制度时期却要普遍得多。第三，因为富有的普遍化，于是就产生些比较的有闲阶级——这里所说的有闲阶级，是指工作之余，比较上有闲暇的人。——他们在比较的有闲以后，对于科学的倡导，自由的争取，俱能多所致力。以十九世纪中叶的英国而言，那时新兴的工商阶级是有闲的，因为有闲，他们便有兴趣去倡导科学，去争取政权。愈倡导科学，愈争取自由，一切的进步就愈大，政治的表现就愈澈底，物质方面的进步也就愈快。

由上面所说的，所谓现代化，必定要看他的哲理的背景，政治上的表现，和经济上的表现如何而定。能够完全具备这三个条件，那么才有真正的现代化。如果欠缺其中一个，那么那个现代化一定是假的现代化，或者说是现代化不健全。

说明了现代化的含义以后，其次就要讲到欧美各国现代化的情形。现代分开英美，西欧，苏联，日本诸国来讲。

在欧美各国中，比较起来以英美两国最合现代化。美国立国时期虽短，但背境与英国大抵相仿，现在只提出英国来说。英国的政治环境是很有利于现代化的，国内统一最早，封建制度在十二世纪起就开始消灭。在地理环境方面，英国又比较孤立，不与欧陆相接，于是欧洲大陆上教皇的势力和那些专制的议论，英国所受到的影响较小。宗教改革以后，欧洲中部许多国家，发生了路德派的宗教。马丁路德虽然是宗教的改革者，但是他的思想仍然是有一层层的阶级观念的。中古欧洲国家，大都逃不了路德主义的宗教。英国与欧陆隔海相对，路德教未曾传入，他自己却自成一个国教。所以英国的政治环境，地理环境都是有利于现代化，思想解放很早，自由发达，三权取消亦早，民主精神盛行，这都是很合于现代化的条件的。其次，他的生产革命亦早，大约在一千七百六十年左右的时候，农业革命始于英国，其后又发明纺织机。（这种生产革命之早，当然也有偶然的因素在内。因为某一个国家能够偶然的发明了一些新的生产工具，或方法，那个国家的产业革命就早）英国的产业革命虽然很早，但是经过产业革命之后，是否就一定能够发生新经济制度，本来还是一个疑问。可是英国在产业革命以后，刚巧碰到拿破仑的战争，遭受欧陆的封锁，环境所迫，于是便不能不自力更生，加紧生产，产业因此日盛。由上所述，可知英国思想解放很早，产业革命亦先，而政治方面，人民也早就竭力要求民主，所以他在思想，政治，物质三方面的现代化都最早。大致看来，在欧美各国之中，以英美两国为最具备现代化的三类大条件。

西欧方面，可以德法两国为例。以意大利西班牙两国与德法比较，则意西两国的现代化太不完全了，故可不论。就法国而论，假定英国十七世纪的时候思想已经完全解放了，那么法国的思想则迟到一七八九年大革命以后才开始解放。这中间，两国相差几乎有一世纪之久。在政治方面，英国早已铲除封建阶级而进入民主，但是法国则远较落后。至于生产革命，更全受英国的影响，英国农业革命发生在一千七百六十年左右，工业革命则发生在一千七百八十或九十年左右；法国的产业革命，那大致都是一千八百三十年以后的事了。至于德国，他向来就不是一个统一的国家，国内有许多小邦。就地理方面说，所处环境颇不适宜。因为他处于欧洲的中部，大部份的邦都受四邻的侵凌，所以他有团结的天性，事事与人竞争，因而尚武主义较为发达。同时因为地势所限，颇不容易统一，经过了许多大的波折，直到十九世纪才统一。德国的革命本来是跟着法国的革命来的。德国在十九世纪上半期，他的自由思想本已追上了法国。不幸，这种崇高的理智及自由的本性，并未能促使他统一的成功。他在十九世纪中叶的统一，实在还是靠俾斯麦的武力。德国的统一既由于武力，所以在统一以后，便迷信武力，轻视理智主义，所以政治上的表现不够现代化。像平等，法国在十九世纪下半期虽然还有公爵贵族之名，但也不过只是一个名称而已。可是德国在第一次世界大战以前还有许多阶级。所以德国的情形，一般说来，知识固然普及，但是他们迷信神秘的观念过深；行政虽早有改革，但阶级颇严；直到十九世纪下半期，他在现代化表现在政治上应有的四个条件中，还只有其二而缺其二。所以就法德两国来说，法国一切情形大都跟着英国后面，表现得虽不很好，但是多少还有点现代化。德国则除了物质方面以外，哲理思想根本谈不上现代化，政治方面的表现也只有一半，所以德国的现代化乃是畸形的。至于西班牙，意大利等等，那就更不足道。像西班牙，既缺乏哲理的背景，物质的进步，而天主教的势力仍然很大，神权思想仍然盛行，离现代化尚不知有多远。

苏联怎样呢？俄国自从十七世纪末年的大变动以后，若干地方，都竭力想西欧化——或者叫做现代化。像彼得大帝到英国学造船，或是十八世纪初期大加萨陵女帝之仿效西欧行政制度。不过俄国在思想方面久已落伍。在十九世纪，一千八百四十左右的时候起，几十年间，有西方派和斯拉夫派在理论上斗争甚烈。斯拉夫派主张本位文化，主张一切不接受外来而由本身改革求出路；西方派则说俄国原来的东西完全要不得，完全要接受西方的潮流。这两派的思想，冲突很烈。我们平心静气说来，他们当然都是各走极端，均属一偏之见。后来共产主义的盛行，乃是西方派的得势。斯拉夫派和西方派闹得很久，他们的思想背景总在两个极端之上不能解决。虽说欧化，事实上西方的前进思想钻不过来。所以俄国到很迟很迟才有思想解放。现在解放到怎样的程度？这因为时间关系，无法详加讨论。总而言之，俄人的思想，并未能在短时间内直接随着西欧间接随着英美之后完全解放。而在政治方面，像近年共产主义的执政，许多措施，仍未能及得上现代的标准。至于工业化，那是在一八八〇年以后的事，发展更迟。所以俄人的现代化，并没有什么高的程度。最近一二十年来的情形怎样？因为时间关系，不能多讲。可以说的是：今日的苏联，无论在那一方面，其现代化的程度还未能赶上英美。

说到日本，那也是一个畸形的国家。他无论在思想方面或者是政治方面，都未够得上现代化。只是在物质一方面，他竭力想造成现代化。然而他物质方面的进步虽然相当可观，思想和政治两方面却很难和物质相调和，于是种种不健全的现象也暴露了出来。因为时间关系，我也不能详细去说明。但是我敢断定日本在这次大败以后，一定会一蹶不振，历久才得复兴的，其中原因，乃在他现代化的不够，物质方面虽力求现代化，但是思想和政治方面，都还未及现代化的标准。日本的复兴，须在思想及政治现代化之后。

由以上所说的，可知现代化在哲理，政治，物质三方面的发展一定要平均。如果这三者不能并进，甚或有所偏重，那么这现代化必有毛病，经不起丝毫打击。若能整齐发展，那么现代化的基础稳固，难以摧毁。平心来说，欧美诸国的盛衰，实在可以由他的真现代化，假现代化或者是畸形的现代化而判断，我的看法，真正的现代化，必定不能畸形的。

说明了欧美各国现代化的情形，最后我就讲到我们中国的现代化。

中国现代化的条件，有好有坏。先从哲理方面来讲。我感觉到中国思想哲理上现代化的条件，在消极方面并不错，但是积极方面则似乎还不很够。这就是说，过去中国思想上的束缚很少，解放容易；或者甚至可以说过去中国思想根本就没有束缚，也无所谓解放。中国历来思想上都印着四维八德等等观念。这些都是中庸之道，在古代看来是美德，现在看来也是美德，将来看起来仍然还是美德，这谈不上什么思想束缚。至于论语孟子等四书上所说的一切，也都是中庸之道，也不能说对于中国古代思想有什么束缚。我们将中国这些东西来和欧洲宗教改革以前思想上所受束缚的情形来相比较一下，真有天渊之别。如果有人说中国儒家思想对于中国思想方面有一种很强的束缚，这实在是不对的。中国人民的思想古来就没有什么束缚，宗教又没有什么势力，所以我说中国现代化在思想哲理上的表现，从消极方面说来，是比较具备的。然而他在积极方面的表现并不够，人家科学发达，我们却欠缺，人家倡自由，尊重自由，我们讲自由，虽然多年，但其含义却是消极的。我们仅在消极方面立下几个法律对于自由有所规定而已。我们向不从积极方面推崇为人的尊严，直接以发展个人的力量，间接以增厚团体的力量。讲到思想的系统，我们也至不完备。譬如像宇宙的问题，我们向少讨论。所以在思想方面，西方在解放以后是有系统的思想的，中国则从来就不大有束缚，可是很消极，很少有系统的思想。从物质方面说，则我国向日因没有科学之故，吃了大亏。西方的科学乃是近代产物，不过是十六七世纪以来的事。西方在有科学以前，其物质情形，并不怎样优越。当时中国正在乾隆年间，即在乾隆时代，中国和西方各国相比，并不很差。但是乾隆以后，西方各国国富日增，生产丰盛，财富普遍，我们则一切落后，一日不如一日。这是什么原因呢？为什么乾隆以前大家都是一样，而乾隆以后就相差得这么远呢？这问题很简单，因为人家现代化，我们却未曾现代化；人家科学发达，进步神速，我们墨守旧法，追不上去。所以我们中国的情形，就思想哲理上说，消极方面的束缚虽然很少，不至妨碍发展，但在积极方面则思想太不够系统。现在要有系统，那就要学科学。欧洲在思想解放以后才有科学，到如今为期亦不很久，然而颇有成效，这还是因为他能竭力提倡所致。我们中国对于科学的提倡太不够了。如今倘若希望科学发达，还需要积极的力量。据我看来，我们提倡科学，就连方法还有讨论的必要：像提倡实用科学而忽略纯粹科学，那么根底不稳，将来也要落后的。至于政治方面，我只简单说几句。在政治上，要能够有现代化的表现，先要国家安定，以前国家未安定，政治难上轨道，自今而后，国势已经大定，在国家各方面安定了以后，政治上的现代化的条件是不错。总之，我们要注意到要求现代化，不能单单侧重于物质方面，必定要思想现代化，政治现代化，然后物质现代化方有意义。如果不能这样，那么好像德国的情形一样，过份加强物质，而思想政治的基础不够，那是毫无意义的。不过物质方面，我们也希望短期内能够达到生产革命化。总而言之，就现势而言，我们中国的现代化的条件尚可乐观。以前因为有种种环境关系，一时未能表现，到这次战争胜利以后，现代化的加速应当是有望的。

根据历史的看法，我个人认为要现代化，眼光一定要远，一定要在各方面同时并进，平均发展，那么基础稳固，不虑动摇；要是急功好利，有所偏重，即使某一方面可以在短期内得到效果，但是基础是不稳固的，一经打击，便有崩溃危险。现代化是要各方平衡的，我们的努力必须同时并进，切不可因为环境关系而有所偏重。我今天提出这一个问题，希望诸位共同研究。

（按本文系钱先生在青年团中央团部讲词，由林炳光君笔记，而经钱先生复阅同意。——编者）

论中国政治的前途

八年抗战业已胜利结束，在这举国狂欢之际，内战迹象又已呈露。眼见沉默而疲竭不堪的人民又将因此而溺于浩劫。在此关系国家今后百年兴乱的关头，我们谨吁请全国人民提高政治警觉性，须知千万不要因对日军事胜利而冲昏了头脑，实在我们的胜利还只得到一半，国内民主还要我们继续努力争取。同时我们更希望当政者也提高政治警觉，人民的力量是不可侮的，民主诺言必须予以兑现，不然今天活着的决不会甘休，为抗战而死的千万军民也永远不会瞑目的。此刻国内政治问题的解决已不可再缓，否则，我们的话将真会不幸而言中的。本篇是钱端升先生在上次参政会闭幕不久后对西南联大同学的公开演讲，他在这演讲中提出组织政治解决委员会与联合政府两项具体建议以为打开政治僵局的方案，对当前问题的认识及解决途径之寻求颇有参考价值，政治协商会也许最近就要开了，联合政府是否可能实现呢？我们不敢去猜，我们仅希望这篇讲演不会被人漠视。——编者

新中国的轮廓

我以为新的中国，一定要为全体人民谋利益。这几年我最喜欢听的一句话，就是华莱士在一九四二年所讲的：二十世纪应该是平民的世纪。这话真正代表了时代的精神，许多国家无不向这条路走，把他们的国家变成平民的国家。以美国为例，我去美国多次，对美国相当明瞭。但这次去的两个月里，受过一种从未受过的感动。罗斯

---

* 原载《文萃》第五期，1945 年。

福实施新政，我并非不晓得，但我还是感动。在几年战争中，老百姓的地位是提高了。这是作战几年的极大成功，比一九三三年实施新政时有出人意外的地方。我们中国人应该怎样学习别人。但适得其反。我想，你假如站在人民的立场，去观察美国，你的感动一定比我还深。罗斯福死了，政策并无改变，继续向新的大道前进。美国如此。英国怎样？英国大选时，我大胆地预测，保守党非失败不可。这不出自主观，而出自客观分析。战争几年，一般穷苦人的幸福比战前还大，以前的壮丁身体多不及格，战争几年，反而及格了。他们就怕邱吉尔把英国拖到老状态中去，邱吉尔就有可能，因此我推测，工党必然胜利。英国也在往前进，也符合华莱士所谈的：平民的世纪。从东欧到西欧，无一不向为平民谋福利的路上走去。今天法国选举必然再次证明华莱士所说的：平民的世纪。因此我们应该把全部注意力集中到大多数平民身上去，应该把眼光向他们集中，因为世界潮流如此。中国不能走别的途径；没有政治意识的中国人则已，不然，必有此看法，除非他有既得利益。我们想我们有多少言论自由呢？有多少集会自由呢？没有。但是在这样的环境之下，我们还是要说话，要表示。为什么？因为我们发表的意见，都是趋向于全民利益，这一要求，你无法阻止的。你假如离开这大题目，而与政府站在反对立场，早就被禁止了。因此，我说我们的新中国应该是以平民利益为最高利益的国家，在老百姓没有饭吃的时候，我们凭什么资格讲国防，讲军队？因此，我认为几年来嘻嘻嚷嚷的国防是不可靠的。我们没有野心要把中国变成一个大强国，大帝国。我讲这话，并非无的放矢。因为几年来很多有政治地位的领袖们有过这样的想法。我们也不可能用过去建设南京那样的来建设我们的新中国，因为这样除非给少数人以享乐外，充其量不过以充国际观瞻。假如这样，我们宁愿要工业化。这话怎样讲呢？有很多人希望中国成为美国那样富强的国家，因此中国应该加速的工业化。但我认为这是梦想，要做，反而妨害大多数老百姓的利益。我们地大，并不物博，而人口则多得不可思议。有很多国家的土地比我们大，但人口比我们少。我们的可耕地比人家少得多。地里面又无太多丰富的蕴藏，加上众多的人口，要想赶上英美是不可能的。这一点，我想我们应当承认的。除非将来科学上有一种奇特的发现就差不多。我们目前只能把人民的生活弄得舒服一点，但这时人口又增加了。在这种情况下，像美苏的工业化是不可能的。我自然不敢说这是永久的情形，我只是说，二十世纪中国的政策假如不着眼于农民身上，那就没有良心。要在农民身上下功夫，就应该减轻农民的痛苦，提高他们的生活标准。即使这种生活标准只能提高一点点，但还是不容易做到的事情。要保障中国农民的最低生活水准，就得减轻甚至免除贫苦农民的租和税，让他们担负到富有者身上。还有，就得解决荒年问题，要改良水利，要尽量扩充交通，中国过去有荒年者，因为物资不流通的缘故，水利改良了，运输改良了，加上中国旧有的仓库制度，荒年不是不可避免的。上面两点做到了，中国农民就能获到最低生活标准。工业并非不要，但也应该奖励家庭工业，手工业。这里一定有一部分产物出口，对农民生活不是没有帮助的。假如对货物出口有计划，有奖励，对农民生活一定大有帮助。渔猎，森林，都能大量提倡，农民生活更能提高。离开这些，单讲工业化，我真不晓得是否有效果？对农民有利益？我并非赞成以农立国，过去持此种立场的人都是反动，我只说，我不强调工业化，我们应该注意农民。有些工业是要的，比如交通工业，机械（跟农民有关的机械）工业，肥料工业。美国有位水利工程专家塞维奇认为在宜昌可以建立一大水电厂，可以灌溉大量的田，可以产出大量的肥料，这我当然赞成。还有纺织工业，没有它，农民没有衣穿，造纸工业，药品及土生材料工业，罐头工业，因为交通便利了，有些地方肉多了，便制成罐头运出。离开这些工业，谈别的工业，一定对农民无利。因此我赞成工业化，但是从农民出发的工业化，这是一条合理的道路，我深信不疑。

新的政治领导

要使我们的政策配合到大多数的农民身上去，怎样做呢？现政府的政策要得不要得呢？自然要不得。但没有行政机构也不行，因为没有它，就不能进行巨大的调查工作，现政府能不能供给我们这一机构呢？也不可能。这里，需要一个和平时期，需要一个开明的民族政策。不然，是不能得到其他少数民族的好感的。目前大家晓得，新疆处于一混乱状态之中，独立不像独立，反叛不像反叛。为什么？因为中国对哥萨克的政策和俄国对他们的政策大有不同。假如有新的政策新的机构，人家也才能看得起你。所以我们假定要建立一个新的中国，政治应有一个配合才行。因此，我们需要一个新的，真正代表全国的政治领导。我这里不讲领袖，因为一个新的进步的国家，绝对不依靠一个 Leader，我讲的是 Leadership。我相信罗斯福是一个了不起的 Leader，但十余年来美国的进步主要的是一个 Leadership，假如罗斯福没有许多年轻，有理想的人帮他的忙，罗斯福一个人是不可能有成就的。对于邱吉尔，我应该在这里表示同情，同样的，他这几年所作的事，还是集群力而成的。正因为他有个时候，专制独裁，所以失败了。就是斯大林吧，从斯大林格勒战役起，我就不相信斯大林是个独裁的人，没有人帮助，不会有如此胜利的。因此我们中国，也需要一个 Leadership。何谓新的领导？所谓新的当然应该有进步性，即向前看的，就是有华莱士那样看今天的看法。它应该为群众服务，而不是为自己。同时，新的一部分有年青的意思。我并不反对年老人；只是说年青人进步一点。我向不喜欢当面恭维人家。这次在参政会上我却恭维邵力子先生一次。我说："我们党（指国民党——编者按）里，六十岁以上的人都不行了，但你老先生除外。"中国过去的当政者都受过一种要不得的熏陶。因而年青人是比较有作为些的，只有这样新的领导，才能订出新的政策。国民党当政这么多年来了，也时常"老百姓""老百姓"，但真能了解老百姓及年青人的情感的人见有几个？旧的人根本就感不到这种需要。因此只有新的领导才能产生新的政策，才能产生许多新人来执行这新的政策。同样的，只有新的领导，新的政策才有执行的可能。新的政策必须有新的执行，不是等因奉此所能做到的。所谓代表全国又是什么意思呢？这里不是主观的决定，而是客观的决定。不能说"我是代表全国！"就是代表全国了。自然革命时情形可能有例外。只要没有人闹了，人家稳稳贴贴的听你的话了，这才是代表全国的领导。要做到这点，有两种方式，没有第三种，一是反对派参加政权，二是联合政府式的政权。反对党有参加政权的自由，你不能专制独裁。否则各种政治力量联合起来组织联合政府联合地参加领导，也能代表全国。在中国现情形下，要在二者中挑选一种，自然以第二种为合理。对于第一种，中国人根本还不甚了解。因此我们要求新的领导，旧的领导不但思想旧，而且太久了。而且更痛心的，这是一个旧的领导，是愈来愈旧，基础越来越小的趋势，换来换去，还是几个旧人，是不会有什么效果的。

怎样可以做到这样的一种 Leadership 呢？我也虚心地想过。结果是认为除了各党各派及其他有政治意见的人来共同协议外，没有其他办法。单在旧的领导中参加几个人，依照过去的经验，是不会有成功的，因为旧的领导根本不想革新的原故。目前不仅国民党不能独断，因为事实如此，同样，共产党也不能独断。因为除开共产党外，还有新人，就是国民党里也还有新人。而共产党并未要求独断，这是一种合理的行为。但要大家来献议，必须先要国共谈判得很清楚。大家协议，新的领导成立了，这才是国家的大幸。共产党几年的农村政策和农村组织，我认为无论在政策和实际上都是相当进步的。我没有亲自看过，但是读书的人，他自己可分析，这种优点，在新的领导下是应该予以发扬的。同样的，国民党的专门人才，比其他的组织多，在新的领导下，他们应该发挥更大的力量和效果。没有他们，进步一定会慢得多的。除开两党外，还有很多自由职业者和从事教育的人，他们只有在新的领导下，才愿意服务，发挥他们的力量。只有这样的新的领导，才把中国引向新的大道。这里我没有讲到统一，讲到民主，因为有新的领导，这都是小的问题了。有人会问，假如政治统一，军事不统一，怎么办呢？其实政治统一了，军事问题就迎刃而解。这里不多讲，诸君可回去私自分析。

但虽然这样走，困难还是多，原因是彼此缺乏诚意。有的根本不赞成联合政府，有的就想跳过联合政府的阶段。但困难是必须克服的，因为只有这样，才能适合国情。国民党必须这样做，共产党也必须这样做，国内人士都应该对这有坚定的信心，不可妄自菲薄。

政治解决委员会与联合政府

国民参政会成立了八年，向来是四不像的动物，但假如他能好好集合各种人才成立一种献议，也可以对得起人民。至于我，有时想天气热，何必跑去，但又想假如能对这一献议工作有所帮助，又何必自视清高。然而这次我很失望，这次大会中的大问题是国民大会，国共两党对此争执得很厉害，解决不好，国家前途不堪设想，解决好的，就有大帮助。国民党坚持十一月十二日召集国民大会。因为：第一，你们早就要求过了；第二，总裁三月一号说过的；第三，代表大会通过的（六全大会）。至于代表，一定要坚持旧代表，理由是依法选举。但，这是应该老百姓定的，老百姓不要你们了！还有什么话讲。

还有争执问题：国民党坚持制宪与行宪，这点有好些人不明瞭，其实问题甚大。这方面共产党当然反对，至于其他党派是否有自己的立场？我不知道，似乎有，似乎没有，讲得简单一点，我有点莫测高深。二百九十名参政员里，国民党占了多数，到会二百多名左右，共产党及各党派占二十五名左右，无党无派有五十名左右，但到底无党无派到甚么程度，很有问题，在这种情形下共产党自然不出席，这是国民党一个大错误，表示他们没有诚意，假如你希望参政会发生点效力，为甚么要这么多国民党员？共产党不出席，于是开会前，有五人赴延安，企求挽回局面。五人里面有国民党老前辈褚辅成以此人甚有独见者，有无党无派傅斯年先生，有青年党左舜生先生，职教社黄炎培先生，冷遹先生，第三党章伯钧先生，他们去的时候是否和政府商量，不知道，谈些甚么也不知道，因为他们讳莫如深。政府在开会时并未坚持十一月十二日开国民大会，但，提议该日开的有二十四件之多，反对的有三件提议交特种审查委员会审查，但政府坚持对决议特种审查会及大会必需有一点意见，这点政府成功了。可是我跟周炳琳先生却不敢一致，我们的要求实际很低，我们认为只要全国对这问题有一致妥协，那天开会是很小问题。但要求虽很低，与政府的要求还很远，自然我们没有怨言，但这次决议等于不决议，却是事实。经过这次经验，再开始认为要利用它集中其意见（指参政会）成立协议以成立新的领导是不可能的。

参政会里有人提出政府预算问题，政府说：这应该提交国民大会通过，至于参政会则速审议一下亦无需。

参政会里有很多质问案，也问得有声有色，一般有特务嫌疑的人被参政会参了一下很不好意思。

这次参政会有一不良现象，就是地方性太重，研究政治制度的人是清楚地晓得假如一个全面性的会，地方性太浓是不会有成果的。

我们到底用什么办法产生一个新的领导呢？

我觉得只有召集一个由各党各派及其他具有政治意见的人共同参加的会议来产生，共产党提议是党派会议，我觉得以政治解决委员会的名称较好，参加代表的人数，国民党一个，共产党一个，民主同盟一个，实际国民党已提出了政治会议的名称，为什么还争持不决呢？越拖下去，后果越不堪设想。

有了协议，国民大会就可以开，没有协议，国民大会是不可开的。

要协议成功我希望当政党诚诚恳恳同意这一协议，同时也希望共产党及其他党派百分之百诚恳同意这协议。自然这是一种主观的希望；希望不成功就只有悲观了，但我一点也不悲观，我相信国内大多数人同意我这一看法，而且也只有这样作才能配合国际潮流，有这样的客观条件，就有了成功的希望。

WAR-TIME GOVERNMENT IN CHINA* [1]

I

Since the establishment of the Nationalist régime in Canton in the year 1925 by the Kuomintang, the government of China has undergone only one major structural change. At the beginning, aside from the machinery which assured control of the government by the Kuomintang, the one organ of political power was the State Council, under which functioned the various departments of administration, civil and military, of law-making and of adjudication. The State Council was a going concern, and the various departments were subordinate organs. In October, 1929, there occurred a change. The Five Yuan were set up, each responsible to the Party machinery and each functioning independently. The State Council was retained, but, except for a brief interval, it no longer enjoyed substantial power.

The government of China, as it stood at the beginning of the war, was very much the government as set up in 1929, though necessarily with many important modifications. Supreme power rested with the Central Political Committee, which was a committee of the Central Executive Committee of the Kuomintang, charged with the direction and supervision of the government. It was not to be confused with the Central Executive Committee itself. While the Central Executive Committee met only at very long intervals, usually once or twice a year, and, being a large body of 300-odd persons, did little more than hear speeches

* 原载 The American Political Science Review, Vol. 36, No. 5, Oct., 1942.

[1] Dates, citations, and references are not given in this article. They can generally be found in Wang (Shih-chien) and Chien (Tuan-sheng), *Comparative Constitutional Law*, Bk. VI, Chap. 4. A third and revised edition of this treatise was published by the Commercial Press in July.

钱端升文集

and reports and pass resolutions, the Central Political Committee was a going concern and met every week to decide on important matters of state. It generally comprised all the important members of the Party and the Government, thus facilitating its assumption of power. At times when its membership was too large, as a result of the members of the Central Executive and Control Committees claiming the right to be present at all its meetings, power sometimes passed either to its presidium or to its Committee on National Defense, which would naturally be a much smaller body than the Central Political Committee itself.

At the apex of the government, which since 1929 was officially styled "the National Government of the Republic of China," stood the State Council. In theory, it was the highest organ of government, but, consisting of some thirty persons who were mostly either no longer active in politics or otherwise out of power, it in practice wielded no power whatever and had no peculiar function of its own.

The chairman of the National Government was head of the state and chairman of the State Council, whenever the Council met. As chairman of the State Council, his duties were light. As head of the state, he had naturally many formal functions which commonly pertain to the head of a state.

Under the State Council stood the Executive Yuan, the Legislative Yuan, the Judicial Yuan, the Control Yuan, and the Examination Yuan—five yuan in all, as was prescribed by Dr. Sun Yat-sen in his teachings. The theory of separation of powers was well-known to Dr. Sun, but with the three established powers he also listed the examination and control powers. He wanted to see examination power independent of the executive power, as he held the old Chinese institution of scholastic examinations in veneration. He took the power of control away from the legislative department, as he seems to have been struck by the tyranny of parliaments, especially the Chambers of the Third Republic. So constituted, none of the five yuan could ever attain the height that is the British Parliament's, for instance. This is natural in view of the fact that in the complete scheme of his so-called "Five-Power Constitution", there is to be a people's congress in control of all the yuan. As there was as yet no such congress, any yuan in the hands of a strong man was in a position to overshadow all the other yuan, as was not infrequently done.

If the five-yuan system followed the premeditated teachings of Dr. Sun, the set-up of an independent Military Commission was occasioned by the exigencies of the time. Both during the days of the Northern Campaign (to destroy the militarist regime at Peking) and after Japan invaded Manchuria, it was considered necessary to establish a Military Commission which could unite in its hands all the military functions and be under a man of the highest military prestige. There was, of course, no theoretical obstacle to subordinating the Commission to the Executive Yuan. But the head of the Commission might be a man of greater prestige than the head of the Executive Yuan, and it might not be possible for the Executive Yuan to control the Commission. Hence ever since its inception, the Military Commission had always enjoyed a position of eminence, independent of the Executive Yuan. Even at the start of the war in 1937, when General Chiang Kai-shek was concurrently president of the Military Commission and president of the Executive Yuan, the two offices were not amalgamated and the Commission remained on an equal footing with the Executive Yuan.

There was yet another office which also exercised an important function. The advocates of the five-power system think that to entrust the Executive Yuan or its Ministry of Finance with the preparation of the budget would so greatly increase the power of the Executive Yuan as to make a proper balance of powers impossible. So they insisted on setting up an independent office which should be in charge of the functions of preparing the budget and of supervising its execution, and in 1931 the so-called office of the Comptroller-General was set up and placed directly under the State Council. To it the functions of collecting statistics and keeping accounts also belonged.

Were the foregoing all the principal organs of government, their interplay would already present a picture of great complications. But they were not all. There were Kuomintang organs as well, which in no negligible degree performed governmental functions also. Theoretically, except the Central Political Committee stated above, Party organs perform only party functions ; but in truth many such organs went far afield into the realm of government and administration. The Standing Committee of the Central Executive Committee met as frequently as once a week, and there not in- frequently policies of government were discussed and decided upon. If it encroached upon the proper authority of the Central Political Committee, the latter was in no position to complain. Also under the general supervision of the Standing Committee, the Central Executive Committee had subordinate to it many departments, such as the Departments of Organization, of Public Information, of Social Affairs, etc. Some of these departments, especially the Department of Public Information and the Commission on Training, were in fact administrative departments of no mean proportions. But, being Party departments, they were of course not subject to the control of the Executive Yuan.

The exercise of government functions, within such a frame, naturally could not be very simple. Both the All-Nation Congress and the Central Executive Committee of the Kuomintang were policy-making organs. That was obvious enough. Within the frame of government, policy-making power was lodged in the hands of the Central Political Committee. Neither legislation nor administration nor any other function could be outside the jurisdiction of that Committee. Legislation could be initiated by the Central Political Committee, by the State Council, by any of the five yuan other than the Legislative Yuan, or by members of the Legislative Yuan ; but by whomsoever initiated, the bill must first be submitted to the Central Political Committee for consideration of the legislative principles therein embodied, unless the Committee waived that right in favor of the Legislative Yuan. Though on many occasions the Committee did waive the right, its preeminence as a legislative organ was never impaired, since it had the right to order the Legislative Yuan to reconsider the bills the latter might have passed.

In matters of administration, the control of the Central Political Committee was in practice perhaps less rigid. Whereas it had a voice in all enacted bills, it naturally could not go into every act of administration. Important matters of administration should in theory be referred to it for consideration. But there is no precise demarcation between matters which are important and matters which are not important. Hence if the president of the Executive Yuan happened to be the strongest leader of the Party, he could always enjoy a certain degree of freedom. It was only when the president was not as strong as some other leader or leaders of the Central Political Committee that the Committee came to exercise a minute control over administration.

The making of a budget illustrated most aptly the power of the Central Political Committee. Estimates were naturally prepared by the various spending departments and the Ministry of Finance and were compiled into one book of estimates by the Office of the Comptroller-General. But before they were considered either by the Executive Yuan or the Legislative Yuan, they must be laid before the Central Political Committee for general scrutiny. It was there that expenditures were drastically cut down and means of making up the deficits were discussed. The function of the Executive Yuan was little more than apportioning the appropriated sums to the various services, and that of the Legislative Yuan little more than formally enacting the budget.

Administration was further complicated by the existence of the Military Commission and administrative departments of the Patty. In military matters, both the Executive Yuan and the Military Commission claimed control. The latter, being independent of the former, was considered the highest military organ. But the Ministry of War was an integral part of the Executive Yuan. Through the Ministry, the Executive Yuan was able to exercise some control over military affairs. Therefore when the Yuan and the Commission were headed by one person, the Yuan was able to know much of the affairs military. But when they were headed by two different persons, the Yuan must give place to the Commission, as far as military administration was concerned. The position of the Military Commision *vis-à-vis* the Central Political Committee in matters of defense, then, very much resembled that of the Executive Yuan *vis-à-vis* the Central Political Committee in matters of administration.

Matters like censorship might fall within the competence of either the Department of Public Information of the Party or the Ministry of Interior of the Executive Yuan. In case of either positive or negative conflict, the issue had to be settled by the Standing Committee of the Central Executive Committee.

The judicial function and the functions of examination and control were supposed to be exercised independently, and the Central Political Committee should have no control over them. But that did not mean that they were entirely free from its control. The organization of the Judicial, Examination, and Control Yuan and their principal departments were determined by the Central Political Committee, and the important appointments were confirmed by it as well.

II

The war brought to the fore many problems of readjustment and reorganization, as war in any country will. There is, however, this great difference. In either a fully democratic or a fully dictatorial country, the most important demand would naturally be to strengthen the executive arm, with or without accompanying demand for the simplification of the law-making process. But in China, which had maintained a peculiar regime of party dictatorship, dedicated to democracy, the endorsement by the whole nation of a war to resist aggression led instead to the demand for a more democratic form of government.

There were many groups outside of the Kuomintang which for years had been demanding participation in the government. Among the organized groups, the Chinese Communist party was the best known. It had for two or three years past been making the creation of a popular front its cardinal policy. But democracy was not the catchword of the Communists alone. Other groups, and a large number of intellectuals who were not in any way affiliated with any party or group, have also been demanding democracy. When the war broke out, it was no longer possible for the Kuomintang entirely to ignore such demands. An organization called the Advisory Council of National Defense was consequently speedily set up, to give advice to the Supreme Council of National Defense, which had then just assumed the functions of the Central Political Committee. It was a small body, consisting at first of only seventeen persons, and when it was superseded by the People's Political Council, almost a year later, it had no more than twenty-three members. In it were representatives of the Communist, the Youth, and the Nationalist Socialist parties, of the so-called Third Party, and of the Patriotic Federation, and also outstanding liberal independents like Hu Shih. As the mouthpiece of all the groups, organized or unorganized, outside the Kuomintang, it exerted considerable influence on the government, though constitutional power or power of compulsion was denied it. It met often, usually once a week, and its deliberations were facilitated by being presided over by the president of the Supreme Council of National Defense himself.

Thus began a series of partial attempts at transforming the Chinese polity into a democracy. The Advisory Council of National Defense led to the establishment of the

People's Political Council, and the latter to that of the provincial and district political councils.

The People's Political Council was a direct outgrowth of the Advisory Council of National Defense. The Advisory Council held its first meeting on August 17, 1937. At the end of 1937, the Supreme Council of National Defense passed a resolution to have the Advisory Council expanded to seventy-five members. Before this could be realized, opinion was, however, gathering strength that something more akin to a representative body was needed. In conformity with this opinion, the Extraordinary All-Nation Congress of the Kuomintang, in March, 1938, passed a resolution declaring for the convening of a People's Political Council.

The People's Political Council was first convoked on July 6, 1938. It had then 200 members, divided into four categories : (A) eighty representing the provinces and special municipalities, nominated jointly by the government and the Kuomintang executive committees of the provinces and municipalities ; (B) six representing Mongolia and Tibet, nominated by the Commission on Mongolian and Tibetan Affairs ; (C) six representing the Overseas Chinese, nominated by the Commission on Overseas Affairs ; and (D) one hundred representing cultural and economic bodies and also political activities, nominated directly by the Supreme Council of National Defense. The numbers nominated were to be twice as many as numbers apportioned ; final choice rested with the Supreme Council of National Defense.

When the term of the First People's Political Council expired in 1940, membership was enlarged by forty and the manner of appointment modified, increasing the number in the first group by two and in the fourth by thirty-eight, and requiring representatives from those provinces and municipalities where provisional political councils had already been established to be elected by those councils. Since by 1940 provisional political councils were in existence in a majority of the provinces and municipalities, most of the first group ceased to be purely nominated members. The percentage of the elected members will be further increased in the Third People's Political Council, for, according to its new Organic Law of March 16, 1942, when it convenes in the fall of 1942, out of a total of 240 members, the first group will have 164, all of whom will be elected by the provisional political councils of the provinces and

钱端升文集

municipalities, except in those few where occupation by the enemy is rather effective, such as the Northeastern provinces, Hopei, Peiping, Tientsin, and a few others.

It thus can readily be seen that while the People's Political Council cannot claim fully to represent the people, there has been a consistent effort to make it more truly representative. It is true that category D of appointed members, though greatly reduced in number-sixty in the Third People's Political Council—is still retained. But harsh criticism of that feature is not warranted. In his last years, Dr. Sun Yat-sen was very insistent in his advocacy of functional representation to make up for the deficiencies of geographical representation. Functional representation is no longer a panacea as it was in the early 'twenties, but it is only natural not to expect the Kuomintang to give it up. Furthermore, the experience with the first two People's Political Councils shows that appointed members are not, thanks to the Chinese genius for appeasing the opposition, incompatible with pliancy. In fact, category D has always included some of the most outspoken critics of the government, as well as some of the most outstanding leaders of China, again outside the Kuomintang.

Of the quality of members, it may be said that on the whole they have been on a high level and perhaps as good a lot as a purely elected body can show in China at present. The Supreme Council of National Defense, or its successor, the Supreme Committee of National Defense, has seen fit to provide the People's Political Council with a majority of Kuomintang members. But this is only natural, and no sane observer of Chinese politics will ever suppose that in a freely contested national election the Kuomintang would be reduced to a minority. The sagacity of the Supreme Council or the Supreme Committee does not lie in getting a majority of Kuomintang members elected or nominated, but rather in seeing that the various other parties and interests are represented in, and prominent non-Kuomintang leaders appointed or elected to, the People's Political Council. True, the Communist party has complained that it had no more than seven members in both the First and the Second Kuomintang; but such complaint is confined to that party alone and not shared by others. And for that matter, murmurs are heard among the rank and file of the Kuomintang because it, too, does not enjoy an ampler representation.

The powers of the People's Political Council have remained largely unaltered for all these years. The Council can both make proposals to the Government and question the Government about anything done or to be done. The Government is obliged both to make reports to the Council on important measures taken and to lay before it the important measures to be taken. A *priori*, this should enable the Council to have much voice in the affairs of the Government. But owing first to the proviso that in case of emergency the Supreme Council (or Committee) of National Defense may dispense with the obligation of securing the previous approval of the People's Political Council for any measure to be taken, and second to the lack of any specification as to what constitutes an "important" measure, the Government is free either to lay or not to lay before the People's Political Council any measure to be taken, either to report or not to report any measure that has been taken. As to the proposing power of the Council, it is limited by the fact that the Supreme Council (or Committee) of National Defense is not obliged to adopt the proposals. The questioning power is therefore perhaps the most effective weapon at the disposal of the People's Political Council. Though there is no means of compelling a minister to answer a question or to disclose a secret, no minister can quite be free from the anxieties of a searching question from the floor of the Council. In this way, the Council contributes no little to making the Government more responsible to the wishes of the country.

If the People's Political Council is to exercise its functions effectively, it perhaps should meet more often than hitherto. At the beginning, the Council was required to meet every three months ; but since 1939, the statutory requirement has been only a semi-annual session. In reality, owing to the long intervals required to renew the successive Councils, there have been, in all, only seven sessions, five of the First Council and two of the Second. The session itself is also extremely short, only ten days, which of course is sufficient neither for deliberation on measures to be proposed nor for scrutiny of measures taken or to be taken by the Government. The Government has the right either to call an extra session or to prolong a regular session beyond the statutory duration, but it does not view the exercise of that power with any satisfaction, and has never exercised it. Between sessions, there is also a Recess Committee of twenty-five, elected by the People's Political Council and meeting every other week. But the general rule that a committee charged with looking after the general interests of the whole body and not charged with any more specific function is often a committee without power, holds true in this case. Hence the existence of a Recess Committee does not

钱端升文集

make up for the infrequency of the sessions of the People's Political Council itself.

To pass any definitive judgment on the People's Political Council is not easy. It would be extravagant to claim that in it Chinese democracy has found anchor, or even to claim that through it China has made a long stride along the road the function of a democratic assembly is to voice people and to make the government feel obliged opinion, the People's Political Council is not to be dismissed as a nonentity merely because it is not a fully elected assembly or because it has yet to acquire the power of compulsion.

As a corollary to the People's Political Council, both the provinces and the districts below are to have political councils. In most of the provinces, district political councils will be established by the end of 1942, and they will be elected by the congresses of urban and rural communities and by the professional bodies of the district, the latter not to elect more than thirty per cent of the members. The provincial political councils are to be elected by the district councils. The elections are, therefore, very indirect ; but it is nevertheless a proper beginning of the exercise of the electoral right. Pending the establishment of definitive provincial political councils, there have been provisional provincial political councils, made up of persons chosen by the Supreme Council (or Committee) of National Defense on nomination of the district governments and district executive committees of the Kuomintang and also professional bodies of each province, the nominations being very much like those in connection with the People's Political Council. In this respect, special municipalities are treated like the provinces.

The political councils of the provinces and districts are given similar powers, and enjoy a similar status, in the provinces and districts to the People's Political Council in the nation. Actual functioning varies, of course. The usefulness of a provincial provisional political council depends naturally on the caliber of the men who compose it and the attitude of the provincial government toward the council, which is no part of the government.

Besides setting up the various political councils, there has been a demand for establishing a contitutional regime and transforming the government by the Kuomintang into a government by the people. This is no new demand. Before the war began, people had insisted upon it, and the Kuomintang, following the teachings of Dr. Sun, its founder, had promised it. In fact, a draft constitution was completed and formally proclaimed by the

Government on May 5, 1936, and election of the National Congress was proceeding when the war broke out. If there had been no war, the Congress was to have met on November 12, 1937. Repeated demands for constitutionalism raised by the groups in the People's Political Council actually prompted the Kuomintang, through the Central Executive Committee, in November, 1939, to declare for the completion of the election of the delegates to the Congress and for the convening of the Congress on November 12, 1940. The elections held before the outbreak of the war were, as was to be expected, strictly managed by the Kuomintang ; and the delegates chosen were mostly partisans of the Kuomintang. The constitution made, and the new government organized, by such a Congress naturally would not meet the wishes of the other parties. But the Kuomintang could not do otherwise. It could not be persuaded to concede too much to its opponents. Seeing that the new decision to convoke the National Constitutional Congress would do little to satisfy the demand for constitutionalism of the other parties, it rescinded it and deferred the convening of the Constitutional Congress until after the conclusion of the war, thus terminating, perhaps once for all, the controversy over establishing constitutionalism during the war.

III

In so far as the government proper is concerned, there have been surprisingly few changes—surprisingly, because the war has been both very long and of a tremendous magnitude. The pre-war framework of the State Council superimposed upon the Five Yuan, with the Military Commission assuming an equal position, has remained unaltered. It is true that for a time, immediately after the war began, there was a movement to disengage a large part of the personnel of the government and to allow the non-essential organs to fall into desuetude. Thus the Legislative Yuan was practically a dead agency between July, 1937, and April, 1938, and legislation was by action of the Supreme Council of National Defense alone, without the concurrence of the Yuan. The Examination Yuan was also dormant for over a year. The Control Yuan, which has no day-to-day functions to perform, was virtually dead for even a longer period. But, one after another all were resurrected, and by the early months of 1939, the Five Yuan had been restored to their pre-war basis. The State Council

钱端升文集

itself has scarcely met since the war began ; but that , too , can hardly be considered a change , since the Council has no definite duties assigned to it , and even during the years immediately preceding the war its meetings had become rarer and rarer.

The most serious attempt at overhauling the machinery of government to meet the exigencies of the war was when the Standing Committee of the Central Executive Committee of the Kuomintang resolved to proclaim the Articles of Organization of the General Headquarters , decided upon previously by the Central Political Committee , and to authorize the president of the Military Commission to function as the Generalissimo of the Armed Forces. There was then mooted the question of having the General Head-quarters supersede all other organs of government and bringing all the indispensable departments of administration within the framework of the General Headquarters , retaining only the chairmanship of the National Government and also the Supreme Council of National Defense , which was then taking the place of the Central Political Committee. If this broad proposal had been realized , there would have been nothing short of a complete overhauling of the system then prevailing. It was , however , dropped almost as speedily as it was made. Even the proclaimed Articles of Organization for the General Headquarters was not put into actual operation. The only thing left of the whole ambitious scheme was that General Chiang Kai-shek , president of the Military Commission , became Generalissimo *de jure* as well as *de facto* by the authorization of August 27.

In lieu of organizing an all-absorbing and all-powerful General Headquarters , the Military Commission was very extensively expanded and strengthened. Before the war , it had as its subordinate offices nothing but minor ones necessary to its proper functioning. The great military departments , such as the General Staff , the Inspectorate-General , and the Military Advisory Council , although under its supervision , were separate organizations , and the Ministry of War was one of the ministries of the Executive Yuan. But in August and September of 1937 there were caused to be organized seven great departments of administration , namely , those of Political Affairs , Military Operations , Heavy Industries , Light Industries , Public Information , Political Works (attached to the Armed Forces) , and Transport—all directly under the Commission. These were known as First Department , Second Department , etc. As the ministries of the Executive Yuan , the departments of the

Central Executive Committee, and some other independent administrative offices were left largely untouched, confusion and duplication of authorities became unavoidable. For instance, the new Department of Heavy and Light Industries and the Ministry of Industry of the Executive Yuan had virtually identical functions, while the Ministries of Railways and of Communications of the Executive Yuan performed more or less the same duties as those falling to the new Department of Transport. The arrangement was obviously unsatisfactory and further reorganization necessary.

A reorganization of January, 1938, was more rational, if less radical. The seven departments now gave way to the four departments of Military Operations, Military Administration, Military Training, and Political Works. The three great independent military establishments were brought directly under the Commission, the General Staff becoming the Department of Military Operations, and the Inspectorate-General that of Military Training, with the Military Advisory Council retaining its old nomenclature. But functions which are not strictly military were left in the hands of either ministries of the Executive Yuan or departments of the Central Executive Committee. The Department of Military Administration remains a dual organization, being also the Ministry of War of the Executive Yuan.

The reorganization described was of course not final. Later there have been many minor changes, adding this or transferring that to the Military Commission. But no attempt has been made to eclipse the Executive Yuan. As it now stands, the Military Commission has directly under it, besides the four Departments and the Military Advisory Council above-mentioned, the General Office (under a chief), the Naval Office (under a commander-in chief), the Air Office (under a commission with the Generalissimo himself as chairman), the Office of Transport-Control (under a chief), the Office of Military Servicing (under a chief), the Office of the Judge Advocate-General, the Personnel Office (under a chief), the Commission on Military Pensions, the Commission of Control, the Commission on Party and Political Affairs in War Areas, and finally the Liaison Bureau. All the Commands are, of course, also under the Military Commission. It will thus be seen that the Commission, though a vast organization, has its functions largely con-fined to things military. The most doubtful case is the Office of Transport-Control, which has taken over the management of highways, as well as the power of fixing priorities of transportation from the Ministry of Communications.

There is yet another point in the reorganization of 1938 which requires mention. Before the war, the Military Commission was indeed a commission. As such, it was collegiate, and a meeting must be called when important matters of national defense (other than actual military operations, of which the President was by law to be in sole charge) were to be decided upon. But this was in theory only. The prestige of the then incumbent president, General Chiang Kai-shek, was such that power had long fallen into his hands, and the other members of the Commission were of little consequence. The conferring of the powers of Generalissimo on the President in August, 1937, caused the discrepancy between law and practice to disappear. The law was now also altered to make the President head of the Commission and other members merely assistants. The law also made the Chief of General Staff and the Deputy Chief who, together with the heads of the four Departments and the president of the Military Advisory Council, are *ex officio* members of the Commission, principal assistants of the President and empowered them to exercise general supervision over all of the departments, offices, commissions, and bureaus of the Commission. They thus out-rank other members of the Commission, though in practice they may not be able to exercise supervision except through the person of the Generalissimo.

The idea of setting up a General Headquarters, and also that of having a super-Military Commission dropped, there was naturally a necessity so to reorganize the Executive Yuan as to enable it to meet the requirements of the war ; and in January, 1938, this Yuan was overhauled simultaneously with the Military Commission. Before the war, there were under the Yuan nine ministries (Interior, Foreign Affairs, War, Navy, Finance, Industry, Education, Communications, and Railways) and two commissions (Mongolian and Tibetan Affairs and Overseas Affairs). The Ministry of Navy was changed into the Naval Office and transferred to the Military Commission ; the Ministry of Industry, together with some minor offices, were reorganized into a new Ministry of Economics ; and the Ministry of Railways was merged into that of Communications-thus reducing the number of ministries from nine to seven. The change was dictated by considerations of both efficiency and economy. But subsequent changes have not been invariably in the interest of either, still less of both. In 1940, two new ministries were added. A Ministry of Agriculture was split from the Ministry of Economics, although there was little actual need for so doing. The Ministry of Social

第三编 中国政府与政治

Affairs, so-called, was previously a department of the Central Executive Committee ; with the transfer, there was much uncalled-for expansion. In 1941, there was added the Ministry of Food, necessitated by the acute problem of the rising price of grain and even shortage of rice. The raising of a relief organization to the status of an Executive Yuan Commission was also justified by the scale of work to be done. The organization of a Commission on Conservancy was a wise step, as it brought under its control a number of river boards. But, strange to observe, the Ministry of Trade ordered in March, 1941, to be set up by the Central Executive Committee to conduct the economic warfare has never been organized.

From the foregoing, it will readily be seen that in bold relief the war-time administration differs but little from the pre-war ad-ministration. True, the Military Commission has been much expanded, and the Executive Yuan has also undergone changes. But there have been few innovations altering either the character of any of the existing organs of government, be it the Military Commission, the Executive or any other Yuan, or the State Council itself, or the relationship between these organs. Whether this is because changes in the administrative system are not needed or are of little consequence, can best be answered by reference to the changed status of the Central Political Committee.

IV

We have said that the government of China is government by the Kuomintang, and that the Kuomintang used to control the government through the instrumentality of its Central Political Committee. It is in this agency that important changes have taken place, and generally to make it better suited for directing the war.

The Central Political Committee was itself fairly large, and when the war broke out, all members and reserve members of the Central Executive and Control Committees had a right to attend its meetings. This made it both unwieldy and unsuited to the conducting of war. On August 11, 1937, the expedient of a Supreme Council of National Defense was resorted to. This was no new thing entirely. In the days before the war, from 1933 to 1935, when the situation in North China, due to Japan's continuous aggression, was most tense, the Central Political Council (predecessor of the Committee) had made use of a small Committee on National Defense to consider and decide on weighty measures, in place of the plenary Council. When the Central Political Council was reorganized into the Central Political Committee at the end of 1935, membership was limited to twenty-five, and for a short while it was thought that the Committee could discharge all of its functions without again resorting to the device of a small Committee on National Defense. Unfortunately, the ranks of the Central Political Committee were soon swollen by the attendance of other members and reserve members of the Central Executive and Control Committees, not members of the Political Committee. At the beginning of 1937, by resolution of both the Central Political Committee itself and the Central Executive Committee, the Committee on National Defense was revived, again as a committee of the Central Political Committee. The new Supreme Council of National Defense was, on the contrary, a substitute for, and in authority equal to, the Central Political Committee. It had as its chairman the chairman of the Committee on National Defense, General Chiang Kai-shek, and as its vice-chairman the chairman of the Central Political Committee, Mr. Wang Ching-wei, who later stooped to be a Quisling. As soon as the Supreme Council was set up, the Central Political Committee virtually ceased to function, and between August 11 and November 13, when the Supreme Council resolved to suspend its powers, it held only two meetings. The resolution of November 13, of course, killed the Central Political Committee—at least for the duration of the war. A legally-minded person might indeed question the validity of a resolution passed to suppress a body which had created the body passing the resolution. But China was then at her most critical moment, and few were interested in legal niceties. The fact that the men in control of the Supreme Council were also in control of the defunct Committee was enough to warrant the temporary demise of the Committee.

The Supreme Council of National Defense was a smaller body than the Central Political Committee-which was the chief, if not the only, reason for its supplanting the Committee. By the Articles of Organization, it enjoyed emergency power of legislation not enjoyed by the Committee. Otherwise there was little difference between the two. The various committees which served the Committee also served the Council. The relation between the Council on the one hand and the Kuomintang and government departments on the other also more or less remained the same.

As time went on, it was found that the powers enjoyed by the Supreme Council were not enough, and that the procedure by which the Council exercised them was not direct and flexible enough to meet the needs of the war. In February, 1939, the Central Executive Committee, in a plenary session, sought to improve the situation by ordering the organization of a Supreme Committee of National Defense to take the place of the Council.

The Supreme Committee differs from the Supreme Council in several important respects. In the first place, power is more centralized in the hands of its president (who is, by the Articles of Organization, no other than the head of the Kuomintang himself, General Chiang Kai-shek) than in the hands of the chairman of the Supreme Council. In the second place, whereas the authority of the Council extended only to the departments of government, the Committee has authority over the departments of the Central Executive Committee as well. In the third place, whereas the Council could deal only with the Five Yuan and the Military Commission, the Committee can also issue orders to their subordinate departments. For this purpose, all the ministers, the heads of departments, and other principal administrators, wherever they belong, are made so-called "executive members" of the Committee, while other members share in making the orders.

The Supreme Committee is by no means a small body. It includes the members of the standing committees of the Central Executive and Control Committees, the presidents and vice-presidents of the Five Yuan, members of the Military Commission, and other members nominated by the president of the Supreme Committee with the consent of the Standing Committee of the Central Executive Committee. Allowing for duplicates, total membership is not likely to be below twenty-five. Out of these, the President designates eleven to constitute the Standing Committee. This is naturally a much smaller body than the plenum, which is attended not only by all regular members but by executive members as well. It is this Standing Committee which holds weekly meetings and transacts the ordinary business. The plenum seldom meets. But lately, even the meetings of the Standing Committee have also a tendency to be swollen by attendance of those who are invited to be present. For instance, some of the more important ministers of the Executive Yuan, and also the chairmen of the more important committees of the Central Political Committee, are often present.

With the establishment of the Supreme Committee of National Defense, policy-making and initiation and formulation of important measures have largely been centered in its hands. The Standing Committee of the Central Executive Committee still meets weekly, but its deliberations are now strictly confined to matters of party administration. It seldom goes out of its field to interfere with matters of state. In case of conflicting jurisdiction between Party and Government, it is generally the Supreme Committee that decides, thus avoiding overlapping or contradiction. The Executive Yuan, too, has its weekly meetings ; but it also takes orders from the Supreme Committee. It may still propose important measures, but these must first be submitted to the Committee before they can be acted upon. In pre-war days, there might have been cases of the Executive Yuan forcing the hands of the Central Political Committee. That is not done now. The Military Commission is not so much concerned with policy as is the Executive Yuan. But if a measure involving policy is to be determined, it, too, honors the authority of the Supreme Committee.

As to the process of legislation, substituting the Supreme Committee of National Defense for the Central Political Committee, it is largely the same as before the war. There is, however, this difference : in case of emergency, the Supreme Committee is empowered to order the proclamation of a law without it first being enacted by the Legislative Yuan.

Proposals made by the People's Political Council are also acted upon by the Supreme Committee of National Defense. The Committee may order the yuan or department concerned to formulate the proposals into laws or orders, or may simply drop them. In other words, though the Supreme Committee is not by law above the People's Political Council, it in fact enjoys a superior authority over it, as it does over all departments, both of the Party and of the State.

The Supreme Committee of National Defense has under it several very important organizations. There is the Secretariat, which, like all secretariats in the Kuomintang and in the government, does a good deal of real work ; and the Secretary-General has always been a member of the Standing Committee. There are five committees of the Central Political Committee on Law, Finance, Economics, Foreign Affairs, and Education. They serve the Supreme Committee in the same way as they served the Central Political Committee. There are also the Planning Commission and the Control Commission, both set up toward the end of 1940. The Planning Commission is headed by the president of the Supreme Committee himself, and the Control Commission (not to be confused with the Central Control Committee of the Kuomintang) is subdivided into two sections in charge of Party and Government affairs, respectively. The idea was to have the Planning Commission plan, the Government and Party administration execute, and the Control Commission check up on whether execution is in accordance with the plan. It can, of course, not be supposed that in a country where statistical data are either lacking or not always reliable—where administrative machinery is defective, and where war has done so much to disturb the normal situation—a scheme as ambitious as this can be put into operation, let alone successful operation. In fact, thus far the Planning Commission has trodden the path of planning cautiously, if not timidly. It has concerned itself only with a detailed scanning of the annual budgets. Even at that, it has never seen fit to go too deeply into the matter.

The key official in the Supreme Committee of National Defense, as well as in the entire Chinese political organization, is, it must be emphasized, the President. Organically, the President of the Committee and the Head of the Kuomintang are one and the same person. The Kuomintang has had no head since the death of Dr. Sun Yat-sen in 1925. Repeated attempts to make someone its head were doomed to failure, the reason being largely the coexistence of several leaders who could lay claim to that exalted position one as well as another. But when the war came, one of these had already died and the prestige of General Chiang Kai-shek had grown to such heights that no one could dispute his leadership. The necessities of the war also made the restoration of the institution inevitable. So, at the Extraordinary All-Nation Congress, in March, 1938, General Chiang was elected Head of the Kuomintang. As such, he is, of course, entitled to direct any party organization in existence or that may be created. He presides over the plenary sessions of the Central Executive Committee and the meetings of the Standing Committee, as well as over the Congress. If he so chooses, he can be the head of the party organ that controls and directs the government. And he did choose to be the president of the Supreme Committee of National Defense. As long as the Kuomintang is the government, the president of the Supreme Committee is naturally all-powerful, with authority that cannot in any way be impaired by law.

If, therefore, General Chiang Kai-shek's authority is in law unlimited, in fact it is no less so, thanks to his concurrently holding the presidencies of both the Executive

钱
端
升
文
集

Yuan and the Military Commission. As head of the Party and president of the Supreme Committee of National Defense, he is not required to be president either of the Yuan or of the Commission. But the fact is that he is both. He has always been the president of the Military Commission. Of the Executive Yuan, he has been the president since the beginning of 1936, except for the interval 1938 to 1940. He was once also Speaker of the People's Political Council, and is still on its Presidium. Though from the institutional point of view the practice of one man's holding all the leading posts of party and government tends to make that government personal, there is a good deal to be said in its favor, as it doubtless facilitates the handling of many urgent problems so often besetting a government in war-time.

It should, then, be emphasized that the most significant change in the machinery of government during war-time has been the creation of the Supreme Committee of National Defense and the centralization of power in the hands of its president.

V

Reviewing the developments that war has thus far brought about and looking into the future, one cannot help being struck by a number of problems which will await solution when the war is over.

The Kuomintang has ruled China for fourteen years. It has no intention to perpetuate rule by one party, and has professed constitutional democratic government as its ultimate goal. The politically articulate groups outside the Kuomintang have always clamored for democracy, and their voice is likely to be louder once the war is over. But how to arrive at democracy? To expect that the Kuomintang will practice self-denial and give up political power to its rivals or opponents is unthinkable, and the possibility of the rival groups being able to wrest that power from the Kuomintang is also remote. The Communist party may have that ambition ; but, obsessed with a love for things Russian, it is unlikely to grow, if it grows at all, to such a stature as to be able to dispute political power with the Kuomintang.

But it is also to the interest of the Kuomintang to keep its pledges and prepare the country for a swift transition to democracy. If the pledges are broken or remain long unfulfilled, the Party will lose the moral right to govern. The existing People's Political

Council is a promising instrument for introducing more and more non-Kuomintang participation in government. If some real power is given it, and if the politically articulate elements outside the Kuomintang are given more adequate representation on it, there is no reason why the Council should not develop into something from which a future assembly of the nation may very well derive lessons.

The Kuomintang has repeatedly declared for the convening of a National Congress to adopt a constitution. It may become necessary to call the Congress very shortly after the war is over, since further to postpone the step is likely to cause the Party embarrassment. Some three-quarters of the 1,800-odd delegates were elected before the war, and their mandate has never been declared void, in spite of the passage of time. But a new general election will be necessary if the Congress is to obtain general support of the people. It is only by means of such an election that the party in power will be able to accord, by one means or another, ample representation to elements other than itself.

As a deliberative assembly, the National Congress, as provided for by the Organic Law of May 14, 1936, is too large. It was Dr. Sun Yat-sen's idea to have a large congress play the role of the people, much as the people in a direct democracy like some of the Swiss cantons would play it. If this idea is adhered to, as it would certainly be by the Kuomintang, there is no way of dispensing with a large congress. The question is whether, without sacrificing the large numerical size of some 1,800 members, but confining functions to those of election and recall, and of initiative and referendum, as prescribed by Dr. Sun Yat-sen, it will be possible also to have a small body of persons elected by the Congress occupy a position midway between the People's Political Council and the Supreme Committee of National Defense. The function of the People's Political Council at present is more to hold the government responsible than to exercise any positive power of governing, while that of the Supreme Committee is the actual exercise of the governing power. If a small body of perhaps one hundred persons can exercise general supervision over the Five Yuan and at the same time share with the Executive and Legislative Yuan in the determination of policy, it could very well prove to be an effective substitute for, and successor to, both the People's Political Council and the Supreme Committee of National Defense, which, being a Kuomintang organ, will be out of place once the country passes to the stage of constitutional government. A strict adherent to Dr. Sun Yat-sen's teachings might raise the objection that this would run counter to his idea of entrusting the political power to the people or the people's National Congress and the governing power to the government of five yuan. But to allow a complete break with the past is no way to build up a permanent institution which will last. The function continuously discharged by the Central Political Committee and the Supreme Council and Supreme Committee of National Defense, and the usefulness of these in providing a link for the five yuan, certainly deserves as much attention as literary adherence to any set of rules and political organization, which in themselves should be adaptable to the actual conditions of the day.

If, however, after General Chiang Kai-shek, another strong leader is to follow, the solution of the constitutional problem may take an entirely different turn. General Chiang, and then the leader after him, may, in the capacity of president of the Republic, take the place now held by the Supreme Committee of National Defense. As president of the Republic, such a leader could always make himself a link between the five yuan and have a large voice in their affairs. But if such should happen, there would also be a possibility of the rise of personal government by the president, with the National Congress enjoying an ephemeral political power, and with the five yuan taking strict orders from him. Such a government can hardly be justified by conditions other than those of war-time.

Perhaps to practice democracy inside the Kuomintang is of more real significance than to try vainly to establish democracy for the country at large. If during the period of reconstruction the country shall continue in the hands of the Kuomintang, as it is not unlikely to do, it is evident that it will not be democratized before the Party itself is democratized. The Central Executive Committee, in a plenary session in March, 1941, was quite unanimous that both the organization and the leadership of the Party should be put on a more popular basis—that is to say, that election from below should be substituted for appointment from above as a method of organization for the executive committees of the provinces and districts. If this comes true—as it has not for some twelve or thirteen years—the Kuomintang will easily secure a much broader basis of popular support, and may become more solicitous about democracy in general.

When the war is over and reconstruction begins, the problem of administrative reorganization may be of even greater urgency than it has been during the war. During the war, the separate existence of the Military Commission not only has been tolerated, but has been actually welcomed, as it insures efficiency and dispatch in military operations. But if it is to continue after the war, not only the integrity of executive power will be non-existent, but friction between the Military Commission and the Executive Yuan will be unavoidable, especially if the two organs are not in the hands of the same man. The case for amalgamation is obvious enough. The question is whether it will be easy to effect the amalgamation and bring military power within the realm of the executive.

No one will claim that Chinese administrative organization was on a rational basis before the war, and there have been, in the course of the war, surprisingly few readjustments and little reorganization of the Executive Yuan. It cannot be supposed that the present administrative set-up will meet the needs of a reconstruction period. The war is a difficult business, but it is not nearly as difficult as the work of reconstruction. The war we have been conducting for five long years is in a sense a passive endeavor. Nothing more is required than to oppose resistance to the enemy's advance. But to reconstruct a war-torn country is something more. It will be a positive endeavor requiring sound planning and economic and efficient execution. Hence the necessity for overhauling the machinery of government to suit the needs of the day. To muddle through the business of government with the existing machinery, as we have been doing during the war years, will be fatal. But how the machinery shall be reorganized is something of which no one can as yet be sure. In other words, the problem of reorganizing the machinery of government, like the more fundamental problems of democracy and leadership, will be awaiting solution when the war is over-the more because solution of it has never been attempted during the war.

NEW CHINA'S DEMANDS

No other nation will cross the threshold of the postwar world in quite the same mood as China. For China is a new nation, with a new attitude. That is the cardinal fact to be borne in mind by everyone who seeks to understand to appraise her future course.

The Chinese have had more than two centuries of unbroken contact with Western nations and Western civilization. But it was not until the time of the Russo-Japanese War that the Chinese people, the Court and the literati saw what the West meant for them. They saw that a rapid process of westernization had transformed Japan and had made her mighty. They perceived the concept of nationhood, and saw that the political entities called Great Britain, France and Germany were nations but that the Chinese Empire was not a nation. In the sixties and seventies they had realized that the firearms, fire boats and fire wagons of the Westerners were better instruments for killing than any which they possessed. Now they saw that Western civilization had many other elements of strength and even refinement lacking in the traditional Chinese civilization. Prior to the Russo-Japanese War, Dr. Sun Yat-sen's call for the overthrow of the Manchu regime and an advance toward nationhood fell on deaf ears. But when that war thoroughly shook up Chinese complacency Dr. Sun began to recruit followers from among the literati and elsewhere in great numbers.

This belated dawning of national consciousness cost China dearly. The delay gave her immensely greater difficulties in attaining freedom and unity than Japan had faced. It brought her more suffering. She finally had to pay the price of a long and devastating war before her

---

* 原载 Foreign Affairs, Vol. 21, No. 4, Jul., 1943.

own people and other states admitted that she was a nation. The National Government which the Kuomintang set up has had to devote virtually all its energies to the single purpose of achieving that nationhood, neglecting almost all the other goals that were equally precious to Dr. Sun.

The Sino-Japanese war of 1937 was the most important single event of China's coming of age. It can be expected to exert an altogether disproportionate influence on the Chinese attitude toward peace and the new world order. The new nation will be conscious of possessing undreamed-of force and strength. She will insist on meticulous equality of treatment in her dealings with other nations. She will be jealously watchful of her full sovereignty and freedom of action. The older nations may be ready to accept a degree of international government and restricted sovereignty ; the new Chinese nation may behave chauvinistically. Perhaps the attitude of the resurrected Poland after the First World War is an instance of what is to be expected from China.

China gained nationhood only after long years of frustration, and nobody will find it surprising if New China looks with a suspicious eye on the nations which so recently dominated her. Foremost among these nations are the Japanese Empire, the British Empire, the Soviet Union and the French Empire (if it is restored).

It seems hardly necessary to list the reasons why China will be suspicious of Japan. She will wish to see her relegated to the status of a weak nation, militarily and economically. The British Empire is suspected because of its traditional use of the system of balance of power in maintaining its predominance and because of its territorial interest in lands bordering southwest China. The Chinese continued to think of the Anglo-Japanese Alliance with dread long after its demise ; nor did the regret which they heard expressed for twenty years in powerful British circles over the abandonment of the Alliance add to their peace of mind. The Chinese cannot help knowing that if the British do again resort to the system of balance of power in the Far East, it will be because they feel that China, destined to be the principal Power there, must be held in a state of suspense. The British Government has not expressed a readiness to relax its hold on Tibet, a Chinese territory, or on Burma ; nor has it ever declared itself in favor of the full restoration of Manchuria to China. Does it intend to make use of China's rich and fertile alienated provinces in a continuation of the balance-of-power game ?

China watches the policy of the Soviet Union with great uneasiness. The support that Russia may give to the Chinese Communist Party is always a source of anxiety. The status of Mongolia is an exasperation. The Soviet Union clung tenaciously to the interests which Tsarist Russia had acquired in North Manchuria ; then in 1934, under threat, it sold or otherwise ceded them to Japan. That did not help to correct the impression that Communist Russia, too, is capable of imperialist maneuvers.

These various suspicions could be removed, and China hopes they will be. But given China's jealous regard for her newly acquired national status, it would seem unrealistic to expect her to show a high degree of international-mindedness after the war. She will come to the peace table young and perhaps with a chip on her shoulder.

But other factors will come in to influence her attitude, and they are saving ones. Perhaps it is a virtue and perhaps it is a defect, but the Chinese mind, both in the individual and in the race, has a fundamentally defensive slant. That peculiarly Chinese weapon, the boycott, illustrates it. The refusal of a community to buy from and sell to the nationals of an offending country is essentially a defensive weapon. When other peoples are gripped by the kind of feeling that leads the Chinese to resort to a boycott they are apt to riot or indulge in some other form of violence. But the Chinese do not ; they choose the more passive form of self-protection. The Chinese soldiers, officers and men alike, are good fighters. They nevertheless make a better showing in defense than in offense.[1] At any rate, the Chinese people are not impetuous. Chinese history is not without grandiose external exploits, but one observes that the empire builders came almost always from foreign races. Genghis Khan is an example. The early Manchus did much to expand the Chinese domain, but when the Mongols and the Manchus were absorbed by the Chinese they ceased to be empire builders. The greatest imperialistic Chinese was Chin Shih Huang Ti. Yet he consolidated only what was already Chinese territory, and after the consolidation he built the Great Wall to ward off the more martial Hsiung Nu people instead of undertaking to subjugate them.

In foreign affairs China has always moved cautiously. We need not dwell upon the anemic policy of the later Manchus and of the earlier Republican days. The Kuomintang

[1] Perhaps this opinion will have to be revised when China's armies get equipment for offensive warfare.

proclaimed a bold foreign policy, demanding abolition of the unequal treaties rather than revision of them through negotiation. In practice, however, the National Government has pursued the policy of negotiated revision. In China's own self-interest and for the sake of consistency in the Party program a strong policy seemed called for time and again ; but it was not forthcoming. One would have expected China to declare flatly in favor of universal disarmament and in favor of international aid to victims of aggression, such as Ethiopia in 1935 and Loyalist Spain in 1937-39. But the major League Powers were in favor of a program of appeasement. China took her cue from them and refrained from speaking out. In the early years of the Sino-Japanese war the behavior of Italy and Germany was revoltingly unfriendly. Self-respect demanded that China denounce them at once. She should have declared war on Germany on the outbreak of the war in Europe ; but Britain was cool toward such a move and China did nothing. Caution has always been the watchword of Chinese foreign policy. It will indeed be a spectacular development if the Kuomintang Government breaks with that age-old tradition.

In brief, China's policy in the peace will emerge from a conflict between opposite attitudes—the traditional one and the new one. As a result, that policy may shift from day to day. Outside factors will, it seems clear, supply the determining influence.

II

Discussions in America today about what is to be done after the war center on the general subject of world peace and the creation of a world order. Americans do not feel called upon to consider how to safeguard their national interests in the narrow sense of obtaining more fair boundary lines or achieving security from a particular neighbor. The Chinese, on the contrary, are absorbed in the question of how to fulfill their national aspirations and how to secure protection from further attack.

Chinese aspirations and demands are likely to cluster around four main themes : security against aggression ; restoration of lost territories ; opportunities tor national economic development ; and the acquisition of a position of dignity among the nations of Asia.

As we have noted, the nations that have done most in the past to endanger China's

钱端升文集

existence are Japan, Russia, Great Britain and France—in the order given. At present all are China's neighbors. Since Great Britain is an ally, and since her colonial policy is expected to undergo radical changes, and since France's military power is likely to be negligible in the near future, British and French threats to China may be considered no longer to exist. In the case of the Soviet Union, much depends on how the war in the Far East is to be terminated.

The situation in regard to Japan is simpler. Japan will be defeated. As a condition of peace China will insist that she be completely disarmed. China is also likely to ask for penalties and reparations. She will need the former to prevent Japan from remaining an industrially more advanced and therefore militarily stronger power ; she will need the latter as an aid to her own recovery.

Even when these demands for disarmament, punishment and reparations are satisfied, China will still live in mortal fear of Japan's sudden recovery in the Nazi fashion. She also will have the Soviet threat in mind. For security against danger from without, then, China is almost sure to propose a Far Eastern security plan, with Great Britain, the Soviet Union and the United States all participating. It will be the United States whom China will trust as the principal guarantor. If this plan is accepted by all, China's demands on Japan may be softened ; if it is rejected, they will be more harsh.

What territories will China want returned? Before the Chinese Empire began to disintegrate in 1842 it was an immensely greater country than China is at present. It would be neither practical nor just for China to ask the return of all territories ceded to other countries (for instance, the Amur region, now a part of the Soviet Union) and of all tributary states now owing allegiance elsewhere (for instance, Burma and Indo-China). Fortunately, China is not in so jingoistic a frame of mind. What China will firmly demand is, first, the Chinese-inhabited territories snatched away from her by Japan since 1874, and second, full and undisputed control of Tibet and Outer Mongolia.

In the first category fall those islands of the Lu Chu group which are inhabited by the Chinese, and both Formosa and Manchuria. Formosa was a Chinese province before it was taken by Japan. Its inhabitants are still predominantly Chinese in spite of Japan's indefatigable efforts at colonization. The population of the Manchurian provinces is almost purely Chinese, and during all the years while they were under enemy occupation the National Government of China never failed to maintain skeleton governments for them. China will feel that a denial of her claim to these areas will be tantamount to questioning her right to free national existence. Such a denial would set the stage for the kind of bitter strife which filled Europe during the past century.

Tibet and Outer Mongolia present a more complicated problem. During the Manchu dynasty they were integral parts of China. They have remained Chinese territory. Even at the height of British influence in Tibet, in the years immediately following the Revolution in 1911, the British continued to accept Chinese suzerainty over that area. The Soviet Union has repeatedly acknowledged Chinese suzerainty over Outer Mongolia and did not repudiate it at the time of the Soviet-Japanese Non-Aggression Pact in April 1941. In that Pact the Soviet Union induced the Japanese to declare for non-intervention in Mongolian affairs. But Outer Mongolia has become an independent People's Republic, ostensibly by self-determination. The Tibetans have like wise been reluctant to return to the fold.

China believes that if British and Soviet influences are lifted from Tibet and Mongolia, neither province will insist on remaining a separate entity/China has consistently avoided raising the issue of either Tibet or Mongolia, because of the imperative necessity of keeping on the friendliest terms with both Great Britain and the Soviet Union. But it must be raised at the end of this war. China will then expect both Powers to facilitate her assumption of undisputed control over these areas.

Next to security and territorial integrity, China wants an opportunity for rapid and unrestricted economic development and the means for achieving it. She hopes to be exempted from the application of certain general economic arrangements ; she also hopes that active economic help will be given her.

China is in full accord with the principles of free trade as embodied in the Atlantic Charter and as repeatedly enunciated by Secretary of State Hull. But she is also aware that the major nations with which she will have economic dealings are all her seniors in economic development. Free and unrestricted trade, including the equal access to resources, may be a perfect blessing to them but may conceivably work great hardships on her. She is inclined to ask for safeguards. Many Chinese believe that for ten years following the war China should levy protective duties and take other steps to give her infant industries a chance to prosper.

But such measures as protective duties alone will not be sufficient to put Chinese industries or agriculture on a firm footing. The Chinese will be most anxious to get assistance from the more industrialized nations, especially the United States and Great Britain. China needs capital, machinery and technical services. Her attitude on all major international questions will depend upon whether she gets them. Once she has them, her attitude toward Japan will be less harsh, her fears and suspicions of her neighbors can be largely removed, her absorption in her own affairs will lessen. She herself has not as yet any clear idea as to the form which the assistance should take. Perhaps it should be given as a collective enterprise of the new world organization. Perhaps it will come through agreements with the individual nations interested. Come in what form it may, China must have it.

The new Chinese nation will be sensitive, for a brief period at least, and not without vanities. The fourth group of aspirations and demands is related to the status of her nationals abroad and to the status of the tributaries and possessions of European Powers on her borders.

There are some eight to ten million Chinese abroad. Of these, nearly 90 percent are located in the Indonesian possessions of Great Britain, France and the Netherlands and in Siam and the Philippines. Before the Japanese invasion, they suffered varying degrees of discrimination and maltreatment. Even in peacetime the mother country felt the greatest anxiety for their welfare. For more than two score years they have contributed generously first to the party chest of the Kuomintang and then to the war coffers of the National Government. Their property and business are now shattered by Japanese invaders. When the war ends, China can only insist on their receiving the same treatment accorded to the nationals of the most favored nation in those areas, both as regards civil liberties and in the economic sphere.

The status of Korea, Indo-China, Burma and some other border states is a matter of concern to China. She does not covet any of them—that would be against the principle of nationalism. But she cannot look upon their continued subjugation with equanimity. That some of the subjugators are her allies adds to the complexity of the question. She has no intention of embarrassing any of her allies, still less of forcing a particular solution upon them. Nevertheless she would rejoice if some general formula could be worked out whereby the border states would receive an assurance of early independence and she herself would be given a part in guaranteeing it. Such a procedure would give China a position of dignity in the eyes of the smaller Asiatic nations and should not bring her into conflict with the possessing nations of Europe.

III

In matters not affecting her direct national interests, China is less articulate, less certain, and is liable to be opportunistic.

The Chinese are indifferent as to the form of a possible world organization. Whether it is to be a loose league or a firm confederation does not interest them greatly. Their principal concern is that in this new set-up they shall enjoy a position of equality with the other Powers. China is aware that if the representative body of the new world government were based on population, she would have a dominant voice in it, but she knows that that would not square with the realities of the situation. But she has no alternative to propose. She is not too eager to see large executive powers granted to the new world government, not being quite free from the fear that the great nations may use their strength to the detriment of the weaker ones—China included. A note of inconsistency can readily be detected here. Is China in fact one of the weaker nations or one of the great ones? She cannot be sure herself. She favors a strong international court of justice. She is genuinely interested in the question of sanctions, remembering that it was due to the lack of effective sanctions that the League of Nations failed to check the forces of aggression which made her the victim of this devastating war. She would welcome strong ones—if she were sure that they would not work to her detriment.

Until China is sure of her own position she will, inevitably, be self-centered and without interest in matters which do not affect her immediate national future. Even on the subject of natural resources, which will soon be of great consequence to her, she is inclined merely to talk platitudinously and to echo what is high sounding. She does not care to go into any scheme very deeply. The Chinese are deeply interested in the manner in which Powers having colonies in the Far East may modify their colonial policies. But that the colonial system in Africa is even more complicated and may prove more fruitful of other wars means little to her. If it is the distinguishing mark of a mature nation to accept the maintenance of general

钱端升文集

peace and order as its duty, and to consider that its particular national interests are adequately safeguarded when there is general peace and order, then China has not yet come of age. Her chief concern is for her own security and for the possibility of her own growth. She is not thinking of the welfare of the commonwealth of nations as a whole.

IV

If China were to adopt the attitude outlined above toward problems of peace she would harm both herself and the community of nations. It would imply that she was set to pursue the disastrous course of excessive nationalism that most great nations of today have followed in the past. It would mean that the other nations of the world which are trying to base the peace on a solid foundation of universal concord were to be deprived of China's full cooperation. Fortunately there is as yet nothing fixed and immutable in China's policy. What has been said above represents only probabilities. China's attitude is subject to changes.

Because China has said little about her policy toward peace in general and the postwar world order there have as yet been few occasions for criticism of it. There has been some criticism, and it has had some effect. But criticism alone will ultimately be of little avail. Receptiveness to criticism has been a traditional virtue of the Chinese race ; what China looks for today, however, is action which will satisfy her legitimate aspirations. Criticism of her nationalistic attitude without such action will only increase her suspicions. Weak, China wants to be stronger ; poor, China wants to be richer. Chinese territories have been taken away from her ; she wants them restored. In these and similar aspirations she sees nothing wrong, and seeing nothing wrong, she cannot but be wary of those who seek to wave them away by words. To be effective and fruitful, criticism of whatever dangerous tendencies she may have in embryo must be supplemented by action meeting her just demands.

There need be no insurmountable difficulties in dissuading China from embarking upon an ultra-nationalist course and in inducing her to strive wholeheartedly for the cause of world peace and order. She waits for the leaders of Great Britain, the Soviet Union and the United States to prove to her, first by some friendly gesture, then by concrete deeds, that her legitimate aspirations for full nationhood are recognized. Once she is sure they are, the world will not need to depend on the defensive mentality of the Chinese people and the traditionally cautious nature of Chinese foreign policy to hold wilder Chinese ambitions in check. Once China's fears and suspicions are removed, the more liberal and idealistic forces of the nation will be able to harness their people's instinctive love for peace, justice and universal brotherhood to the task of establishing a lasting world order. A commonwealth of the world was Dr. Sun Yat-sen's highest ideal.

WARTIME LOCAL GOVERNMENT IN CHINA[*]

UNTIL VERY RECENT TIMES government and administration in China, both central and local, enjoyed a stable existence. From Chin Shih Huang Ti (256-207 B.C.) to the last days of the Manchus (1644-1911), the unitary empire maintained, on the whole, the same system of government and administration throughout. Of the multitudinous changes and reforms that took place during that long span of twenty-one centuries, many were bound to be of importance. But compared with the system that prevailed before the Chin Dynasty or the new one modern China has been attempting to install, what was founded by Chin Shih Huang Ti and the first Han emperors (206 B.C.-221 A.D.) may indeed be said to have undergone only minor modifications. This is a most essential fact. It explains not only why there has been so much difficulty for modern China to arrive at institutional stability, but also why even in wartime the Chinese are continuing to occupy themselves with administrative experiments which are normally peacetime pursuits.

As far as local government was concerned, the more significant changes revolved around two issues : the first had regard to the system of geographical subdivision ; the second was concerned with the way the central government maintained its supreme authority.

The Chin Empire was divided into forty *chun*, and the *chun* was in turn subdivided into *hsien*. As a basic unit of local government, the *hsien*, the number of which increased from about a thousand in the beginning to about two thousand at the present time, has since

---

* 原载 Pacific Affairs, Vol. 16, No. 4, Dec., 1943.

remained intact. But the areas that are superimposed over and above the *hsien* have changed frequently both in size and variety. While there was only the *chun* above the *hsien* during the Chin Dynasty, later times generally witnessed two areas of local government instead of one, the larger one being variously termed *tao*, *lü* or sheng and the smaller one, *chow* or *fu*. The names of these local areas are confusing.[1] Adding to the confusion, the Mongolian and the Manchu Dynasties also instituted a semi-fixed area between the highest and the second highest areas, thus giving the impression that these empires had four and not merely three areas of local government.

Why these repeated regroupings of the geographical units? The main reason was to facilitate central control. All through the twenty odd centuries, resort was had to two alternative expedients. When the topmost units were too large and unwieldy, they were split into more numerous and smaller areas to prevent centrifugal forces from developing. When however, these areas proved to be too numerous for centralized direction, they were grouped together into a smaller number of circuits and a trusted imperial supervisor was put in charge of each circuit, so as to help the imperial government tighten its control. These circuits in turn became fixed areas where particularism was entrenched and secession or even rebellion was nourished. This state of affairs inevitably compelled a reforming ruler or a new dynasty to redivide the country once more into smaller areas taking orders direct from the center.

To extend its influence effectively throughout the country, a central government can institute a system of control either monistically or pluralistically: monistically, if it is satisfied with its tight grip on the holder of local political power, for instance, the governor of a *sheng*; pluralistically, if it appoints different officials for the supervision of the different administrative branches in the local areas, for instance, a tax commissioner to look after the collection of taxes, a granary commissioner to look after the administration of relief work, etc., as was done during the Sung Dynasty. On this issue of monistic vs. pluralistic control, so to speak, the changes have been many and frequent.

While all the changes that occurred before the last years of the Manchu Dynasty were

[1] The more accepted translations of the names of the various local areas are as follows: *sheng*, province; *tao*, circuit; *lu*, circle; *chow*, prefecture; *chun*, prefecture; *fu*, prefecture; *hsien*, district. The terms are confusing. For instance, *chow* in the Chin times was a subdivision of the Empire, but under the Manchus it was only a smaller kind of *fu*.

钱端升文集

largely confined to the two issues above named, the impact of the West on China suddenly disturbed the relative stability of Chinese local institutions. Since the beginning of our century, the necessity of according the people the right of local self-government in a representative form has been everywhere acknowledged. After the Kuomintang, or the Nationalist Party of China, won power, that necessity even became a self-imposed duty. War or no war, the carrying out of a program of local self-government must remain one of the principal objectives of the Party.

What is the Kuomintang's program of local self-government? The answer is to be found in Dr. Sun Yat-sen's teachings. According to this founder of the Kuomintang, the *hsien* is to be the basic unit of self-government, while the *sheng* is to be a two-sided unit, both a sub-area for central administration and an autonomous area for the supervision of *hsien* self-government. Both *hsien* and *sheng* are to have an elected representative assembly and an elected executive head. Before the *hsien* attains self-government, the following conditions must first be fulfilled; the people must have been taught the exercise of four rights, namely, election, recall, initiative and referendum; there must have been a reliable registration of the inhabitants in the area; a complete survey of the lands; a system of police protection; and finally a system of highways connecting one *hsien* with its neighboring *hsien*. When all the *hsien* in a *sheng* attain self-government, the *sheng* itself also attains self-government, taking orders from the central government only when the functions pertaining to that government are being discharged.

It will be readily seen that the assignment for the regime, which is to teach and to help the people of the *hsien* to get the *hsien* ready for self-government, is a large and heavy one. It was Dr. Sun Yat-sen's belief that unless the people are self-governing in local affairs, they are not in a position to enjoy constitutional government. Hence the necessity for a period of tutelage by the Kuomintang, before the constitutional regime is introduced. This tutelage is a very important factor which cuts deeply into the picture of Chinese local government, both before and after the war.

A BRIEF SURVEY OF Chinese local institutions at the time the war began can now be attempted. Aside from Outer Mongolia and Tibet, where Chinese sovereign rights had been interfered with by one foreign power or another and where local institutions were of a peculiar nature, China was divided into 28 *sheng* which were subdivided into 1,949 *hsien*. In most *sheng*, there were also administrative inspectors' areas intervening between the *sheng* and the *hsien*.

The *sheng* government was in law a committee of seven to nine members, with one of them acting concurrently as chairman and several as heads of the different branches of administration; in practice the chairman was the virtual head of the *sheng* government. The administrative branches were generally four in number. They were: Civil Affairs, Finance, Public Works, and Education. The commandant of the gendarmerie was seldom a member of the *sheng* government, but he enjoyed more or less equal rights with the administrative heads. All these officials were of course appointed by the central government.

The *hsien* government was headed by the *hsien* chief, appointed by the central government on the recommendation of the *sheng* government. Under him there were a number of bureaus with heads appointed by the *sheng* government, frequently on his recommendation. Both in theory and in practice the *hsien* government was single-headed.

The machinery through which the special administrative-inspector carried out his functions was more fluid and less uniform. The law of March 24, 1936 made no attempt at uniform organization; there was little uniformity even after this law went into force. Generally speaking, the size of the inspectorate depended on whether the inspector was a *hsien* chief in the area or not. If he was, his office was merged with the *hsien* government. If not, there was a distinct office of the inspector, with two bureaus and several special assistants.

The functions or powers of the *hsien* were extensive. Under the laws of the National Government, the *hsien* had power over registration, police, fire, hygiene, relief, forest and game protection, public roads, waterways, parks, public works, public utilities, schools, gymnasiums, libraries, and museums. It was entitled to levy taxes and to raise loans. It had power to organize its urban and rural subdivisions for the purpose of local self-government. In practice, however, mere authorization could not mean much. Since the *hsien* did not yet enjoy self-government, its government was bound to take orders from the *sheng* government, which often left little work for the *hsien* government to do on its own accord. In other words, the *hsien* government became only a branch of the *sheng* government in the *hsien* and nothing more. Moreover, for the *hsien* to be really able to undertake the varied functions just enumerated, it must have ample funds, which are usually not available in an agricultural country such as China has been.

The powers of the *sheng* are even more extensive than those enjoyed by the *hsien*. Barring those which are universally reserved by the central government such as defense, currency, post, aerial and maritime communication, and foreign relations, almost all conceivable functions of the state were shared by the *sheng*. But here again, in the exercise of its powers, the *sheng* was at the absolute mercy of the central government. The *sheng* could rely on nothing to safeguard its position. Certainly not the Provisional Constitution of June 1, 1931, for it was practically silent on the position of the *sheng*. Nor on the teachings of Dr. Sun Yat-sen, for in the period of tutelage the *sheng* was not intended to be a self-governing unit. In other words, at the time the war broke out the *sheng* was a mere administrative area organized for the execution of central measures. If at times it did show some spirit of independence, it was rather due to the assertive spirit of some of its leaders than to the manifestation of any *sheng* will.

The administrative inspectorate possessed no powers or functions of its own. The administrative inspector was a mere liaison officer between the *sheng* and *hsien* governments. He performed no functions other than that of inspection and supervision for the *sheng* government.

Local government control at the time the war began was not the same throughout the country. The effectiveness of that control varied greatly. In some parts of the country where recalcitrant militarists of the old order were in power, the central government could do little to enforce its will. Sinkiang, North China and, the Southwestern *sheng* all belonged to that category. In other parts, the control by the central government was complete and the characteristics of a unitary and centralized state were very marked.

In the *sheng*, which was effectively under the aegis of the central government, control was exercised in various ways. In the first place, the central government, whether by the enactment through the normal legislative process or by ordinance-making, did most of the legislation affecting the *sheng* and the local administration. Very little legislative power was left in the hands of the local authorities. This existed in spite of a resolution passed in 1934 by the Fifth Plenary Session of the Central Executive Committee of the Kuomintang, entitled *Principles Governing the Division of Powers and Responsibilities between the Central and Local Governments*, which sought to limit the legislative power of the central government to the formulation of principles, leaving detailed regulative power to local governments.

In the second place, neither the *sheng* nor the *hsien* enjoyed autonomy in the making of its budget. The *sheng* budget was drafted by the *sheng* government, but it had to be scrutinized by the Executive Yuan and enacted by the Legislative Yuan before it became definitive. Similarly, the *hsien* budget had to be approved by the *sheng* government and reported by the latter to the central government. In the third place, the Executive Yuan in general and the various ministries in particular had power to direct the *sheng* government and its various administrative branches. This was exercised in positive as well as negative ways. The central authorities could issue directives on their own accord, as well as on request from the local authorities. This power of direction was no mean thing. There was an enormous number of instructions and petitions shuttling back and forth between the superior and the inferior authorities. Fourthly, the central government held exclusive control of the personnel of the local government. It appointed all the heads of the *sheng* administrative branches and retained substantial power in the appointment of the inferior officials.

In addition to the regular governmental control, the existence of the Kuomintang organization throughout the country superimposed a second layer of centralized control. A detailed description of the nation-wide organization of the Kuomintang is out of place here. It is, however, essential to remember that Party headquarters existed for every *sheng* and every *hsien* throughout the country. The organization principle was that of so-called democratic concentration ; that is, the bottom stratum of the Party officers and committees was to be elected by party members and the lower bodies were to organize the higher bodies, but power was to be concentrated at the top. In practice this was not done in the years before the war. There was concentration of power at the top, but there were hardly elections. The members of the *sheng* party organization were generally appointed by the national organization and those of the *hsien* organization by the *sheng* organization.

These local party organizations existed side by side with the local governments. While unlike the national party organization which instituted the National Government and had

钱端升文集

power to control it, and while they could not interfere with the functioning of the local governments, they nevertheless had a voice in local administration in that they could make proposals to their superior organization and ultimately lead the national party organization into taking a stand and giving directives to the central departments, which in turn checked and ordered the local administrations accordingly.

Theoretically, during the period of Party tutelage, it might be expected that in some places elected representatives might be found to exist side by side with the officials appointed from above. But such was hardly the case. And in those few *hsien* and municipalities where there was some sort of co-opted advisory councils to advise the appointed executive, the power of the people to influence the local administration was infinitely small. Thus before the war began, China was, thanks to the ability of the central institutions, both party and governmental, to control effectively the local institutions, quite a centralized and bureaucratic state with a tendency toward further centralization. That some *sheng* still remained semi-independent, where actual influence of the central government was small and even negligible, acted in no way as a deterrent to this tendency. In fact, it made the people at large less antipathetic to the trend toward centralization.

Then, is one justified in saying that, during the eight or nine years preceding 1937, the Kuomintang and through it the National Government of China did not make good use of the period of tutelage and seriously attempt to train the people for local self-government? Any intimation of that kind would be grossly unfair. If no headway was made during all those years toward real self-government, it was due rather to the immensity of the task than to the lack of endeavor on the part of the Kuomintang, as will be indicated.

DURING THE SIX YEARS of war, changes have been many. Some of these were occasioned solely by the exigencies of the war. But others had little to do with the war. Had there been no war, they would have taken place just the same. The most important of these non-war changes, if one may call them so, is the experimentation with the *hsien* government. The *hsien* must remain China's basic unit of local government, whether for democratic self-government or as an area for centralized administration. That is a necessary consequence of the institutional development of China. That is also in accordance with Dr. Sun Yat-sen's program of political reconstruction.

A modern *hsien* government must needs be radically different from the traditional one, largely on account of the rise of new governmental functions and the necessity to accord the people the right of self-government. Were these two conditions non-existent, there would perhaps be little need for trying to apply radical innovations to the *hsien* government. Since these conditions do exist, one has to attempt revolutionary changes. The longer these changes are withheld, the more difficult it will be to effect them.

Neither the Empire in its later years nor the Republic in its early years did much to bring about the desired changes. In the years around 1910 there were some feeble attempts to have the *hsien*, together with both its urban and rural parts, organized on a modern basis to perform modern functions, and also to set up representative local assemblies to fulfill the promise of self-government. But the attempts were so feeble that they were soon swept away by the reaction of the Yuan Shih-kai regime, and the life of the *hsien* went on in very much the same fashion as it had in the centuries gone by.

For this reason the Kuomintang, right after it came into power, was eager to perform something vast and do it within a short time. The *Law for the Organization of the Hsien of June 1929*, somewhat modifying a law with the identical nomenclature of the previous year, sought to organize the *hsien* on a modern democratic basis within the short period of six years. The steps by which the aims of this law were to be realized were as follows: first, the *hsien* was to be completely organized. The *hsien* government was to divide the *hsien* territory into an appropriate number of *ch'ü*, *ch'ü* into communes, rural and urban (*hsiang* or *chen*) and appoint the *ch'ü* chiefs. The appointed *ch'ü* chiefs were to convene the people of the commune in a communal assembly to elect a chief and a deputy-chief for each commune and also a few members of the committee of control. With these officials elected, communal governments and communal committees of control were to be set up. When the communal chief had assumed office, he was to divide the commune into appropriate numbers of *lü* (precincts) and *ling* (neighborhood units), with five families as the ling and five ling as the *lü* , call the people of the *lü* and *ling* respectively into meeting and have them elect a chief for each. Second, after the complete organization of the *hsien*, the *sheng* government was to get the consent of the Ministry of Interior to allow the *ch'ü* people to elect *ch'ü* chiefs and also

钱端升文集

hsien representatives to form *hsien* assemblies. Third, after the *ch'ü* chiefs were elected, the Ministry of Interior was to find out whether a certain *hsien* had fulfilled the prerequisites of a self-governing community. If the Ministry was satisfied, the *hsien* in question became a fully self-governing community and its people were to elect the *hsien* chief.

Unfortunately, the Law of 1929 could not be enforced. In the *sheng* where the ambitious program was not taken seriously, the work of *hsien* organization lagged and there seemed no possibility of completing the organization within a definite period. In those where orders to execute the law were rigid, the authorities did their work hastily and superficially, so superficially that the populace manifested little interest, still less competency, in the so-called elections.

The faults of the law were chiefly three. The first was that too much uniformity in a vast nation was impracticable. The second was that the division and subdivision of the *hsien* territory was too minute. And the third was that the law ignored the fact that to train a largely illiterate people in the arts of self-government requires something more than mere forms and formalities.

In March 1934, the Central Political Council enacted a statute, called *Principles for the Improvement of Local Self-Government*, which radically altered the provisions of the Law of 1929. The *ch'ü* as a local government area was virtually suppressed. The tempo was slowed down ; real instead of unreal preparation for self-government was aimed at. Rigid uniformity gave place to a flexibility which allowed the different *sheng* a full measure of freedom so long as they adhered to the central aim of preparing the people for self-government.

In the meantime, to facilitate eradication of the communist elementsm, who were then treated as bandits, several *sheng* by the order of the Bandit Suppression Command had resorted to the old Chinese institution of *pao-chia*, which came into existence in the middle of the Sung Dynasty. Ten families were to form a *chia*, ten *chia* were to form a *pao*, with federated *pao* at the top. The aim of this restoration was to chain the families together for the purpose of self-defense and of preventing any outlaws from lurking among the common people. Thus self-defense and the training for it was emphasized at the expense of self-government and the training for it. The communal organization as well as the *lü* and *ling* organizations disappeared. The *ch'ü* remained, but was transformed into a branch of the *hsien* administration ; it was no longer a self-governing institution.

There followed a period of great confusion. Some *sheng* adhered, at least in letter, to the provisions of the Law of 1929. Others adopted the *pao-chia* system and abandoned any semblance of local self-government, at least for the time being. Still others resorted to a mixture of all, often incongruously.

It was against this background of confusion and lack of progress that General Chiang Kai-shek, as head both of the Kuomintang and of the government, decided to do something, even though the war was going on. What he did was the promulgation, through regular channels, of the *Outlines for the Organization of the Hsien and the Lower Areas,* in September 1939, which superseded both the Law of 1929 and the ordinances establishing the system of *pao-chia*. It should be added here that for many years a great variety of names has been applied to what should be normally called a law, and what is called *Outlines* is nothing less and nothing more than a law.

In a sense the new *Outlines* is a blending of the Law of 1929 and the *pao-chia* system. It retains the mechanism of self-defense through strict regimentation ; at the same time it seeks to do the work the Law of 1929 started out to do. It represented the will of the Kuomintang, through General Chiang, to speedily transform bureaucracy and negative government by irresponsible gentry into modern self-government, without handicapping the prosecution of the war.

According to the *Outlines*, the *hsien* is divided into communes, while the communes consist of *pao* and *chia*. From family to *chia*, from *chia* to *pao*, and finally from *pao* to commune, the decimal system is to be adhered to, wherever possible. At any rate a *chia* shall not consist of more than fifteen or less than six families. The same holds true of the constituencies of the commune and *pao*. The *ch'ü* as a local area is in principle suppressed by the *Outlines*. Only when the area of a *hsien* is overly large, or when there are special circumstances necessitating an intermediate subdivision between the *hsien* and the communes, can *ch'ü* be allowed. In that case the *ch'ü* is to consist of from fifteen to thirty communes.

Both the *hsien* and the commune are legal persons or corporations, which means roughly that they are entitled to operate enterprises, to sue and be sued. Legal personality is denied to the *ch'ü*.

钱端升文集

The *hsien* government is headed by a chief, for the time being to be appointed from above. There are to be a number of bureaus in charge of the different central and local functions. Side by side, there is to be an assembly composed of representatives elected by the communal assemblies, one for each commune. The professional bodies in the *hsien* may also send a few representatives to the assembly. On the *hsien* assembly falls the functions of legislation, advice and consent. The *ch'ü* organization, whenever set up, remains a branch of the hsien government and acts for it. Its most important functions are inter-communal police protection and public works.

The communal government is headed by an elected chief, who must possess certain qualifications, such as a training course in self-government, successful civil service examination, administrative experience, graduation from a middle school, etc. The chief has a number of assistants to take charge of the various communal functions. The communal assembly is composed of representatives elected by the *pao* assemblies, two representatives for each *pao*. The communal chief may concurrently act as chairman of the communal assembly. In view of the fact that modern trained and educated persons are scarce, the chief may also act as principal of the communal nucleus school and also as headman of the communal militia.

The *pao* has a chief and a deputy-chief, both elected by the *pao* assembly, to which each sends a representative. Each *pao* is to have a people's school[1] and to organize its own militia. When there is a dearth of personnel, the *pao* chief may concurrently hold the posts of principal of the people's school and headman of the militia. The *chia* has a council of family heads which elects the *chia* chief.

SO MUCH FOR THE organization of the new *hsien* and its subordinate governments. Obviously this elaborate machinery would be senseless if it had no mission to perform. Its mission is to help realize the Kuomintang's three principles of nationalism, democracy and livelihood. Or to put it more concretely, the "new *hsien*," as the *hsien* organized according to the provisions of the *Outlines* has since come to be called, must undertake to do the following things. It must organize its militia, with the *pao* as the basic unit. It must set up a

---

[1] A nucleus school must be a full primary school with six grades. A people's school may not be such a school. Attached to both are classes for the adults.

large number of people's schools throughout the length and breadth of its territory, preferably one school in every *pao*, and one nucleus school in every commune. It must have a *hsien* health center, and if possible, also communal health centers. It must also organize as many cooperatives as possible. Above all, by accelerating the complete organization of the *chia*, the *pao*, the communes, and itself, and by compelling the people to go to meetings and to exercise the electoral right, the people will gradually acquire the arts of democratic self-government.

How is it possible to finance and to man such an elaborate scheme as here outlined? Some doubted and some are still doubting the immediate possibility of finding adequate money and adequate men to do the job. General Chiang Kai-shek took a different view. He believed and presumably still believes that enough men can be trained and that the public properties of the *hsien* and the commune, generally in land, can be harnessed to finance practically all the immediate projects in question. With the *hsien* and communal economy gradually improving, other more ambitious projects might then be taken up. He stuck to this view, and the Outlines was declared to be applicable to all the *sheng* not under enemy occupation.

Since the promulgation of the *Outlines*, some four years have passed, and it may not be amiss to present a general appraisal of the results of this very important law. We have no up-to-date figures to rely upon. The latest figures issued by the Ministry of Interior bear the date of December 31, 1941. Some of these figures are very encouraging. Out of the total number of 1,469 *hsien* in Free China, the *Outlines* had been applied to 944. In 444 *hsien*, registration of inhabitants had been completed. In 332 *pao*, assemblies had been organized. There were altogether 21,306 nucleus schools and 142,595 people's schools, 798 *hsien* health centers, 1,444 communal cooperatives, 5,548 *pao* cooperatives.[1] Some 9,029,722 militiamen had had their first training. And the trained personnel for local administration was as follows: trained by the *sheng*, 51,580; by the *ch'u*, 25,816; by the *hsien*, 244,220; altogether 321,306,[2] counting duplicates.

But figures alone do not necessarily give a true picture. The true picture is rather

[1]   Cooperatives were mostly in the *sheng* of Kwantung, Chekiang, Anhui, and Kiangsi.
[2]   The figures for Kwangsi and Szechuan are especially large.

钱端升文集

difficult to construct. The insistence of General Chiang on a speedy execution of this law has sometimes compelled the *sheng* authorities to reorganize hastily the hsien governments and their subordinate agencies and dress them in a new garb, without really altering their nature.

The actual result varies greatly from *sheng* to *sheng*. In some *sheng*, for instance in Hupeh, where training of the new personnel for local government was rigorous and thorough, and where the *sheng* authorities were in a position to attempt only what was at present possible, the results are gratifying. A new spirit can be seen to be operating in the localities, eager to do the right and courageous thing in blotting out old-time inefficiency and looseness with public funds and properties. In some other *sheng* the tendency to report only paper reforms is unfortunately rather marked, thus creating doubts as to the authenticity of their reports.

Then again, accomplishment also varies with the nature of the function. Things which do not need an elaborate outlay of funds or a trained personnel are better done than some other things. For instance, regimenting the adult males into militia organization is on the whole well done, whereas most of the so-called people's schools are rather unsatisfactory.

Of the two serious shortages, funds and men, the inadequacy in men is perhaps more to blame for what has been left undone or done unsatisfactorily. To educate the people, to increase their productive power, to look after their health, and to govern them—the four groups of functions General Chiang repeatedly declared to be the task of the new *hsien* administrations—there must be a large and competent personnel. A typical Chinese *hsien* has an area of about 4,500 square kilometres and a population of 220,000. If the decimal system is followed, the 45,000 families in the *hsien* will have about 4,500 *chia*, 450 *pao* and 45 communes. In other words, in the *hsien*, some 450 people's schools and 45 nucleus schools and probably as many as 45 health centers have to be set up. On this scale, the number of teachers and doctors and nurses needed will be immense, and there exists at present few means of meeting the demand. Even the demand for an adequate personnel to man the *hsien* administration proper is not being met. What we now have is only a trifle of about thirty people for the general administration. These individuals are over-burdened with orders from above. They have little time to do anything on their own initiative or to plan what is necessary for the *hsien*. They have still less time to supervise what the communes are doing.

For a new *hsien* to function properly, instead of thirty, some two hundred or three hundred are perhaps necessary.

The difficulty caused by the lack of competent personnel is patent to every observer. In the past Kwangsi has perhaps done more than any other *sheng* in trying to train a large corps of local government people. But it is open to question whether the persons who are subjected to this training are really trained. Kwangsi used to take pride in the so-called trinity of education, the militia, and civil administration. That is to say, the three functions of education, militia training, and local administration are welded together in the hands of one and the same set of administrators. In Kwangsi the program of training was therefore also trinitarian. But the result was not as satisfactory as was expected. Elsewhere, the short course of training has also yielded only indifferent results. Only when peace comes and greater care is taken in the choice of subjects and materials to be taught the trainees and when a longer period of training is permissible, will the training yield a better crop of local administrators, For the time being, there seems to be little prospect of substantial improvement over the present condition of inadequate training and consequent incompetence.

THE ATTEMPT, WHICH is still proceeding, to effect a sweeping change in the character of the *hsien* government is naturally not the only wartime change, though it is easily the most important. Other changes may be discussed under four heads: I. the increase in the power of local governments over the people; II. further increase in central control; III. the creation of representative bodies; and IV. more transient changes. The last consists of wartime makeshifts; the others would have occurred even without the war, though the war may have accelerated them.

I. As a result of the expansion of state powers, the power of the local governments over the people has increased. Foremost among these new powers is the power of conscription. The *Conscription Law* was promulgated in 1933 and enforced in March 1936. With the coming of the all-out war of resistance, the administration of conscription became a more serious matter. In general it is a central government function administered in the *sheng* by the agents of that government directly, organized as the Office of Army Recruitment Area, one for each *sheng*. But in practice, this office cannot properly function without the assistance of the *sheng* government. Even more indispensable is the assistance of the *hsien* government which, together with its subordinate governments, is the only agency which has direct dealings with the people and know who are eligible for conscription. Thus it has become current for a bureau of conscription to be included among the bureaus of the *hsien*. Being a new power in China, conscription is administered rather un-evenly. In some places it is administered quite justly and strictly, in other places not so well. But in all cases it has immensely increased the power of the local governments over the life of the people.

The second group of powers arose out of the increased economic control by the government. The first thing to be controlled during the war was the import and export of legal tender and precious metals. Next the articles for export trade were placed under control. Both of these, however, have little to do with the people in general. They concern more particularly the merchant class. But as time went on, many of the articles for daily consumption were brought into the sphere of control, and with the extension of that control, also increased the power of the local governments over the people. At present even the inhabitants of remote villages in the countryside are feeling the hand of the government in economic matters. The most conspicuous is the fact that every landowner, besides paying the land tax in kind, must also sell a part of his grain to the government at a price fixed by it.

The third group of powers are social in nature and are in the sphere administered by the Ministry of Social Affairs. This new ministry was not established until 1940. With its establishment, social functions increased, and in the *sheng* and *hsien* governments new administrations and bureaus were added to the already large number of administrations and bureaus. The local governments can now install public restaurants, public baths, public barber shops, etc., organize mass weddings, and also compel people to set up cooperatives.

II. The increase of central control of local governments is evident. One need only mention the few most important measures by which the central government either intentionally or unintentionally has tightened its grip on the *sheng*. As noted above, the budgetary autonomy of the *sheng* was non−existent even before the war. It was, however, conceded that the *sheng* budget was distinct from the state budget. Though the central government enjoyed the power of scrutiny and consent, the making of the *sheng* budget was still mainly a *sheng* concern. But since 1942, the *sheng* budget as such was declared non-existent; it was merged into the state budget which includes items of income and expenditure for the *sheng*. Thus by one stroke the semblance of *sheng* fiscal autonomy was swept away.

Secondly, land tax which used to be the mainstay of *sheng* revenue was declared, in 1941, a central revenue and the land tax administration in each *sheng* was separated from the *sheng* Finance Administration and made a direct agent of the Ministry of Finance. This action, together with the abolition of the *sheng* budget, so greatly weakened the *sheng* as a unit of government that many indeed lamented the passing of *sheng* autonomy.

Thirdly, more rigid control of the *sheng* accounts was instituted through the appointment of *sheng* comptrollers by the Comptroller-General. The comptroller has his office in the *sheng* government, but in the exercise of his functions he is independent of that government and is answerable only to the Comptroller-General.

Fourthly, through the appointment of a personnel officer by the Ministry of Personnel of the Examination Yuan, to be stationed in the *sheng*, the appointment and dismissal powers of the *sheng* government will be greatly limited.

Lastly, since the establishment of the so-called Party and Political Work Investigation Committee in 1941, it has been a practice of that Committee to send out annual commissions to tour the *sheng* and to make reports as to the faithfulness with which the *sheng* governments carry out the policies and orders of the central government and also as to the quality of their work. As the Investigation Committee increases the efficacy of its scrutiny, so also will the efficacy of central control be on the increase.

III. The building up of representative institutions is one of the primary objectives of the Kuomintang, as it was, historically, also one of the factors which undermined the ancient regime.[1] Before the war began, however, in spite of the provisions of the *Law for the Organization of the Hsien of June 1929*, scarcely any local representative bodies had been established. Ordinarily, wartime is hardly the period in which representative institutions can be fostered. But in China the conditions were peculiar in two respects. In the first place, many of the peacetime efforts in other fields were continued unbroken by the war, and there was

---

[1] In the closing years of the Manchu Dynasty, successive postponements of the inauguration of a Draft Constitution, dissatisfaction with the provisions of the Constitution (patterned after the Japanese), and the spurious nature of newly introduced provincial and local assemblies, all tended to create popular unrest and contribute to the overthrow of the Manchus.

no reason to discriminate against efforts to introduce representative institutions. In the second place, the declarations by the minor parties of their faith in the war and in the Kuomintang leadership had made the calling of a People' s Political Council in 1938 a necessity, and there was all the more reason for also setting up local representative bodies.

The *Outlines for the Organization of the Hsien and the Lower Areas*, of September 1939, envisaged the emergence of fully representative assemblies in the *hsien* and in its lower areas. Until the creation of such bodies, it was decided, following the convening of the People's Political Council, to have provisional representative bodies for both the *sheng* and the *hsien* set up at once. There were two laws, one the *Organic Regulations of the Provisional Sheng Council*, and the other, *the Organic Regulations of the Provisional Hsien Assembly*. The *hsien* assembly is more truly representative than the *sheng* council, as its constitution is in accordance with the provisions of the *Outlines for the Organization of the Hsien and its Lower Areas*. There is to be one representative for each commune elected by the communal assembly and also some representatives from professional bodies. The *sheng* council is less popular. Its members are chosen by the Supreme Committee of National Defense from among the candidates in part proposed by the *sheng* government and in part by the various *hsien* governments in consultation with the Kuomintang organization and civic bodies of the *hsien*. Because of the difference in the method of election, the powers of the two bodies also vary. While the *hsien* assembly possesses a full measure of power which generally belongs to such a body, the *sheng* council enjoys only advisory and consultative power, very much in the same fashion as the People's Political Council.

Provisional *sheng* councils have been established in eighteen provinces, many of which have seen their councils renovated once and a few even twice. But *hsien* assemblies have been set up in only a few *sheng*, for, before the new *hsien* is organized fully according to the provisions of the *Outlines*, it is well-nigh impossible to organize the assembly.

The efficacy of these bodies as the expression of the popular will varies in the different *sheng*. Many of the *hsien* assemblies of Szechuan have done well and deserve the trust of their constituencies. The *sheng* councils in many of the middle Yangtze *sheng* have also proved themselves to be worthy representatives of the people, though they are not elected by them. They are independent, they voice the wishes of the people and they air their grievances. All in all, the results of these semi-popular bodies have more than met the expectations of their well-wishers.

IV. Besides the changes or trends of development which are likely to continue in peacetime, there are of course more transient changes which have occurred during the war years. First, one may mention the extension of the military power at the expense of the civil. Before the war, the *sheng* government had already been placed under the supervision of the so-called Pacification Commissioner, if there was one in the *sheng*, in so far as matters relating to the maintenance of peace were concerned. That supervision is of course continued. But after the war began, the *sheng* government also became subject to the control of two other agents. The one was the so-called War Area Committee for Political and Party Affairs, since abolished. The other was the War Area Commander.

What is even more significant than the *de jure* control exercised by these military people is the fact that, since the war began, more and more commanders have taken over concurrently the chairmanships of the *sheng* governments, with the result that military and civil governments are at times difficult to distinguish.

Secondly, as the result of the increase of government functions, both the *sheng* government and the *hsien* government have grown in size. Many new agencies, commissions, bureaus and committees have been added to the existing machinery. In the *sheng*, if all laws and ordinances of the central government are enforced or complied with, there should be, in addition to the four administrative branches, one secretariat, and one gendarme's office, the following independent offices; a comptroller's office, a land office, a conscription office, a food office, an office to administer the *Law of General Mobilization*, an office for cooperatives, an office for stage transportation, a health office, an office for social affairs, an office for the training of personnel, an A.R.P. office, and a censor's office. In fact, the independent offices became so numerous that General Chiang Kai-shek himself proposed to the plenary session of the Kuomintang Central Executive Committee, in November 1942, that all the new offices be amalgamated into the four standard administrative branches, outside which only the Secretariat, the Comptroller's Office, and the Gendarme's Office should be allowed to remain. Thus far this very timely proposal has yet to be enacted into law.

Thirdly, owing to the war and to subsequent occupation of parts of the country by the enemy, the government seat of a *sheng* is often inaccessible or not easily accessible. For these areas the *sheng* government may set up a branch government with substantially independent powers. These branch governments are not to be confused with the special administrative inspectorates which are lower in rank and take orders from the *sheng* government. In the coastal *sheng*, where enemy penetration is deep, such branch governments are quite common.

Fourthly, there is also the very special kind of *hsien* government, the so-called war area *hsien* government, to be noted. As the result of enemy penetration, it is often impracticable to maintain a regular *hsien* government at a fixed point. In that case much is left to the discretion of the *hsien* chief, thereby enabling the more enterprising chiefs to either themselves fight in guerrilla fashion or to assist the guerrillas in the area and also to prevent as much of the revenue and resources from falling into the hands of the enemy as possible.

The real wartime expedients are not likely to become permanent after the war. As such, they do not possess the importance attaching to the first three groups of changes.

THE PROBLEMS OF LOCAL government in China are many. None of them has been solved by the experience gained during wartime, but many have been brought into sharper relief by war exigencies. The time-honored problem of geographical division and subdivision for the purpose of local government remains. Division of the *hsien* into communes of manageable size, with the *ch'u* as an optional superior division, is a sensible arrangement. But the mechanical division of the commune into *pao* and *pao* into *chia* needs re-examination on the basis of the experiences of the last decade or longer. Is that sort of division sensible? Is it conducive to the fostering of a democratic and spontaneous spirit among the people? These are questions which need answering. Then, above the *hsien*, shall there be just one government, the *sheng* government, or two governments, the *sheng* government plus the special *administrative* inspectorate, or as in the days of Yuan Shih-Kai, plus a *tao* government? If there is to be only the *sheng*, the latter probably will have to be redivided into a larger number of smaller units than there are today.

The war has multiplied the agencies of central control as well as of local government. The machinery is too complicated, too confusing. The people who are the governed are bewildered. The superior governments heap orders on the inferior ones, and the latter are overburdened with paper work. Unless both the local and the central government machinery is simplified, administrative progress is likely to be hampered.

The problem of finding sufficient numbers of competent men for local administration is always serious in a vast nation with a high rate of illiteracy. This has been touched upon in connection with the experimentation China has been making with the so-called new *hsien* system. More widespread education and more thorough-going training for local officials constitute the key to the problem.

Provision of adequate funds is also essential to the successful realization of modern local self-government. For the time being it seems advisable to limit the objectives of local administration. If in the years immediately following the war, the local governments were to concentrate their attention on the attainment of a few essential aims and to refrain from other less urgent tasks, the few men and the small funds available might be turned to best use. Furthermore, to aim at a few essential things will also better capture the imagination of the people on whom must depend the success of any work done or sponsored by the local government. Just what to begin with constitutes another difficult question-perhaps all the work that the new *hsien* is supposed to accomplish, perhaps not so much. The choice must be made with extreme care.

Finally, as past experiences seem to have indicated, one must not seek to realize democracy by the orthodox route alone. No doubt the people should receive training in the use of the ballot box and the like if that is feasible. Feasible or not, there is no harm in also trying to impose fully representative or quasi-representative bodies on the people. The People's Political Council, the *sheng* provisional political councils, and the *hsien* assemblies, all organized after the war began, have all accomplished something in the way of strengthening the democratic element of the nation. The time may yet be far away when the Chinese people will be able to exercise the four political rights of election and recall, initiative, and referendum. In the meantime, it is only by the existence of these, at present more or less artificial representative bodies, that there will be some force to counteract the bureaucratic tendencies of the time and also to minimize the excesses of centralization which, though a good thing in so far as it serves to cement the unity of the nation, is not without its drawbacks. All these problems have to be solved before there can be both progress and stability in the local government system.

Chungking, August 1943

THE ROLE OF THE MILITARY IN CHINESE GOVERNMENT *

ONE of the significant differences which distinguish good governments from bad is the subordination of military power to political power and of military personnel to political personnel. The military mind tends to be narrow and irresponsible. Militarists may be experts, but their expertise often prevents them from giving due weight to interests other than military. Military power, unless kept in its proper place, usually runs amok and takes the whole country with it.

Up to very recent times, China was signally free from military domination. The strength of the civilian tradition in Chinese government may be illustrated by some of the greatest military upheavals of the last seven centuries. The Mongol conquerors who founded the Yuan Dynasty never rid themselves of the military nature of their organization. Weakness soon followed their initial successes and persisted throughout the dynasty—a short one of barely three generations. Benefiting by the experiences of the Yuan, the Ming and the Manchu founding emperors, although all of them were primarily military-minded, installed civilian regimes as soon as their conquests had ended. It was due to the strength of the tradition of civilian rule that some of the greatest military commanders of the Ming and Ch'ing Dynasties were in origin scholars, who, when their campaigns were over, at once resumed civilian status.[1]

The misfortune of modern China is that, at the time of the multitude of paper reforms

* 原载 Pacific Affairs, Vol. 21, No. 3, Sep., 1948.

[1] The eminent Confucian scholar of the Ming Dynasty, Wang Shou-jên (Wang Yang-ming), put down a great rebellion. So did Tseng Kuo-fan, Tso Tsung-t'ang and Li Hung-chang, who directed campaigns for the Manchuemperors against the T'aip'ings. None of them, in spite of his power, ever thought of taking the throne himself or of retaining military command.

which enshrouded the country in the first decade of this century, she should have entertained a serious liking for the military institutions of Prussia and Japan. The Prussian tradition had been adopted wholeheartedly by the receptive Japanese *samurai* when the Japanese looked to the West for instruction. When the time came for China to look abroad, she adopted the military institutions of Japan and Germany.

In 1907, in imitation of the Japanese staff organization, the Manchu government established the "Council of Military Consultation", which was placed directly under the throne and made independent of the Cabinet. It was presided over by a prince of the blood, who had received his military training in Japan. The Ministry of War and the newly created Ministry of the Navy also were headed by military men. As in Japan, the Presiding Minister of the Council, corresponding to the Chief of Staff, was directly responsible to the Emperor. As in Japan, again, the War and Navy Ministers, though members of the Cabinet, also enjoyed direct access to the Emperor.

Selection of military men as Ministers of War and of the Navy represented a departure from past practice. In the old days the regular scholar-officials had usually held the high posts of military administration; supreme command had been given to civilians more often than to military men; only the actual command of garrisons and of army units had invariably been reserved for professionals. The new departure was undoubtedly inspired both by the successes of the Japanese and Prussian military machines under this form of organization and by the anxiety of the Court to maintain firm and direct control over the New Army which was just being created. Henceforth the military administration was to become independent of, and eventually to dominate, the civilian administration.

When Yuan Shih-k'ai became President, he retained the Manchu innovations. He maintained direct control over the armed forces through the General Staff Board (the successor of the Council of Military Consultation) and the War and Navy Ministries, which were headed by military men. He even went further. He created an Office of the Supreme Command in his palace and required the daily attendance there of the chiefs or deputies of the three military establishments. In other words, though these establishments continued to function, Yuan Shih- k'ai by this stroke of evil genius became his own triune Minister of War and of the Navy and Chief of the General Staff.

This new military tradition was carried on in the North after Yuan Shih-k'ai's death, though the effectiveness of control by the head of the government naturally varied with his position vis-à-vis the Northern militarists. In the South, the repeated resort to military government by Sun Yat-sen and his party [1] also led to military domination, not only in the military government itself but in the civilian government that followed.

THE Revolution of 1911 was an uprising in the army. For years the Revolutionaries had been inciting the army to revolt, and uprisings in garrisons and other army posts had been frequent before 1911. After other reactionary regimes succeeded the Manchus, the Revolutionaries pursued their old tactics, trying to persuade the army commanders to sever their relations with the Northern regime and to join with the Revolutionaries. In order to obtain quick successes, Sun Yat-sen's party did not hesitate to make use of the militarists, thus creating a dependence which must have left an indelible impression on the Kuomintang.

The way in which Sun Yat-sen established his revolutionary base at Canton had a more direct impact. The last five or six years of his life were devoted to alternately cooperating with and fighting the vacillating and undependable Kwangtung militarists. In these military maneuvers, Sun Yat-sen probably had a perfectly clear conscience: he wished to make his revolution succeed; for an auspicious beginning, he had to have a base; to make the base secure, he was justified in resorting to any means at his disposal, which naturally included enlisting aid from the militarists. But in consequence, his denunciations of the Northern warlords lost much of their moral fervor, and it became difficult to inculcate in his followers an acute awareness of the dangers which domination by military men could bring to them and their cause.

Although the military tradition of the previous two decades had been strong and dangerous, the reorganized Kuomintang of 1924 seemed to be only partly aware of this. To the extent that the Party vehemently denounced the Northern militarists and sought to eradicate them, there was full awareness. On the other hand, the Party's emphasis on the

钱端升文集

---

[1] The T'ung Meng Hui in 1906, the Chinese Revolutionary Party in 1914 and the Kuomintang in 1924 all visualized the existence of a *Chün-cheng-fu* or military government. The Revolution of 1911 started with a military government. Sun Yat-sen's own Canton Government in 1918 also was one. In 1922 his military government was called *"Ta-yuan-shuai Ta-peng-ving"* or Grand Headquarters of the Generalissimo.

Military Academy at Whampoa, and its readiness to incorporate into the Revolutionary Army whatever militarist remnants sought to climb aboard the Revolutionary bandwagon, hardly indicated a lively awareness.

At the time of its founding the Whampoa Academy was to have been strictly subordinate to the Party. It was modeled on the Academy for Red Army officers in the Soviet Union. The Party's commissar in the Academy was to have sole charge of the political training of the cadets, and to share the general administration with the President of the Academy. But when the original commissar of the Academy, Liao Chung-k'ai, a radical and very capable leader of the Party, was assassinated in August 1925, Chiang Kai-shek became supreme in the Academy in his capacity as its president. No doubt the Academy contributed notably to the successful consolidation of the Canton regime and to the Northern Expedition. But it is equally certain that the Academy cadets became more personal followers of Chiang Kai-shek than staunch supporters of the Kuomintang-unless one regards Chiang Kai-shek as in distinguishable from the Kuomintang.

During the Northern Expedition, the Revolutionary Army became unduly swollen through absorption of the militarist remnants. There were four group armies in the Revolutionary Army. Leaving aside the question of the complexion of the three group armies not directly commanded by Chiang Kai-shek, his own First Group Army certainly did comprise a great many militarist remnants. Since their absorption was effected either by or on orders from Chiang Kai-shek, the more such remnants joined, the greater became the need for skilful management. By the end of the Northern Expedition, the skilled managerial services of Chiang Kai-shek had become well-nigh indispensable.

Chiang Kai-shek's indispensability to the Kuomintang was initially of a purely military nature. He owed his rise to the fact that he was a military man. As such, he was made head of the Military Academy and later appointed Commander-in-Chief of the Revolutionary Army. After the conclusion of the Northern Expedition he was regarded as the man who would be able so to reorganize the Army as to rid the nation of the curses of militarism and warlordism. Had he done so, he could have become a far more effective political leader. But he did not do so.

The nearest approach to a powerful check on military power in China since the Revolution of 1911 was the reorganized Kuomintang in its early years. But when Chiang

Kai-shek acquired a position of leadership in the Kuomintang without at the same time outgrowing his military mentality, the Party ceased to be such a restraining influence. Even had the anti-militarist members and factions of the Kuomintang wished to impose a continued check on the military, the latter, headed by Chiang Kai-shek, had become too powerful to suffer effective restraint.

The Military Stage was to have ended with the Northern Expedition. The Period of Political Tutelage could not really begin as long as the country was infested with armed forces and the military remained dominant. It was with the aim both of reducing the size of the army and of putting it in its proper place that the Reorganization and Disbandment Conference was called early in 1929. There were undoubtedly many reasons for the failure of the Conference, but the most important one was the reluctance of high army leaders to see their own divisions eliminated. Chiang Kai-shek, though he had by this time acquired the status and responsibilities of political leadership, shared their reluctance. The wars between rival military factions followed immediately after the failure of the Conference. Chiang Kai-shek's leadership was assured. Then ensued the campaigns against the Communists. These campaigns made military domination necessary; but military domination also made the campaigns inevitable. Whatever the cause-effect relationship, Chiang Kai-shek's military leadership had to be acknowledged. The country might suffer from civil war, but his military leadership was more firmly established than ever.

FROM 1925 to 1946 the Military Commission of the National Government[1] was almost uninterruptedly in existence and had charge of the nation's military affairs. When the Commission was first set up in July 1925, a few days after the establishment of the National Government itself, it was put directly under the guidance and supervision of the Party and was entrusted with the administration and command of all of the armed forces and military organizations. It was conceived strictly as a committee in form as well as in spirit. At that time, it was one of the three great governing organs established by the Central Executive

---

[1] In Chinese the full title is *Kuo-min-cheng-fu Chfin-shih-wei-yfian-hui, Kuo-min-cheng-fu meaning* "National Government", *Chfin-shih meaning* "Military Affairs", and *wei-yfian-hui* meaning "Committee". The whole term has generally been rendered as "National Military Council". It is here rendered as "Military Commission" since the organ met but infrequently while its administrative functions were many.

钱端升文集

Committee of the Kuomintang, the other two being the Political Committee and the Government Committee.

When the Northern Expedition began, the Military Commission was reorganized. Although still possessing the highest powers of military organization and administration, it was placed under the Government. The committee spirit was retained. But the beginning of the Northern Expedition also saw the creation on July 7, 1926, of the post of Commander-in-Chief of the Nationalist Revolutionary Army, outside of the Military Commission. Chiang Kai-shek was appointed to this post and was authorized to act concurrently as Chairman of the Military Commission. He very naturally argued that the Expedition necessitated the concentration of power solely in his hands, since military operations would not permit lengthy consultations or divided counsels. But since the leaders of the Party were unwilling to yield all control, a compromise was effected. Under its terms the General Headquarters of the Commander-in-Chief, before the Expedition actually started, was required to be physically housed with the Military Commission, and whenever the Commander moved to the front, a security committee was to act for him and to remain responsible to the Political Committee of the Central Executive Committee of the Party; the Commander's authority was restricted to command over those armed forces which had been activated for the Expedition; and when demobilization was completed, following the successful conclusion of the Expedition, the General Headquarters was to be forthwith abolished.

Yet the two years of the Northern Expedition culminated in Chiang Kai-shek's military supremacy. Whether, at the end of the Expedition, he enjoyed that supremacy in his capacity as Chairman of the Military Commission or as Commander-in-Chief of the Revolutionary Army was immaterial. Merely to abolish the General Headquarters would have been of no significance; had the civilians wished to regain control over the military, something more fundamental would have had to be attempted. But all attempts have hitherto failed.

At the close of the Northern Expedition it was agreed by all sides that the Revolutionary Army should be reduced and reorganized and that a Ministry of Military Affairs, subordinate to the Government like all other ministries, should be established to replace both the Military Commission and the General Headquarters. But, as previously noted, the Reorganization and Disbandment Conference of 1929 ended abortively. Although the Ministry of Military Affairs was established, it soon took orders, not from the Executive Yuan, but from the President of the National Government in his capacity as Commander-in-Chief of the armed forces.

On the establishment of the Five-Yuan Government in October 1928, Chiang Kai-shek became President of the National Government. Of course, all heads of government have the power of high command and even the title of commander-in-chief. But in Chiang Kai-shek's case, he chose to assume actual command and in March 1929 even established a General Headquarters of the Commander-in-Chief of the Army, Navy, and Air Force, distinct from the offices of the National Government. The newly established General Staff Board, Inspectorate-General and War Council were subordinated to the General Headquarters. The Ministries of Military Affairs and of the Navy were constituent ministries of the newly established Executive Yuan, but, like the three other military establishments, they also were brought under the direct command of the President-Commander. Thus the military power became attached closely and also almost exclusively to the President-Commander. The ability of the Party to control the Executive Yuan did not give it control of the military. Such control could be exerted only if the Party were able to dominate the President-Commander.

Chiang Kai-shek was forced out of the Presidency in December 1931. Under the new Organic Law of the National Government, his successor, Lin Sen, was prevented from actual exercise of the governing powers. This opportunity for the Executive Yuan to gain control over the military through the Ministries of Military Affairs and of the Navy soon slipped out of its hands. The war in Shanghai in the early months of 1932 brought back Chiang Kai-shek and the Military Commission with him.

The Military Commission of the National Government was reestablished in March 1932, in theory as a corporate body. In regard to organization and training of the forces and other general military policies, the Commission was to act as a committee and the powers of the Chairman were to be restricted to those of a presiding officer. Only when in command of actual military operations was the Chairman to receive the powers usually delegated to a commander. In other words, a continuance of the distinction which had existed at the beginning of the Northern Expedition was specifically provided for in the law which created the new Military Commission. As it had in the earlier experiment, the distinction in law again failed to prevent Chiang Kai-shek from gaining complete control of the military power.

Although Chiang Kai-shek was now only Chairman of the Military Commission and not President-Commander, he was able to keep the powers of the Commission in his own hands. Moreover, he gained civil powers, although control of civil affairs was supposed to remain outside of the Chairman's competence, when in 1932 he was made Commander-in-Chief of a General Bandit-Suppression Headquarters which was established for the Communist-infested provinces. Within these provinces the Commander-in-Chief was through legislation or Party resolutions given complete authority over administrative and even Party authorities as well as over the military authorities; and, since the Communists were spreading out over an increasing area, his power became constantly more extensive geographically.

AT THE beginning of the war in July 1937, there was a demand that the existing Military Commission should be transformed into a "Grand Headquarters" to act as the Government for the duration, and that Chiang Kai-shek, as Chairman of the Commission, should be given the title and powers of "Generalissimo". Though the Political Committee of the Central Executive Committee of the Kuomintang did pass a resolution to that effect on August 10,1937, neither the Commission nor Chiang Kai-shek accepted the title. The National Government continued. Pursuant to a later law, the Chairman, Chiang Kai-shek, assumed top command of the armed forces and responsibility for the national defense. But he never officially appropriated the title of "Generalissimo" (*Ta-yuan-shuai*).

There were both external and internal explanations for the hesitation to resort to a purely military form of government. The system of government through a "Grand Headquarters" was peculiarly Japanese. The Japanese Emperor had created a "Grand Headquarters" during the Russo-Japanese War and had supplanted the civilian government. To imitate the Japanese system of military government seemed to be utterly inappropriate in a government dedicated to resist Japanese militarism. Then, too, the difficulties involved in equating the position of an all-powerful generalissimo with that of the President of the National Government and in disposing of the Yuan Presidents caused those who advocated the creation of a Generalissimo and a Grand Headquarters to trim their sails.

Although the idea of supplanting the National Government by a military government was abandoned, the organization of the Military Commission was for almost half a year in a state of continuous expansion, commotion and confusion. Most of the departments of the Central Executive Committee of the Party were placed under the control of the Military Commission. Many of the ministries and commissions under the Executive Yuan were either duplicated or relieved of their duties. The other four Yuan were not abolished but were placed in abeyance of their own volition. To all intents and purposes, the Military Commission was the government of China during the first six months of the war.

The organization and powers of the Military Commission were more clearly defined by the Organic Law of the Military Commission of January 17,1938. The Chairman became Commander-in-Chief of the armed forces and was empowered "to direct the people of the whole nation for the purpose of national defense". The original corporate character of the Commission was abandoned, and the Chairman was made superior to the whole body. Under this law, Chiang Kai-shek acquired high powers necessary for conducting the war against Japan.

The Military Commission consisted of from seven to nine members, most of whom concurrently headed the more important establishments of the Commission. Although these establishments were, generally speaking, all military in nature, the functions of the Commission were not confined to military matters. At one time it included a Commission for War-Zone Party and Government Affairs, which had, theoretically at least, most extensive political powers. At another, its Bureau of Transport Control was empowered to fix transport priorities and even to control some means of transportation directly. At all times the Political Department, charged with indoctrination of the armed forces, civilians and enemy prisoners, ostensibly to prosecute the war, embarked upon all kinds of cultural work and duplicated many of the undertakings of the Publicity Department of the Party and the Ministry of Education of the Executive Yuan. In addition, an Office of Councilors delved into economics, finance, general administration and foreign affairs. In the determination of foreign policy, they frequently overshadowed the Foreign Minister.

The Aides to the Chairman were, even more, confidential assistants and advisers, and therefore also more influential. They were in charge of military intelligence and espionage, kept personal records of prominent persons in all walks of life (which gave them the power to censor or recommend all appointments to Chiang Kai-shek in his multifarious capacities of leadership), and screened the individuals and the information which were to reach him. It must be remembered that, of the various high Party and Government posts held by Chiang Kai-shek during the war, the Chairmanship of the Military Commission was considered by himself and by the public alike to be the most responsible. It was in that capacity that he was both addressed and spoken of, and material reaching him or appointments made with him, in whichever of his various capacities, were generally channeled through the Office of Aides. Legally, the Chairman was the head of the military establishment and was charged with responsibility for conducting the war. But extralegally, if not illegally, the Chairman had all other powers conferrable by the Party or the Government. He could have exercised his non-military powers in his other capacities. To the extent that he chose, as he often did, to act through the Military Commission, he sacrificed observance of the law to expediency.

IT IS obvious that inability to put the military in its proper place has plagued China during the last generation. That the Chinese army has been ill-disciplined and badly organized is equally obvious. A measure of neutralization, which would release the armed forces from personal and partisan loyalties and other political biases, is recognized as constituting the first prerequisite for the improvement not only of the forces themselves but also of the general administration.

In the past the Kuomintang Government has naturally refused to admit that the armed forces which it maintains are anything but national. It was not until the last years of the war when, in order to facilitate its conduct, American military advisers pressed for a truly united national Chinese army, consisting of both Kuomintang and Communist forces and free of Party affiliations, that the Kuomintang and the Communist Party alike had to concede that such a genuine nationalization was desirable. Nothing resulted, however.

When, after the war, General Marshall of the United States sought to mediate between the Kuomintang and the Communists, he considered the amalgamation and consolidation of the two opposing armies to be of paramount importance to his mission. The two sides agreed gradually to reduce and to amalgamate their armies so that, within eighteen months, there would remain only sixty divisions under a single, united command.[1] There was also to be a new Ministry of National Defense, firmly established within the Executive Yuan, in lieu of divided and irresponsible control under the Military Commission. If it had been carried out, the Marshall proposal would have made possible not only a vast reduction in the number of divisions, but also an effective control of the military by the civil branch of the government. Unfortunately, the whole undertaking collapsed, and reorganization of the army did not materialize.

The Ministry of National Defense was, however, established on July 1, 1946, superseding the Ministry of Military Affairs. The various departments and establishments of the Military Commission were either dissolved or absorbed by the new Ministry. The Army, Navy, Air Force and Supply Force were organized as parallel services, and were brought under the command of the Chief of the General Staff, who is responsible to the Minister. Each of the four forces has a commander-in-chief, but the Chief of the General Staff, assisted by deputy chiefs for each force, has power over all of them in matters of strategy and tactics.

This streamlined Ministry, which anticipated by a year a similar reorganization in the United States, was based solely on American advice and was created as a gesture of willingness to heed American advice. In itself, it is not a bad device, provided the Minister of National Defense is both a capable and a powerful political leader, and provided also the Chief of the General Staff limits his authority to purely staff matters and does not encroach on the political sphere of the Minister. With these provisos, the device should have succeeded in subordinating the military to the civil authority. But such has not been the result. To date, the Minister has always been a military man. The head of state, whether as President of the National Government or as President of the Republic under the Constitution of 1946, has, since the reorganization, been as eager to exercise personally the powers of command as he was when Chairman of the Military Commission. In other words, the military organization has been somewhat simplified by the substitution of a Ministry of National Defense for the complex mechanism of the previous decades, but the irresponsible use of military power has remained unchanged. No civilian authority has recovered an effective check on military power.

---

[1] Basic Plan of February 25, 1946, for the Reorganization of the Armies and Integration of the Communist Armed Units into National Armies.

钱端升文集

THE supremacy of the military creates problems in all spheres-political, constitutional and administrative—not to mention the effect of a large army on the national economy.

Aside from the fact that it has an all-powerful leader in Chiang Kai-shek, the Kuomintang is disrupted by its inclusion of a number of factions. The military group, centered on graduates of Whampoa, is not the only faction and has in fact not been the most powerful; but because the Whampoa Group controls the armies of the Kuomintang Government, it has been an important factor in the disunity of the Party. It has also prevented the Party from engaging in purely political activities, which might have enabled the latter to become more deeply rooted in the nation.

Constitutionally, domination by the military is always a danger. It negates the true spirit of constitutionalism. In a constitutional government political parties must have untrammeled freedom to oppose one another without resorting to war, the people must have their rights adequately protected by the courts against all violators, and the assembly elected by the people must be all-powerful in the expression of the wishes of the people. But when the military becomes dominant, the parties cannot oppose each other without fighting real wars, the courts cannot do anything against the military, and the wishes of the people's representatives do not prevail. These general observations are equally applicable to the days of Yuan Shih-k'ai and the warlords. Any new genuine and serious attempt at constitutionalism will, therefore, have to be preceded by disappearance of military domination.

Administratively, military domination enfeebles the civilian authorities. The secondary role of the Executive Yuan in relation to the Military Commission needs no further emphasis. As a matter of fact, military interference in civilian administration is not nearly so bad in the central government as in the local, where the domination of the military has prevented the development of decent and orderly administration. It is noteworthy, though entirely understandable, that the few—indeed, very few-better provincial administrations which the Chinese have experienced during the last two decades have without exception been under civilian leaders who happened to be strong enough to withstand military interference.

The economic consequences of military domination are equally disastrous. One result has been disproportionate military expenditures. Ever since the establishment of the Kuomintang regime, when expenditures could be roughly known, half or more of the total annual budget has always been spent in military items, to the detriment of services of a more constructive nature. Defenders of military expenditures of course argue that unavoidable wars, both civil and foreign, have necessitated them. But the sad thing is that in China the military men, restrained neither by law nor by a sense of responsibility for the popular welfare, have always found wars to be necessary, and these "necessary wars" have constantly depleted the coffers of the state and wrought desolation on the countryside. Has there been since the establishment of the Republic any war except the war against Japan which has been popular and for which money has been willingly spent by the people?

There can be no salvation for China until the military is brought under proper control. The armed forces must be so reduced in size as to be compatible with the economic capacity of the nation. They must be nationalized. As a first condition of securing their loyalty to the nation and removing them from politics, they must be made non-partisan and freed from allegiance to individual leaders or political groups. This is essential. If it is necessary to have a powerful political group to check the military, such a group must be developed. Or, if a mass force is necessary for the purpose, such a force must be organized. For, unless the military is confined to its proper place, orderly government is impossible. Proper control of the military may not mean instant realization of orderly government, but orderly government is dependent on proper control of the military. China has suffered at the hands of the militarists in the recent past and still suffers today. She will continue to suffer unless a future regime is able to dominate instead of be dominated by the militarists.

Cambridge, Massachusetts, July 1948

THE OUTLOOK FOR A GOVERNMENT FOR THE PEOPLE AND BY THE PEOPLE*

In a country like China, where a century-old clash between the old and the new is gaining momentum as the result of eight years of war of resistance and the polarization of the rival ideologies of the outside world, the social changes that are taking place will have a profound effect on the forms and methods of government. To speculate on the future of the Chinese government, or to consider what reforms are desirable and feasible, is extremely difficult. Contemplated reforms are meaningless unless they can be projected against the background of the social evolution that is fast taking place.

The problems of government we have come across in the previous chapters of this book are various. While there are fundamental ones, the solution of which has to await the solution of the social problem, there are also relatively simple problems, capable of simple solutions.

....

All thinking Chinese, not excepting the men in the government themselves, have been struck with the defects and inefficiency of the administration.

If one were to measure the importance of China's problems by the volume of public discussion they have created, one would conclude that the defects in the administrative organization and the inefficiency of the administrative method outranked all other problems in importance. But this is not true. In themselves they are relatively simple problems. Gaps, overlappings, and illogical arrangements in the administrative organization can be easily

* 原载 The Government and Politics of China, chapter XXV, Harvard University Press, Cambridge, Massachusetts, 1950.

rectified whenever the high leaders of the government are endowed with a certain amount of business sense and have no necessity for resorting to the manipulation of governmental agencies as a means of maintaining personal power.

The same is true of the methods of administration. For most of the last generation they have been distorted by certain officials mainly because distortion has been a contrivance for concentrating power in a few hands. Such evils as the capricious issuance of personal orders by an all-powerful leader to any official, high or low, and the lack of a sense of responsibility even on the part of high officials of the government, are liked and defended by no one and are condemned by everyone. They exist because the leader is erroneously of the opinion that they make his control secure. Whenever the top level leader or leaders have more business sense and are desirous of having a well-ordered administration, as distinguished from complete personal control of the administration, these evils can and will be readily removed.

In stating that the problems of administrative mechanism and efficiency are of minor importance and are capable of easy solution, it is not suggested that the solution can be of a perfectionist kind. No perfection is possible in these matters. Even the best of all administrations, such as existed in the earlier part of the T'ang or of the Ch'ing Dynasty in China or the administration of the Prussian state before the first World War, were not perfect. An administration which succeeds in executing the policies of the government should be considered a good one. To that extent there can be little doubt that, given a businesslike leadership, which does not identify meddling and interference with cleverness, there can be established in China a fairly good administration. The Chinese civil servants of today are immensely better and abler people than their predecessors in the last generation. The available younger men who can be drafted into the civil service are equally good, if not even better. Simplify their machinery, let them be convinced that they are performing a function for the good of the state and the people, and give them adequate power and responsibility, and they will not fail to acquit themselves creditably, no less creditably than the civil servants of some of the best-governed contemporary countries.

....

The problem of centralization versus decentralization is more difficult of solution. It cannot be solved by the mere substitution of good leadership for bad. It entails first a careful and realistic consideration of the activities that the Chinese state hopes to undertake in the near future, and second, a careful study of the sentiments and resources of the different areas of the country. Division of functions between the central and local governments is meaningless when those functions have no likelihood of being undertaken. To assign a certain function to a province which has no resources for its discharge is to kill the function. To assign a function of which the province is jealous to the central government would be equally unwise.

Moreover, the centrifugal tendencies of the peripheral areas and populations must be well balanced with a strong central government. To deny to those areas and populations any degree of home rule would arouse the resentment of the populations concerned. To accede indiscriminately to their demands for home rule would be tantamount to ceding them to any strong neighbor who may lie across the borders. Special care therefore must be taken to give them sufficient home rule to satisfy their longings without losing their adherence.

The Chinese people are, generally speaking, not federal-minded, and the Chinese state has always been a unitary one. But the problem of centralization versus decentralization does exist today. Overcentralization makes many of the uniform laws unworkable and inoperative, and creates discontent in places where social and economic conditions are markedly different. Overdecentralization means the negation of a nation-state and in some places actual disintegration. The solution of the problem will necessitate a system by which the provinces and the special groups in the population will be enabled to exercise a varying amount of home rule on the one hand, while on the other hand there will be a central government with sufficient powers to maintain national unity and to promote the broader interests of the nation. But the solution will not lie in a federalist constitution. It has to be something more flexible, to admit easy adaptations made necessary from time to time by trial and error.

....

The recurrent personal dictatorships, often of a military man, ever since the days of Yuan Shih-k'ai, have also been the antithesis of good government of any kind. The experience of the last forty years has been that when such a dictatorship was in existence civil war, heavy taxation, and dependence on foreign aid were the usual accompaniments, and law and order no longer remained the care of government. This is not to say that the absence of a military dictatorship will necessarily mean peace and prosperity and law and order, but it does demonstrate that there will be no such blessing unless military dictatorship disappears.

In a country like China where there have been no powerful political parties unconnected with military power, nor other influential bodies like the Christian Church or trade unions, no one is in a position to offer an effective resistance to a dictator who is backed by military power. Aside from the dictator himself, the next most powerful group is often the instrument of the dictator, whether that instrument be the army or the bureaucracy or a political party. Unless there should be created a powerful organization which could command a following as powerful as the military power itself, there is no possibility of eliminating military dictatorship. In the past, most of the attempts to combat such a dictatorship have taken the form of creating a new military force. They failed, for a military force which succeeds in ousting a dictatorship almost invariably sets up a new military dictatorship.

The problem of dictatorship by military men thus poses a very fundamental issue: how to create a non-military force which can overthrow military dictatorship and yet at the same time prevent its recurrence. Such a force must necessarily be identical with the mass of the people who have acquired the material and moral means necessary for its organization.

....

Whether there should be democracy in China and, if so, what kind of democracy would be best suited to China, is a far more complex problem than it appears. Since the early days of the T'ung Meng Hui, democracy has been accepted by most disinterested thinking Chinese as the final goal of modernization, and it should be. But there has been little agreement as to what form democracy should take. Is it to be modeled after the Swiss cantons or after the English-speaking countries? Or is it to be a democracy as envisaged in the 1936 Constitution of the Union of Soviet Socialist Republics? Or is it to be still another form? Even if it were agreed that Chinese democracy should follow that of the English-speaking countries, the alternative choices of a cabinet government of the British type and a presidential government of the American type could still remain a baffling problem.

The problem of democratic reforms is broad enough to embrace most of the constitutional problems that have faced China during the last forty years. Such familiar controversies as the one-party versus the multiparty system, cabinet government versus presidential government, bicameralism versus unicameralism, direct versus indirect election of the president, the question of the distinction of political and governing powers, and a score of other problems are all concerned with the meaning of democracy and the application of democratic ideals.

To resolve any of these controversies requires an inquiry into the capabilities of the Chinese people. If the people are poor, illiterate, disorganized, and impotent, then party systems, whether one-party or multiparty, make little difference as far as the welfare of the people is concerned. The same is true of all the other controversies. Whatever alternatives were chosen could make no difference to the people.

In all these controversies, the matter of form as distinct from reality has plagued the Chinese political thinkers and constitution-makers of the last forty years and more. Almost every writer and constitution-maker accepts and professes the democratic ideal and desires for China whatever democratic pattern may have impressed him or caught his fancy. But the capabilities of the people seldom bother him. He lets his wishful thinking have full sway. He thinks that once there is a democratic institution, both the people and the government will behave democratically, the former expressing their will in the proper channels and the latter abiding by the people's will. Sun Yat-sen, who believed in tutelage, was perhaps the only exception to this overemphasis on the form, to the neglect of the reality. Had he succeeded in making his party, the Kuomintang, a true political elite, imbued with a sense of power not for power's sake but for the sake of giving the people the capacities for democratic organization and control, he might indeed have succeeded in making the reality agree with the form. Unfortunately, he failed; or, to do him full justice, the Kuomintang failed him.

The problem of form versus reality remains. The Chinese government will continue to be either weak and unstable or strong but bad for the people, or even both, until form conforms to reality.

On this question of form and reality, the empire of old was more fortunate in that it did possess the virtue of having the form and the reality in full agreement. Ability to wield power was in the hands of the few. That was the reality. Power was confined to the few. So the form did no violence to the reality. The advantages of strength and stability resulting from such a system of government were quite obvious. But even if it were possible to ignore the demoralizing influence it had on the character of the people, the impact of the West has put a definite end to it. No return is possible.

The most disturbing influence which has come from the West is the emphasis Western philosophy places on the dignity and worth of each individual. Traditional Chinese thinking was not averse to the concept of individual dignity, but reserved it for men of high status alone. The common man might be patronized and even treated with consideration, but he had no claim to inalienable moral and legal rights or personal dignity. Western philosophy, on the other hand, whether it be the rationalism of the eighteenth century or the utilitarianism of the nineteenth, or the Marxism of today, tends to idolize either the individual as such or the mass of individuals. In either case, it differs from the Chinese idolization of the few who were or could aspire to be of high estate and in power. The partiality of the West for the individual man has had such influence on the Chinese people that in their minds power can no longer be confined to the few and equality must be attained.

This refusal to accept government by a few has let loose a great surge of democratic revolution in China. At times, when the revolution seems to have succeeded, general contentment follows and government is easily maintained. But when it dawns on the people that the success is illusory or the revolution is frustrated, the revolutionary movement begins anew. The process continues and has not been and cannot be arrested.

Since the people are not able to fight for democracy, and yet definitely want it, a contradiction exists. That contradiction cannot be removed except by the people's acquiring the ability to fight for democracy.

....

But how are the people to acquire that ability? Obviously, it will not be gratuitously given to them by the men who have monopolized power. They will acquire it only as the result of phenomenal improvement in their economic and educational status. Radical economic reforms and changes in the entire social outlook of the people are called for. When the masses have attained the opportunity to live and work in peace, to be removed from both fear and want, to have the rudiments of education and be conscious of their own dignity, they will have both the interest and the ability to make a reality of any form of government that may be considered democratic.

Economic reforms which would enable the masses to work and enjoy the benefits of

钱端升文集

work must be primarily directed at removing the shackles which have reduced the vast mass of the people to the present state of poverty and insecurity, and at giving them the opportunities and the assistance for acquiring improved means of livelihood. To be more concrete, there must be a revolutionary change in the system of landholding whereby the motto "the tiller must own his own land," accepted by the Kuomintang and the Chinese communists alike, will be given an honest realization. Usury which has wrought unspeakable misery to the farmers must be eradicated. Side by side with the land reform and the elimination of usury, handicrafts and industry must be encouraged and when necessary even promoted by the state itself. For it is clear that with the Chinese social structure as it is, improvement of the lot of the farmers, who constitute three-fourths of the population, means improvement of the nation as a whole. But the Chinese population being unusually large in proportion to the arable land available, agriculture alone would never help the Chinese people to acquire a decent standard of living. To encourage handicrafts and industries simultaneously with land reform is the only way to give them the kind of economic uplift necessary to their acquiring an interest in politics.

In addition to freedom from want, they must also have freedom from fear. They are not going to have this freedom from fear until they have more education and are able to feel that they are as good as any in the community and have as much right to express their views on affairs of common interest. There have been in the past, and are even now, farmers who are relatively free from want and yet either feel no interest in government or are afraid to express themselves. The reason is that they have not had the necessary education to realize that they are inferior to no one. Therefore, education of a certain kind is as important as the improvement of material well-being. Education may or may not consist of schooling. The essential thing is that the people be taught that politics is not the exclusive concern of the men in power or of those who have the privileges of birth and high education.

Only when the people have thus obtained the means of livelihood and an interest in political affairs can a democracy be sustained. Then the people will have both the ability and the enlightened self-interest to prevent a regime from becoming the government by and of the few. They will have the ability to do it because they will not be economically dependent on the ruling class. Their self-interest will direct them to do it because their newly acquired economic status will be protected only by a regime in which they maintain an interest.

....

When such reforms in the national economy and such changes in the social outlook of the Chinese have taken place, real democracy in all its essentials will be achieved. When democracy has both form and reality, the small variations in the form become unessential. If the people prefer to invest substantial executive powers in the president, a presidential form of government may conceivably ensue. The president cannot become a personal dictator, for nobody can ever dictate to a self-reliant and politically educated people. The people may also prefer an elected directorate enjoying both executive and legislative powers by mandate from the people. For the same reason, the directorate too cannot degenerate into an oligarchy. Military dictatorship or warlordism will be out of the question. Nobody would dare to make the attempt. If he dared, he would be overthrown in no time. Even the more difficult problem of centralization versus decentralization can be satisfactorily solved. With a politically conscious people as the masters of the nation, powerful but dedicated to their own mass interests, there should be no fear of separatism or disintegration of the Chinese nation. When no such fear exists, it will be only natural to grant a full share of local self-government to the provinces, especially to population groups which are distinctly dissimilar in culture to the bulk of the Chinese people.

If these major problems of Chinese government (the appropriate form of government, the prevention of warlordism and personal dictatorship, and the problem of centralization versus decentralization) can be solved as soon as there is a democratic reality, then the less fundamental problems can be handled with much greater ease. Administrative organization can be easily attained. Statutes can bear a closer correspondence with the conditions of society. Bad organization, bad administration, and bad legislation in the past have been mainly attributable to dictatorial leadership. Since dictators cannot survive the emergence of self-reliance and public interest among a people, these comparatively minor abuses can be easily reduced to a point where the new government can be favorably compared with the better governments in other countries.

....

Nobody will claim that the herculean task of economic reform and political education of the masses will be easy. But it is not impossible. Nay, there are forces which are working for such reforms and such education. Nationalism is one, and that urge which for lack of a better term may be described as an urge for equality is another.

Nationalism has become a factor in Chinese life ever since the turn of the century. But it has never been so all-permeating as it now is. In the past, the Chinese have felt that they were being oppressed or otherwise discriminated against by the more powerful nations of the world. While this negative side of nationalism may still to some extent operate on the Chinese mind, there is now also a positive side. The Chinese desire to see their nation strong and prosperous, not so much to claim a position of eminence over others as to satisfy their own longing for a more developed and better ordered national life. The ever-widening scale of great wars and the ever-present danger of such wars, not to mention the uncomfortable situations arising out of the rivalry of the great powers, have given them a conviction that they must develop their national strength. It is necessary first to enable the Chinese people to live unmenaced by others and second to let them throw their weight in support of peace.

Present-day China is so distraught and so apparently chaotic that superficial observers, especially unsympathetic ones, are unable to detect how deeply nationalistic the Chinese people really are. They cannot believe that the poor people of China could be conscious of their own nation. Whatever expressions of such consciousness there are among the more educated classes are generally considered negative in nature, or, to be exact, anti-foreign. But it is a fact that the bulk of the Chinese, the poor as well as the rich, the uneducated as well as the educated, are immensely nationalistic in the positive sense. For example, they are convinced that only the rise of their own nation will prevent the recurrence of catastrophic wars, not by domination over other nations, but by the redoubling of the strength of peace.

Nationalism will be a powerful factor on the side of radical economic and social changes. Every Chinese with any sensitivity of mind who is not bound to vested interests realizes that there is no future for the Chinese nation unless it is speedily renovated by the economic and social uplifting of the entire people. The true and noble nationalism of today is inseparably linked with the determination to effect that general uplift.

Side by side with nationalism, egalitarianism is also a powerful factor. There is as yet no equality. But the political and social agitators for the last quarter of a century have done their work. The common man's stoic attitude of contentment and resignation has given way to a desire for the betterment of his economic lot. He feels that he is entitled to it. The more he suffers from the devastations of war and the exploitations of the high and the rich, the more indelible the effect of that agitation on him. Equality appeals to the common man as a means of self-preservation.

As an ideal, equality has become a thing of general acceptance. It is less challenged than in some of the outwardly more advanced and progressive nations of the West. That in the past many agitators for that ideal have not practiced it is not a deterrent to its remaining the commonly acknowledged ideal. On the other hand, that the more faithful agitators have done much to make equality a reality adds to the strength of the people's conviction that equality should come and must come.

The idea of equality is irresistible. It has never been successfully resisted anywhere. Once it had a chance to break loose, it could be held in check only when the bulk of the people were deceived into thinking that they were actually enjoying the benefits of equality. That was possible only in countries where the conditions of inequality among the different social strata were graded and not polarized. But polarization has always been the case in China. It is now an accelerating process. With the bulk of the people very poor and with a few very rich enjoying the material benefits of wealth or political power, the irresistibility of the egalitarian ideal can be easily appreciated.

The egalitarian ideal will be a great impetus and a great force for the radical economic and social changes necessary to the realization of democracy. It also accelerates the momentum of these changes, once they have started. The more real equality there is, the more will the people who are likely to benefit by equality make further demands for it. This tendency is indeed noticeable in all countries which have egalitarian legislation, whether it takes the form of mild alleviating measures, or of social democracy, or of communism.

No doubt there are at the present moment also great obstacles in the path of radical economic and social reforms. Some of them come from within. The vested classes are always opposed to such reforms. Wherever they are entrenched, thence comes the opposition. Some of the obstacles come from without. A radical transformation of the Chinese, though ultimately it should be to the advantage of all nations, is yet unwelcome to people who think that their own class interests will be damaged by that transformation. Yet precisely because the moving factors for that transformation are nationalism and egalitarianism, the opposition of the reactionary groups, especially foreign ones, only serve to strengthen those factors within China and thereby give further impetus to the economic and social changes desired.

....

If it is a correct observation that because of the impact of the West the Chinese cannot stop at anything short of some form of real democracy, and if it is a correct postulation that the Chinese will not have any real democracy unless there are prior economic and social changes on a major scale, and, further, if it is also correct reasoning that a strong desire for national independence and economic equality will lead to those major changes, then we are led, in effect, to a restatement of Sun Yat-sen's Three Principles of the People. This is not a strange coincidence. Sun Yat-sen's final aims were surprisingly far sighted and his motives were none other than patriotism in its noblest form. He desired a democratic, socialistic, and prosperous nation to take the place of a medieval and degenerate empire or the remnants of that empire. The same aims and motives are uppermost with most Chinese thinkers of today; the same conditions which he proposed to abolish still exist; and the same forces which he in his last years sought to employ are at work. The coincidence is natural.

There is nothing wrong with the Three People's Principles. There may be found inept illustrations, misstatements of facts, overexaggerated tirades, and even bits of faulty reasoning here and there if Sun Yat-sen's lectures on the Principles are carefully examined. In the expositions of a host of self-styled theorists of the *San-min chu-i* major blunders and mistakes may be seen. But why make the *San-min chu-i* responsible for those blunders and mistakes? The Three Principles are not to be construed outside of the context of Sun Yat-sen's whole outlook as it stood about 1924.

More than that, even Sun Yat-sen's Three Stages of the Revolution may be found to be the true path to the successful achievement of the reality above referred to. That a Military Stage to sweep away the militarist obstacles to revolution is necessary is only too plain to need comment. Tutelage, if it means anything at all, is to gain for the people an interest in public affairs and a sense of equality, a sense that anyone has as much right and ability as any other person to express his views on public affairs. It would not be surprising if a successful revolution when considered in retrospect should be found to have gone through both the Military and Tutelage Stages before it finally reached a real constitutional government of democratic forms. It would not be surprising if all the expedients, compromises, and substitutes which are at variance with the general procedure of the Three Stages should be found to have retarded the successful accomplishment of Sun Yat-sen's final aims.

But one thing is certain, that whoever attempts to achieve Sun Yat-sen's Three Principles, or, confining ourselves to matters of government, to achieve democratic reality as the basis of democratic form, must, in order to be successful, excel in several ways the past Kuomintang which has failed. Success requires more understanding of the problems of the people with which the Principles are concerned. A successful regime must identify itself more with the people and must not consider itself to be above the people. It must be more truly nationalistic, more truly socialistic, and more truly democratic than a regime which makes mere professions or bad distortions of the Principles.

....

It may be suggested that a revolution like that herein suggested would call for a radical change in the conception of human values. It does, indeed, and it is a good thing that change is already going on.

In a revolution like this, the mentality of the elite, who are the organizers of revolution and the conservators of good government alike, is of signal importance. It is not enough that they be capable and devoted to the aims of revolution. Even having an attitude of *noblesse oblige* is not enough. What is most needed of them is to identify themselves with the mass of the people and to claim no distinctions. Theirs must be an utterly selfless work. They must do everything possible to stimulate the people to develop an interest in public affairs. But they must not expect to assume perpetual leadership or to perpetuate the elite. To do either would always mean the existence of a ruling class and the continuation of the old Chinese tradition that the people must be ruled over by the few.

The elite of the past were not without brilliant leaders. They overthrew tyrants, they rectified abuses, they effected reforms. But never for once were they so selfless as not to think that they were the natural leaders of men. Nor could they reconcile themselves to the idea that all men could be equal and that no elite should be in perpetual existence. Hence they never forsook the positions of eminence and the roles of leadership. For the old regime, they were indeed fitting leaders of men. If the leaders of the present day maintain this superior view of their own importance, real democracy is plainly out of the question. Fortunately, such a superior view is now confined to the older and more antiquated part of the elite. The new and young ones, the ones who have both numbers and youth in their favor, have a different point of view. They are convinced that their mission is to help the people acquire an active interest in political affairs and then sink themselves into the masses. They have a different set of human values. They desire the people rather than the elite to become the true masters of the nation's destiny.

The new and young people who are well educated and active in public affairs, in other words, the real elite, have a further virtue. They are impatient for the achievement of economic reform, political equality, and the reality of democracy. They fully realize that in a world of active changes China which does not quickly develop into a strong and prosperous nation is a nation lost. They are determined to achieve in their lifetime those great political, economic, and social reforms, since they know them to be the prerequisite of a strong and prosperous nation.

Their ranks were at first small. The majority of the educated could not forget that they were, and were destined to continue as, the leaders of men. As leaders of men, they could not countenance their own submergence in the multitude of aroused people. Fortunately for the future of China, the new elite are gaining in numbers.[1] And as they gain in numbers, they cannot fail to give a new direction to the leadership, which may finally achieve economic changes and changes in the social outlook of the Chinese in a reasonably short period.

....

A heartening note should therefore serve as a concluding remark. The government as

---

[1] It is interesting in this connection to note an account of Sun Yat-sen, relating how the intellectual classes gradually came to be accustomed to his views. In *chung-kuo ke-ming shih*(History of the Chinese Revolution, published January 29,1923), he wrote, "When I found the Hsing Chung Hui— I had only a few score comrades. When the secret societies of the Yangtze provinces, Kwangtung, Kwangsi, and Fukien joined the Hsing Chung Hui, members began to increase. But there were still few members from the intelligentsia. The degenerated state of the Manchu regime and the ever-increasing danger from without, following the Boxer Rebellion of 1900, caused an exodus of the literati-gentry class to go abroad for study and created an impetus for reform movements within China. Then and not until then, the men of education who had considered revolution as high treason and had loathed me, began to have a change of heart. When the T'ung Meng Hui was founded, the students studying aboard all flocked to me." *Chung-kuo ke-ming shih* is in *Tsung-li ch'uan-chi* (Complete works of Sun Yat-sen, the President).

it has existed is faulty in form as well as poor in its output. Amidst the wanton destruction wrought by the civil war and the accompanying miseries suffered by the people, the day seems to be dark indeed. But in contrast with the darkness of the present, there is also a confidence and determination that the people must be and can be aroused to erect a government which will work for their own economic and social uplift, and which they will be able to control. Since that confidence and that determination will brook no delay in the arrival of a real government for the people and by the people, there can be genuine optimism for the future of the nation.

附录 清华改办大学之商榷[*]

下文系从余日前上大学筹备委员会会长之意见书译出（原书为英文）。意见书上后，未窥全豹者，误解滋多；故亟译出之，诚有"匆匆脱稿，措辞用字，多有未妥"之慨；最近变化及其他重要问题，亦略而未论，读者谅之。

清华改办大学时，应具下列各端之考虑：

（一）所拟办之大学为中国今日所需要者；

（二）改办大学之计划可以实行者；

（三）本校财力可以支持所拟办之大学；而该大学又可充量利用本校已有之房舍，器物，教师，职员者；

（四）改办大学后学生不论新旧，均不受不公正之待遇。

先办文理科大学（University Faculty of Arts and Sciences） 自十四年起，本校即开办文理科大学，再逐渐凑于完美。该科性质类似美国之普通科大学，或大学之普通科；若达德谟，若皮鲁埃，若耶鲁之肄业院，或若威斯康辛之普通科；似英国之 University Colleges；似法国大学之文理科合并者，似德国大学之哲学科。本科应有课程：若哲学，史地，政治经济，古代文学，今代文学，物理化学，自然科学，数学，等等，择要先教，量时度力而扩张之。

当开办之时，以美国之普通科大学（如达德谟）之程度，为清华文理科之标准；惟日后当以欧洲大陆上之文理科或哲学科为标准。职是之故，本科肄习年限，现时当定为四年，日后亦当为四年。

最高学府之需要及重大 古人云，"读书知礼"，中国今日时局之所以堕落如是者，

第三编 中国政府与政治

"读书知礼"之人太少故也。造飞艇之书，修桥梁之书，管理公司之书，治疾病之书，论市政之书，皆非"读书知礼"之书；经，史，文章，致知，格物之书，方为读书知礼之书。我国本有士，农，工，商之分。自所谓泰西文明东渐后，一般所谓识者，斥四民之说为荒谬。宁知庶民本有士，农，工，商之分耶？士者非他，即读书知礼之人也。我国旧日之学者，即士人也。士人虽非尽为科举所取，科举所取，虽非尽为士人；然士人大都为科举所取，而科举所取，大都为士人；则可断言也。欧洲若英法等国之中高等学校，既注重读书知礼之书，而其著名大学，亦于为士之学，多所注意；故牛津，剑桥，巴黎，柏林等之文科学生，亦决可称为士人矣。至若西方各国之专门学校，则造就技术专门人材而已；若农，若工，若商，皆是也。我国古时，农，工，商之艺法，私相授受，而无学校；西方各国则有专校，此西方各国胜古中国之处也。若谓农业学校毕业者即为士，工业学校毕业者即为士，凡高等专门学校毕业者即为士，则万万不可；西方各国之技术专门学校毕业而能为士者，必其人已读知礼之书，否则仍为农，为工，为商，或为其他专门家而已。凡我国人之于此种学校毕业者，正复如是也。士愈多，则世愈盛，而国愈治；反是，则世愈衰，而国愈乱。此万世不易之理，盖即礼，义，廉，耻，国之四维之意也。

欧洲各国重视士人教育，较美国为甚。在英国操政权者，大都为士人，间亦有大儒；其操行高人一等，故政界绝少鄙污之事。法国亦然，其政客人格亦复大致楚楚可取。美国已远不如英法，其执政者，少数士人及法家而外，多农，工，商之流，而商人之权势尤大；故虽国强民富，而政调总带鄙俗之气。鬻官营私之事，往往倾动全国，此岂偶然耶？即以中国而论，所谓太平之世，必也士林茂盛，执政者上至卿相，疆臣，下逮部曹，县丞，类皆儒士。前清末叶，捐班之风大开，而吏途遽杂，仕风亦日下；迄于今日，曩日科举所取之士，既将绝迹，而所谓新人物之中，亦绝少读书知礼之人，政局之恶劣，盖亦宜矣。我国古时教育不普及，然尚有所谓士林者，为社会国家之栋梁。近人竞言教育普及，今教育未普及，而士林且无存，宁不大可悲乎！今后教育方针，当以造就若干士人为急务，量力所及，以广士林；数十年后，数百年后，全国之人皆为士人；农，工，商人亦先为士人，而后再为农工商；以礼义为本，以技术为用，国运可昌，否则殆矣。

中国近年来，所谓教育家者，侈谈职业教育：一若人人能在职业学校毕业，人人即有职业；人人一有职业，人人即有饭吃；人人一有饭吃，中国即可太平者；何其不思之甚耶！全非谓职业教育之不足道也，余不过持士人教育（与 Humanistic education

钱端升文集

同旨）之尤为重要耳。夫职业教育之需要，人人能言之；而士人教育之急需，言者少，而听者无几，何士风不振之若是耶！生为今日之中国人，若能读万卷书，即不出于中国本有之经，史，子，集，本于愿已足。若更欲博通中外，问礼于东西之书，若是在吾国几无适宜之校可入；盖因无适宜读书之地及读书之法在也。中国之普通科，或文科大学，大别之有三种：其一，为教会所办者；其二，为私立者；其三，为国立或公立者。教会学校之不相宜，今不具论。私立学校，往往为见识度量不甚高宏之人所操持，其学生或受其淘溶，或无所成就，欲其为有士风之学者，诚非易易。国立学校（清华等特种学校不在内），因政治牵连，经济支绌，一时无发展可言。且此三种学校，即无以上短处，为数亦不甚多，程度亦不大高。所以中学毕业学生，往往赴外洋求一士人教育，夫岂得已哉。为国家方面着想，为学子方面着想，中国正应多设若干文理科大学，以养成士风。清华之宜先开文理科大学者，即此意也。

世界著名各国，俱有最高学府可寻：若法之巴黎，德之哈德堡，英之牛津，剑桥，新造之邦，如美日等，虽其士风未盛，亦有哈佛，及东京帝国大学者，以育士人，而张学风。吾国之北京大学，应如东京帝大之发达；然因政局关系，亦不能自称最高学府而无愧。北大如是，其他更不足道；夫以中国之大，而无一最高学府，奈何其可！？清华无志发展则已，如有之，则当以此为矢，此高程度之文理科所以不可少也。

其他各科暨专门学校　清华大学，除文理科外，宜设何科，应视大学教育之范围而定，余意，大学教育首以造就读书知礼之士人，次则与此种士人以一种专门之学问，专门学问与技术有别：前者在大学范围之内，而后者不在大学范围之内。例如法律，在泰西各国，不论英，美，德，法俱为一种专门学问，故其大学中往往有法科，医亦如之。至于工程，则不如是矣。工程在美为专门学问，故完备之大学往往有工科；在欧陆即视为技术，故仅有工业专门学校，而大学中无工科。他若看护妇之术，虽在美国有列为大学各科之一者，在欧洲大学中更无立足地矣。吾国现时，何者为专门学问，可为大学之分科，何者为技术，当另设专校，尚无定论，俟定后，清华当照力量之所及，陆续添设分科。如国内缺少技术学校，亦可酌量添设。但此时宜以全付精神办理一完美之文理科。

清华各科之入学资格，宜一而不宜二，以便招生。如新制中学毕业生，程度太浅，与将来所希望之大学程度不能衔接时，或有设预科之必要；然刻下则勿庸谈及也。

招收新生（参观表一）　在民国十四年至十五年，清华共有四级，即大二级，大一级，中六级，中五级是也。以现在之清华十五年生（即依清华旧制，民国十五年可以毕业者，下仿此）为大二，十六年生为大一，十七年生为中六，十八年生为中五。以后按年递升。十六年夏后，即无中学生。十七年夏第一班大学生即可毕业，此班学生大半为清华十五年生。

十四年夏招收新生三百人，以百人插中五，以其他二百人插大一。大概旧制中学毕业生投考中五者甚多，或可招足百人；新制中学，及沪粤各大中学，若南洋，浦东，岭南等之毕业生可考大一，或可招足二百人。开学后，新生中程度较高者，可以升入高级；三十人可自中五升至中六，三十人自大一升至大二。

十五及十六年夏可招大一新生各二百人，十七年后每年招大一新生各三百人。

民国二十年后将无现今已在清华之学生，本校更可不受牵制，加高程度。

男女同学　清华大学应男女兼收，大学男女同学，已通行全世界。现今大学而不同男女同学者，或由于无谓之守旧，若日本各校是；或由于无谓之成见，若剑桥是；或由于创办人之条件，若美国之各女校是；或由于无须，若哈佛是（然哈佛教育科亦已男女同学矣）。若论男女同学之制度之利弊良恶，则与男女分校之制度，曾无异同。某校之是否男女兼收，全视其需要与是否可行而已。

中国男子欲读书知礼，几无大学可入，女子更无论矣。若男子当读书知礼，女子亦当读书知礼无疑。故清华将来而不为好大学则已，若为好大学，则不特男子当来此，女子亦当来此也。

西方各国，男女同学，历有年数，并无毁誉；即北京各校，亦泰半男女同学，未闻有积弊之发生，未闻有重新拒绝女生之议。不特此也，师大女生之学问道德未闻视女师大学生之学问道德为劣，师大男生之学问道德亦未闻视同等男大学学生之学问道德为劣，此可以证明男女同校之无弊矣。

清华大学之可以男女同校，亦浅而易见。依余之议，十四年秋有大学新生二百，大概此中三十人可为女生。于教员住所中让出二三所，或于中高等科之宿舍中划出一角，尽可为此辈食宿之所。十五年秋后或可有六十女生，则秋以前，似可造一小小宿舍，专为女生之用。至于管理一方，女生人数既少，而皆为大学生，由教职员之女眷组织一委员会，尽可面面周到；至多亦不过聘一女人任督教之责而已，有何难哉？

或曰，男女同校问题已被董事会否决。第此一时，彼一时，不相为谋。曩日余亦为反对清华男女同学之一人，以为女子尽可在他校得同样之教育，何必为清华虚加声色。返国后，睹女子无好学校可入之苦衷（教会学校太洋气，私立学校太肤浅，官立学校亦不满意），及预想清华大学之发展，则不能不为女子争矣。

再清华男女同学后，女生直接出洋之学额，可以全体取消。

新生学费　昔年本校高等科招考插班生时，无优等生不来投考之念，盖有出洋之权利故也。改办大学后，出洋机会咸少，优等生是否愿舍北大南开圣约翰等而入清华，殊难预料，余以为若能第一，于招考前将清华大学之功课，及授课之教授，详确宣布，使招考生知将来清华大学之程度至少等于北大等；第二，免除新生之学费；则优等生当不至裹足不前。清华改办大学后，不复为留美预备学校，一切将与其他大学等。若无一种之引诱，恐中下等生来，而优等生不来；优等生不来，则程度名誉俱坏，此后，更无优等生肯来矣，若明后年即有优等生来，则民国十七八年后清华大学之程度必有可观，此后即收学费，亦无妨矣。

留美问题　已在清华之学生之留美问题，为近八年来清华最难解决问题之一。然清华不改大学则已，改大学，则新旧生待遇，恐非一致不可。余意，十七，十八年夏，可送大学毕业生四十人赴美留学三年；十九，二十年夏，三十人；二十一年以后之数年内连招考之专科生共二十人，若不招考专科生，则可送毕业生二十人，否则减少毕业生之额。如此，则清华学校旧生若学问优长，仍可出洋；而新生之优越者亦可出洋。此亦招收优等新生之法。若旧生全体出洋，而新生不出洋，或即出洋，而仍须与他校毕业生比试，则清华恐永不能得相当之好学生，亦永不能成真正大学矣。现在筹备大学诸公俱有专长，委员会可称济济多士，窃望于此点再详加考虑焉。

计划之可以实行　新旧学生待遇一致后，此计划极易于实行。民国六七年间课堂宿舍俱比今日为少，而可容学生七百许。现有校舍尽可容八百学生而不济。依余之计划，十四年秋有学生五百余，十五年秋有学生六百八十。故二年内除前说之女生寄宿舍外，及教员住所若干外（此或不必），可无房舍问题。

本校现时职员人数在二年内，亦尽可胜任，教员之添聘亦可不多。若以每堂二十五人，每生每周二十小时，每教员每周八小时计算，则十四至十五年有教员五十二人已足，十五至十六年六十七人已足，故下二年内，除添招新生数百，间有女生外，物质上所需之变动极少。改办大学之所需者：一，创建新大学，新学府之新精神，新观念；二，教职员中新团体精神；三，合于大学之新课程，先设重要课程，而现有教员可以担任者，惟不必作削足适履之举。

经费（参观表二）　未来之六七年内，清华将有入不敷出之虞，故展缓学生出洋，减少出洋学额，为自卫之要法，否则，经费支绌，办大学亦将钱无所出矣。依余计划，一二年内即可充力利用清华已有之设备，不致有空闲校舍，或图书馆阅书室空空之景象。余之预算颇省钱，虽近数年内将有不敷之患，然依本校半官式之长年预算，亦有不敷。余之预算可以容一真正大学之发展，而无他之预算则不能容大学之发展，且余意苟本校及监督处力求撙节，则余之预算或可无亏云。

"试验的态度" 保存清华之现状匪艰；取消出洋，改办大学，与他大学竞争维艰。未成功之先，任何计划决不能谓为可靠。惟余之计划无画虎不成反类犬之虞。完全成功，则清华可为中国之巴黎大学；不甚成功，则清华将为美国式之小大学，若达德谟者；至完全失败，则不能也。

表一　学生数

		十四至十五	十五至十六	十六至十七	十七至十八	十八至十九	十九至二十
中五	清华旧生	六五					
	新生	七〇					
	共	一三五					
中六	清华旧生	五〇	六五				
	其他旧生						
	新生	三〇					
	共	八〇	一三〇				
大一	清华旧生	五五	四五	六〇			
	其他旧生		二五	八五			
	新生	一七〇	一七〇	一七〇	二七〇	二七〇	二七〇
	共	二二五	二四〇	三一五	二七〇	二七〇	二七〇
大二	清华旧生	四五	五五	四五	六〇		
	其他旧生		一六〇	一八五	二四〇	二六〇	二六〇
	新生	三〇	三〇	三〇	三〇	三〇	三〇
	共	七五	二四五	二六〇	三三〇	二九〇	二九〇
大三	清华旧生		四五	五五	四五	六〇	
	其他旧生		二五	一八〇	二一〇	二六〇	二八〇
	共		七〇	二三五	二五五	三二〇	二八〇
大四	清华旧生			四〇	五〇	四〇	五五
	其他旧生			二五	一七〇	二〇〇	二五〇
	共			六五	二二〇	二四〇	三〇五
总数	清华旧生	二一五	二一〇	二〇〇	一五五	一〇〇	五五
	其他旧生		二七五	四七五	六二〇	七二〇	七九五
	新生	三〇〇	二〇〇	二〇〇	三〇〇	三〇〇	三〇〇
	共	五一五	六八五	八七五	一〇七五	一一二〇	一一四五

会计年别民国	赴美生数	在美生数	本校预算	监督处预算	每年共付	每年共入（以墨银二元作美金一元计算）	盈绌
14~15	83	450	$ 700 000	$ 1 200 000	$ 1 900 000	$ 1 580 000	$ −320 000
15~16	10	370	800 000	1 000 000	1 800 000	1 580 000	−220 000
16~17	10	300	900 000	850 000	1 750 000	1 580 000	−170 000
17~18	50	270	1 000 000	700 000	1 700 000	1 580 000	−120 000
18~19	50	240	1 200 000	600 000	1 800 000	1 580 000	−220 000
19~20	40	200	1 200 000	500 000	1 700 000	1 580 000	−120 000
20~21	40	190	1 500 000	450 000	1 950 000	2 170 000	+220 000
21~22	30	160	1 800 000	400 000	2 200 000	2 760 000	+560 000
22~23	30	120	1 800 000	300 000	2 100 000	2 760 000	+660 000
23~24	20	80	2 000 000	200 000	2 200 000	2 760 000	+560 000

"清华大学之工作及组织纲要"之观察

此计划之根本弱点　关于清华现有学生留美问题之困难，前已言之。依课程委员会之报告，本校自明秋起，清华学校与清华大学将并行不悖，清华学生经过高一，高二，高三，大一后一律出洋；而新招之清华大学学生留读四年，毕业后出洋之机会若何，尚待再谈。此种不同待遇，是否公允，姑置勿论；惟余意以为难以实行。民国十五年后大学新生必较清华学校旧生多而势力大。若待遇厚薄相差太远，恐有未妥之处。且两制并行后，教员待遇，学生作业等等，难以解决处，亦不一而足；一有困难，外人亦不易谅解。对于"两头制"之怀疑，不但校外人极多，即校内人亦不在少数；特校内人热心于大学之成立，故往往不愿多所论列。余既以为两头制之不可行，故不得不大声疾呼，唤起大学筹备诸公之再四考虑耳。

新旧学生出洋问题有三种方法可以解决之，而两头制不在其中。第一，若校中以为已在清华之学生仅有择优被派出洋之希望，而无要求全体出洋之权利，则可据余之计划，不分新旧，一律为清华大学生；按班毕业，一律待遇，此为第一法。若认已在清华学生有全体要求出洋之权利，而自信有处置新生之全力者，则亦可据余之计划，不分新旧，一律为清华大学生；惟旧生毕业大学后，或读完大二后，全体出洋；新生待毕业后再说；此为第二法。若校中既认已在清华之学生有要求全体出洋之权利，而又不能自信有处置新生之全力者，则暂时可不谈大学；俟现有学生全体出洋，再改大学未为晚也。惟校中设备，将数载荒废。此为第三法。按第一第二两法，办成大学极速，而无不可实行之处。惟采第二法，则经费将亏绌不少，此弱点也。第三法太不经济，惟仍在两头制之上耳。采两头制者，承认已在清华学生有全体要求出洋之权，而自信有处置新生之全力。夫既承认矣，自信矣，何以不采余之第二法，而必试行两头制耶？

本校经费不充，前已言之。若明年有两头制，再加以所谓研究院者，本校之不破产者，亦几希矣。而大学及所谓研究院者，仍不能如吾计之发展也。

"试读期"及"大学普通学科" 大学试读，及普通科学生如与清华学生受一样之课程时，是否同班？如同班则几与余之第二法相等，又何必分学者为大学生暨清华学生，教者为"大教授"暨"小教员"。如不同，则经费，物力，及教员之精神，靡费必多。又云"试读期之课程，视学生个人之需要及缺点而定"。若然，本校必且设立专班极多，以补一人及二三人之缺点，恐太靡费矣。

大学普通科期限仅二年，而学生在本期内又可选择大学职业训练中之普通科。如是二年，而能"引导学生，使与现代中国及世界之生活，为实际上之接触"。其望亦未免太奢。深恐此二年之教育，既不能造就士人，又不合于西方职业教育之旨；仅如美国之初级大学，非骡非马，余不知其可也。

"职业训练" 专门学问及技术知识不可同日并语，前已言之。所谓"职业训练"者，指专门学问耶？抑指技术知识耶？抑二者兼指耶？惟对于"本校当举行一种详确调查，以定中国对于职业训练之实际需要：然后本此调查，以定本校职业训练之门类，方法，年限，等等"一节，极表同情。惟余反对称士人之学为"职业训练"；设如，精究希腊文学而亦称之为"职业训练"，则期期以为不可。若不列入"职业训练"则按委员会之报告，学生可于大学之何部，求此种人文学问耶？此无他，读学知礼之学，专门学问，技术知识，三者，未能分清故耳。

"研究院" 委员会所定之草案，不能索解处，不可实行处，极夥。何以中国历史，语言，文学，哲学，不并在文理科研究，而必另设所谓研究院，实属不解？推其意，一若大学普通科之后，一切均为"职业训练"；而欲读知礼之书者，必入一门户不广之研究院。推其意，上述之希腊文学亦将设一研究院。若然，则所谓研究院者，不过巴黎大学文科之一门耳。清华此种拟定之组织，不特世界罕闻，亦出情理之外。

清华之不能不有一高美之文理科，前已言之，以上门目，尽可划入文理科。所谓"主任讲师者"，尽可为文理科中各该门之教师；称之为讲师可，教师可，主讲可，编修亦可；惟万无另起炉灶，虚靡款项，设立研究院之必要。法国大学之法文，及法史教授，或德国大学之德文，或德史教授，往往鬓发皆白，为国学泰斗；伊等暨甘为普通教授，而谓中国大儒必尊之为研究院主任讲师始肯来校者，余不之信也。即将来或有设研究院之必要，但巧立名目，则余以为不耳。研究院既在根本推翻之列，关于"学员"问题，可毋庸赘辞。

"试验的态度" 总之，课程委员会之两报告之试验态度，危险太多，大有瞎人骑瞎马之概。一得之愚，不敢不告。愿大学筹备委员会审慎讨论之，毋使清华永久在试验状态之下也。

"一九二五年资送专科生女生游美办法草章"之观察[*]

三　女生应试以习教育，自然科学，应用科学及家事者为合格。游美官费女生，不得习美术及音乐。

此条之观念，似嫌太狭。若女生回国后，有一种之职业，若律师也，若医生也，则女生应有习法律，或医学之权，若女生回校，为教员，则女生应有选择任何学科之权；例如为音乐教员者，可习音乐。若女生回国后，为良妻贤母，则最重之需要，即读书知礼之书。美术及音乐陶冶性情，为美妇良妻应习学问，更安可令其必习教育，家政，及科学，而不令习音乐及美术？习家政者未必即为好家主婆，良妻更不论矣。故余意女生所习科目不宜加以限制。

四　专科生报名应试者之资格至少须在国内大学或高等专门学校毕业，且至少须有一年以上教授或服务之经验。

此条亦不妥。美国工科生实习机会极多。然暑假实习与功课无妨碍，而实习一年或二年者，往往求学之功效，不如未实习者之大。中国实习机会太少。至于教授，亦少增进实学之机会。譬如南洋电机毕业生在中学教物理，或电报局充小局员一年，试问于其电学有增进乎？故实习或教授一年以上之限制，大可不必。

第三编　中国政府与政治

---

[*]　本小节是针对所述"游美办法草案"中第三条、第四条的观察意见。——编者注

编 后 小 记

如孟子所说，"颂其诗，读其书，不知其人，可乎？是以论其世也"，所以在文集结尾处做一点"知人论世"的工作，以更好地理解作者及其学术思想。在《联大八年》的"教授介绍"中，同学如是描绘钱端升教授：

这位老北大政治系主任，想来是很多人熟知的了。关于钱先生渊博的学识，用不着我们多加介绍。他特有的刚直和正义感，倒值得我们年青人学习。自从"一二·一"复课以后，钱先生就从来没有参加过任何学校的会议。有一次，联大政治系某教授不通知任何人就径赴重庆就任三民主义研究委员会的副主任委员，钱先生曾经对同学说："这些人对学生罢课非常不感兴趣，自己罢课倒很感兴趣。"钱先生对同学也是非常严格的：在联大政治系一九三八级第一次"各国政府"的讲堂上，钱先生告诉同学们说英文程度太差，要好好努力。几年来的剥削，他的身体一天天坏下来，据检查，钱先生的血球已经比正常状态差了一百万，就是平常走到教室时，都要休息几分钟才能开始讲课。去年"一二·一"后，学校宣布复课，而同学还没有决定复课的时候，钱先生走上讲堂，看了看学生，说了一声："人不够，今天不上。"就扬长而去。弄得那些对"上课"很感兴趣的同学啼笑皆非。

经此一述，作者的神态栩栩如生，跃然纸上；读者也仿佛可以穿过枯卷，神游驰往，触碰历史，感受百年前的学术生态。

《钱端升文集》由刘猛编选，张小劲、谈火生审定；因已有全集行世，故所选篇目旨在呈现钱端升一生治学框架。整理时以保持文章初刊原貌为原则，但有印刷错误则径直改正。钱大都先生支持襄助，政治学系博士研究生张丽娜、王海东协助校对，谨致谢忱！

2018 年 3 月于清华园